Louise Seidler

Erinnerungen und Leben der Malerin Louis Seidler

Louise Seidler

Erinnerungen und Leben der Malerin Louis Seidler

ISBN/EAN: 9783743620711

Hergestellt in Europa, USA, Kanada, Australien, Japan

Cover: Foto ©ninafisch / pixelio.de

Manufactured and distributed by brebook publishing software (www.brebook.com)

Louise Seidler

Erinnerungen und Leben der Malerin Louis Seidler

Louise Seidler.

104

Erinnerungen und Leben

der Malerin

Louise Seidler

(geboren zu Jena 1786, gestorben zu Weimar 1866).

Aus handschriftlichem Nachlaß zusammengestellt und bearbeitet

von

Hermann Uhde.

Zweite, umgearbeitete Auflage.

Berlin, 1875.

Verlag von Wilhelm Hertz.

(Bessersche Buchhandlung.)

Ihrer Majestät

der

Deutschen Kaiserin

Augusta

Königin von Preußen, Herzogin zu Sachsen

in tiefster Ehrfurcht

gewidmet.

Einleitung.

Vom Herausgeber.

„Und so heb' ich alle Schätze
Wunderlichst in diesem Kaste!“
(Goethe.)

Als ich im Juni des Jahres 1870 in Weimar liebe Freunde besuchte, wurde mir ein Paket loser Blätter zur Durchsicht übergeben, welches lange vergeblich der ordnenden Hand geharrt hatte. Es waren die Papiere der 1866 gestorbenen Sachsen-Weimarischen Hofmalerin Fräulein Louise Seidler; den Inhalt bildeten Jugenderinnerungen aus Jenas und Weimars klassischer Zeit, unbekannte Briefe Goethes, Mittheilungen über des Dichters Häuslichkeit, über das Frommannsche Haus und seine Freunde, über Philipp Veits, Overbecks, Thorwaldsens und anderer Meister Leben in Rom, über eine ganze Reihe merkwürdiger Menschen aus Künstler-, Gelehrten- und staatsmännischen Kreisen der ersten Hälfte unseres Jahrhunderts. Sehr vieles darunter war völlig neu, anderes erschien eigenthümlich durch die Auffassung der Erzählerin, das Ganze war unzweifelhaft der Sichtung und alsdann der Veröffentlichung werth.

Man vertraute mir die Blätter zur Herausgabe an, ich konnte diese jedoch, da ich als Berichterstatter auf den Schauplatz des

Erstes Buch.

Die Jugendzeit.

Jena. Gotha. Dresden. München.

(1786—1818.)

„Und wäre dir auch was verloren,
Erweise dich wie neugeboren;
— — — — — — —
Mußt dich an eignem Thun ergetzen,
Was Andre thun, das wirst du schätzen,
Besonders keinen Menschen hassen
Und das Uebrige Gott überlassen."
(Goethe.)

chens vor sich hat, oft Zeile um Zeile, mosaikartig, zusammengestellt wurde. Alles vorhandene Material ward gewissenhaft benutzt; sollten sich Nachträge finden, wenn diese Blätter in weitere Kreise dringen, so würde der Herausgeber für deren Mittheilung aufrichtig dankbar sein.

Das Leben der Malerin von 1823 bis zu ihrem Tode schildert der dritte Theil des Buches, der jedoch um so weniger auf breite Ausführlichkeit Anspruch macht, als alle Quellen, welche über Louise Seidlers fernere Erlebnisse Aufschluß geben könnten, nur spärlich fließen. Indessen mag das Gesagte genügen, denn wie Louise Seidler selbst ihre Persönlichkeit voll seltener Bescheidenheit stets im Hintergrunde gehalten hat, so würde ihr ein schlimmer Dienst erwiesen werden, wollte man sie nach irgend einer Seite hin bedeutender zeichnen, als sie war. Die alte Erzählerin will und kann nur als Spiegel gelten, der, was in seinem Bereiche liegt, wiederstrahlt; aber dieses ist ebenso denkwürdig, wie bedeutend, und der Spiegel ist von seltener Güte und Reinheit.

Ueber diese Eigenschaften — die Treue und Zuverlässigkeit der Entschlafenen — herrschte unter deren Freunden vollste Einstimmigkeit; die Beschäftigung mit den Papieren Louise Seidlers konnte dies Urtheil lediglich bestätigen. Wenn Demuth, tiefe Religiosität und sittlicher Adel Bürgschaften geben können für unbedingte Liebe zur Wahrheit, so dürfen wir an dieser in Louise Seidlers Berichten keinen Augenblick zweifeln. Wer aber am schönen Ziele kühnster Wünsche, wie unsere Künstlerin, als sie am Morgen des 29. October 1818 zu Rom erwachte, im schriftlichen Selbstgespräche ausrufen kann: „Heiliger Gott, wie ist deine Güte groß, mir dieses Glück zu gewähren! Werde ich auch dankbar genug sein für so viel

Gutes?" —; wer am Vorabend seines ersten Geburtstages in Rom betet: „Allgütiger, darf ich noch auf mehrere so herrliche Jahre hoffen? Möchtest du mich immer besser machen, sie zu verdienen!" —; wer endlich bei der herben Kritik, welche eine freudigen Muthes begonnene Kunstschöpfung aus berufenem Munde erfährt, gefaßt zu sagen vermag: „Ich fiel mit Einem Male aus einem weiten Himmel von Hoffnungen. Indeß — Gott lenkt Alles zum Besten; diese Demüthigung ist gewiß noch zu meinem Heile!" —; wer solche und ähnliche Bemerkungen in seine geheimsten, für kein fremdes Auge bestimmten Aufzeichnungen verwebt: dessen Charakter muß so gediegen, so achtunggebietend und würdig erscheinen, daß über seine Aufrichtigkeit kein Zweifel entstehen wird.

Möge nunmehr die Künstlerin das Wort ergreifen.

Ein schöner junger Mann hatte durch seine stattliche Gestalt die Aufmerksamkeit König Friedrich Wilhelms I. von Preußen, welcher bekanntlich für hochgewachsene Leute eine ausgesprochene Liebhaberei besaß, auf sich gezogen und sollte auf Befehl dieses Monarchen zum Soldaten gepreßt werden. Mit Lebensgefahr entfloh er auf ungebahnten Wegen über Gräben und Hecken, bis er endlich Braunschweig erreichte, wo er sich vor den Werbern sicher fühlte. Er haßte den Soldatenstand; sein Sinn war den Beschäftigungen des Friedens, den Künsten und Wissenschaften zugeneigt. Um diesen ungestört nachleben zu können, entsagte er seinem Adel, seinen Familienverbindungen in Preußen, seinem Vermögen (welches der König confiscirte) und nahm, um allen Nachforschungen zu entgehen, den Namen Seidler an. Dieser Mann war mein Großvater.

Er blieb in Braunschweig, wurde vermöge seines reichen Wissens 1745 Professor an dem damals neu begründeten, sogleich einen großen Aufschwung nehmenden Collegium Carolinum und heirathete einige Jahre später ein Mädchen von guter, wenn auch nicht begüterter Familie aus Wolfenbüttel. Als nun die Herzogin Anna Amalie von Weimar, eine geborene Prinzessin von Braunschweig, für ihre Söhne Carl August und Constantin passende Lehrer suchte, fiel ihr Augenmerk auch auf den Braunschweiger Professor, und so ward Johann Wilhelm Seidler Ostern 1761 mit dem Titel eines „Fürstlich Eisenach- und Weimarischen Oberconsistorialraths" nach Weimar berufen und blieb „Instructor beider Prinzen", bis diese erwachsen waren; 1772 trat ihm Wieland, 1775 der Hauptmann von Knebel als „Aufseher des Prinzen Constantin" zur Seite; die Oberaufsicht der Erziehung beider

Prinzen war seit 1762 dem Geheimrath Johann Eustachius Grafen von Schlitz, genannt Görtz (dem späteren preußischen Staatsminister) anvertraut. Von den zahlreichen Kindern des Oberconsistorialraths Seidler war mein Vater, welcher, wie die Mehrzahl seiner Geschwister, noch zu Braunschweig geboren wurde, das vierte.

Da ich im Laufe meiner Erzählung noch oft auf meine Familienverhältnisse zurückkommen muß, so will ich gleich hier eine Uebersicht meiner Blutsverwandten geben. Die Großeltern*) wohnten im s. g. „gelben Schlößchen" zu Weimar, Wand an Wand mit der Familie von Kotzebue; dort wurden ihnen noch vier Kinder geboren; sechs hatten sie schon aus Braunschweig mitgebracht. Meine älteste Tante heirathete den Hofprediger Basch zu Weimar; sie gehörte dem auserwählten Cirkel der Frau von Stein, Goethes Freundin, an. Basch starb früh; die kinderlose Wittwe vermählte sich mit dem Buchhändler Ettinger in Gotha, und ihr Haus spielte dort etwa die Rolle, wie in Jena das Frommannsche. Sie ward Mutter dreier Kinder, von denen mein zweiter Cousin, Eduard, mir in Italien ein hilfreicher Freund geworden. — Die zweite Tante trat als Kammerfrau in den Dienst einer Prinzessin von Meiningen und wurde dort die Gattin eines Musikers; die dritte, Amalie, heirathete kurz vor meiner Geburt den begüterten Bibliothekar, späteren Kriegsrath Reichard in Gotha, bekannt als Mitdirector der Hofbühne neben Eckhof, als Herausgeber der „Theaterkalender" aus dem Schlusse des vorigen Jahrhunderts, des „genealogischen Taschenbuchs", u. s. w. Sie war so schön,

*) Louise Seidler hat sie in Oel gemalt, den Großvater nach vorhandenen Bildern, die Großmutter aus dem Gedächtniß. Großherzog Carl Alexander von Weimar kaufte 1874 diese Gemälde, deren Erlös der „Louise Seidler-Stiftung" zufiel, aus dem Nachlasse der Künstlerin an, um ihnen im Großh. Witthums-Palais unter den dort befindlichen Erinnerungen an die Herzogin Anna Amalie einen Platz anzuweisen. Gewiß verdient Joh. Wilh. Seidler dieses ehrende Andenken, denn wen eine Anna Amalie aus Braunschweig beruft, wem Jahre lang der Unterricht zweier Prinzen anvertraut wird, wer endlich dem Unglück des Schloßbrandes mit Aufopferung seiner Gesundheit, ja, seines Lebens zu wehren bestrebt ist, der kann kein unbedeutender Mensch gewesen sein.

daß ihre Erscheinung überall das größte Aufsehen erregte. — Meine vierte Tante ward die Frau des berühmten Philologen Jacobs, welcher sich nach ihrem Tode mit seiner Schwägerin Dorette, des Oberconsistorialraths Seidler fünfter Tochter, verband. Diese Tante Dorette war der Schutzengel meines Lebens; ich komme auf sie zurück. Hier erwähne ich nur noch, daß mein guter Onkel Jacobs, durch doppelte Ehebande an unsere Familie gekettet, 1803 Vater eines Sohnes geworden ist, mit dem mich gleiches künstlerisches Streben verbunden hat: der berühmte Historienmaler Paul Emil Jacobs, der in zwei Hemisphären auf großen Ausstellungen die ersten Preise erhielt, ist mein Vetter.

Mein ältester Oheim, Heinrich Seidler, ward Herzogl. Weimarischer Oberconsistorialsecretär und gleichzeitig, seiner wohlklingenden Stimme wegen, mit kleiner Zulage als Tenorist bei der Oper angestellt. In letzterer Eigenschaft mußte er bei den Hofconcerten und Aufführungen des Herzoglichen Liebhabertheaters*) in Weimar, Tiefurt und Ettersburg mitwirken; Goethe theilte ihm manche ehrenvolle Aufgabe zu, so z. B. war er Niclas in der „Fischerin", Zigeunerbursch im „Jahrmarktsfest zu Plundersweilern", der erste Arkas in der damals (1779) nur in Prosa vorhandenen „Iphigenie" u. s. w.

Zwei jüngere Söhne meines Großvaters von denen der eine Theologie studirte, traten in russische Dienste und bekleideten ehrenvolle Aemter in Livland; sie sind jetzt verschollen. Der dritte wurde akademischer Buchhändler in Jena und endete durch Selbstmord; sein ältester Sohn ward Gouverneur der jungen Fürsten Schwarzenberg zu Wien, seine älteste Tochter, meine Cousine, die Frau des späteren Consistorialraths Gensler in Coburg.

Meinen Vater machte Carl August zum Universitätsstallmeister zu Jena; in dieser Stellung heirathete er nach achtjährigem Verlöbniß ein schönes, wackeres Mädchen, Sophie Kretschmar aus Sulza, meine Mutter, die außer mir nur noch einem todtgeborenen Sohne und einer

*) Vergl. über dieses Peucers Schilderung in „Weimars Album", S. 55 fg. Ueber Heinrich Seidler: Pasqué, Goethes Theaterleitung II, 263.

Tochter, Namens Wilhelmine, das Leben gab. Ich, die Aelteste, bin am 15. Mai 1786 geboren.

Häusliche Zerwürfnisse, die sich leider von Jahr zu Jahr steigerten, warfen schon früh einen Schatten auf meine Jugend; um mich so üblen Eindrücken zu entziehen, gab mich die Mutter in meinem fünften Jahre gänzlich in das Haus meiner Großmutter, der Oberconsistorialräthin, welche — nachdem sie durch den Tod ihres Mannes zur Wittwe geworden — mit ihrer Familie nach Jena übergesiedelt war. Dort gerieth die alte Dame anfangs in die drückendste Lage; Vermögen hatte sie ja nicht geerbt und mußte doch für eine Reihe von Kindern sorgen, von denen erst die wenigsten selbständig waren. Die tüchtige Frau zeigte sich jedoch ihrer schweren Pflicht gewachsen und erlebte noch die Freude, alle ihre Kinder, außer der guten Tante Dorette, von welcher sie bis an den Tod treulich gepflegt ward, ganz vortrefflich versorgt zu sehen. Auch wurden die ersten schweren Jahre nach dem Hinscheiden des Großvaters der Wittwe desselben bald durch fürstliche Gnade erleichtert, denn da der Verstorbene sich seine tödtliche Krankheit bei dem Schloßbrande zu Weimar, 1774, zugezogen hatte, so genügte dies dem Edelsinne der Herzogin Anna Amalie, sich seiner Hinterbliebenen fürsorglich anzunehmen; auf ihre Veranlassung erhielt meine Großmutter Wohnung in einem ehemaligen Kloster.

An dieses Gebäude knüpfen sich meine frühesten Jugenderinnerungen; als es mir zur Heimath wurde, waren mit Ausnahme der erwähnten Tante schon sämmtliche Kinder der Großmama in alle Welt zerstreut. Von jenen zwei edlen Frauen wurde durch eine sehr sorgfältige Erziehung der Grundstein meines späteren Lebensglückes gelegt; ich verdanke dasselbe namentlich meiner Tante Dorette, welche Herz und Geist mit festem Willen und großer Thatkraft vereinigte*). Durch

*) Dorette Seidler (und nicht Louise, wie K. Goedeke laut II, 503 seiner Ausg. des betr. Briefwechsels geglaubt) hat nach Schillers Brief an Körner vom 28. Mai 1789 lebhaften Eindruck auf den Dichter gemacht. „Ein einziges Mädchen ist hier," schreibt er, „das mir nicht übel gefällt; es ist die jüngste Schwester der Reichard und Ettinger in Gotha, eine Seidler. Ohne viel Geist,

diese Eigenschaften hat sie im höchsten Maße vortheilhaft auf mich gewirkt, und da sie außerdem über ein reiches Wissen gebot, so leitete sie in Gemeinschaft mit der Großmutter meinen ersten Unterricht, den später auch meine Schwester Wilhelmine mit mir theilte, welche übrigens im elterlichen Hause belassen wurde.

Das düstere, geheimnißvolle Aeußere unseres alterthümlichen Klosters zog mich stets besonders an; nicht minder merkwürdig für meinen Kindersinn war sein Inneres. Lange Corridore verbanden die Zimmer; zu denen der Großmutter führte gar eine steinerne Wendeltreppe! Im Ausgange zum ersten Stockwerk hing (und hing noch viele Jahre später) das lebensgroße Bild der Erbauerin des Klosters, einer Frau in schwarzem Kleide mit großem Stehkragen, die Züge ernst und finster. Da die Sage behauptete, die schwarze Frau spuke, sobald das Bild herabgenommen würde, so ging ich an diesem nie ohne geheimes Grauen vorüber. Allein es gab keinen andern Weg zu Großmamas Zimmern.

Aus der Putzstube dieser ernsten, überaus würdevollen und förmlichen Frau hatte ich mittels eines Schiebfensterchens den Blick in einen weiten Saal, der den Studenten zum Fechtboden diente. Die Wände desselben waren geschmückt mit großen Portraits alter, längst vermoderter Herren in verschollener Tracht; es waren die Bildnisse ehemaliger akademischer Fechtmeister. Steif schauten sie herab auf das lärmende Treiben einer jüngeren Generation zu ihren Füßen, welche munter Terzen und Quarten stieß oder über ein hölzernes Pferd voltigirte, das in der Mitte des Saales stand. Noch wohnte mit uns in dem Kloster die Wittwe des letzten Fechtmeisters, eine mürrische, wegen der Tyrannei gegen ihre Mägde berüchtigte Frau, welche von Jedermann gemieden wurde, da sie in ihrer düstern, einem Laboratorium ähnlichen

---

hat sie viel Gefälliges und viel Güte des Charakters, und ohne grade hübsch zu sein, gefällt mir ihr Aeußerliches auch nicht übel. Sie lebt hier mit ihrer Mutter und ihrem Bruder, der Stallmeister bei der Universität ist. Sie hat eine gute Erziehung und auch einige Feinheit des Umganges, die man hier selten findet." Eine Charakteristik, die im Wesentlichen auch auf Louise paßt.

Küche allerlei Essenzen braute, von denen man nichts Gutes munkelte. Eines Tages bewog mich diese wunderliche Alte, indem sie mir einen Apfel versprach, in ihre Stube zu kommen; als ich aber über die Schwelle schreitend der Thür gegenüber einen bluttriefenden Ecce homo mit der Dornenkrone auf dem Haupte erblickte, während zugleich zwei schwarze Katzen auf mich zusprangen, erschrak ich so heftig, daß ich laut schreiend davon lief. Nichts in der Welt hätte mich vermocht, die Alte ein zweites Mal zu besuchen.

Uebrigens starb sie bald darauf; ihre Leiche wurde im Fechtsaale ausgestellt. Die Neugierde trieb mich noch Abends spät an der Großmutter Guckfensterchen, um die Todte zu betrachten, doch wer beschreibt mein Entsetzen, als ich eine Schaar wilder Frauengestalten erblicke, die lachend und schreiend den von brennenden Candelabern umstellten Sarg umtanzen! Es waren die vormaligen Dienstmägde der Verstorbenen, welche — von dieser oft mit rücksichtsloser Strenge behandelt — sich aus Rachgier zu so grauser Orgie zusammengefunden hatten.

Noch eine, aber freundlichere Erinnerung an diesen Fechtboden ist mir geblieben: ich sah nämlich auf demselben Schillers „Räuber" von Studenten aufführen. Heute noch schwebt mir die Gestalt eines blonden Jünglings vor Augen, der, als Mädchen gekleidet, vollständig costümirt und frisirt in einer Portechaise herbeigetragen wurde, um die Rolle der Amalie zu geben. Alle die jungen Männer spielten feurig und sangen das Räuberlied mit größter Begeisterung. Es ging überhaupt ein romantischer Zug durch die damalige Zeit; die Alten lasen Spießsche Ritterromane, und wir Kinder, Knaben wie Mädchen, waren glücklich, wenn wir „Burggrafen und Edelfräulein" vorstellen konnten. Am Fuße des Hausberges, dicht bei Jena, hatten wir in einem Grasgarten ein felsiges Terrain entdeckt, welches sich zu einer kleinen Burg vortrefflich eignete, sogar eine Warte fehlte nicht. Hier spielten die Knaben Turniere absonderlicher Art; wir Mädchen waren dabei die Burgfräulein, welche dem Sieger ein Kränzlein reichten. Diese Spiele nahmen meine Seele so sehr ein, daß ich sie auch zu Hause fortsetzte und dort einst mit der als Schwert verwendeten Elle die Talglichter vom Tische herunter agirte — worauf ich denn in einer dunkeln Kammer die Freuden des Burgverließes zu kosten bekam. Nichtsdestoweniger fingen am folgenden Tage die Turniere und Ritterspiele wieder an; ich rüstete eine ganze Armee munterer Knaben mit bunt bemalten Helmen und Harnischen oder blutig gefärbten Schwertern aus. Denn schon war ich so weit herangewachsen, daß ich Elementarunterricht, daneben aber auch Unterweisung im Zeichnen erhielt; lebhaft erinnere ich mich des Ergötzens, welches das Portrait unserer Köchin, sowie dasjenige unseres häßlichen, struppigen alten Hundes, den ich lebensgroß malte, Allen bereitete, denen diese kindlichen Erzeugnisse zu Gesicht kamen.

Dieser Hund, Dacke mit Namen, war ein unausstehlicher Beller und Kläffer; eine Eigenschaft, durch welche er sich den ernsten Unwillen Goethes zuzog. Der Dichter brachte in jenen Jahren oft ganze Monate in dem Hauptflügel des alterthümlichen Jenaischen Schlosses zu, dessen Querbau meinem Vater als Dienstwohnung angewiesen war; die beiderseitigen Fenster — jene Goethes und die meiner Eltern — lagen einander grade gegenüber; beide gingen auf den inneren Schloßhof. Ich bemerkte nun, wenn ich bei den Eltern war, mit nicht geringem Verdrusse, daß Goethe, dem alles Hundegebell in den Tod zuwider war, häufig nach Dacke, meinem beständigen treuen Begleiter, erklärten Lieblinge und Spielkameraden, warf, um ihn unter seinem Fenster fortzujagen; ja, endlich gab er den gemessenen Befehl, das Thier solle eingesperrt oder ganz weggeschafft werden. Als dasselbe nun bald darauf starb, welcher Todesfall mir bittere Thränen entlockte, warf ich einen großen Haß auf Goethe, denn ich ließ mir nicht ausreden, daß er meinen Dacke habe umbringen lassen *). Solcher Haß auf den Dichter hielt mich jedoch nicht ab, unter den Fenstern seiner Zimmer mit seinem damals etwa siebenjährigen Sohne, der den Vater häufig besuchte, recht

*) In den „Römischen Elegieen", welche um 1790 entstanden, singt Goethe:

„Manche Töne sind mir Verdruß, doch bleibet am meisten
Hundegebell mir verhaßt. — kläffend zerreißt es mein Ohr.
Einen Hund nur hör' ich sehr oft mit frohem Behagen
Bellend kläffen: den Hund, den sich der Nachbar erzog" u. s. w.

nach Herzenslust vergnügt zu spielen. August (geboren am 25. Decbr. 1789) war ein wunderschöner Knabe und sah in der schwarzen idealen Bergmannstracht, die ihm sein Vater hatte anfertigen lassen, besonders reizend aus. Goethe hing mit unendlicher Liebe an ihm; oft fütterten Beide mit einander die Tauben; noch öfter versüßte der Dichter des Götz und Werther unsere Kinderspiele dadurch, daß er Stückchen Torte, an einem Bindfaden gebunden, aus dem Fenster seines Arbeitszimmers in den Schloßhof, wo wir uns tummelten, herniederließ, damit wir danach haschten. Herzlich lachen konnte er, wenn die Leckerbissen endlich, zu kleinen Brocken zerkrümelt, in unsere Hände gelangten.

Außer Dacke hatte ich noch zwei andere vierbeinige Lieblinge: ein grade an einem 15. Mai, meinem Geburtstage, zur Welt gekommenes Pferdchen, das ich stolz Bucephalus getauft hatte, und ein kleines Lamm, welches ich zu meinem neunten oder zehnten Geburtstage geschenkt bekam. Die Freude über dieses letztere war so groß, daß ich einen sehr schönen Hut mit rothen Schleifen, von dem sich die Geberin, Tante Dorette, große Wirkung versprochen hatte, mit keinem Blicke ansah — zum tiefsten Kummer der guten Tante. Sie bekam indessen Revanche, denn als das Lämmchen zum fetten Hammel herangewachsen und bereits geschlachtet war, zierte mein Haupt noch der Hut mit den rothen Schleifen, deren Werth ich nun erst zu würdigen wußte.

So wurde ich allmählich ein großes Mädchen, und nach und nach trat der Ernst des Lebens an mich heran. Besonders war es die umsichtige Tante Dorette, die mir schon früh einschärfte: daß ich wegen Mangels an Vermögen danach streben müsse, durch Erwerbung vielseitiger Kenntnisse mir ein unabhängiges Dasein zu gründen. Als daher ihr eigener Unterricht nicht mehr ausreichte, sorgte sie für die tüchtigsten Lehrer; namentlich wußte sie mich zu anhaltendem Fleiße im Zeichnen aufzumuntern, indem sie für meine Erstlingsversuche beständig das lebhafteste Interesse kundgab. Ebenso erhielt ich gründliche Unterweisung in der Musik; beliebte Weisen von Dittersdorf, Schweitzer, Hiller, Sonaten von Haydn und Clementi gab ich bald geläufig wieder. Oft mußte ich meiner Großmama vorspielen — so auch in deren letzter

Krankheit. Als sie ihr Ende nahen fühlte, verlangte sie ihre Lieblingsstücke auf dem Piano zu hören; unter den Klängen der Melodieen, welche ich weinenden Auges den Tasten entlockte, hauchte die theure Greisin ihren Geist aus.

Ihr Tod brachte insofern eine Aenderung in den für mich entworfenen Lebensplan, als auf dringende Verwendung der Tante Dorette beschlossen wurde, mich behufs meiner Ausbildung zur Erzieherin nach Gotha in das als vortrefflich bekannte Pensionat der Doctorin Stieler (Gattin des berühmten Kartographen) zu schicken. Ich wurde daher während des Winters 1799 auf 1800 im Christenthum unterwiesen und dann, noch nicht vierzehn Jahre alt, confirmirt, und zwar zusammen mit der lieblichen Auguste Böhmer*), deren früher, durch die Pflege der erkrankten Mutter herbeigeführter Tod im Bade Bocklet (12. Juli 1800) so rührend durch eine Reihe von Sonetten ihres Stiefvaters A. W. Schlegel besungen wurde**), während gleichzeitig durch ihr Ableben der Philosoph Schelling, damals Professor in Jena, in Folge thörichter Gerüchte über eine Opiumcur, welche er mit ihr angestellt hatte, in sehr üble Nachrede kommen sollte.

Aus meiner Confirmationszeit erinnere ich mich übrigens lebhaft eines tragikomischen Ereignisses. Die Wohnung des ehrwürdigen Superintendenten, welcher uns zum heiligen Abendmahl vorbereiten sollte, lag dem Stadtgraben gegenüber, wo die liebe Straßenjugend ihre fröhlichen Spiele zu treiben pflegte. Besonders in dieser Winterszeit, da der Graben tüchtig gefroren war, hatte das Glitschen kein Ende. Mit heimlichem Neide schaute ich diesen von der ernsten Großmutter mir bisher streng verboten gewesenen Belustigungen zu; für mein Leben gern hätte auch ich meine Geschicklichkeit auf dem blanken Eise erprobt.

---

*) „Ich bin stark willens, dich hier confirmiren zu lassen mit der Louise Seidler" schreibt am 28. October 1799 Frau Caroline Schlegel an ihre Tochter. Und Friedrich Schlegel erkundigt sich in dem nämlichen Jahre bei Auguste: „Wie befindet sich Louise Seidler? Spielt Ihr noch Maskerade zusammen? Oder bist Du auch dazu zu groß geworden?" („Caroline", I, 275, 373.)

**) „Todtenopfer für Augusta Böhmer"; A. W. Schlegels Werke I, 127.

Aber ich schämte mich doch zu sehr — bis eines Tages Auguste Böhmer, der ich mein tiefes Sehnen zugleich mit meinen Bedenken mittheilte, letztere leicht hinwegzuscherzen wußte. Ich unternahm das nie Gewagte und eilte auf die glatte Eisbahn, jedoch ungeübt wie ich war, fiel ich Hochaufgeschossene der Länge nach zu Boden, Bibel, Gesangbuch und Katechismus flogen umher. Als ich, dunkelroth vor Scham, mich wieder aufgerafft hatte, sah ich zu meinem Schrecken den ernsten Lehrer am Fenster stehen, der in starrer Verwunderung beide Hände über dem Kopfe zusammenschlug.

Nachdem ich confirmirt worden war, verließ ich meine Vaterstadt und ging nach Gotha in die Pension. Ein guter Geist herrschte in der Stielerschen Anstalt; kindliche Genügsamkeit und Frohsinn machten uns alle Pflichten leicht. Während mein Verstand hier in allem Wissenswerthen reiche Nahrung fand, schloß mein Herz sich einigen Gefährtinnen in warmer Jugendfreundschaft an. Die Tochter des Dichters Gotter, Pauline, ein anmuthiges feines Mädchen, welches man seines aparten Wesens halber „das Prinzeßchen" nannte, zog mich besonders an; noch inniger vertraut wurde ich mit Lottchen Stieler, der jugendlichen Schwägerin der Pensionsvorsteherin, welche mir in der Musik Vorbild und Lehrerin wurde, und zu der sich bis in die späteste Zeit ein dauerndes, herzliches Verhältniß gestaltete. Im letzten Jahre meines Aufenthaltes in der Anstalt fesselte mich — wie gewiß Jeden, mit dem sie in Berührung kam — eine neue Pensionärin: die bildschöne Fanny Caspers*). Diese wurde von ihrem reichen Bräutigam der Institutsvorsteherin Ostern 1802 auf ein Jahr übergeben, damit sie sich an ein geregeltes Leben gewöhnen und wirthschaftliche Kenntnisse erwerben sollte. Nach Ablauf dieser Frist wollte er Fanny zum Altar führen.

Fanny gewann durch ihr drolliges, munteres, hinreißend liebenswürdiges Wesen sogleich Aller Herzen; was sie auch anstellte: man konnte ihr nicht gram sein. Sie hatte die letztverflossenen zwei Jahre ihres Lebens mit ihrer Schwester Manon in Weimar zugebracht, wo

*) Ueber sie Ferd. Raab in Nr. 3650 u. 3662 der „Neuen freien Presse" (24. Oct. u. 5. Novbr. 1874).

die beiden Mädchen am Hoftheater Schauspielerinnen und Sängerinnen geworden waren, um die gedrückte Lage ihrer verwittweten Mutter zu erleichtern. Nach dem ungebundenen Theaterleben mußte der sprudelnden Fanny unsere strenge Hausordnung doppelt beengend sein; sie machte denn auch alsbald allerhand Reformversuche. Als wir, um unsern regelmäßigen Spaziergang anzutreten, zu den grauen Gamaschen griffen, mittels deren wir dem Schnee Trotz boten, rief Fanny mit komischem Entsetzen: „Wie! Seid Ihr Bärenführerinnen, daß Ihr Euch so plumpe Füße machen wollt?" Ihre Worte fielen auf fruchtbaren Boden: wir leisteten von nun an hartnäckigen Widerstand gegen die allerdings den Fuß entstellenden Gamaschen.

Als wir Abends in der Freistunde unsere gewöhnlichen Spiele begonnen hatten, rief Fanny bald: „Ach wie langweilig!" und gähnte laut. „Laßt uns Comödie spielen!" sagte sie dann; „ich bin die Jungfrau von Orleans. Dieses Stück ist ganz neu." (es war 1801 erschienen) „Ihr kennt es gewiß noch nicht!" Und nun rückte sie eine Anzahl Tische zusammen, kletterte wie ein Eichkätzchen auf diese improvisirte Bühne und begann zu declamiren: „Lebt wohl, ihr Berge!" welchem Monologe wir Schülerinnen sammt der entzückten Aufseherin athemlos lauschten.

Nur ein einziger Zug mißfiel mir an Fanny: ich konnte ihr den Kaltsinn gegen ihren, sie wahrhaft vergötternden Bräutigam, einen jungen Arzt und Besitzer einer Apotheke in Zittau, Namens Knispel, nicht verzeihen. So forderte sie mich eines Sonntags in der zum Correspondiren bestimmten Stunde allen Ernstes auf, an ihrer Statt ihrem Bräutigam zu schreiben, da sie auf seine langweiligen Liebesklagen durchaus nichts zu erwidern wisse. „Es sei denn" setzte sie hinzu, „ich hätte für mich, oder auch für Dich, herzlich geliebte Louise, um etwas zu bitten. Ganz recht! Ich will ihn um rosa Atlas zu zwei Kleidern nebst Blumen zum Ausputz ersuchen!" Gedacht, gethan; und wirklich erfüllte der schwache Narr diesen unsinnigen und verschwenderischen Wunsch seiner Braut, welcher er überhaupt in jedem thörichten Verlangen nachgab, um ihr Herz zu gewinnen, denn wohl fühlte er, daß er es nicht besaß. Monate waren vergangen, als der Bräutigam einst mit verbundenem Arme unerwartet eintrat; er erzählte, er habe um Fannys willen ein Duell gehabt. Diese war anfangs betroffen, dann aber stellte sie mit dem angeblichen Duellanten ein solches Kreuzverhör von allerlei Fragen an, daß sich bald zeigte, wie er Comödie gespielt hatte, um seiner Braut mehr Liebe zu sich einzuflößen. Dieser Unfug war der Directorin Stieler denn doch zu arg; sie legte sich in's Mittel, worauf ihr Fanny weinend gestand, nur ihre bittere Armuth habe sie veranlaßt, sich mit Knispel, den sie nicht leiden könne, zu verloben. Frau Stieler, die uns Allen eine edle, mütterliche Freundin war, bot ihr darauf an, ihr ein Jahr lang freien Unterricht und freie Station in dem Institute zu gewähren; in dieser Zeit könne sie sich zur Erzieherin ausbilden. Fanny war hierüber aus Herzensgrunde froh; die Vorsteherin übernahm das heikle Amt, den Dr. Knispel zu benachrichtigen, daß seine Braut die Lösung des Verhältnisses wünsche, worauf der arme Mensch schwermüthig abreiste — und somit war die Sache beigelegt. Fanny lebte sichtlich auf; sie entfaltete rastlosen Fleiß und machte gute Fortschritte. Leichten Sinnes blieb sie freilich immer, so daß die Vorsteherin ganz zufrieden war, als sich nach Jahresfrist eine gute Stelle als Erzieherin für meine Freundin fand. Diese schied von mir tiefbewegten Herzens, nicht ahnend, daß wir uns viele Jahre später unter ganz veränderten Verhältnissen wiedersehen sollten.

Noch muß ich aus meiner Pensionszeit eines Zwischenfalls gedenken, welcher eine hübsche kleine Reise im Gefolge hatte. Eines Tages erschien nämlich eine reiche Engländerin in der Anstalt, um diese zu besichtigen, da sie eine Tochter in Deutschland erziehen lassen wollte. Sie hatte schon eine ganze Reihe von Instituten gesehen, keines hatte ihren Ansprüchen an Eleganz und Comfort genügt. Auch das unsere war ihr zu einfach. Sie machte sich deshalb auf den Weg nach Schnepfenthal, wo sie zu finden hoffte, was sie bei uns vermißte. Auf ihre Bitte durfte ich sie begleiten.

An der Spitze der Schnepfenthaler Anstalt stand damals noch der Gründer derselben, Salzmann; seine Söhne und Töchter bildeten einen Theil des Lehrpersonals. Madame Salzmann fiel mir auf durch ihr über den Rücken lang herabhängendes graues Haar, welches ihren einzigen Kopfschmuck ausmachte; sämmtliche Lehrerinnen waren ebenso frisirt; ihre Kleidung bestand aus kurzen, engen Gewändern von Drillich, derben Schuhen und Küchenschürzen. Die Lehrer gingen einher in bloßem Halse, ohne Halsbinden; einen gewinnenden Eindruck dagegen machten die sehr sauber gehaltenen Zöglinge in ihren scharlachrothen Tuchjäckchen, der Institutstracht. Ueberall herrschte Munterkeit und Frische, zugleich aber eine wahrhaft spartanische Einfachheit. Der Brunnen im Hofe bildete für Lehrer und Schüler das einzige Waschbecken; der Speisesaal hatte vier weißgetünchte Wände, an denen die Silhouetten der abgegangenen Zöglinge hingen; man saß auf Holzschemeln. Die Kost war wohlschmeckend und reichlich, aber ohne allen Aufwand; vor und nach dem Essen wurde ein Gebet gesprochen. Alles dieses behagte der Engländerin so wenig, daß sie sich schleunig wieder aus Schnepfenthal entfernte, um das Ziel ihrer Wünsche, ein elegantes Pensionat, anderswo zu suchen.

Im Stielerschen Institute wurde, wie in allen Fächern, so auch im Zeichnen von gediegenen Lehrern und Lehrerinnen gründlicher Unterricht gegeben; was mich aber besonders förderte, waren Privatlectionen, welche mir der nach elfjährigem Aufenthalte in Rom unlängst nach Gotha zurückgekehrte Bildhauer Professor Döll aus besonderer Freundlichkeit umsonst ertheilte. Pauline Gotters ältere Schwester nämlich wollte sich zur Künstlerin ausbilden, und Döll, ein ebenso tüchtiger, wie durch seine Jovialität und seinen graden Biedersinn schätzenswerther Mann, ward ihr Lehrer. An diesem Unterrichte durfte ich auf Bitten meiner Tante Dorette, der meine Ausbildung nach wie vor sehr am Herzen lag, Theil nehmen, und Döll fuhr mit demselben, ohne Entgelt zu fordern, auch dann noch fort, als die Gotter, die Schwierigkeiten einer Künstlerlaufbahn erwägend, diesen Pfad bald wieder verließ. Ohne weiter nachzudenken, ob meine Studien einen Zweck hätten und wozu sie führen sollten, setzte ich sie unverdrossen fort; Döll arbeitete in seinem Atelier, während ich in einem Nebensaale nach Mengsschen Gypsabgüssen zeichnete. Dann und wann erschien der Meister und deutete mit derben Kohlenstrichen seine Verbesserungen an. Sein Unterricht, so wenig systematisch er auch war, weckte doch zuerst große Liebe zur Kunst in meiner Brust.

Unter den fremden Sprachen, welche im Stielerschen Pensionate gelehrt wurden, stand das Französische oben an. Wir wurden darin von einem alten ehrwürdigen Abbé Ozanne unterrichtet, der während der Revolution ausgewandert war und in Gotha eine Freistatt gefunden hatte; er bewohnte ein ärmliches, zellenartiges Stübchen, aß mit uns zu Mittag und nahm häufig an unsern Spaziergängen Theil, wo ich mich gern an seinen Arm hing, um ungestört mit ihm zu plaudern. Es wimmelte damals in Deutschland von französischen Emigranten, welche bessere Tage ihres Vaterlandes herbeisehnten, um alsdann dorthin zurückzukehren; auch unsern greisen Ozanne beherrschte das heißeste Verlangen, Frankreich wiederzusehen. Als endlich die Amnestie erlassen war, begab er sich daher sofort — und zwar aus Mangel an Geldmitteln zu Fuß — auf den Heimweg. Aber ach! Seine Kräfte reichten nicht aus; er starb unterwegs, ohne sein Heimathland erreicht zu haben. Wir hatten ihn von Herzen lieb gewonnen und bedauerten sein Geschick aufrichtig.

Drei Jahre war ich in dem Pensionate zu Gotha gewesen; zur Jungfrau gereift, kehrte ich nach Jena zurück. Anfangs fühlte ich mich dort nicht gleich wieder heimisch; erst nach und nach gewann ich dem stilleren Leben des elterlichen Hauses Reiz ab. Meine Mutter, eine sinnige, poetische Frau, erfreute sich mit mir und meiner jüngeren Schwester Wilhelmine hauptsächlich des Abendbesuches dreier junger Leute, deren einer, Namens Schröder aus Coburg, anregend auf meine musikalischen Bestrebungen, der andere durch Vorlesen bildend auf mich wirkte, während der dritte durch seinen regen Geist und seine treue Anhänglichkeit unsern kleinen Kreis verschönte. Er wollte sich der Medicin widmen. Mein Vater hatte vor Jahren während seiner Lehrzeit bei den Eltern dieses Letzteren — der auch aus Coburg stammte — gewohnt und war von denselben wie ein Sohn geliebt worden; die alte Zuneigung hatte sich auf die Kinder übertragen, und wir Schwestern standen mit dem Studiosus in kindlich-inniger Verbindung, welche bis in die spätesten Jahre fortdauerte und auch dann sich nicht lockerte, als unser Jugendfreund ein berühmter Diplomat und endlich gar geadelt wurde. Es ist Christian Friedrich Stockmar, von dem ich rede. Seine Statur war klein und mager, seine Gesichtsfarbe blaß, beinahe todt, aber durchdringende schwarze Augen belebten seine Züge. Er sprach wenig, allein was er sagte, war schon damals gediegen und voll Gewicht; man erkannte sofort den geistig hochbegabten Menschen. Zu Zeiten konnte er auch ausgelassen lustig sein: ich hatte Gelegenheit, dies auf einer Fahrt nach Coburg zu beobachten, welche mein Vater — der mir seinen früheren Aufenthaltsort zeigen wollte — mit Stockmar, Schröder und mir unternahm, als die beiden Studenten einst in den Ferien nach Hause reisten. Die Fahrt war sehr beschwerlich; es ging über Gräfenthal, bewaldete Berge steil hinauf nach dem Sattelpaß, auf dessen höchster Spitze ein wachthabender Invalide mit wichtiger Amtsmiene herrisch unsere Namen zu wissen verlangte, um sie in seinen Folianten einzutragen. Nichts konnte uns willkommener sein: Stockmar, Schröder und ich, wir gaben uns die fabelhaftesten Namen, die der Invalide gar nicht buchstabiren konnte. Ich war ausgelassen genug, mich für die wunderschöne, damals dem Namen nach von Jedermann gekannte Madame Récamier auszugeben.

Auf meine Begegnung mit Stockmar in Italien komme ich zurück. Zum letzten Male sah ich ihn im April 1850, als zu Erfurt das Parlament tagte; er suchte mich von der Nachbarstadt aus in meiner Weimarischen Künstlerzelle auf. Erst der Tod des Trefflichen löste die herzlichen Beziehungen, welche sich vor langen Jahren in Jena geknüpft hatten.

Zu meinen liebsten Jugendfreundinnen in der Heimathsstadt zählten Louise und Julie Marezoll, die ältesten Töchter des Superintendenten von Jena. Dieser, ein ebenso gelehrter als würdiger Geistlicher und hinreißender Kanzelredner, hatte im Jahre 1803 die bedeutende Stellung eines Hauptpredigers an der deutschen Petrikirche zu Kopenhagen aufgegeben, da er hoffte, in dem milden Klima unseres ganz von Bergen eingeschlossenen Ortes Heilung von seiner Gicht zu finden *). Er hatte einen Sohn, der bald ein tüchtiger Lehrer der Jurisprudenz in Gießen wurde, und vier Töchter, von denen die genannten Beiden die hervorragendsten waren. Louise Marezoll hat sich als gediegene Uebersetzerin aus dem Englischen und Französischen vortheilhaft bekannt gemacht; Musik verstand sie aus dem Grunde und dirigirte in musikalischen Vereinen häufig genug ein ganzes Orchester. Eine Zeit lang gab sie auch die „Zeitung von und für Frauen" heraus, deren Redaktion sie mit großer Umsicht leitete. Es war eben damals eine Zeit, in welcher die Frau sich wohl ihren Wirkungskreis zu schaffen wußte, ohne die ihr naturgemäß gezogenen Schranken zu überspringen.

Einflüsse wie die geschilderten hatten für mich die gute Folge, daß meine geistige Entwickelung auch nach meinem Scheiden aus dem Institute nicht stillstand; namentlich in der Musik machte ich tüchtige Fortschritte. Von diesen eine Probe abzulegen, bat man mich einst in einer Soirée, welche unser Hausgenoß, Major Hendrich, Commandant von Jena, zu Ehren Goethes veranstaltet hatte. Namenlose Befangenheit ergriff mich; unter dem Banne derselben haspelte ich eine Sonate von Clementi ab — der Erfolg war sehr dürftig; Goethe, damals gegen mich noch ganz „Geheimrath", sagte mir in herablassender Weise einige freundliche Worte, gab mir aber nie wieder Gelegenheit, ihm einen ähnlichen „Kunstgenuß" zu bereiten.

Die gesellschaftlichen Kreise meiner Vaterstadt, in denen ich nun nach und nach Zutritt fand, waren von höchstem Interesse; das kleine Jena vereinigte zu jener Zeit viele bedeutende Männer und Frauen in seinen Mauern. Beide Schlegel, Tieck, Schelling, beide Hufeland, Loder, Gries und viele Andere verbreiteten eine geistige Atmosphäre, deren Einfluß sich auch auf die weibliche Jugend erstreckte. Besonders interessant war der gesellige Verkehr im Hause des Buchhändlers From-

*) Als Marezoll im Jahre 1828 gestorben war, bestellte die Bürgerschaft der Stadt Jena sein lebensgroßes Bildniß bei Louise Seidler. Das wohlgelungene Kunstwerk erhielt einen Ehrenplatz in der Stadtkirche zu Jena.

mann*), dessen Gattin eine Zierde ihres Geschlechtes und ein Muster edelster Weiblichkeit war. Um ihren Theetisch versammelten sich viele der ausgezeichnetsten Geister; die gehaltvollsten Gespräche über die Zeitgeschichte, Kunst und Literatur wurden geführt. Hervorragende Neuschöpfungen der letzteren pflegte Vater Frommann vorzulesen; er that es mit Geist und Geschmack. Uebersetzungen spanischer, namentlich Calderonscher Dramen wurden uns so vermittelt, ebenso Tassos „befreites Jerusalem“ und Ariosts „rasender Roland“, beide nach der Verdeutschung von Gries, welcher mit diesen Arbeiten den Grund legte zu seinem Ruhm als meisterlicher Uebersetzer ausländischer Dichter.

Nicht selten verherrlichte auch Goethe, der sich oft mit seinem Secretair und Freunde Riemer von Weimar nach Jena zurückzog, um dort ungestörter zu arbeiten, einen Abend bei Frommanns durch seine Gegenwart, ja, bisweilen sogar durch seine Kunst im Vorlesen. So erinnere ich mich, daß er — es war dies aber erst 1808 — das Nibelungenlied, mit dem er sich eben damals viel beschäftigte, theilweise vortrug und erläuternde Bemerkungen scharfsinnigster Art dazu gab.

Andere Abende waren wohl dem Scherze und der frohen Laune gewidmet; Frommanns sahen junge Seelen gern bei sich, um ihren Cirkel gehörig zu beleben. Einst war als Weihnachtsgeschenk der Kinder eine **laterna magica** ins Haus gekommen; diese ergriff Goethe, ließ die bunten Bilder auf der weißen Fläche der Stubenthür sich abschildern und trug improvisirte Knittelverse des witzigsten Inhalts dazu vor. Ein andermal hatten wir uns damit unterhalten, aus einzelnen großen Buchstaben Namen zusammenzulegen; am nächsten Tage schickte Goethe ein mit einer Anzahl solcher Buchstaben angefülltes Couvert, welches die Aufschrift trug: „Drey Namen, davon der erste mit einem M anfängt, der letzte mit einem A endigt“. Das Verlangen, die geheimnißvollen Namen zu kennen, ruhte nicht eher, als bis dieselben entdeckt waren, sie hießen: »**Minchen, Anmuth, Alwina**« — nämlich Minchen Herzlieb und Alwina Frommann, die Tochter vom Hause.

---

*) Ueber denselben: „Das Frommannsche Haus und seine Freunde“ von F. J. Frommann, 2. Aufl. Jena, 1872.

Das schöne und anmuthreiche Minchen Herzlieb — mit einem artigen Wortspiel meistens „Minne Herzlieb" (Minne, Herz, Lieb') genannt — war Frau Frommanns Pflegetochter; dieselbe, welche Goethe späterhin als Urbild zu seiner Ottilie in den Wahlverwandtschaften vorschwebte. Minne war die lieblichste aller jungfräulichen Rosen, mit kindlichen Zügen, mit großen, dunkeln Augen, die — mehr sanft und freundlich als feurig — Jeden herzig unschuldsvoll anblicken und bezaubern mußten. Die Flechten glänzend rabenschwarz, das anmuthige Gesicht vom warmen Hauche eines frischen Colorits belebt, die Gestalt schlank und biegsam, vom schönsten Ebenmaß, edel und graziös in allen ihren Bewegungen: so steht Minne Herzlieb noch heute vor meinem Gedächtniß. Ihr Anzug war stets einfach, aber geschmackvoll; sie liebte schlichte weiße Kleider; in einem solchen habe ich sie lebensgroß in Oel gemalt. Gewöhnlich trug sie auch beim Ausgehen keinen Hut, sondern nur ein kleines Knüpftüchelchen, unter dem Kinn zugebunden.

Und wie herzgewinnend war sie mit der Musik ihre Stimme, dem melodischen Organ! Wie völlig die Goethesche Ottilie! Ihr Gesang war nicht bedeutend, aber im Einklang mit ihrer ganzen Erscheinung, einfach-anmuthig. Sie sang Goethes von Reichardt componirte Lieder zum Clavier oder zur Guitarre, oft zweistimmig mit Frau Frommann. Diese — eine geborene Wesselhöft aus Hamburg — war eine vielseitig gebildete, geistvolle und gemüthreiche Dame, sprachkundig, von gründlichem musikalischem Verständniß und sehr geschickt in der Miniaturmalerei; dabei eine treffliche Hausfrau. Unter ihrer wahrhaft mütterlichen Leitung und Obhut war Minchen Herzlieb zur blühenden Jungfrau herangewachsen; sie war noch ein Kind, als sie nach dem Tode ihrer Eltern (der Vater war Superintendent in Züllichau gewesen) Aufnahme bei dem vormals selbst in Züllichau ansässigen Buchhändler Frommann gefunden hatte. Als dieser im Frühjahr 1798 seine Handlung nach Jena verlegte, nahm er die einsam stehende Waise als Pflegetochter mit sich, so seine wahre Freundschaft für deren verstorbenen Vater beweisend, welcher ihm im Leben innig verbunden gewesen.

Es konnte nicht fehlen, daß die herrlich zur Jungfrau gereifte

Minna im Frommannschen Kreise bald der Gegenstand vielfacher Huldigungen war. Bei aller Aufmerksamkeit jedoch, welche man ihr bewies, blieb ihr Auftreten anspruchslos, bescheiden, natürlich, heiter, oft neckisch. Alles Hervortreten war ihr zuwider; sie war eine innerliche Natur, und stets blieb ihr Augenmerk darauf gerichtet, wie sie sich durch Schönes und Edles, das in ihren Gesichtskreis trat, weiter fortbilden könnte. Bei aller Unbefangenheit indessen, mit der sie sich Andern mittheilte, verschloß sie dennoch ihr tiefstes Innere; ganz in dasselbe einzublicken mochte kaum irgend Jemand gelingen. Für Goethe, den älteren Mann, den berühmten Dichter, der sie der freundlichsten und zartesten Aufmerksamkeiten würdigte, empfand sie eine tiefe Verehrung, allein daß diese sich zur Leidenschaft gesteigert habe, wie Einige nach dem Erscheinen der „Sonette", namentlich der vielberufenen „Charade" muthmaßen wollten, wurde von Allen, welche Minchen näher kannten, entschieden in Abrede gestellt. Sie nannte Goethe ihr ganzes Leben lang nur „den lieben alten Herrn" *).

Wenn ich sagte, Minna Herzlieb habe Goethe als Urbild zu seiner Ottilie in den Wahlverwandtschaften vorgeschwebt, so soll das nicht etwa heißen, der Dichter habe wie ein mittelmäßiger Maler lediglich nach dem Modell gearbeitet. Minna Herzlieb und Goethes Ottilie haben wohl viele Züge mit einander gemein, allein der Dichter hat an frei erfundenen Verhältnissen und Situationen den Charakter der Ottilie weiter entwickelt. Der weiblich-weiche, hingebende Grundzug dieser Gestalt, deren wohlthuendes, aufopferungsvolles Walten für Andere jeglicher Selbstsucht entkleidet ist, war auch Minchen Herzlieb eigen. Ottilie geht grade durch diese halb bewußte, halb unbewußte Richtung ihres Wesens dem tragischen Geschicke entgegen; ehe sie sich selbst darüber klar wird, ist sie zur Friedens- und Ehestörerin in dem Hause ihrer Wohlthäterin Charlotte geworden. Minna Herzliebs fernere Lebensschicksale führten zu keiner so gewaltsamen Katastrophe, tragisch sind sie

*) Auch Louise Seidler, in ihren Briefen an Pauline Gotter, welche dem Herausgeber vorgelegen haben, nennt Goethe oft den „alten Herrn".

jedoch ebenfalls zu nennen; an einem verfehlten Leben ist auch sie zu Grunde gegangen.

Dies gute Geschöpf, welches geboren schien, Andere zu beglücken, fand doch kein Glück in der Ehe. Mehrmals hatte sie heftige Leidenschaften eingeflößt; zweimal war sie Braut, ohne daß die Verlobung zu einer ehelichen Verbindung führte. Ob sich die Verlöbnisse mit oder ohne ihre Schuld wieder auflösten, vermag ich nicht zu sagen. Dann lebte sie eine Zeit lang abwechselnd in Jena bei Frommanns und in Züllichau, im Hause weitläufiger Verwandten. Erst spät, im Jahre 1821, als sie bereits zweiunddreißig Jahre alt, aber noch immer schön und herzgewinnend war, entschloß sie sich, einem älteren Manne, einem angesehenen Gelehrten in Jena, dem Oberappellationsrath Professor Walch, ihre Hand zu reichen. Mehrmals hatte sie seine stets wiederholten, dringenden Bewerbungen abgewiesen; selbst ihre Pflegeeltern widerriethen ihr, als sie endlich ihr Jawort gab, mit richtiger Erkenntniß von Minchens Charakter eine Verbindung, zu der sie keine Neigung mitbrachte. Walch hatte jedoch so viele gute Eigenschaften, daß Minna Herzlieb sich dem Wahne hingab, die Achtung, welche sie empfand, könne sich später in Liebe umwandeln. Allein sie hatte sich getäuscht — zu ihrem und des Gatten Unglück. Nachdem der Bund geschlossen war, kam ihr die Einsicht ihrer innern Abneigung — zu spät! Sie kämpfte dagegen an — vergeblich! Nach zeitweiligen Entfernungen von Jena kehrte sie zwar einige Male auf kurze Zeit zu ihrem Gatten zurück, doch endlich wurde die Trennung eine dauernde. Walch benahm sich stets großmüthig gegen Minchen, deren Loos traurig genug war. Das einst so gefeierte Mädchen rang eine Reihe von Jahren hindurch erfolglos gegen die beklagenswerthesten Anfälle von Tiefsinn, welche dunkle Schatten auf ihren Lebensweg warfen. Den einzigen Trost gewährte ihr der Aufenthalt in der Frommannschen Familie, welcher sie bis an ihren Tod mit unwandelbarer Liebe anhing. Sie fand stets gastliche Aufnahme, auch als ihre Pflegeeltern heimgegangen waren und der Sohn derselben, Fr. J. Frommann, eine junge liebenswerthe Frau (eine Tochter des Weimarischen Oberconsistorialraths Günther, der

Goethes Trauung vollzog) in das alte Hauswesen eingeführt hatte. Hier habe ich Minchen in meinen vergerückten Jahren noch oft gesehen. Ihr letzter Lebensabschnitt war durch eine Herzkrankheit getrübt, unter deren beängstigendem Druck sie viel zu leiden hatte. Sie suchte Heilung in Görlitz, wo sie im Jahre 1865 zur ewigen Ruhe einging. Bei der Section ergab sich die Verhärtung einiger zum Herzen führenden Adern. Sie ist aufrichtig betrauert worden von den überlebenden Gliedern der Familie Frommann, und unvergessen lebt ihr Andenken im Herzen Aller, welche ihr im Leben nahe standen.

Von andern zu meiner Jugendzeit in Jena lebenden merkwürdigen Personen erwähne ich zuerst Ludwig Tieck. Ich sehe ihn noch vor mir mit den edlen, lebendigen Gesichtszügen! Wie schlank war der später zu üppiger Körperfülle Neigende damals, als er das lieblichste der Kinder, seine kleine Dorothea, auf dem Arme trug — jene Tochter, die dem Vater so geistesverwandt war, daß sie sogar seine Mitarbeiterin bei den Uebersetzungen des Shakespeare wurde!

Noch einer andern Dorothea erinnere ich mich: der 1803 mit ihren Söhnen zur katholischen Kirche übergetretenen Dorothea Schlegel, geborenen Mendelssohn, geschiedenen Veit. Sie war häßlich, aber doch anziehend durch die schwarzen Feueraugen, welche ihre unschönen Züge belebten und durchgeistigten. Das Bild ihres jüngsten Knaben aus erster Ehe, Philipp Veit, mit den orientalischen, regelmäßig feinen Zügen, mit dem schwarzen Lockenkopfe, taucht neben demjenigen seiner Mutter lebhaft in meiner Erinnerung auf; er wurde später bekanntlich einer der Koryphäen der neu erblühenden deutschen Malerkunst.

Auch Knebel, den geistreichen Alten, lernte ich persönlich kennen. Sechzig Jahre alt, schlug er 1805 dauernd seinen Wohnsitz in Jena auf (bis dahin hatte er abwechselnd in Weimar und Ilmenau gelebt), indem er sich in einem anmuthig belegenen Gartenhause am sogenannten „Paradiese", einem schönen, mit alten Bäumen besetzten Platze an der Saale, zu behaglich philosophischer und dichterischer Lebensweise einrichtete. Noch dreißig Jahre lang sollte er dieselbe in jenem stillen

Thale genießen; er starb später als Goethe, am 18. Februar 1834 in seinem einundneunzigsten Jahre.

Knebel war von athletischem Wuchs, schön und ausdrucksvoll sein Kopf. Den Hals trug er entblößt, ohne Halsbinde; zu Hause war er stets mit einem fliegenden Schlafrock bekleidet; so empfing er alle seine Besuche. „Jo! jo!" „Ho! ho!" waren Ausrufe, die er seinen Gesprächen immer beimischte, wie er z. B. bei meinem Eintritte allemal auszurufen pflegte: „Ho! ho! Kommt das liebe Kind auch einmal? Jo! jo! Schöne Sachen hab' ich zu zeigen — ho!" Und nun brachte er allerlei Raritäten aus seinen Schubkästen hervor. Da gab es Pasten, Versteinerungen, Münzen, kleine Bilder, Muscheln und ähnliche Gegenstände, deren jeder eine eigene Geschichte hatte. Bald unterrichtete Herr von Knebel mich über die Blumen seines Gartens, bald über das Innere der Berge, welche Jena malerisch umgeben; bald machte er mich auf schöne Baumgruppen, bald auf merkwürdige Wolkenformationen aufmerksam; dann wieder führte er mich im Geiste hin zum Pic von Teneriffa, der in Oel gemalt an der Wand seines Stübchens hing. Stets kam ich angeregt oder belehrt aus seinem Zimmer, in welchem Sauberkeit und peinliche Ordnung herrschte — ganz im Gegensatze zu den Gemächern seiner Frau. Diese, eine ehemalige Hofsängerin der Herzogin Amalie, war stets von einem wahren Chaos umgeben; die von ihr bewohnten Räume glichen der Arche Noah, wo Gethier aller Art heimisch war, welches jede Reinlichkeit illusorisch machte. Das hinderte Frau von Knebel aber nicht, in diesen Räumen Gesellschaften zu geben; ein buntes Foulardtuch phantastisch um den Kopf gewickelt, machte sie dann gewandt die Wirthin, bewährte sich als treffliche Kochkünstlerin, ja, gab auch wohl bisweilen, wenn sie bei recht guter Laune war, eine Arie mit wohl erhaltener Stimme zum Besten.

In ihrer Art war sie nicht minder originell als ihr Gatte, und gewiß ebenso überfließend herzlich. Als sechszehnjähriges sehr schönes Fräulein von Rudorff — die Jahre drückten später ihren Zügen das Gepräge der Leidenschaftlichkeit auf — war sie aus Berlin an den Hof der Herzogin Anna Amalie gekommen, von Empfehlungen des Kapellmeisters Benda vortheilhaft eingeführt. Der rührende Zauber ihres Gesanges wie ihre unverwüstliche, stets zu Neckereien und Scherz aufgelegte Laune hatte ihr bald jedes Herz gewonnen; sie wurde der besondere Günstling der Herzogin, welche sich persönlich für die Heirath mit Knebel interessirte. Diese erfolgte 1798. Noch im höchsten Alter war Frau von Knebel die Güte und Aufopferung selbst; sie half willig Jedermann, oft sogar mit Hintansetzung aller Klugheitsrücksichten. Gesellschaften zu geben, war ihr ein Lebensbedürfniß; flog ein seltener Bissen in's Haus, so theilte sie denselben zuverlässig mit lieben Freunden, was ihr Gatte auch ganz in der Ordnung fand. Sein Wahlspruch war: „Feine Geister verlangen auch feine Speisen." Uebrigens stand Herr von Knebel seiner Frau an Eigenschaften des Herzens nicht nach; trotz aller aufbrausenden Heftigkeit, die ihm innewohnte, war er im Grunde von wahrhaft kindlicher Gutmüthigkeit. Einst hatte ihm der Schneider soeben einen neuen Anzug gebracht, als ein armer Handwerksbursch an seine Thüre klopfte und um ein Kleidungsstück bat; Knebel schenkte dem Hilfsbedürftigen ohne Zaudern das im Augenblicke zuvor erst abgegebene Gewand. Der Handwerksbursch eilt vergnügt die Treppe hinunter — da begegnet ihm Frau von Knebel, welche kaum ihren Augen traut, als sie den neuen Rock ihres Mannes in des Fremden Händen sieht. Laut macht sie ihrer Verwunderung Luft, als plötzlich der Herr vom Hause erscheint, den Handwerksburschen in Schutz nimmt und bekennt, daß er selbst Jenem den neuen Anzug geschenkt habe: „denn einen alten hat er ja schon!"

In diesem freigebigen, gastlichen, durch und durch originellen Hause ging Goethe, wenn er in Jena war, beinahe täglich aus und ein. Die Freunde saßen dann meistens, heiter plaudernd, gemüthlich bei einem Glase guten Burgunders beisammen, Gespräche führend, welche von Witz, Humor und allerlei Schelmereien übersprudelten*).

---

*) Von einem Abend bei Frommanns, an welchem Goethe und Knebel Theil nahmen, schreibt Louise Seidler an Pauline Gotter, 6. Juni 1809: „Wir arrangirten das Souper; da ging Goethe ein wenig aus, schickte ein herrliches Blumenbouquet auf den Tisch und kam bald wieder, wo dann nach Tisch das

Noch erwähne ich das Haus des geistvollen Physikers Dr. Seebeck; auch bei diesem war Goethe, der ihn besonders hochschätzte, häufig zu Gast. Dem liebenswürdigen, edelherzigen Gelehrten und dessen trefflicher Gattin verdanke ich manche glückliche Stunde. Nicht minder wurde mir später der Umgang mit dem Hofrath Voigtschen Ehepaare ersprießlich. Der Hausherr, ein gelehrter Botaniker, verstand es auf die liebenswürdigste Weise, Andern von seinem Wissen mitzutheilen, was mir den Zutritt zu seinem Hause höchst werthvoll machte. Seine Frau, Susette geb. von Loewenich aus Frankfurt a. M., vereinigte mit großem Verstande und rastlosem Streben nach allseitiger Ausbildung das edelste, treueste Herz. Sie ist mir zeitlebens eine liebe Freundin geblieben.

Zu den mir unvergeßlichen Erscheinungen zähle ich auch die mir ebenfalls später eng befreundet gewordene Silvia von Ziegesar, eine liebliche, schlanke (und durch keine Crinoline entstellte!) Gestalt, die ich zum ersten Male auf einem Balle bei Professor Loder sah. Sie trug ein weißes, eng anliegendes, mit Vergißmeinnichtblümchen umsäumtes Gewand und einen Vergißmeinnichtkranz in dem vollen blonden Haar; ein Bild, welches mir immer wieder in den Sinn kam, wenn ich las, wie dies poetische Wesen später in Goethes Gedichten verherrlicht worden ist.

Wiederholt kam auch Zacharias Werner nach Jena; einmal hörte ich ihn bei Frommanns eine seiner neuesten Dichtungen vorlesen*).

Gespräch durch den alten Knebel sehr lustig geführt und mit Repliken von Goethe gewürzt wurde. Diese Beiden waren allerliebst; wir Andern Alle hörten zu und lachten und freuten uns." Am 4. März 1813 meldet Louise der Freundin: „Knebel sei immer noch beinahe Goethes einziger Ausgang", und setzt hinzu: daß der Letztere „sich ein Fläschchen Punsch in der Tasche mit hinaus nimmt und es dort im weißen Nachtjäckchen behaglich einnimmt."

*) Schütz, der Biograph Werners, theilt (I, 68, 75, 153) mit, daß der Dichter zwei Mal in Jena war; im December 1807 etwa drei Wochen, und am 4. und 5. Juni 1809. Ueber letzteren Besuch liegt (a. a. O.) Werners Tagebuchnotiz: „Absteigen bei Frommann. Frühstück daselbst. Mamsell König. Mamsell Seidler. Frommanns Frau" u. s. w., sowie nachstehender Brief

Der Eindruck, den er machte, war eigenthümlich genug: klein und erloschen die grauen Augen, die Gestalt lang, schlotternd, die Toilette schmutzig und vernachlässigt. Ueberdies schnupfte er unaufhörlich.

Bei einem so vielseitig angeregten Leben, wie ich es zu schildern versucht habe, wurde mir der Gedanke: Erzieherin zu werden, je länger je mehr zuwider. Mein Vater war wohlwollend genug, mich nicht zu zwingen; er ließ mich leben, wie ich mochte. Meine liebste Zerstreuung bildeten kleine Reisen nach Gotha zu Ettingers, Reichards und der guten Tante Dorette, die ich nun als Frau des Philologen Jacobs wiederfand, dessen fünf Kinder aus erster Ehe sie musterhaft erzog. In allen drei gastfreien Häusern ging es stets sehr vergnüglich

---

L. Seidlers an P. Gotter aus Drackendorf vom 6. Juni 1809 vor: „Am Sonntag wurde ich von Frommanns zu Tisch gebeten, wo ich Werner, aus Weimar kommend und nach Aschaffenburg zum Fürsten Primas" (Dalberg), „von dem er eine Pension von 1000 Gulden erhält, gehend, fand. Er war diesen Tag ganz umgeschaffen; schon sein Aeußeres hatte sich sehr verändert. Er sah wohl, und daher viel besser aus, und er war nicht läppisch, sondern nur launig, witzig, so daß ich um Vieles mit ihm ausgesöhnt bin, und an seiner und Herrn Frommanns Seite einen interessanten Mittag verlebte, der mir einen Vorgeschmack des Herrlichen gab. Schon halb sechs kam Riemer, als Apostel den Herrn zu verkündigen, und dieser folgte auch nicht viel später mit Knebel. Im Anfang zwar Geheimrath, aber immer mehr aufthauend als großer, einziger Goethe. Indem er mit Herrn Frommann den Saal abwanderte, sang Werner närrische Liedchen. Bald nachher kam der Geheimrath wieder in's Theezimmer, und da las Werner ein neues, komisches Geistesproduct, eine Ballade vor" (es war das „Ehestandslied: Die drei Reiter." Werke II, 102 fg.), „die besonders dem Geheimrath so wohl gefiel, daß er sich nicht nur vor Lachen darüber ausschüttete, sondern sie hernach über eine Stunde zu zergliedern würdigte, und noch das Einzelne besonders hervorzog und sehr lobte. Das Sujet war: es ritten drei Reiter zum Thore hinein, die wollten sich drei Mädchen frei'n. Es waren also sechs Portraits, worunter ein Topfgucker, der am Ende seine dumme Frau doch zu Tode quält, und eine empfindsame Lina, die ihr Cyprilänlein zum Erhängen bringt und hernach den Strick zart weinend mit Vergißmeinnicht umflicht, die Hauptpersonen, über die Goethe besonders lachte und sie pries, noch dazu, da ihm die Seele der Topfgucker ganz fremd wäre und sie so ein gutes Bild abgäben. Nach Diesem wurde das Gespräch allgemeiner."

her; besonders belebt und anregend wußte meine Tante Ettinger*) ihre geselligen Vereinigungen zu gestalten, welchen oft der phantastische Erbprinz August von Gotha (der auch nicht fortblieb, als er den Thron bestieg) und sein Bruder Friedrich angehörten. Bisweilen wurden wir sogar zu kleinen Hoffesten eingeladen; die einfache Mousselinblouse, mit rosafarbenen Bandschleifen verziert, war eine für die Hofbälle vollständig genügende Toilette; das weiße Taffetkleid einer Hofdame machte als unerhörter Luxus großes Aufsehen. Um so lebhafter war meine Freude, als einst am Tage nach einem Hofballe Prinz August seine sämmtlichen Tänzerinnen, zu denen auch ich gehört hatte, mit Pariser Blumen beschenkte. Nicht ohne Stolz zeigte ich die fürstliche Gabe meinen staunenden Freundinnen in Gotha und in meiner Vaterstadt.

Nach Jena, seinem Geburtsorte, war eben damals der Maler Roux von Dresden zurückgekehrt und hatte viele Copien in Pastellfarben mitgebracht, die er in der Dresdener Gallerie angefertigt hatte. Diese machten auf mein empfängliches Gemüth den lebhaftesten Eindruck; so malen zu lernen, bei diesem Künstler Unterricht zu haben — das war sogleich mein Gedanke. Der Vater, in dem Glauben, mein Eifer sei nur ein vorübergehender, war nicht geneigt, die theuern Lectionen zu bezahlen; ich beschloß daher, durch eigene Kraft das nöthige

*) Mehr als funfzig Jahre später schreibt eine nahe Verwandte Louise Seidlers an diese: „Gestern Abend habe ich meinem Ernst viel von Deinem Aufenthalte bei Tante Ettinger erzählt, von Deinen vielen Eroberungen, die Du machtest, wie Du Alt und Jung, Männer und Frauen und selbst so kindische Mädchen wie ich damals war, durch Deine hinreißende Liebenswürdigkeit entzücktest. Ich sehe Dich noch lebhaft vor mir: Du verstandest so gut, Dich anzuziehen und kleidsam zu frisiren; Alles war malerisch und doch nicht gesucht; kurz, Du warst (wie auch noch jetzt) unendlich, unbeschreiblich liebenswürdig. Weißt Du noch, wie Du wegen der Anfangsbuchstaben Deines Namens von Deinen Verehrern genannt wurdest? Loco Sigilli! — Aber ich muß aufhören; Du lachst gewiß darüber, daß die alte Cousine so in Enthusiasmus kommt, während sie der nun auch alten Cousine Erinnerungen aus vergangenen Zeiten vorführt!“

Geld zu erwerben. Obgleich ich in Handarbeiten bei Weitem nicht so geschickt war, wie meine Schwester Wilhelmine, welche später ihre ganze Aussteuer allein besorgte, so suchte ich doch durch Fleiß zu ersetzen, was mir fehlte. Ich nähte, strickte und stickte heimlich, oft bei Nacht, zu jämmerlichen Preisen, und wirklich erwarb ich mir auf diese Weise Geld genug, um den Unterricht bei Roux zu bezahlen. Ich copirte so emsig, daß mein Lehrer bald keine Vorbilder mehr für mich hatte; nun begann ich, Portraitstudien nach der Natur zu machen, und nicht ohne Glück. Roux's Frau aber, welche in mir vielleicht eine künftige Nebenbuhlerin ihres Mannes auf dem Gebiete der Portraitmalerei argwöhnte, bewog denselben, mir den Unterricht aufzukündigen. Ich war nun wieder in der Kunst mir selbst überlassen und auf meinen eigenen Instinct angewiesen.

Dies etwa waren die Eindrücke, unter denen ich zwanzig Jahre alt wurde; es war in dem verhängnißvollen Jahre 1806. Die Kriegsfurie war los, aber das gute Zutrauen, welches man in Preußen setzte, ließ die Furcht vor Napoleon nicht aufkommen; acht Tage vor der Schlacht bei Jena tanzten wir jungen Mädchen (meine Freundin Lottchen Stieler aus Gotha verweilte zum Besuche bei uns) noch sorglos mit den Offizieren des Regiments Hohenlohe. Das Gespräch kam auch auf die politische Lage. „Laßt die Wälschen nur kommen!" rief der Eine; „bah, wer wird sich vor den Franzosen fürchten!" Ein Anderer fügte hinzu: „Wir wollen sie vor uns hertreiben, daß sie keine Zeit mehr haben sollen, eine Semmel vom Bäckerladen mitzunehmen!" Wer hätte den hübschen Offizieren nicht glauben sollen! Aber ach — nur zu bald änderte sich das Bild; gefangen genommen, theilten die fröhlichen Tänzer den dünnen Kaffee ohne Milch und die gekochten Kartoffeln mit uns, welche als letzter Rest aus den geplünderten Kellern, ausgeschüttet auf den nackten Tisch, unsern Hunger stillten.

Schon am Sonntag-Nachmittage des 12. October brachte ein flüchtiger Husar die Nachricht mit, daß die Schlacht bei Saalfeld verloren und Prinz Louis Ferdinand von Preußen den Heldentod gestorben sei. Auf diese Schreckensbotschaft zog alsbald alles in Jena weilende

Militär in der heillosesten Verwirrung davon; auch die Hauptarmee unter dem Herzog von Braunschweig, dessen Trainknechte die Pferde von den Kanonen schnitten und eiligst fortjagten, setzte sich in Bewegung. Bald war es todtenstill in unserer zuvor so bewegten Stadt. Am nächsten Morgen, einem Montage, blickten wir in den Nebel hinaus; wir sahen die Wache der Stadtsoldaten aufziehen, alles war wie sonst. Plötzlich aber sprengten französische Tirailleurs heran; eine Deputation von Universitätsprofessoren, deren Sprecher die Sieger am Thore anreden wollte, wurde ausgeplündert; die blanke Waffe in der Hand, forderten die Franzosen gebieterisch Uhren und Geldbeutel. Aus reinem Uebermuth schossen diese Wüthenden dann auf einen Thorwächter, der blutend davonwankte; darauf ritten sie nach dem Schloßflügel, dessen zweiten Stock wir bewohnten, ließen es jedoch zum Glück bei der Plünderung der preisgegebenen Behausung des im preußischen Hauptquartiere weilenden Commandanten von Jena, im ersten Stock, bewenden.

Wenige Stunden später kamen reguläre französische Truppen. Zwei Offiziere nahmen bei uns Quartier; ungebetene Gäste, die jedoch sehr freundlich, namentlich gegen mich, waren. Beim Abschiede bot mir der Eine seinen schönen Hühnerhund, welchen ich geliebkost hatte, zum Geschenk an; als ich dasselbe schnöde ablehnte, erhielt ich die Warnung: lieber den Franzosen, als den Preußen den Sieg zu wünschen, denn würden sie von den Prussiens geschlagen, so sei es beschlossene Sache, die Stadt Jena an allen vier Ecken in Brand zu setzen.

Diese Truppen waren die Vorboten unzähliger Regimenter und Colonnen, die fortan unaufhörlich, bei Tag und bei Nacht, durch die Stadt nach dem Mühlthale zogen. Der nach Apolda führende Hohlweg, welchen sie passiren mußten, um auf die Ebene zu gelangen, wo am nächsten Morgen die große Schlacht sich entwickelte, war so eng, daß die Kanonen nicht von Pferden gezogen werden konnten; es ward daher ausgespannt, und Soldaten trugen die Geschütze. Eine Handvoll Preußen hätte diese Züge aufhalten und vernichten können!

Uebrigens will ich nicht unerwähnt lassen, wie gegen die deutschen Truppen auch schändlicher Verrath im Spiele war. Zu Jena nämlich hatte ein gewisser Abbé Henry, welchen die französische Revolution aus seinem Vaterlande vertrieben, seit 1795 gastliche Aufnahme gefunden. In seiner Eigenschaft als Seelsorger nahm er sich der wenigen Katholiken Jenas eifrig an; man überließ ihm einen kleinen Pavillon, in welchem früher ein Theil der anatomischen Sammlung aufbewahrt gewesen war, als Kapelle, und er wußte diese mit vieler Gewandtheit binnen kurzer Frist recht hübsch auszustatten; er selbst fertigte einen Altar aus Pappe, den er mit marmorirtem Papier beklebte; ich malte ihm in Pastellfarben auf seine Bitte eine Mutter Maria (Copie nach Palma Vecchio) als Altarbild, wofür ich die Ehre haben durfte, ihn zu portraitiren. Die in der Stadt bisher unbekannten Meßopfer und die in gebrochenem Deutsch bareck vorgetragenen Predigten des Abbé (in denen er z. B. vom „Schaf Gottes" statt „Lamm Gottes" sprach, u. dergl. m.) verschafften ihm viele Hörer auch aus protestantischen Kreisen, und Henry war bald eine stadtbekannte Persönlichkeit. In keinem Falle konnte er sich über Intoleranz beklagen. Zum Danke für die Aufnahme, welche er gefunden, machte er 1806 den Wegweiser für eine Colonne Franzosen durch das Rauthal auf eine Anhöhe im Rücken eines sächsischen Regimentes, welches in Folge dieser Hinterlist die Waffen strecken mußte. Dem Abbé aber bahnte seine That 1808 den Weg zu Napoleon; Henry wurde mit einem bedeutenden Gehalte dotirt, erhielt an der Universität eine Professur der französischen Sprache und Literatur, bekam das Kreuz der Ehrenlegion und wußte es außerdem dahin zu bringen, daß ihm ein verlassenes Kirchlein für den katholischen Gottesdienst eingeräumt, ja, daß dieses außerdem mit Ländereien in der Nähe von Erfurt reich ausgestattet wurde. Als 1813 die Russen kamen, ängstigte den Abbé indeß sein böses Gewissen; er versteckte sich in seiner Wohnung, in der die Kosaken zunächst nur die Haushälterin fanden. Diese trug die Papiere des Abbé in ihren Strümpfen versteckt bei sich, verrieth aber sich und ihren Herrn durch ihre auffallende Angst. Der würdige Mann, in die Mitte genommen von zwei reitenden Kosaken, welche mit geladenem Gewehr scharf auf ihn Acht gaben, mußte zum Thore hinaustraben. Er sollte gehenkt werden, allein sein Priesteramt rettete ihn; man schaffte ihn in die Strafanstalt nach Silberberg, von wo ihn klerikaler Einfluß indeß wieder zu befreien und in ein einträgliches Amt zu Aschaffenburg oder Würzburg — genau erinnere ich mich des Ortes nicht mehr — zu bringen wußte*).

Ob der Verrath des Abbé Henry auf den Ausgang der Schlacht von Einfluß war oder nicht, kann ich natürlich nicht beurtheilen; ich erzähle nur, was das hart geprüfte Jena in den damaligen schweren Tagen erduldete. Am Dienstage, dem 14. October 1806, hörte man schon in aller Frühe heftigen Kanonendonner und das Knattern von Kleingewehrfeuer; nach wenigen Stunden verkündigten die Verwundeten und Flüchtigen, welche in Schaaren eintrafen und Häuser, Kirchen, öffentliche Gebäude, Straßen und Plätze überfüllten, daß die Schlacht für die Preußen gänzlich verloren sei. Neben diesen Unglücklichen, deren Zahl von Stunde zu Stunde wuchs, zog Colonne auf Colonne der siegreichen Feinde mit klingendem Spiel durch die Stadt; auch die berühmten

*) Ein im Staatsarchiv zu Weimar aufbewahrter, unter'm 6. Febr. 1807 dem Landesherren eingereichter »Précis de ma conduite du 13. au 15. Octobre 1806« vom Abbé Henry läßt diesen in ganz anderm Lichte erscheinen, als Louise Seidler ihn darstellt. Auch war es der Pastor Putsche in Wenigenjena, der den Feind das Rauthal hinauf in den Rücken der deutschen Heere führte (Vergl. Klopfleisch, die Schlacht bei Jena, 132 fg.). In Betreff des Abbé Henry ist dem Herausgeber Seitens des Herrn Fr. J. Frommann zu Jena die dankenswerthe Mittheilung zugegangen, daß von den Anschuldigungen, welche man 1813 gegen den Abbé erhob, später keine bewiesen werden konnte. „Man war eben damals zum Mißtrauen geneigt, und dem hell entflammten deutschen Nationalgefühl erschien jeder Franzose leicht verdächtig. Henry hat allerdings die (noch immer) kleine katholische Gemeinde zu Jena gesammelt, einen alten Festungsthurm zur Kapelle eingerichtet und von Napoleon eine Stiftung für diese erlangt, bestehend aus den Einkünften des früher Erfurt-Kurmainzischen Gutes Mohrenthal. Sicher ist aber auch, daß er sich bei dem Kaiser warm für die Stadt verwandte und die Abgebrannten es größtentheils seiner Fürsprache zu danken hatten, wenn ihnen eine Entschädigung zugesichert und später wirklich in Mainz ausbezahlt wurde. Thatsächlich Belastendes konnte gegen Henry niemals festgestellt werden, jedenfalls war er unschädlich — wenigstens hat er es nicht verhindert, daß z. B. Luden in der Franzosenzeit sehr deutsch vom Katheder herab sprach.“

Garden Napoleons waren dabei. Diese nahmen sogleich Besitz von dem Schloßhofe; bald loderten Wachtfeuer empor, um welche sich die Krieger kochend, Vieh schlachtend, Geflügel rupfend, singend und musicirend gruppirten. Dazwischen läuteten die Glocken Sturm, tönte schauerlich das Wehegeschrei der hart bedrängten Bewohner von Jena, das Gestöhn Derer, die ihren in der Schlacht erhaltenen Wunden erlagen. Nicht lange dauerte es, so brachte der Vater die Schreckenszeitung mit: die Stadt brenne an allen vier Enden; die Franzosen hätten die Spritzen zerbrochen, auch fehle es an Wasser; es sei nöthig, unsere Habe zu retten. Wir schleppten unter treuer Beihilfe Lottchen Stielers das Werthvollste — Möbeln, Betten, Lebensmittel u. s. w. — nach unserm kleinen Garten nahe vor der Stadt; dort schien es uns sicher zu sein, denn Jena wurde von den raubgierigen Franzosen geplündert. Vor meinen Augen ward ein Kaufmannsladen aufgerissen und der Eigenthümer, ein alter Mann mit kahlem Kopfe, auf das Straßenpflaster geschleudert; eine eben des Weges daherkommende Heerde Ochsen, zu der für die Armee ausgeschriebenen Lieferung gehörig, schritt ungehindert über ihn hinweg. Entsetzt floh ich davon, gleiche Rohheiten für uns befürchtend, vor welchen uns vielleicht nur der Umstand schützte, daß der Marschall Lannes durch seine Dienerschaft unsere Wohnung als Quartier für sich hatte belegen lassen. Der Marschall selbst blieb freilich aus, da er mit der Armee weiter ziehen mußte, aber wir hatten auch an der Dienerschaft genug. Ungestüm stellte diese die weitestgehenden Forderungen, so daß mein Vater sich endlich mit unserm Kutscher auf den Weg machte, um aus unserm Garten mehrere der versteckten Sachen, namentlich den dringend verlangten Wein, wiederzuholen. Die beiden Männer mochten seit einer halben Stunde fortgegangen sein, als plötzlich der Kutscher athemlos und todtenbleich zu mir in's Zimmer stürzt und ausruft: „Um Gotteswillen, kommen Sie schnell mit in den Garten; Ihr Vater wird um's Leben gebracht, weil er sich nicht verständlich machen kann." Stumm vor Entsetzen stürze ich eine Hintertreppe hinunter, die von Franzosen aller Waffengattungen belagert war. Ich musterte diese mit einem Blicke; die edlen Züge eines Sappeurs flößten mir Vertrauen ein, so daß ich seinen Arm ergriff und ihn ohne Weiteres mit mir fortzog. »Mademoiselle — que voulez Vous?« rief er erstaunt; ich aber fand keine Worte, erst auf der Straße gewann ich Athem, Alles zu erklären. Am Arme meines Beschützers erreichte ich unsern Garten, wo ich meinen Vater von einem Husaren mit blanker Waffe schwer bedroht fand. Schnell führte mein Begleiter eine Verständigung herbei: es stellte sich heraus, daß der Husar geglaubt hatte, mein Vater habe selber Beute machen wollen. Nicht weiter behindert, brachten wir nun die gesuchten Sachen unter Beistand der Franzosen selbst in unsere Wohnung; der theilnehmende Ausruf des hilfreichen Sappeurs: »La pauvre malheureuse!« entfesselte hier die Thränen, welche die ungeheure Aufregung bisher zurückgedrängt hatte.

Doch nicht genug der Sorge: kaum daß ich ein wenig gefaßter an das Fenster trat, so sah ich auf dem Schloßhofe eine Ordonnanz in rother Uniform auf einem wunderschönen Rappen halten. Reiter und Roß zogen meine Aufmerksamkeit an — „Vater!" rief ich endlich erschrocken, „ist das nicht unser Bucephalus?" Er war es in der That! Mein Vater hatte das edle Thier in einer versteckt gelegenen Scheune hinter Holz und Brettern verborgen, während er seine übrigen Pferde im preußischen Hauptquartiere wohl bewahrt glaubte. Doch dieses war versprengt und unsere Scheune erbrochen und geplündert worden, ebenso wie unsere Keller! Wie hart dem Vater der Verlust seines letzten Pferdes sein mußte, läßt sich denken. Natürlich eilte er, als er Bucephalus erkannte, sogleich hinunter, um das Thier zurückzufordern, aber eine Fluth derber Schimpfreden war alles, was man ihm zu Theil werden ließ.

So verstrich der Dienstag; am Mittwoch Morgen kam Napoleon, welcher schon Tags zuvor flüchtig durch den Schloßhof gesprengt war und alsdann in der Nacht vom 14. auf den 15. October unter seinen Truppen auf dem Landgrafenberge bivouakirt hatte, mit seinem Adjutanten Coulaincourt in die Stadt; er bezog den Hauptflügel des Schlosses. Durch ein Fenster unseres Vorsaals konnte ich ihn beobachten, wie er lange sinnend am Fenster des gegenüberliegenden Zimmers stand, in den Händen seine Uhr haltend, deren Kette er langsam durch die Finger gleiten ließ. Später schritt er in dem Gemache auf und nieder, wahrscheinlich seinem Secretair, welcher eifrig schrieb, ein Bülletin dictirend. Im Schlosse wurde es sehr lebhaft; in allen Räumlichkeiten desselben quartierten sich hohe Offiziere ein, auch bei uns und in der Wohnung des Stadtcommandanten Hendrich, obwohl die Haushälterin desselben, die total den Kopf verlor und aus einer Ohnmacht in die andere fiel, in der Angst alle Möbeln hatte wegschaffen lassen, die nun auf Befehl der Franzosen wiedergeholt werden mußten.

Es war ein feuchter, naßkalter Tag. Im Hofe standen die Offiziere eines gefangenen sächsischen Regiments, unter ihnen der alte General Niesemeuschel, dessen schneeweißer, entblößter Kopf mit einer blutigen Binde umwunden war. Sie erwarteten die Ordre, den Eid zu schwören, während des Feldzugs nicht mehr gegen Frankreich zu kämpfen. Nachdem diese Ceremonie beendet war, stieg Napoleon, bekleidet mit dem historisch gewordenen grauen Oberrocke, in einen kleinen, offenen Wagen und fuhr davon; nach und nach folgten ihm die militärischen Würdenträger, welche soeben noch unserer Wohnung ein so buntes, bewegtes Ansehen geliehen hatten.

Das Schloß wurde nun zum Lazareth eingerichtet; jeden Morgen um 9 Uhr rasselte mit grauenvoller Pünktlichkeit der Todtenwagen heran, um bald darauf wieder mit seiner schauerlichen Fracht — die nur leicht mit Stroh bedeckt war, unter welchem oftmals Köpfe, Arme, Beine hervorstarrten — durch das Thor zurückzufahren, dessen Flügel sich knarrend hinter ihm schlossen. Pechpfannen mit Theer wurden angezündet, um die durch die Ausdünstungen der Kranken und Gestorbenen verpestete Luft zu reinigen und epidemische Krankheiten zu verhüten. Noch viele Tage nach der Schlacht wurden Schwerverwundete in grauenhaftem Zustande hereingebracht, welche mit Thau und Gras ihr Leben jammervoll gefristet hatten. Sobald sie in Pflege kamen, starben sie meistens gleich.

Auch wir sollten nicht gänzlich von Einquartierung verschont bleiben; die Stelle der Offiziere aus Napoleons Gefolge nahm bald ein schwer verwundeter Capitän Namens Pomme ein, welchem Frau und Tochter auf dem Fuße folgten, um ihn treu zu pflegen. Aber der Capitän starb nach wenigen Tagen; sein Leichnam ward einbalsamirt und in eine Kiste gelegt, welche in unserer Wohnung stehen blieb. Jahre vergingen, ehe die Zeitumstände die Ueberführung der Leiche nach Frankreich gestatteten.

An Brunnenwasser fehlte es nach der Schlacht in ganz Jena, da das durchrasselnde Geschütz den Erdboden so erschüttert hatte, daß die Wasserröhren geplatzt waren. Man mußte sich mit Wasser aus der Saale behelfen, in welchem todte Pferde, menschliche Gliedmaßen, blutige Fetzen von Kleidungsstücken u. dergl. nicht selten herum schwammen. Handel und Wandel stockte völlig; die Sieger hatten sämmtliche Nahrungsmittel ohne Weiteres in Beschlag genommen. Wir konnten uns nur dadurch vor dem nagendsten Hunger schützen, daß wir von großmüthigen Feinden Anweisungen, Bons genannt, erbettelten, für welche uns die Militärintendantur Fleisch und Brot lieferte.

Dieser schreckliche Zustand hielt verhältnißmäßig lange an; erst gegen Anfang des neuen Jahres 1807 kam in die traurigen Verhältnisse der schwer heimgesuchten Stadt wieder einige Ordnung. Kirchen und Privathäuser wurden nach und nach von Blessirten leer; die Pechpfannen, die wochenlang unausgesetzt auf den Straßen gelodert hatten, erloschen; überall trat größere Ruhe beschwichtigend ein.

Eines Abends saß ich mit Mutter und Schwester still in unserm kleinen Stübchen und arbeitete emsig, als sich die Thür aufthat und ein schöner, ernster Mann in französischer Uniform hereintrat, welcher um die Schlüssel der Reitbahn bat, wo Verwundete untergebracht werden sollten. Wir lernten in dem Fremden den neu angekommenen, zu Bernadottes Corps gehörigen Oberarzt der sämmtlichen Lazarethe von Jena, Namens Geoffroy, kennen.

Ein Gespräch entspann sich, nach dessen Verlauf ihm die Eltern auf seine Bitte erlaubten, seinen Besuch wiederholen zu dürfen. Bald sahen wir ihn täglich. In einem Nebenzimmer las er mir aus seinen Lieblingsdichtern Corneille und Racine vor, oder wir musicirten zusammen, indem Geoffroy mit dem Violoncell mein Pianofortespiel begleitete. Das gegenseitige Interesse steigerte sich; ich fand ein treues Herz in dem edlen Manne. Die Neigung wuchs — endlich bot er mir seine Hand an. Meine Eltern willigten ein; der Vater um so rückhaltloser, als er in dem ernsten, würdigen Geoffroy — welchem auf angestellte Erkundigungen auch die Behörden seines Heimathortes Lisieux die besten Zeugnisse gaben — den zuverlässigen, redlichen und wohlunterrichteten Mann längst hatte hochachten müssen. Auch die politischen Anschauungen Beider stimmten im Ganzen überein, denn Geoffroy war ein persönlicher Freund Bernadottes und, wie dieser, ein Gegner Bonapartes, dem er nur gezwungen folgte. So stand denn unserm Glücke nichts im Wege, und im traulichen häuslichen Kreise ward unsere Verlobung gefeiert; die allgemeine Trauerzeit gestaltete sich zum schönsten Abschnitte meines Lebens. Geoffroy verhehlte mir nicht, daß ein Zufall seine Aufmerksamkeit auf mich gelenkt habe. Kurze Zeit vor der Schlacht nämlich hatte ich in übermüthiger Laune unsere berühmtesten Ballherren als Caricaturen gezeichnet, ohne mir etwas Arges dabei zu denken. Das Blatt lag auf meinem Instrumente in unserm Wohnzimmer, wo es unglücklicherweise von einigen Studenten entdeckt wurde, welche kamen, uns für den nächsten Ball zu engagiren. Sie erkannten die Portraits und rächten sich an mir in nicht eben großmüthiger Weise dadurch, daß sie am schwarzen Brett anschlugen: die wohlgetroffenen Portraits berühmter Jünglinge seien zu haben bei Louise Seidler im Schlosse zu Jena. Theuer genug mußte ich meinen Muthwillen büßen; ich ward von den Studenten in den Bann gethan, die Portraitirten so wenig wie ihre Freunde tanzten mit mir, und die Mütter stellten mich ihren Töchtern als warnendes Exempel vor Augen. Aber ritterlich nahmen sich unsere drei Hausfreunde meiner an; bald hatten sie alles wieder in's Gleis gebracht. Dies kleine, mir so unangenehme Abenteuer hatte Geoffroy zufällig als Stadtneuigkeit vernommen; der Wunsch war in ihm erwacht, die Caricaturenzeichnerin zu sehen. Nur deshalb war er an jenem Abend persönlich gekommen, die Schlüssel zur Reitbahn zu holen. So sollte, was mir anfangs große Widerwärtigkeiten bereitete, mittelbar der Anlaß zum Glücke meines Herzens werden!

Allein dieses Glück sollte nicht von Dauer sein; die Pflicht rief den theuern Mann von meiner Seite. Ein Briefwechsel folgte — die herzlichen Zeichen treuester Liebe liegen vor mir. Mehr als ein halbes Jahrhundert ist seitdem entschwunden; mein Haar ist gebleicht, mein Gesicht ist gefurcht, mein Auge stumpf. Aber dennoch kann ich nur mit tiefer Bewegung die vergilbten Blätter betrachten, welche seine theuren Schriftzüge tragen, und welche man eines Tages mit mir einsargen wird*).

Die Briefe des Geliebten waren mein Trost, mein Alles. Blutete doch das arme Mädchenherz unter der eisernen Faust des Eroberers, wie das Herz von Königen und Kaisern. Ich litt mit den Franzosen, deren blühendste Söhne fort und fort zur Schlachtbank geführt wurden; ich litt nicht minder schwer mit meinen geknechteten Landsleuten. Doch hoffte ich auch zugleich mit Tausenden. So war mein armes Herz in jeder Hinsicht beständig in Aufregung.

Nur selten traten zerstreuende Lichtpunkte ein, welche den auf meiner Seele lastenden Druck auf kurze Zeit erleichterten. Dahin rechne ich die Erscheinung der Demoiselle Jagemann, nachherigen Frau von Heygendorf. Eines Tages sprengte eine üppig schöne, jugendliche Frauengestalt in grauem, enganliegendem Reitkleide, mit wallendem Federhute, unter dem ein blühendes, frisches Gesicht hervorleuchtete, in den Schloßhof zu Jena. Es war die Jagemann, nur von einem Stallmeister begleitet. Sie fragte nach uns und brachte meiner Schwester Grüße von der ihrigen; diese Beiden waren mit einander befreundet, sie hatten sich im Stielerschen Institute zu Gotha kennen gelernt, wohin meine Schwester mir nachgefolgt war.

*) Dies geschah später wirklich.

Ich hatte die Jagemann schon mehrmals auf der Bühne in Weimar bewundert. Sie war eine eben so tüchtige Sängerin, wie gute Schauspielerin, welche sich tragischen und komischen Aufgaben mit gleichem Geschick unterzog. Ihre Sprache klang so melodisch, wie ihr Gesang; ihre Declamation war lebendig und tief empfunden. Ein ähnliches schauspielerisches Genie mag selten geboren werden; Anmuth und Würde vereinigten sich in ihren Darstellungen. Ihr Vater, aus Dingelstädt im Eichsfelde gebürtig, war von seinen streng katholischen Eltern zum Geistlichen bestimmt und nach Constanz in ein Kloster geschickt worden, dem er aber entfloh. Später suchte und erhielt er Absolution in Rom, kehrte in sein Vaterland zurück und ließ sich als Lehrer des Italienischen in Erfurt nieder. Endlich zog er nach Weimar und heirathete eine Weimaranerin; die Ehe wurde indessen nicht glücklich und daher bald getrennt. Die älteste aus ihr hervorgegangene Tochter, Caroline, ward wegen ihrer seltenen Begabung, die sich schon früh zeigte, zum Behufe künstlerischer Ausbildung nach Mannheim gesendet, wo sie treffliche Lehrer erhielt und die besten Vorbilder sah. Wie kärglich sie sich dort oft behelfen mußte, hat sie in ihren Memoiren — die aber nie veröffentlicht worden sind — treu geschildert. Unter guter Leitung entfaltete sich bald ihr außergewöhnliches Talent; sie machte das größte Aufsehen in Mannheim. Ein italienischer Graf warb um ihre Hand; da aber die Eltern desselben ihre Einwilligung zu der Verbindung versagten, trat Caroline zurück. Um sich diesen Mannheimer Verhältnissen zu entziehen, ging sie wieder nach Weimar, wo sie als Sängerin und Schauspielerin die glänzendsten Triumphe feierte; ihr Vater wurde dort Herzoglicher Bibliothekar und Rath, ihr Bruder Hofmaler.

Der Besuch, den sie uns auf die zuvor beschriebene Weise in Jena abstattete, bahnte eine nähere Bekanntschaft zwischen uns an, welche auf mich von glücklicher, weil zerstreuender Wirkung war. Aber noch ein anderes Intermezzo von größerer Wichtigkeit sollte meinen Seelenschmerz auf Augenblicke in den Hintergrund drängen: das war die Zusammenkunft der beiden Kaiser, des russischen und des französischen, zu Erfurt, im Jahre 1808 (27. September bis 14. October).

Bei einem Bekannten meines Vaters Namens Philipp Seidel, der durch Goethe, dessen vertrauter Diener und Secretär*) er in des Dichters schönsten Jahren gewesen, die Stelle eines Rentamtmanns in Weimar erhalten hatte, erlebte ich daselbst den Besuch der beiden Monarchen gelegentlich der historisch denkwürdigen Erfurter Zusammenkunft. Ich sah Alexander und Napoleon in einem kleinen, offenen Jagdwagen durch die Straßen Weimars fahren; Napoleon rechts, Alexander links sitzend. Napoleon hatte die Acteurs der französischen Tragödie mitgebracht; aus Galanterie für die Herzogin Louise ließ er in Weimar den „Tod Cäsars" von Racine aufführen (6. October 1808). Die Billets wurden nicht verkauft, sondern vom Hofe vertheilt; mit andern Staatsdienern erhielt der Rentamtmann Seidel, bei dem ich wohnte, ein Billet zur Gallerie; er hatte zu meiner höchsten Freude die Güte, dasselbe mir abzutreten.

Eine Musik fand nicht statt. Wenn einer der Potentaten hereintrat, wurde nach Maßgabe seines Ranges die Trommel gerührt. Die Bühne war mit Teppichen belegt; das Stück wurde ohne Zwischenacte durchgespielt, der Vorhang fiel gar nicht nieder. Auf dem erhöhten Podium des Orchesters saßen in rothsammetnen Lehnstühlen die beiden Kaiser; rechts und links die Könige von Würtemberg, Bayern, Westfalen, Sachsen und andere Monarchen. Carl August saß nicht, sondern ging ab und zu, um als guter Wirth die Anordnung des Ganzen selbst zu überwachen. Das Parquet und Parterre war den übrigen Fürsten, Grafen, Marschällen, Gesandten, Generalen eingeräumt worden; Stern an Stern funkelte hier, Ordensbänder leuchteten auf den gestickten Uniformen, Alles war glänzend und prächtig. In den fürstlichen Logen machte die Herzogin Louise der Königin von Westfalen, der Großherzogin Stephanie von Baden sowie den übrigen Regentinnen die Honneurs. Der Balkon war mit den vornehmsten Damen besetzt, welche im höchsten Putze prangten. Diamanten blitzten, Federn schwankten — das Ganze

*) Ueber Goethes Verhältniß zu Philipp Seidel vergl. Burkhardt, „Im neuen Reich", 1871, S. 277 fg.

gab das denkbar festlichste Bild, welchem nur die liebliche Gestalt der jungen Großfürstin Maria Paulowna fehlte, die zu dieser Zeit in St. Petersburg verweilte.

Talma in der Rolle des Cäsar entwickelte sein großartiges Talent; das Feuer seiner Declamation, die Plastik seiner Stellungen versöhnte mit den steifen Alexandrinern Racines. Aber trotz der meisterhaften Darstellung schlief Napoleon öfters ein; desto aufmerksamer war der König von Sachsen neben ihm. Auch die übrigen Fürstlichkeiten gaben wohl Acht, nicht gegen die Etikette zu verstoßen; nur Napoleon machte eine Ausnahme.

Nach dem Theater war großer Hofball im Schlosse. Ich fand auch da ein Plätzchen auf der Gallerie, von wo aus ich eine Unterhaltung Napoleons mit Goethe und eine längere mit Wieland beobachtete; Napoleon lehnte an einer Säule, neben ihm stand wieder der König von Sachsen.

Tags zuvor hatte große Jagd auf dem Ettersberge stattgefunden, wobei ich ebenfalls zugesehen hatte. Auf dem Plateau des Berges war nämlich eine Halle errichtet, die man mit Tannenzweigen ausgeschmückt hatte, deren düsteres Grün durch Festons von Vogelbeeren ein freundlicheres Ansehen gewann. An drei Seiten dieser Halle befanden sich stufenweis erhöhte, mit zahllosen Zuschauern besetzte Gerüste. An der Brustwehr der Halle standen die Monarchen, hinter ihnen die Jäger, welche die Flinten luden. Das Wild wurde hier in Schußweite vorbeigetrieben; den Anfang machte ein wunderschönes Reh. Als das arme Thier blutend niederstürzte, wurde mir so weh um's Herz, daß ich laut zu weinen begann und eiligst nach der Stadt zurücklief.

Der Jagd folgte ein nach Napoleons eigener Anordnung eingerichtetes großes Festmahl im Weimarischen Schlosse; die Tafel bildete ein Halbrund, in dessen Mitte die Herzogin Louise und Napoleon saßen. Auf des Letzteren ausdrücklichen Befehl mußte die Prinzessin Caroline*),

*) Die Hofdame derselben, Henriette von Knebel, berichtete über die oben erzählten Ereignisse die interessantesten Einzelheiten an ihren Bruder; Briefwechsel 345 fg..

nachmalige Erbgroßherzogin von Mecklenburg-Schwerin und Mutter der späteren Herzogin Helene von Orleans, der Herzogin Louise zur Seite sitzen, „weil Mutter und Tochter zusammengehörten". Nach der Tafel fand ein kurzes Concert statt, in welchem die Jagemann mit dem Bassisten Strohmeier, später Goethes Nachfolger in der Direktion der Weimarischen Bühne, Scenen aus Paers „Camilla" vortrug.

Der 7. October 1808 sah dann jene berüchtigte Veranstaltung Napoleons: die Hasenjagd der hohen Potentaten auf dem Schlachtfelde von Jena, dem Landgrafenberge, welcher seit dem Tage, wo Napoleon 1806 daselbst bivouakirt hatte, schnöder Weise „Napoleonsberg" genannt wurde. Die rohe Ironie dieser Hasenjagd fühlte der edle Carl August auf's tiefste; er schützte Unwohlsein vor, um ihr nicht beiwohnen zu müssen.

Doch alle diese Zerstreuungen konnten die düstern Tage, welche ich fern von dem Geliebten durchlebte, nicht dauernd aufheitern — um so weniger, als die Nachrichten, die ich von ihm erhielt, immer betrübender lauteten, bis sie endlich ganz ausblieben. Trotz angestrengter Nachforschungen konnte ich von meinem Bräutigam nichts mehr erfahren; er war verschollen.

In dieser schweren Zeit wußte der Rentamtmann Seidel, jener bereits erwähnte Freund meines Vaters, mir gar herzlich Trost zu spenden. Praktisch und doch mit Sinn für das Höhere begabt, wirkte er bei den häufigen Besuchen, die wir freundschaftlich mit einander wechselten, sehr wohlthätig auf mich ein, namentlich durch seine große Ruhe und gleichmäßig-heitere Lebensanschauung, welche sein ehemaliger Gebieter Goethe gewissermaßen auf ihn übertragen zu haben schien. Ich lernte durch Seidel Flaxmans Umrisse zur Ilias und Odyssee kennen; wir beschäftigten uns damit, uns dieselben in Farben zu denken, zuweilen auch zu coloriren. Goethes Wort:

„Willst Du immer weiter schweifen?
Sieh, das Gute liegt so nah!
Lerne nur das Glück ergreifen,
Denn das Glück ist immer da!"

suchte dieser wahre Freund in mir lebendig wirksam zu machen, um meine Unruhe, mein unbestimmtes Sehnen zu mäßigen. „Liebes Kind", sagte er oft zu mir, „träume Dir nicht zu viel; sieh alles mit Ruhe an, ohne überstürzende Leidenschaft! Die Ehe ist auch eine Kunst!" Diese Anschauungsweise schien mir damals an das Mephistophelische streifend; jetzt in meinem hohen Alter sehe ich nur zu gut ein, wie viel Richtiges ihr zum Grunde liegt!

Neben den angeführten Beschäftigungen suchte ich besonders mittels Musik die Zeit zu kürzen, wozu ich durch den Coburger Freund Schröder immerwährende Anregung hatte. Er versorgte mich mit den neuesten und besten Musikalien, z. B. mit der Sinfonia eroica von Beethoven, dessen Gestirn damals zu leuchten begann. Mit großem Entzücken ward dies herrliche Werk vierhändig gespielt; die begeisternden Töne führten mich über manche gedrückte Gemüthsstimmung sanfter hinweg.

Im Sommer 1809 kam auch Goethe wieder nach Jena; ich erinnere mich eines Nachmittags, welchen ich in Gesellschaft einiger Familien des Ortes, denen sich auch Silvia von Ziegesar angeschlossen hatte, in seiner Gegenwart verlebte. Es war im botanischen Garten; Silvia brachte das Gespräch u. A. auf Mäuse-Geschichten und bewog den Dichter, mir sehr scherzhaft zu erzählen, wie er einmal Nachts ein solches Thier an seinem Herzen gefunden habe. Bei'm Abschied überreichte er Jeder von uns mit verbindlichen Worten einen Strauß; ich bekam Reseda und eine Valeriana, die er „Herzenstrost" oder „Herzensstärkung" nannte. Als Silvia meinte: die brauche ich nicht, entgegnete er: daß man Stärkung immer brauche.

Unter solchen Verhältnissen verstrich ein Jahr, während dessen ich mein Talent zum Zeichnen unausgesetzt zu vervollkommnen gestrebt hatte. Da erschien plötzlich ein Fremder, um ein Portrait bei mir zu bestellen. Zufällig nannte er den Namen eines Freundes meines Bräutigams — ich frage nach Letzterem und höre, daß er nach Spanien abcommandirt und dort in einem Lazareth am Fieber gestorben sei.

Ich verlor das Bewußtsein bei dieser Nachricht. Als ich wieder zu mir kam, war der Fremde verschwunden, und nie sah ich ihn wieder. Wir forschten ob das Gehörte Wahrheit sei — und an meinem Geburtstage, 1810, erhielt ich die Bestätigung der schrecklichen Kunde. Das Leben des Lebens war nun für mich abgeschlossen; mein Dasein in dieser Zeit war nur noch ein dumpfes Hinbrüten.

Um mich diesem Zustande zu entreißen, nahm eine Freundin, welche eben damals Dresden besuchen wollte, nach eingeholter Erlaubniß meiner Eltern mich mit sich. In der schönen Stadt, mitten unter so viel herrlichen Kunstschätzen, gewann mein Geist allmählich Fassung, Sammlung wieder. Ich sah die Gemäldegallerie — eine neue Welt that sich mir auf. Ein unbeschreibliches Gefühl durchzitterte mich; wie schwarze Schleier fiel es von meinem Innern ab. Die hohe, heilige Kunst legte sich erbarmend an mein Herz.

Von diesem Augenblicke an war es mir klar, daß ich nur in ihr ferner noch eine Lebensaufgabe finden könne; ich begeisterte mich für den Gedanken, in Dresden zu bleiben und meine Begabung für die Malerei emsig zu pflegen. Ich trug diesen Wunsch dem auf der Gallerie arbeitenden Professor Vogel vor; er prüfte mich und willigte dann ein, mir kostenfrei seine Unterweisung, die mir bis in die spätesten Jahre fruchtbar geblieben ist, angedeihen zu lassen. Eine Wohnung war bald gefunden; ich zog in die Ostra-Allee zu einer Doctorswittwe mit drei alten Töchtern, in ein kleines, nicht eben freundliches Stübchen mit der Aussicht auf das Hausgärtchen. Indessen das galt mir gleichviel; ohnehin arbeitete ich ja fast den ganzen Tag in der Gallerie.

Diese war damals noch im alten Local, dem Stallgebäude am Jüdenhof. Zwei in einander gebaute, große, viereckige Räume, sehr hoch und sehr gut gehalten, mit rothen Damasttapeten und parquetirten Fußböden, enthielten die weltberühmten Meisterwerke der Malerkunst. In der äußeren Gallerie hingen Niederländer, Deutsche und Franzosen; die innere war den Italienern und Spaniern eingeräumt. Der Besuch war nur gegen Eintrittsgeld und nur einer gewissen Anzahl von Personen gestattet; nicht wie jetzt war die Gallerie der Rendezvousplatz geselliger

Zusammenkünfte. Ist es doch an Markt- und Meßtagen gegenwärtig sogar nicht selten, daß Bauern, Soldaten und müßige Gaffer sich neugierig in den der Kunst geweihten Hallen umhertreiben! Damals herrschte stets eine heilige Stille in jenen hohen Räumen; die wenigen Copirenden saßen geräuschlos arbeitend in den Fensternischen, wo man sie kaum bemerkte, während jetzt die Meisterwerke häufig mit Staffeleien und Gerüsten dergestalt verbarrikadirt sind, daß man oft ihren Anblick nicht genießen kann.

Der Lehrer, welcher auf diesem Terrain meine ersten schüchternen Schritte leitete, Professor Vogel, war ein Original. Ich sehe den kleinen zarten Mann noch vor mir, höre noch seine drollige sächsische Mundart. Zuerst mußte ich ein blondes Mädchenköpfchen aus einem größeren Bilde von van der Helst copiren, und Vogel gab mir während dieser Arbeit den ersten Begriff von Ausführung und Gefühl in der Kunst mit folgenden Worten: „De Sache muß da sein, un muß ooch nich da sein! De Phantasie muß ihr Spielwerk haben, un wenn Sie vierzehn Tage an eenem Ohrläppchen malen — schadet nicht, wenn nur alle Gefiehle darin ausgedrückt sin! Sehen Sie, der Kinderkopf ist vollgestopft mit kleenen Gefiehlen — die Madonna von Rafael kribbelt und wimmelt von Zeechnung!"

So zerstreut war der Mann, daß er einmal nicht gewahr wurde, wie ein während seiner Arbeit plötzlich hereinbrechendes Gewitter den Platz nahe am Fenster, wo er copirte, völlig überschwemmte, so daß der immerfort Malende endlich bis an die Knöchel im Wasser stand; ja, seine Hausfrau pflegte zu erzählen, sie müsse beim Wäschewechsel Sorge tragen, daß ihr Mann nicht zwei oder drei Hemden über einander anzöge. Alle Eigenheiten Vogels aber ließ man unbeachtet über der großen Herzensgüte, die sich in seinem ganzen Wesen wiederspiegelte.

Nach und nach fand ich — namentlich durch Empfehlungsbriefe, welche mir Professor Passow aus Weimar gütig nachgesendet hatte — Eintritt in hervorragende Dresdener Künstlerfamilien. Ich nenne zuerst diejenige des wackern, wenn auch hie und da etwas renommirenden Münzmeisters Kummer, in deren gastfrei geöffneter Wohnung fast allabendlich etliche bedeutende Menschen zusammentrafen, obwohl man in kleinem Dachstübchen enge beisammen sitzen und außerdem noch die schwere Prüfung, welche der Schwester des Hausherrn durch allmähliches Erblinden auferlegt war, geduldig mit ansehen mußte. Dort lernte ich den interessanten Landschafter Caspar David Friedrich aus Greifswald und den Genremaler Kersting kennen. Jener wird stets bedeutend bleiben, da er die strenge Richtung einführte, nach der Natur gewissenhafte Studien zu machen. Auch die hohe Meisterschaft, mit welcher er in Sepia malte, ist noch nicht wieder erreicht worden. Er liebte es, seinen Kunstschöpfungen einen höheren Gedanken unterzulegen; erst das Verständniß dieser Tendenz machte seine Bilder dem Beschauer werth. Bei einem Besuche seines Ateliers sah ich z. B. die Skizze eines für die Teschener Kirche bestimmten Altarblattes, auf welchem ein hohes Kreuz über Dornen, Steinen und Gestrüpp sonnig emporstrahlen sollte. Ferner malte er u. A. vier allegorische Landschaften, welche „die Lebensalter" darstellten und die Kindheit, die Jünglingsjahre, das Mannes- und Greisenalter des Menschen an der stets wachsenden Mächtigkeit eines Stromes veranschaulichten, der, klein beginnend, immer breiter wird, bis er sich in's Meer verliert, an dessen Gestade ein Kirchhof liegt.

In der Erscheinung glich Friedrich mit seinem hochblonden Haar und Bart, blauen Augen und kräftigem, ausdrucksvollem Gesicht ganz einem alten Germanen; sein schönes, reines, frommes, kindliches Gemüth, die fast weibliche Zartheit seiner unaffektirt sentimentalen Seele stand freilich in wunderlichem Widerspruch mit seinem derben Stocke und seinem Backenbarte, aber wer ihm nur Ein Mal in sein reines Auge blickte, mußte auch durch die oft bittere Schale in seinem Thun und Bilden den süßen Kern schmecken. Er war und blieb für mich eine der erfreulichsten, angenehmsten Persönlichkeiten in ganz Dresden.

Kersting, ein geborener Pommer, machte sich durch die zierliche Art seiner Gemälde ehrenvollst bekannt; allgemein gefiel die von ihm oft wiederholte Ausführung des glücklichen Gedankens, die Personen, welche er zu portraitiren hatte, in ganzer Figur auf mäßig großen

Holztafeln zugleich mit dem Innern ihrer Behausung abzubilden. In der That ist es interessant, geliebte oder hervorragende Menschen in der ihrem Berufe angemessenen, folglich auch für ihre ganze Wesenheit charakteristischen Umgebung zu sehen. In dieser Rücksicht erntete Kerstings Darstellung der beiden Ateliers Gerhard von Kügelgens und Friedrichs ungetheilten Beifall, da sie die große Verschiedenheit dieser Künstlernaturen deutlich zeigte. Friedrichs Atelier ist leer und einfach, aber sauber und ordentlich; der Maler, in grauer Jacke, sitzt nachdenkend an der Staffelei. Gerhard von Kügelgens Werkstatt dagegen ist ein buntes Durcheinander, chaotisch verworren, überfüllt mit Staffeleien, Gewändern, Waffen, angefangenen Bildern u. dergl.; der Künstler, im gelben Nanking-Morgenrocke, blickt selbstzufrieden lächelnd von der Staffelei dem Beschauer entgegen.

Zwei andere Bilder, welche Kersting um diese Zeit malte, kamen später durch Goethe nach Weimar. Das eine, „der elegante Leser" genannt, stellt einen jungen Mann dar, welcher bei der Studirlampe eifrig liest; das andere ein in prunkloser Wohnung am Stickrahmen arbeitendes junges Mädchen, dessen Gesicht man im gegenüberhängenden Spiegel erblickt. Es ist mein eigenes Portrait. Ich werde auf diese beiden Gemälde zurückkommen.

Kersting war ein überaus drolliger, guter Mensch. Morgens besorgte er seine Wirthschaft, das heißt: er kehrte seine Stube und Kammer aus, spaltete bei kalten Tagen Holz zum Einheizen, holte Lohballen vom Torfboden u. s. w. Dann kam seine alte Aufwärterin, hinsichtlich deren Kersting kein größeres Vergnügen kannte, als: sie vor seine Entwürfe oder vollendeten Bilder zu führen, wo sie dann immer angeben mußte, was dieselben vorstellten, und natürlich den größten Unsinn zu Tage förderte. Lustig lachend erzählte uns Kersting dann: die Alte habe zwei egyptische Löwen für Eichhörnchen, einen dürren Baum für Hirschgeweihe, ein verfallenes Burgthor für einen doppelten Adler gehalten u. s. w.

So floß in Scherz und Ernst meine Lehrzeit dahin. Eines Tages, als ich in der Bildergallerie einer dort arbeitenden Dame zuschaute, überraschte es mich angenehm, zu hören, daß ich Fräulein Doris Stock vor mir habe, die damals berühmteste Pastellmalerin Dresdens und Schwägerin des Oberappellationsraths Körner, des Vaters des Dichters, bekannt als Freund Friedrich Schillers. Die Künstlerin führte mich bald in das Körnersche Haus ein, welches behaglich und interessant war. Die schlanke Tochter, mit schönen braunen Rehaugen, sittig und anmuthig, zog mich vor allen an. Die biedere Herzlichkeit des Vaters that wohl; die Hausfrau, fein und angenehm, rundete das schöne Ganze harmonisch ab. Hier verlebte ich zuweilen herrliche Abende, besonders wenn der Hausvater irgend ein neu erschienenes Werk seines Sohnes, wie z. B. den Zriny, vorlas; eine Kunst, in der er excellirte. Bald sollte ich auch das Glück haben, diesen edlen Sohn kennen zu lernen, der mit seinem ritterlichen Anstande, dem in sich gekehrten Wesen und den dunkel glühenden Augen eine höchst anziehende Erscheinung war. Die schwärmerische Liebe der Geschwister zu einander war ungemein rührend; die Schwester hat denn auch das jähe Hinscheiden des Bruders nicht lange überlebt, sie folgte ihm bald im Tode nach. Wer hätte damals denken können, daß ich nicht viele Jahre später, als ich nach dem Seebade Wangeroog reiste, an dem Grabe des zu früh verblichenen Heldenjünglings stehen würde! Ich machte diese Reise bald nach dem zweiten Frieden mit Frankreich, und es war für mich ein erschütternder Augenblick, als der Postillon plötzlich vor einem umgitterten, von hohen Bäumen und Sträuchern beschatteten Platz hielt. Ohne es zu ahnen, befanden wir uns vor Theodor Körners Ruhestätte. Den Himmel deckten düstere Wolken, der Sturm sauste in den Zweigen der das Grab umgebenden Bäume und schien eines jener Heldenlieder zu singen, wie sie der feurige Jüngling so oft zur Begeisterung der deutschen Jugend angestimmt! —

Doch ich wende mich wieder nach Dresden, wo mir bald ein Glück zu Theil werden sollte, welches auf mein ganzes künftiges Leben den bedeutendsten Einfluß hatte, nämlich die nähere Bekanntschaft mit Goethe.

In den ersten Tagen des August 1810 hatte ich Frau von Dankelmann, die in Dresden verheirathete jüngere Schwester der Frau von Heygendorf, auf ihre Bitte für einige Tage nach Teplitz begleitet, wo sie das Bad gebrauchen wollte. Ich sollte verehrte Jenaer Bekannte dort wieder treffen: Goethe verweilte damals in Töplitz*), und mit ihm der freundliche Riemer. Aus Berlin war der berühmte Tondichter Zelter eingetroffen; eine originelle, derbe Persönlichkeit, deren Bekanntschaft mir viele Freude machte. Riemer, der gegen mich sehr liebenswürdig war, scherzte: „sein Douchebad, der Wein, sei immer noch das beste"; mittlerweile bekam ihm der Brunnen eben so gut, wie seinem Meister, der ganz besonders wohl aussah und stets sehr vergnügt und befriedigt schien. Goethe wohnte im nämlichen Hause mit dem König von Holland, von welchem er „sehr enchantirt" war; so sagte er bei Gelegenheit eines Besuches, den er uns in bester Laune, heiter und gesprächig, wohl eine Stunde lang machte; außerdem redete er mich noch einmal im Theater an, wo er auch sehr freundlich war. Er schied von mir mit der Bemerkung, er werde wahrscheinlich den Heimweg über Dresden nehmen und dort kurze Zeit bleiben; dann würden wir uns wiedersehen.

In dieser Hauptstadt hatte sich damals ein ziemlich zahlreicher Kreis meiner näheren Freunde aus Jena zusammengefunden; sie wollten sich in Elbflorenz an Kunst und Natur einige Wochen erfreuen. Buchhändler Frommann mit Familie und Madame Schopenhauer nenne ich vor Allen; Frau Henriette Herz und Schleiermacher, die von Berlin kamen, schlossen sich diesen an. Nicht selten vereinigte man sich in der Frommannschen Wohnung, wo die geistreichen Abende von Jena fortgesetzt wurden.

Frommanns Schwägerin Betty Wesselhöft arbeitete an landschaftlichen Studien neben mir in der Gallerie. Eines Morgens brachte der Buchhändler dieser die erfreuliche Nachricht, daß Goethe mit Riemer nun wirklich komme und in Dresden einige Tage verweilen wolle.

Diese Nachricht traf die versammelten Freunde wie ein Blitzstrahl. Jeder wollte ihn sehen, ihn sprechen, von ihm hören, seiner Gegenwart

*) „Von unsern Bekannten sind wenige hier; ... Dlle. Louise Seidler war nur auf kurze Zeit erschienen". (Goethe an Knebel, 30. August 1810; Briefwechsel II, 16.)

sich erfreuen. „Er wird kommen!“ sagte im stolzen Selbstgefühle seiner Freundschaft mit dem berühmten Dichter der Buchhändler Frommann zu seiner Schwägerin, „ich werde ihn einladen, und gewiß wird er, wie früher in Jena, die Abende bei mir zubringen, und meine Freunde werden das Glück haben, ihn in meinem Hause zu begrüßen, ihn kennen zu lernen!“

Eines Morgens, während ich auf der Gallerie arbeitete, erscholl die Kunde: „Er ist da! Er ist auf der Gallerie!“

„Ich habe ihn gesehen,“ rief Frommann, „ich habe ihn gesprochen, er ist in bester Laune!“ Die Schwägerin meinte: „Ich weiß nicht, ob es nöthig ist, ihm entgegenzugehen; ich denke, wir warten ihn hier ab.“

Diese Meinung drang durch. Aber als die imponirende Gestalt des Dichterfürsten, der trotz seiner einundsechszig Jahre in voller männlicher Schönheit strahlte, am äußersten Ende der Gallerie sichtbar wurde, da flog sie ihm doch schnell entgegen.

Ich blieb allein, überrascht, verdutzt zurück. In kindischer Verlegenheit darüber, daß mir der Moment entschlüpft war, ihn auch sogleich zu begrüßen, flüchtete ich mich in eine Fenstervertiefung. Hier hörte ich, wie Goethe näher kam und an meiner Staffelei stehen blieb.

„Das ist ja eine allerliebste Arbeit, diese heilige Cäcilia nach Carlo Dolce!“ hörte ich ihn sagen; „wer hat sie gemacht?“

Man nannte ihm meinen Namen; als er ihn erfahren hatte, schaute er um die Ecke und sah mich in meinem Versteck stehen. Ich fühlte das Blut in meine Wangen steigen, als er mir liebreich die Hand bot. In väterlich-wohlwollendem Tone drückte er seine Freude aus, mir hier zu begegnen, und ein Talent, von welchem er früher nie etwas gewußt, an mir zu finden. „Wo wohnen Sie, mein Kind?“ fragte er weiter.

„In der Ostra-Allee, neben dem botanischen Garten“, erwiderte ich.

„Da werde ich Sie besuchen; wir wollen zusammen den botanischen Garten besehen und diese herrlichen Augustabende recht genießen.

Auch kann ich Ihnen noch manches zeigen; es giebt Privatsammlungen hier, die Sie gewiß noch nicht kennen. Nur wünschte ich nicht, daß davon gesprochen wird," fügte er hinzu. Wie beglückt war ich durch diese unerwartete Güte*)!

Als meine Nachbarin bemerkte, daß Goethe später oft in der Gallerie auf- und niederwandelte und mit mir über Gemälde sprach, bat sie mich, ihn gelegentlich über die Bedeutung einer Schnecke zu fragen, welche im Vordergrunde einer uns gegenüberhängenden „Verkündigung" von Mantegna angebracht war. Ich benutzte einen günstigen Augenblick dazu, als der Dichter am nächsten Morgen, wie gewöhnlich, die Gallerie besuchte.

*) Fast frischer noch, als die so viele Jahre später verfaßte Erzählung schildert nachstehender Brief an Pauline Gotter vom 20. September 1810 die damaligen Vorgänge: „Goethe ist seit vier Tagen hier, und liebenswürdiger, als ich ihn je gesehen habe. Es herrscht auf der Gallerie, namentlich durch die Schopenhauer, seit einiger Zeit ein unausstehliches Cabaliren, um die interessantesten Menschen, als Kügelgen u. s. w. an sich zu ziehen. Mir hat das manchmal ordentlich wehe gethan, denn die Menschen vergessen alles über ihre kleinliche Selbstsucht. Auf mich hat besonders Madame Schopenhauer einen gewissen Grimm, weil ich ihrer Meinung nach viel zu schwere Bilder angefangen habe, die mir indessen alle von meinen Lehrern gegeben sind, die, ohne mich loben zu wollen, mit meiner Arbeit zufrieden sind. Als nun Goethe kam, ging das Spiel von Neuem los. Alles war gespannt auf seine Ankunft; auf der Gallerie lief ihm alles entgegen; Betty, die neben mir sitzt, hatte sich zwar vorgenommen, ihn nicht auch zu belästigen, aber sie konnte ihrem Entschluß nicht lange treu bleiben. Ich blieb also allein an meiner Staffelei ruhig sitzen, weil ich weiß, wie wenig er das Andrängen leiden mag; und richtig, kaum war Betty zu ihm getreten, so kam er zu mir und war ein wahrer Engel von Güte und Freundlichkeit. Er war mit meiner Arbeit sehr zufrieden, lobte besonders die Wahl meiner Bilder (worüber man so viel zu sagen gehabt hatte!), ging zu meinem Lehrer und sprach mit ihm über mich, kurz, er war so theilnehmend, daß ich sehr, sehr glücklich darüber war, und sobald er auf der Gallerie ist, kommt er zu mir und spricht mit mir so schön über die Kunst! Wir gehen zusammen herum — er hat mir heute gesagt, daß er mich besuchen werde, und daß wir wollten zusammen im Kupferstich die Rafaelischen Stücke ansehen, u. s. w. Du kannst Dir wohl denken, liebe Pauline, daß dieser Triumph mir nicht wenig Vergnügen gemacht!"

„Diese Schnecke ist ein Zierrath, meine Freundin, welchen die Laune des Malers hier angebracht hat! (Ich hole Sie heute mit dem Wagen ab, wir fahren zusammen spazieren)", flüsterte er mir dazwischen in aller Schnelligkeit zu; dann fuhr er in seinem vorigen Tone fort: „Die Maler haben oft solche Phantasieen und Einfälle, denen nicht immer eine tiefere Beziehung zum Grunde liegt." Er beendete nun seine Belehrung, als sei jene Einschaltung gar nicht gemacht worden.

Gegen Abend kam wirklich der Wagen. Goethe und Seebeck saßen darin; wir fuhren an dem herrlichen Augustabend durch Dresdens reizende Umgegend. So geschah es mehrmals; ich erlebte köstlichste Stunden. „Wo mag er nur die Abende zubringen?" hörte ich oft die Freunde fragen, „Riemer weiß auch nichts davon!" Ich hütete mich natürlich, zu plaudern und meinem Versprechen untreu zu werden; als armes, keineswegs immer willkommen geheißenes Anhängsel so mancher gesellschaftlichen Vergnügung fand ich im Gegentheil eine Art von stolzem Behagen daran, von dem allverehrten Manne im Stillen so begünstigt zu sein.

Goethes Abschied von Dresden wurde mir erleichtert durch seine Einladung, ihn im Winter in seinem Hause zu besuchen. Er wollte mir erlauben, ihn zu malen, um mich dadurch als Portraitmalerin bekannt zu machen. Auch wünschte er, daß ich ihm meine Arbeiten zuschicke, damit er sie den Weimarischen Fürstlichkeiten zeige. Verwaist fühlte ich mich doch, als Goethe uns verlassen; nur in dem Umgange mit Henriette Herz, deren äußerliche Anmuth und gewinnende Art vollkommen mit ihrem schönen Inneren übereinstimmte, fand ich einigen Ersatz. Mehr und mehr zog mich ihr Wesen an; nicht lange, so hatte ich mich ihrer besonderen Protection zu erfreuen. Schleiermacher hingegen, der mit ihr gekommen war, blieb mir fern. Seine allzustrenge Wahrheitsliebe stieß mich in einem Falle ganz besonders ab. Als eines Tages Riemer bedauerte, Schleiermachers Besuch verfehlt zu haben, erwiderte der letztere scharf, sich umdrehend: „Ich wollte Goethe besuchen!" (mit welchem Riemer zusammen wohnte.) Alle Anwesenden bemerkten, wie der gutmüthige Riemer still beleidigt diese Antwort empfand. Auch eine Predigt von Schleiermacher, die ich damals hörte, konnte mich nicht wärmer für den berühmten Theologen stimmen.

In diesem Jahre wurde mir noch das Glück zu Theil, eine Freundin zu gewinnen, deren herzliche Anhänglichkeit mich durch mein ganzes Leben treu begleitet hat. Dasselbe Haus mit mir bewohnte nämlich die Generalin von Knobelsdorf, von der ich eines Nachmittags zur Theilnahme an einer Wasserpartie aufgefordert wurde. Nur sehr ungern (denn ich trennte mich schwer von meinen geliebten Arbeiten) folgte ich der freundlichen Einladung, und — wurde später mit Beschämung gewahr, wie selten der Mensch die wunderbaren Fäden höherer Führung zu erkennen vermag. Denn an jenem Nachmittage begegnete ich zum ersten Male der Nichte der Frau von Knobelsdorf, der geistvollen Henriette von der Gröben; eben der, mit welcher mich noch heute die innigste Freundschaft verknüpft. In schaukelndem Kahn, getragen von den klaren Wellen, tauschten wir Gefühle und Gedanken aus; hier schlang sich ein Band der Liebe, welches Jahrzehnten Trotz bot und noch jetzt mein Trost und meine Freude ist. Henriette stand damals im Begriff, ein ihrer nicht würdiges bräutliches Verhältniß zu lösen; später reichte sie ihre Hand dem berühmten Philosophen, Professor Solger.

Als Ende September die Dresdener Gallerie geschlossen wurde, kehrte ich wieder nach Hause zurück, ward aber später durch Goethe auf einige Wochen nach Weimar eingeladen. Nächst der muntern, frischen Hausfrau traf ich bei ihm ein reizendes Mädchen, Fräulein Caroline Ulrich, eine Waise, die im Goetheschen Hause eine Zuflucht gefunden hatte und später Riemers Frau wurde. Sie verstand es, sich in die „Frau Geheimde-Räthin von Goethe" zu schicken, war deren treue Begleiterin auf Bällen und Vergnügungspartieen und trug durch ihre liebliche Erscheinung wesentlich dazu bei, den Reiz der Goetheschen Häuslichkeit zu erhöhen.

Es ging bei dem Dichterfürsten meist ganz patriarchalisch zu, besonders wenn Goethe mit seiner Frau und Fräulein Ulrich an stillen Abenden eine Partie „Whist mit dem Strohmann" spielte, wobei ein

Gläschen Punsch nicht fehlen durfte. Des Spieles unkundig, saß ich daneben, langweilte mich oft und erlaubte mir dann neckend muthwillige Störungen, welche Goethe voll Scherz, aber nie zürnend abwehrte. Bei'm Mittagessen war Goethe mit Riemer, Meyer (dem s. g. „Kunst-Meyer") und anderen Gästen, deren Zahl jedoch niemals acht überstieg, immer sehr heiter.

Man speiste in einem kleinen Zimmer, dessen Wände mit Handzeichnungen berühmter alter Meister geschmückt waren; das Mahl war stets von gediegener Einfachheit, das Getränk trefflicher Burgunder. Beim Dessert entfernten sich die Damen des Hauses, „die lustigen Weiber von Weimar", wie Goethe sie scherzend nannte, um spazieren zu fahren. Auch August, sein schöner, nun erwachsener Sohn, wiewohl bei Tisch am Gespräch theilnehmend, zog sich still zurück und ging anderen Geschäften nach. Die Herren (denn nur sehr selten wurden Damen zu Mittag geladen) blieben dann sitzen. Auch ich hatte ein für alle Mal die Erlaubniß zum Dableiben. Sobald wir allein waren, nahm Goethe jederzeit irgend einen bestimmten Gegenstand vor, an welchen er seine scharfsinnigen Bemerkungen reihte; z. B. einen bronzenen Moses von Michel Angelo in kleinen Dimensionen; die Werke des Canova; Abbildungen der im Besitze des Herrn von Quandt befindlichen Kunstwerke; die Zeichnungen zum „Faust" von Cornelius, und Anderes. Unter diesen interessanten, belehrenden Gesprächen kam unmerklich der Abend herbei, der neue Genüsse brachte, da man gewöhnlich in das Theater fuhr. Riemer und Meyer pflegten Goethe zu begleiten; bisweilen schlossen sich auch die Damen an. Der Dichter hatte damals eine geschlossene Parterreloge, unterhalb der herrschaftlichen. In den Zwischenacten wurde kalte Küche präsentirt; auch der Burgunder fehlte nicht. Goethes Kritik der Aufführungen war bis auf die geringsten Kleinigkeiten eingehend. War er mit einer Darstellung zufrieden, so ertönte sein Beifall durch dreimaliges lautes Händeklatschen, deutlich vernehmbar für Zuschauer und Schauspieler. Ich erinnere mich eines solchen enthusiastischen Beifalls für Unzelmann, als dieser den „Diener zweier Herren" spielte.

Zwei Jahre später verdankte ich der Gunst Goethes eine abermalige Einladung nach Weimar, um Iffland, der im December 1812 zu einer Reihe von Gastrollen eingetroffen war, in seinem Meisterspiele zu bewundern. Ueberhaupt gedachte der gütige Dichter, sobald sich in der Kunstwelt irgend etwas Wichtiges ereignete, jedesmal meiner, sowie seiner Landsmännin Susette Voigt, meiner geistreichen Freundin, mit deren Gatten er in häufigem Verkehr stand. Nicht leicht ließ Goethe eine besondere Gelegenheit vorübergehen, ohne uns durch eine Anzeige oder Einladung seine Aufmerksamkeit zartsinnig zu beweisen.

Ifflands Spiel war mir ganz neu, bereitete mir daher um so mehr Freude und Genuß. Man hatte ihm die Wahl der Stücke überlassen; leider war dieselbe auf sehr unbedeutende Sachen gefallen, die nur durch seine Kunst Interesse bekamen; „Clementine", „Die Selbstbeherrschung", „Künstlers Erdenwallen", „Don Ranudo di Colibrados", Sheridans „Lästerschule" und der ebenfalls nach dem Englischen bearbeitete „Jude" waren die Stücke, die ich sah, und von denen mir der „Jude" bei Weitem am besten gefiel. Unvergeßlich aber wird mir ein Mittag bleiben, an welchem ich die Ehre genoß, mit Iffland bei Goethe zur Tafel geladen zu sein. Der berühmte Schauspieler, im Leben nicht minder originell als auf der Bühne, war in der besten Laune und erzählte tausenderlei Anmuthiges und Komisches aus seinem Leben, was der verehrte hohe Wirth auf's Freundlichste und Liebenswürdigste erwiederte.

Noch muß ich des Verhältnisses gedenken, in welchem Goethe zu seiner Frau stand. Auch hier bewährte sich des großen Dichters Neigung für das Natürliche, wenn dasselbe nur tüchtig war. Wie wenig passend das Benehmen der „Frau Geheimde-Räthin" auch außerhalb des Hauses bisweilen sein mochte, welche derben Ausdrücke sie auch gegen die Dienstboten oft gebrauchte: im Grunde ihres Herzens war sie doch gutmüthig, dem Dichter gegenüber stets aufmerksam, sorglich pflegend, Unangenehmes abwehrend. Ihre durch nichts zu erschütternde, unbefangene Heiterkeit und ihr neckisches Geplauder waren Goethe ganz recht.

Um den Zweck zu erfüllen, der mich gegen die Jahreswende 1810—11 nach Weimar geführt hatte, schenkte mir Goethe täglich früh Morgens einige seiner kostbaren Stunden, während deren ich ihn in Pastell malte.

Zum Atelier diente mir das „Urbinozimmer" in Goethes Hause am Frauenplan, so genannt von einem trefflichen Baroccio, den Herzog von Urbino darstellend*). Während der Sitzung durfte ich ihm von Dresden und meinen dortigen Freunden und Bekannten erzählen. So gelang es mir, seine Theilnahme für eine kränkliche Dame zu erwecken, deren Mann, ein Kaufmann, Bankerott gemacht hatte und mit dem Reste des Vermögens seiner Frau heimlich nach Amerika entwichen war. Mit zwei kleinen Kindern stand sie nun mittellos allein in der Welt. Doch sie war voll Energie und Thatkraft; fünfundzwanzig geliehene Thaler verwendete sie zum Ankauf von Material zu Stickereien, deren Muster sie mit künstlerischem Geschick selbst zeichnete. Diese Arbeiten gefielen so sehr, daß nach und nach mehrere Gehilfinnen mit der Anfertigung ähnlicher Kunstprodukte beschäftigt werden konnten. Ehe es jedoch so weit kam, mußte die arme Frau ihre Kräfte fast übermenschlich anstrengen. Da sie keine Wärterin für ihre Kinder bezahlen konnte, so hatte sie diese beständig unter eigener Aufsicht; das eine war an ihren Arbeitsstuhl festgebunden, während das andere auf dem Boden spielte. Dabei verkürzte sich die Mutter den Schlaf, um bei Nacht die nothwendigen häuslichen Geschäfte, das Waschen, das Stubenreinigen u. s. w. zu besorgen.

Von dieser Dulderin erzählte ich Goethe. Sogleich ward sein großes Herz zum Mitleid bewegt, und unverzüglich sann er auf werkthätige Hilfe. Er trug mir auf, die Frau zu veranlassen, ihm eine Anzahl ihrer Stickereien nach Weimar zu schicken. Die Sendung erfolgte bald. Nun veranstaltete Goethe in seinem Hause eine Matinée für die erste Gesellschaft der Residenz; die Stickereien mit daran gehefteten Preisen waren ausgelegt. Er erzählte die Geschichte der böswillig

*) Schuchardt (Goethes Kunstsammlungen, I, 327) spricht bei Anführung des Bildes von Federico Baroccio vom „Kopfe eines Jesuiten — mit Schnauz- und Zwickelbart."

verlassenen Frau und bat die Anwesenden, sich bei einem guten Werke zu betheiligen. Einem Goethe konnte man nichts abschlagen; der Erlös war daher sehr reichlich, wie nachstehender Brief*) des edlen Dichters an mich (ich war zu den Feiertagen nach Hause gereist) beweisen möge:

„Folgendes hat Frau von Heygendorf:

No. 3.	Eine Schmisette mit 2 Kragen . . .	13 Thlr.	— Sgr.
„ 6.	Eine Flügelpellerine	7 „	— „
„ 10.	Eine Haube mit französischen Spitzen .	10 „	12 „
		= 30 Thlr.	12 Sgr.

Folgendes Frau Gräfin von Henckel:

No. 11.	Eine Haube mit französischen Spitzen .	9 Thlr.	— Sgr.
„ 13.	do. do. do. . .	5 „	12 „
		= 14 Thlr.	12 Sgr.

Folgendes Herr von Beßler:

No. 4. Ein Corset mit Spitzen 8 Thlr. . . . . . = 8 Thlr.

Folgendes Frau Hofräthin Schopenhauer:

No. 17. 7½ Elle Garnierung 5 Thlr. 22 Sgr. = 5 Thlr. 22 Sgr.

Folgendes Hr. Geheimerath von Goethe:

No. 1.	Ein Kleid mit Tüll	22 Thlr.	— Sgr.
„ 14.	Eine Weste	6 „	— „
„ 15.	9½ Elle Garnierung	7 „	3 „
„ 16.	9½ Elle Garnierung	5 „	15 „
		= 40 Thlr.	18 Sgr.

Folgendes, welches noch bey uns liegt denken wir auch noch anzubringen, wenn Sie meine liebe die Güte hätten und der guten Frau

*) Die oben veröffentlichten Briefe Goethes, durch letztwillige Verfügung Louise Seidlers größtentheils in den Besitz der weiland Frau Professor Solger gekommen, haben dem Herausgeber, soweit sie erreichbar waren, zum Behufe diplomatisch getreuer Wiedergabe im Original vorgelegen. Ausnahmen kennzeichnen sich durch die Notiz: „Abschriftlich." Die Mehrzahl der Briefe ist dictirt und von Goethe nur unterzeichnet, der aber meist einige herzliche Schlußworte mit eigener Hand hinzugefügt und fast immer die Adresse selbst geschrieben hat. Eigenhändige Briefe Goethes sind mit dem entsprechenden Vermerk versehen.

schrieben, daß sie an den Preißen etwas nachläßt, man findet die Sachen sehr schön, aber die Preiße zu hoch, von Berlin kann man dieselben Stickereien viel wohlfeiler bekommen.

No. 7.	Eine Schmisette mit Garnierung	7	Thlr.
„ 8.	do. mit tiefem Bogen	5	„
„ 9.	do. do.	5	„
„ 12.	Eine Haube mit französischen Spitzen	6	„
„ 2.	Ein Kleid mit doppelter Kante	20	„
„ 5.	Eine Schmisette mit Zacken und Spitzen	11	„
		= 54	Thlr.

Man bittet zu wissen, was das genaueste der Preiße ist."

Unter dieses von fremder Hand entworfene Verzeichniß hatte Goethe selbst geschrieben:

„Durch Vorstehendes erfahren Sie liebste Luise wie es mit den Dresdner Waaren gegangen. Wenn Sie denken, so könnte man der Frau einsweilen das eingegangene Geld in Dresden anweisen. Wie heist die Dame und wo wohnt sie?

Mögen Sie beyliegendes" (es war eine der Stickereien, welche er gekauft) „als einen kleinen Weynachten vom Freunde freundlich aufnehmen und ihm bis zu einem frohen Wiedersehen Ihre holden Gesinnungen bewahren.

W. d. 28. Dez.

1810. (G." *)

*) Weihnachten 1810 ward Louise Seidler auch durch Goethes „gesammelte Werke" erfreut, die ihr der östers erwähnte Hausfreund Schröder (später Arzt in Hamburg) zum Geschenk machte. Am 4. Januar 1811 dankte sie ihm mit folgenden Worten: „Sie wissen noch nicht, liebster Freund, wie nahe ich in Dresden mit Goethe bekannt geworden bin, wie er sich meiner annahm, wie er sich mir durch seine Güte, durch seine väterliche Sorgfalt und Fürsorge noch täglich werther machte, wie ich ihn jetzt erst kenne, liebe und verehre — also onnten Sie nur halb die Freude ahnen, die Sie mir durch Ihr Geschenk gemacht haben. Ich habe nie, so lange ich lebe, ein Geschenk bekommen, das mir eine ähnliche Freude gemacht hätte, und ich kann auch kein zweites solches wieder erhalten." Dann schüttet die Schreiberin ähnlich wie gegen Pauline Gotter ihr

Als ich diesen Brief erhalten, schrieb ich wegen der als zu theuer bezeichneten Stickereien sofort nach Dresden, erhielt befriedigende Antwort, und Goethe hat später den größten Theil der anfänglich unverkauft gebliebenen Stücke auch noch unterzubringen gewußt.

Nach Weimar zurückgekehrt, traf ich eines Tages, als Geschäftssachen mich um die Mittagsstunde zu Goethe führten, Bettina bei ihm,

---

Herz aus über manche Zurücksetzung, die sie zu erdulden hatte: „man hat mir oft sehr wehe gethan, besonders die Schopenhauer. Kein Tag verging, wo sie mich nicht durch Worte oder Mienen zu kränken suchte. Goethe erschien mir da als ein rechter Schutzengel und Rächer; er brachte zehn Tage in Dresden zu und übersah mit Einem Blicke meine Lage. Oder wollte er die Anderen beruhigen? Ich weiß es nicht, aber er war mir ein väterlicher, aufmerksamer, gütigster Freund, der die größten Aufmerksamkeiten für mich hatte, mich nicht nur bei meinen Arbeiten unendlich aufmunterte, sondern mich auch drei Mal selbst besuchte, mich überall mit hinnahm, mich in Allem auszeichnete und sich außer um Seebeck, der beständig mit ihm war, gar nicht um die Andern bekümmerte. Wie wohl mir dies that, brauche ich Ihnen wohl nicht zu sagen. Ach, wenn man so allein steht, ist jedes freundliche Wort so viel werth, und nun nach so vielen Kränkungen sich so entschädigt zu sehen! Ich malte grade die heilige Cäcilie von Carlo Dolce (welche die Orgel spielt) — man hatte dies Unternehmen mit vielem Achselzucken bekrittelt, trotzdem ich es mit Zustimmung meiner Lehrer angefangen hatte. Goethe stopfte ihnen auch hierin den Mund, indem er meine Arbeit lobte und das Bild sehr passend für mich fand. Und ganz schlecht ist es doch wohl nicht ausgefallen, da mir unser Herzog für dieses und die kleine „Nacht" von Carlo Maratti den Augenblick, als er es gesehen hatte, die 25 Louisd'or schickte, die ich dafür verlangt. Für dieses Geld reise ich nun Ende April wieder nach dem lieben Dresden. Ich bin viel ruhiger geworden und ergeben in mein hartes Schicksal; ich fühle, daß die Zeit alles beherrscht, auch die Erinnerung an Geoffrey, aber der Glanz ist hin aus meinem Leben. Ich darf nicht hinter mich sehen, sonst bluten die verharrschten Wunden schmerzlicher als je. Ich danke dem Himmel für mein kleines Talent; was wäre sonst wohl aus mir geworden! Mein größtes, einziges Bestreben ist, mich recht auszubilden, eine tüchtige Künstlerin zu werden. Ich habe nun auch das Oelmalen angefangen, aber bis jetzt will es mir noch gar nicht behagen; der Geruch und die ganze Schmuherei ist mir odiös. Ueberhaupt will mir das Malen in der Wohnstube nicht recht behagen; die Gallerie ist ganz anders: dort ist mein Beruf mein Alles. Hier fühle ich immer, daß es doch unpassend für ein Weib ist. Indessen hält mich das doch nicht ab."

welche ich bis dahin noch nie gesehen. Das lebendige Gesichtchen, die glühenden dunkeln Augen waren von schwarzen Locken umkränzt. Sie saß auf einem niedrigen Fußbänkchen; mich ergötzte ihr Schuhwerk, welches aus einem grünen und einem rothen Stiefelchen bestand. Wie sie munter und neckisch allerlei durcheinander schwatzte, kam sie mir vor, wie ein in den verschiedensten Farben spielendes Prisma. Ich blieb fern von ihr stehen; in meiner natürlichen Schüchternheit erschien ich mir der exaltirten Frau gegenüber so steif und hölzern, daß ich gar nicht wagte, sie anzureden; verlegen richtete ich meinen Auftrag an den Dichter aus und entfernte mich eilig.

Ich habe schon erwähnt, daß ich Goethe in seinem Urbinozimmer malte. Neben dem Baroccio, von welchem es den Namen hatte, hingen noch mehrere Oelgemälde, theils Originale, theils Copien, meist von italienischen oder älteren deutschen Künstlern. Auch eine leicht colorirte, sehr schöne Federzeichnung Domenichinos, einen mythologischen Gegenstand darstellend, und (wenn ich nicht irre) ein Kupferstich von Heinr. Wilh. Tischbein: „Götz mit dem gefangenen Weislingen", sowie noch andere schätzbare Bilder schmückten die Wände. An das Urbinozimmer stieß der Empfangssalon, ganz einfach und schlicht möblirt. Goethe sprach sich selbst gelegentlich gegen mich darüber aus, wie sehr er die Möbelwuth haßte. Als er mich einst zum Niederlassen auf dem Sopha nöthigte, welches mit gestickten Kissen — schönen Andenken fleißiger Hände — ganz belegt war, sagte er zu mir: „Setzen wir uns, wenn wir vor lauter Bequemlichkeit noch einen Platz finden können!" Ueber dem Sopha hing eine sehr schön in Wasserfarben ausgeführte Copie von Meyers Hand: „die aldobrandinische Hochzeit," ohne Rahmen, mit einem grünseidenen Vorhange verwahrt; in der Größe des Originals. Auch ein Flügel fehlte nicht. Im Nebenzimmer standen nahe beim Fenster die Ludovisische Juno und der Jupiter des Phidias, beide kolossal. An den Wänden sah man die ganze Geschichte der Psyche von Rafael, aus der Villa Farnesina, ausgezeichnet aquarellirt; über dem Kamin hing eine treffliche alte Copie nach Tizian, die sogenannte „irdische und himmlische Liebe", gegen das Original (in der

Villa Borghese zu Rom) etwas verkleinert. Durch das geschilderte Zimmer kam man in ein mittelgroßes blaues Gemach, welches ganz mit Gypsen, vorzüglich Büsten, angefüllt war; aus diesem gelangte man auf einen von wildem Wein und Epheu grün umrankten Balcon, von dem eine kleine Treppe in den Garten hinabführte, wo Goethe, die Mütze mit breitem Schirme auf dem Haupte, gern verweilte und Blumen und Bäumen eingehende Sorge widmete.

Die große Haustreppe war breit und herrschaftlich; auf dem ersten Treppenabsatze standen Abgüsse des antiken Windhundes aus dem Vatican, des Adoranten und noch eines dritten Bildwerks. An der Mauer befand sich ein großer Plan von Rom. Neben der in die Zimmer des ersten Stocks führenden Thür stand der Gypsabguß eines antiken Kandelabers, und auf der Schwelle las man den Zuruf: „Salve!" in Holz eingelegt. Vom zweiten Treppenabsatze führte eine Seitenthür, über welcher eine Minervabüste stand, zu einer schmäleren Treppe, mittels deren man zu Goethes Studirzimmer gelangte. In einem kleinen Vorgemach standen Naturalienschränke, später auch eine alte, große Familienuhr, welche sich einst zu Frankfurt in Goethes Elternhause befunden; der feinsinnige Großherzog Georg von Mecklenburg-Strelitz hatte die zarte Aufmerksamkeit gehabt, sie ankaufen und am Morgen des 28. August 1828, als an Goethes Geburtstage, heimlich in dessen Hause aufstellen zu lassen, so daß der greise Dichter durch den ihm in der Erinnerung gebliebenen, wohlbekannten Klang des Schlagwerks sich auf die rührendste Weise in seine Jugendzeit zurückversetzt sah. — Goethes Studirzimmer hatte die Sonnenseite; niedrige Fenster gingen nach dem Garten. In der Mitte des Gemachs sah man einen großen, schlichten, mit hellgrauer Oelfarbe angestrichenen Tisch und eben solche Stühle; einer derselben, auf dem Goethe zu sitzen pflegte, war durch ein Polster erhöht. Auch ein Stehpult erblickte man in dem Zimmer; aber kein Sopha, keine moderne Bequemlichkeit. Hier dictirte der Dichter, sitzend oder auf und abwandelnd, die Hände auf dem Rücken. An dieses Studirzimmer, wo Goethe während der letzten Jahre seines Lebens die Abende zubrachte, stieß das kleine Schlafcabinet; es hatte ein Fenster mit grünen wollenen Vorhängen; das schmale Bett und ein großer Lehnstuhl, in welchem er 1832 verschied, füllten beinahe den ganzen Raum aus. Dies Alles ist genau so wie es vormals war, erhalten und wird von Goethes Enkeln sorgfältig gehütet; nur höchst selten, bei besonders festlichen Gelegenheiten, werden diese heiligen Räume gezeigt. Schon bei Lebzeiten des Dichters hatten Wenige Zutritt in dieselben; sein Studirzimmer war beinahe für Jedermann verschlossen. Ich war so glücklich, eine Ausnahme zu machen; wenn ich etwas Besonderes mit dem Dichter zu sprechen hatte, z. B. über den sächsischen Kunstverein, für welchen ich seine Theilnahme gewonnen hatte, so durfte ich ihn in seinem Arbeitscabinet aufsuchen. In seinen großen weißwollenen Schlafrock gehüllt, war er dort am behaglichsten; ich konnte ihm vertrauensvoll nahen, ihm Plane und Wünsche mittheilen, und väterlich wohlwollend, versagte er mir niemals seinen getreuen Rath.

Goethes Portrait war endlich vollendet, und das Original sprach sich — zu meinem höchsten Stolze — befriedigt darüber aus. Das Bild*) durfte mein Eigenthum bleiben, damit es mir noch nützlich würde. Ich hütete es ängstlich wie einen Schatz; überall führte ich es mit mir herum. Erst im Jahre 1863 konnte ich mich entschließen, es durch eine Lithographie vervielfältigen zu lassen, welche zum Besten eines Stipendiums für dürftige Besucher der K. Realschule zu Berlin im Handel erschien.

Unterdessen war der Frühling des Jahres 1811 gekommen. Ich nahm Abschied von meinen Lieben in Weimar und Jena und reiste in den ersten schönen Tagen von dem Ertrage einiger Bilder, welche die

---

*) Jetzt im Besitz der Frau Gisela Grimm zu Berlin. Knebel schrieb (Jena, 6. Decbr. 1811) an seine Schwester: „Da Goethe nach der Abreise des Herzogs nur bis den 29. hier blieb, weil er den folgenden Tag zu Brizzis Vorstellung in Weimar sein wollte, so gaben wir ihm an demselben Tage ein kleines Mittagessen, wozu wir einige bekannte Freunde luden, und auch Mademoiselle Louise Seidler, die Goethen recht artig und jugendlich gemalt hatte. Wir waren bei dieser Mahlzeit recht vergnügt und heiter, so klein sie auch war.“ (Bfwl. 580.)

Großfürstin Maria Paulowna angekauft hatte, zum zweiten Male nach Dresden. Um der Gallerie näher zu sein, wohnte ich diesmal in der Rampischen Gasse bei einer Tochter des berühmten Portraitmalers Anton Graff, der Wittwe des Landschaftsmaler Kaatz.

Graff war ein biederer Schweizer aus Winterthur, der sich durch seine naturgetreuen, charaktervoll und markig ausgeführten Portraits und guten Copien ein schönes Vermögen erworben hatte. Vierzehn Mal hat er die Magdalene von Battoni copirt; ich weiß nicht, wie oft diejenige von Correggio. Wöchentlich mußte ein Portrait für fünfzig Thaler vom Stapel laufen. Dabei lebte er patriarchalisch einfach mit seiner Familie; er bewohnte auf dem Altmarkte nur ein einziges großes Zimmer mit zwei Fenstern. Dies war seiner ganzen Länge nach durch eine spanische Wand getheilt; in der einen Hälfte war des Künstlers Atelier aufgeschlagen; hier hantierte er, hier empfing er den Besuch der Muse. In der andern Abtheilung hielt sich seine Familie auf; dieser Raum war Wohn-, Eß- und Schlafzimmer — alles in Einem. Zuweilen verpflanzte sich auch hieher ein Stückchen Kunst; Graff rieb nämlich seine Farben selbst und pflegte dies dort zu besorgen.

Allsonntäglich war ich bei Graffs regelmäßiger Tischgast; joviale Herzlichkeit würzte die einfache Mahlzeit. Das Jahr 1811 war das vorletzte seines Lebens; im letzten verlor er seine geliebte Gattin und folgte ihr, selbst hochbetagt, bald nach. Die Erinnerung an den trefflichen Mann, den reinste Herzensgüte auszeichnete, ist mir immer wohlthuend geblieben.

Da Professor Vogel nicht mehr auf der Gallerie arbeitete, bekam ich einen andern Lehrer. Durch die Empfehlung der Schwägerin Silvia von Ziegesars, der Oberforstmeisterin von Ziegesar auf Hummelshain, welche — eine Liefländerin, geb. von Berg — die Cousine von Gerhard v. Kügelgens Frau war, machte ich die Bekanntschaft dieses berühmten Malers und seiner Gattin. Aus Freundschaft bot er mir seine Hilfe in der Kunst an, obgleich er eigentlich keine Schüler annahm; nur aus Gefälligkeit unterrichtete er — theilweise in seinem Atelier und theilweise in der Gallerie — mich und ein anderes junges

Mädchen, Caroline Bardua*), eine tüchtige Portraitmalerin, deren Verstand und Treuherzigkeit ihre Häßlichkeit ausglich. Sie pflegte ihren Enthusiasmus für Kügelgens Schöpfungen lebhaft auszusprechen, wodurch der für solche Huldigungen sehr empfängliche Künstler bewogen ward, unseren Arbeiten mehr Aufmerksamkeit zu widmen, als es außerdem geschehen sein würde. Er meinte nämlich, uns Frauen wäre es doch kein Ernst mit der Kunst. Zunächst vollendete ich einige Pastellköpfe; dann fing ich an, in Oel zu malen. Ich mußte zuerst naturgroße Eier in's Kolossale vergrößern, um Schatten und Licht sowie die Reflexe daran zu studiren. Diese Methode würde gut gewesen sein, wäre ich nicht dabei einer falschen Manier verfallen, die ich mir später mühsam wieder abgewöhnen mußte. Kügelgens langjähriges Miniaturmalen ließ ihn nämlich zu keiner freien Pinselführung kommen; er hatte eine peinlich minutiöse Art, mit der er kleinere Compositionen allerdings sehr schön malte, wogegen ein umfangreiches Werk selten großartig und einfach-würdig ausfiel **). Seinen Zeitgenossen galt er trotzdem lange Zeit als Historienmaler ersten Ranges, während er mir als Portraitmaler bedeutender zu sein schien; seine Bilder waren sehr elegant und stets geschmeichelt, weßhalb sie immer gefielen.

Indem ich von Gerhard von Kügelgen rede, muß ich einer Scene gedenken, welche des Künstlers Edelmuth bewies, mir aber in der Erinnerung stets schrecklich geblieben ist. Als ich anfangen wollte, die Eier zu malen, hatte ich Leinewand auf ein Zeichenbrett genagelt und dieses auf meine Staffelei gestellt. Während meiner Abwesenheit hatte

*) Vergl. über dieselbe Cottas Morgenblatt, 1862. Nr. 28 und 29, sowie das 1874 erschienene „Jugendleben der Malerin Caroline Bardua,“ in welchem S. 55 des Verkehrs mit L. Seidler Erwähnung geschieht.

**) Auch Goethe war keineswegs ein rückhaltloser Verehrer Kügelgens. „Die Theilnahme Goethes an Ihren Fortschritten kann ich mir denken“, schreibt der Künstler aus Dresden 14. Novbr. 1811 an Louise Seidler; „und daß mein „Christus“ vor ihm Gnade fand, kann auch mir nur erhebend sein. Wunderlich aber war mir die Bemerkung: daß meine Gesichtszüge die Grundlage für die Form dieses Kopfes gegeben haben sollten“ u. s. w. Eben dies war der Tadel, den Goethe oft gegen Kügelgens Bilder geltend gemacht hat.

Kügelgen die Staffeleien vertauscht, die meine für sich genommen und mir eine andere hingestellt, aber versäumt, die Pflöcke mit Widerhaken hineinzustecken. Ich bemerkte nichts und fing an zu malen; plötzlich glitt das Zeichenbrett, die Staffelei gab nach und fiel in Kügelgens bestes Oelgemälde, „Apoll und Hyacinth" in Lebensgröße, welches einen fingerlangen Riß bekam. Kügelgen hatte im Nebenzimmer den Fall gehört, kam herein und sah gleich das Unglück; todtenbleich, am ganzen Körper zitternd und unfähig, ein Wort hervorzubringen, stand ich vor ihm. Aber anstatt zu schelten, suchte er mich zu beruhigen und sagte gutmüthig: „Der Riß ist ja nur in's Gewand gekommen, und ich bin selbst daran schuld." Nun löste sich mein Schreck in heftiges Weinen, von dem ich mich den ganzen Tag nicht wieder erholen konnte — worauf Kügelgen mir sogar noch Trost zusprach, sich selbst mehr anklagend als mich. Am andern Morgen in aller Frühe kam er in meine Wohnung, theilnahmsvoll besorgt um mein Befinden! So lange ich lebe, werde ich dem edeln Manne diese liebenswürdige Nachsicht nie vergessen, welche kaum ein Anderer geübt haben würde; denn der Riß in „Apoll und Hyacinth" war so groß, daß er niemals wieder ganz unsichtbar wurde.

Kügelgen hatte sich in Rußland, wo er die ganze kaiserliche Familie malte, durch seine Portraits ein bedeutendes Vermögen erworben. Dort lernte er auch seine Frau, eine geborene von Manteuffel, kennen. Um der stolzen Familie zu genügen, verschaffte er sich und seinem Bruder den Adel. Dieser Bruder, Landschaftsmaler, heirathete später die Schwester der Frau von Kügelgen. Beide auf diese Weise engstens verschwägerten Brüder stammten aus Bacharach am Rhein, waren Zwillinge und glichen sich so sehr, daß man sie kaum von einander unterscheiden konnte.

Neben Kügelgen genossen die Professoren Hartmann und Friedrich Matthäi als akademische Lehrer besonderen Ansehens. Der Letztere war hervorragender; er malte die größten historischen Compositionen und zeichnete sehr gut, aber in kaltem, akademischem Styl. Als Lehrer war er strenge und tüchtig; gute Schüler hat er gebildet; einer derselben war Philipp Veit. Matthäis College Ferdinand August Hartmann, bekannt als Portrait- und Historienmaler, war ein minderes Talent, zählte aber wegen seines einfachen, heiteren, wohlwollenden Wesens viele Freunde.

Die Gallerie war in diesem Jahre zwei Stunden täglich länger geöffnet; da malte ich denn Sonn- und Werktags von Morgens früh acht bis Abends sechs Uhr. Unter andern Bildern vollendete ich auch ein Pastellportrait nach Mengs, welches diesen in seiner Jugend darstellte; auf Goethes Wunsch schickte ich ihm meine Arbeit nach Weimar*). Ich erhielt darauf folgenden Brief**) von seiner eigenen Hand:

„Schon lange zaudre ich, Ihnen, liebe sanfte Freundin, für Ihre liebliche Sendung Dank zu sagen, denn mit der Feder läßt sich das nicht so thun; ich hoffe Sie bald wieder zu sehen und Sie recht lebhaft zu versichern, daß Sie mir durch Brief und Bild recht viele Freude gemacht haben. Das Bildniß hat unsres einsichtigen Meyers Lob und sodann auf der Ausstellung vielen Beifall erhalten. Unsrer verehrten Herzogin war der tiefe Blick und die treue Künstlermelancholie merkwürdig, die über das ganze Gesicht verbreitet ist. Der Charakter und die natürliche bräunlich-blasse Farbe ist Ihnen sehr glücklich gelungen. Soviel für diesmal, da ich hoffen kann, Sie bald wieder zu sehen. Hatte ich nicht das Vergnügen, Sie in Dresden zu besuchen, so sollen Sie mir desto mehr erzählen von Sich, von den Freunden und von dem guten Minchen" (Herzlieb), „von der ich so lange nichts gehört und deren bevorstehende Wiedererscheinung mich angenehm überrascht***). Sind Ihnen alle Arbeiten so wohl gelungen als das Mengsische Por-

---

*) Dieselbe blieb in Goethes Besitz. Vergl. Schuchardts Verzeichniß der Goetheschen Kunstsammlungen, I, 329.

**) Abschriftlich.

***) Nach mehrjährigem Aufenthalte in Züllichau kehrte sie 1812 nach Jena zurück. („Das Frommannsche Haus", 2. Aufl. 121.) Bald nach ihrem Wiedereintreffen schrieb am 4. März 1813 Louise Seidler an Pauline Gotter: „Alles ist (in Jena) beim Alten, Frommanns aber doppelt heiter durch die Gesellschaft Minchens Herzlieb, die im Ganzen unverändert und dieselbe stille, freundlich-angenehme Erscheinung wie sonst ist. Der alte Herr hat sich dieses Wiedersehens auch gefreut, indessen scheint es kein Talisman mehr zu sein, der ihn viel zu Frommanns zöge."

trait, so bringen Sie Sich und Ihren Freunden wahre Schätze mit. Daß Sie uns auch Ihre guten Gesinnungen wieder zurückbringen, daran wollen wir nicht zweifeln und Ihnen zum Voraus zu einer glücklichen Rückreise Glück wünschen. Dresden muß auch diesmal einen herrlichen Herbst dargeboten haben. Ich will nicht umwenden, und noch auf diesem Blatt Grus und Dank auf's beste wiederhohlen.

Weimar, d. 25. Septbr. 1811.

Goethe."

Im Laufe des Sommers machte ich in Dresden einige neue, interessante Bekanntschaften; unter anderen diejenige der Harfenspielerin, Schriftstellerin, Malerin, u. s. w. u. s. w. Fräulein Therese aus dem Winkel. Sie beschäftigte sich Jahr aus Jahr ein mit Anfertigung von Copien der besten Meisterwerke auf der Gallerie, welche namentlich von den durchreisenden Polen gesucht waren. Auf der Rückkehr von Paris, wo sie ihre verschiedenen Begabungen weiter ausgebildet hatte, war sie durch Weimar gekommen und hatte daselbst einen Theil ihrer „zwei- unddreißig Talente", wie ihre Mutter, eine alte redselige Offiziers- wittwe, sich ausdrückte, producirt. Sie stellte ihre Gemälde aus, spielte Harfe, declamirte und gab mimisch-plastische Darstellungen nach Art der Hendel-Schütz. Ihr Ruf war bereits zu mir gedrungen; die per- sönliche Bekanntschaft der merkwürdigen Dame war mir deßhalb um so erfreulicher. Therese aus dem Winkel hatte eine kleine, zierliche Gestalt, hübsches, blühendes Colorit und sanfte Züge. Sie frisirte und kleidete sich gegen die damals herrschende Mode; braune, durch ein schwarzes Sammetband zusammengehaltene Locken umgaben den Kopf; ein weißer Spencer und ein schwarzer Rock waren ihr steter Anzug. So saß sie hinter spanischen Wänden und copirte auf der Gallerie, wo damals, zur Erleichterung der Künstler, die Gemälde sogar herabgenommen wurden. In ihrem Verschlage saß gewöhnlich die Kammerjungfer neben ihr, welche ihr leise vorlesen und zu bestimmter Stunde das zweite Frühstück kredenzen mußte.

Fräulein aus dem Winkel bewohnte im „italienischen Dörfchen" ein einstöckiges Häuschen, welches reizend an der Elbe belegen und mit

Copien aller Art förmlich austapeziert war. Wenn Fremde kamen, um ihre Gemälde zu sehen, so schuf sie durch Sperrung und Oeffnung von Läden im Nebenzimmer eine künstliche Beleuchtung; zugleich suchte sie durch Geschichte und Charakteristik des Originals, das Interesse an der Copie zu erhöhen.

Ziemlich oft empfing sie kleine Gesellschaften; gewöhnlich eröffnete sie den Abend mit einem Harfensolo, während dessen eine einzige Tasse Thee oder Kaffee gereicht wurde. Die Unterhaltung bestand meistens darin, daß man ihren Talenten Bewunderung zollte und dazwischen sich an der schönen Aussicht auf die Elbe erquickte. Als ich zum dritten Mal nach Dresden kam, hatte Therese aus dem Winkel ihre Mutter verloren und nahm Pensionärinnen in ihr Haus; ich selbst war glücklich genug, ihr eine solche zuweisen zu können. Durch diese erfuhr ich noch Näheres über Theresens eigenthümliche Persönlichkeit. Fräulein aus dem Winkel, eine Art von weiblichem Polyhistor, hatte bedeutende Sprachkenntnisse und unterrichtete im Italienischen, Französischen und Declamiren, die sächsischen Prinzessinnen auch im Harfenspiel. Ihr Lehreifer ging so weit, daß sie noch Abends spät beim Aufwickeln ihrer Locken den Scharfsinn ihrer Pensionärinnen durch Räthselaufgaben übte. Dabei lebte sie sehr einfach und that im Stillen außerordentlich viel Gutes, so z. B. unterstützte sie fortdauernd eine ehemalige Dienerin, die sich bei ihr verheirathet und eine Reihe von Kindern bekommen hatte. Diese ließ Therese aus dem Winkel sämmtlich kleiden und unterrichten. Als ein neues Directorium ihr später das Copiren auf der Gallerie verleidete, arbeitete sie zu Hause nach modernen Künstlern; da indessen die Copien von Bildern lebender Maler sich nicht so gut verkauften, so griff sie zu dem Mittel, ihre eignen Copien*) der alten Meister zu copiren. So vergingen ihr in rastloser Thätigkeit viele Jahre, bis sie das Unglück traf, ihr mühsam erworbenes Vermögen durch den Bankerott ihres Banquiers zu verlieren. Doch jetzt zeigte sich

*) Dieselben wurden von der Malerin größtentheils der Kunstschule zu Weimar vermacht, in deren Vorhalle sie hängen.

die Theilnahme und Achtung, deren sie überall genoß. Die Prinzessinnen erboten sich, ihr die Zinsen des verlorenen Capitals zu ersetzen; Herr v. Quandt, der große Kunstkenner, kaufte sogleich eine ihrer Copien, was sie besonders beglückte. In den fünfziger Jahren sollte ihr aus der Tiedgestiftung ein Zuschuß zu Theil werden, allein sie lehnte denselben dankend ab, da ihr einfaches Leben wenig Bedürfnisse erfordere und sie jene Hilfe einem vielleicht Aermeren nicht entziehen wolle.

Wie rührend war mir das Wiedersehen mit ihr, als ich sie im Jahre 1863 in Dresden noch einmal aufsuchte und sie in der nämlichen Toilette wiederfand, in welcher ich sie in ihrer Jugend verlassen hatte! Das eigene Lockenhaar war durch eine blonde Perücke, mit Sammtband umschlungen, ersetzt; der Rücken war zwar etwas gekrümmt, doch der weiße Spencer schmückte ihn wie vordem; auch der schwarze Rock fehlte nicht *). Als wäre das hinabgesunkene halbe Jahrhundert nicht gewesen, lebte sie noch in ihrem Häuschen; wie früher umgab sie das mit grauer Oelfarbe und grünen Linien angestrichene bescheidene Mobiliar; freilich war es mit ihr veraltet, aber es stand in Harmonie mit seiner Besitzerin. Wie ehedem bedeckten Bilder aller Art die Wände von oben bis unten; auch die Harfe fehlte nicht, da Therese noch immer Unterricht ertheilte. Gottlob, ihre Sinne waren noch frisch, obgleich sie in den achtziger Jahren stehen mußte. Eine beinahe Blinde saß ich neben ihr; wir plauderten von vergangenen Tagen. Die Glückliche! Sie schreibt, sie liest, sie näht, ja, sie dirigirt noch ein ästhetisches Kränzchen, in welchem sie alle vierzehn Tage Vorlesungen hält. Alles dies ist mir nicht mehr vergönnt. — Theresens große Herzlichkeit und die Erinnerung an gemeinschaftlich durchlebte Tage fröhlicher Jugend gewährten mir eine schöne, wenn auch recht wehmüthige Stunde.

Im Herbste 1811, als die Gallerie geschlossen wurde, verließ ich Dresden; der Winter führte mich nach Gotha in das gastliche Haus

*) Eine Photographie von Therese aus dem Winkel, welche die Genauigkeit obiger Schilderung darthut, erschien in F. Wolframs Atelier zu Dresden.

meiner Tante Ettinger, wo ich die gewohnte Geselligkeit und den anregenden Verkehr mit gelehrten Männern, welche in dem Buchhändlerhause zahlreich aus- und eingingen, wiederfand. Außerdem trat ich bald in nähere Beziehungen zu dem Hofe, da ich nicht lange nach meiner Ankunft den Auftrag erhielt, die regierende Herzogin, die Prinzessin aus erster Ehe und den regierenden Herrn selbst zu malen. Die Herzogin Caroline Amalie, seit dem 24. April 1802 des Herzogs zweite Gemahlin, war eine geborene Prinzessin von Hessen-Cassel. Eine gute, wohlwollende, aber nicht eben hervorragende Dame, liebte sie ihren etwa anderthalb Jahr jüngeren Gemahl schwärmerisch, dessen Geist sie anstaunte*). Die Prinzessin Louise, deren Geburt im December 1800 ihrer Mutter Louise Charlotte, Prinzessin von Meklenburg-Schwerin, das Leben gekostet hatte, war ein lebhaftes, neckisches Wesen, klein, blühend und munter. Leider stand sie unter dem schädlichen Einflusse einer französischen Gouvernante, welche auf das Wohl des ihr anvertrauten Kindes so wenig bedacht war, daß sie dessen Augenmerk sogar eines Tages in meiner Gegenwart auf die Schönheit und das Benehmen der Offiziere während der Wachtparade unter den Fenstern des Schlosses lenkte und der Prinzessin allerlei Bemerkungen darüber zuflüsterte. Auch die sarkastische Art des Herzogs hatte sicherlich keine gute Wirkung auf das junge, leicht empfängliche Gemüth: einmal hörte ich selber bei einem Souper im engeren Kreise des Hofes, zu welchem ich mit meinen Tanten eingeladen war (die Herzogin war nicht anwesend),

*) Wie wenig vortheilhaft das Aeußere der Herzogin auch war: der Hofmaler Professor Grassi hat sie doch so edel aufgefaßt, daß das Bild eine der schönsten Zierden des Gothaischen Schlosses geworden ist. In weißem Atlasgewande steht die Fürstin an einem mit reichem Teppich geschmückten Tische; die linke Hand hält einen Federwedel, während die rechte aus einem Schmuckkästchen eine Schnur Perlen hervorzieht. Das Portrait ist eben so einfach und würdig gedacht, wie klar und schön gemalt. Als Pendant hängt an der gegenüberliegenden Wand ein Bildniß des Herzogs August in schwarzer spanischer Tracht, von dem nämlichen Künstler herrührend.

(Anmerkung Louise Seidlers.)

Beide Gemälde werden noch jetzt im Schlosse zu Gotha gezeigt.

was für unpassende Neckereien der Vater sich gegen seine Tochter erlaubte. Am 31. Juli 1817 wurde diese mit dem Herzoge Ernst I. von Sachsen-Coburg-Saalfeld vermählt. Nachdem sie zwei Prinzen geboren hatte, von denen der älteste der jetzt regierende Herzog Ernst II. von Coburg-Gotha ist, der zweite, Prinz Albert, Gemahl der Königin Victoria von England wurde, entdeckte sie die Untreue ihres Gemahls und glaubte sich ihrerseits nun dafür entschädigen zu dürfen. Dies führte die Scheidung herbei. Später vermählte sie sich mit einem Grafen Pölzig, lebte mit diesem in Paris und starb dort jung an langer schmerzlicher Krankheit. Viele Jahre stand ihr Sarg von der Heimath fern, bis ihn endlich ihre Söhne in die Familiengruft des Herrscherhauses bringen ließen.

Bei richtiger Leitung ihrer Jugend und in einer glücklicheren Ehe wäre das Schicksal dieser beklagenswerthen Fürstin, die vermöge ihrer hinreißenden Liebenswürdigkeit und Schönheit geschaffen schien, zu beglücken und beglückt zu werden, gewiß ein besseres geworden. Unvergeßlich mußte sich um jener beiden Eigenschaften willen ihr Bild einem Jeden in das Herz prägen, der das Glück hatte, sie näher kennen zu lernen. Auch mir wurde dasselbe zu Theil; als sie noch Herzogin von Coburg war, traf ich sie im Hause meines Cousins, des Superintendenten Genßler, auf der Rosenau bei Coburg. Sie war damals in der That eine blühende Rose und empfing mich so anmuthig, so gütig und gewinnend, daß mein ganzes Herz ihr entgegenschlug und ich stets von innigster Theilnahme für ihre traurigen Lebensschicksale erfüllt geblieben bin.

Der seit dem 20. April 1804 regierende Herzog Emil August von Sachsen-Gotha-Altenburg, ihr Vater, dieses größte Original seiner Zeit, geboren am 23. November 1772, also 1811 39 Jahre alt, war schön von Gestalt; seine Erscheinung hatte etwas damenhaftes, besonders wohlgeformt waren seine sorgfältig gepflegten Hände und Füße. Auch der Kopf wäre schön gewesen, hätte ihn nicht ein schielendes Auge verunstaltet. Barock in allem was er that, liebte er es, bisweilen mit einem türkischen Shawl drapirt oder in noch phantastischeren Costümen zu erscheinen. Gewöhnlich trug er eine à la Titus gelockte Perücke vom zartesten Blond, die in Paris verfertigt war. Der Herzogliche Bibliothekar und Sekretär, mein guter Onkel Jacobs, dieser gelehrte Philolog, mußte zu seinem größten Kummer sehr oft wegen der Allerhöchsten Perücke mit Pariser Friseuren correspondiren. Des Herzogs Finger — die Daumen eingerechnet — strotzten von kostbaren Ringen, die Arme von Spangen und Armbändern. Oft, wenn er sich einbildete krank zu sein, blieb er Wochen lang im Bette liegen. Dort ertheilte er Audienzen und empfing sogar Damen. Als ich mit meiner Tante mich einst nach seinem Befinden erkundigte, nahm er auch unsern Besuch in seinem Bette liegend an. Während des Gespräches streifte er den Aermel seines weiten weißen Nachtgewandes kokett bis an die Schulter zurück und zeigte uns den mit einer ganzen Reihe der prachtvollsten Armbänder geschmückten Arm. Den Kopf bedeckte eine Art Haube, mit kostbaren Spitzen garnirt. Großen Werth legte er auf die Toilette der Frauen, welche er mit Kennerblick musterte; mit seinen Bemerkungen darüber hielt er nicht zurück. „Das ist ja ein wahres Pfauenkleid", sagte er, als ich einst in einem Gewande von buntem Seidenstoff erschien; bei einer anderen Gelegenheit rief er aus: „Welch ein schöner feiner Sammt!" und strich mit der Hand über meinen Rock. Parfüms aus Paris verbrauchte er in Menge; ein besonderes Vergnügen fand er daran, Eintretenden ganze Gläser davon entgegen zu schütten. Nichts verursachte ihm größere Freude, als Geschenke zu machen; nur waren dieselben gewöhnlich unnütz und unpassend; so bekam z. B. ein Küchenjunge — eine astronomische Uhr. Zu einer Reise nach Reinhardsbrunn, wo er die Särge der alten Landgrafen öffnen ließ, um zu sehen, welchen Schmuck sie trügen, beschenkte er seine Begleiter mit buntfarbigen, seidenen Talars; den Frauen der kleinen Beamten in Reinhardsbrunn ließ er seidene Schleppkleider anfertigen, die mit Blumenguirlanden geziert waren. Durch Ankauf von Raritäten aller Art verschwendete er sein eigenes und ein geerbtes enormes Vermögen; daneben hatte er indessen auch Sinn für wahre Kunst und kaufte zuweilen gute Gemälde um die höchsten Preise; so zahlte er für eine gar nicht große, aber meisterhaft gemalte „spinnende Alte“ von Gerhard Dow die Riesensumme von 13,000 Thalern *). Für seine reichhaltigen Sammlungen setzte er bei seinem Tode das Herzogthum Gotha zum Erben ein. Dieses kleine Land kam überdem durch die hohe Verehrung, welche Herzog August dem Kaiser Napoleon warm entgegentrug, im Jahre 1806 sehr gut davon, denn der Eroberer, dem die Bewunderung eines deutschen Souveräns schmeichelte, erließ Gotha die bereits ausgeschriebene Contribution von 1,700,000 Franken. Hervorgehoben zu werden verdient jedoch, daß der Herzog nur für seine Person verschwendete, niemals aber die Einkünfte des Landes angriff, dessen Oekonomie und Credit stets ungeschwächt blieb; auch hat der wunderliche, aber eben so gutmüthige wie geistreiche Fürst die Gunst des Kaisers Napoleon nie zur Erwerbung persönlicher Vortheile benutzt, wie das damals so viele gekrönte Häupter nicht verschmähten.

Uebertrieben eitel wie Herzog August war, hatte er die Eigenheit, sich von allen Malern, die nach Gotha kamen, portraitiren zu lassen, um zu sehen, wie jeder ihn auffaßte. Ich hatte ihn zu malen in einem violetten Sammetrock und einer Weste von Goldstoff. Von dieser Weste erbat ich mir eine kleine Probe, um den Stoff richtig nachzuahmen. „Nein!“ sagte er, „keine Probe, sondern ein ganzes Stück von der Goldtresse sollen Sie haben.“ Wollte Jemand seine Freigebigkeit abwehren, so verdoppelte er sie; ich weiß dies aus eigener Erfahrung.

Bisweilen genoß ich den Vorzug, mit ihm und seinem Kammerherrn allein zu speisen; nach der Tafel ging der Herzog auf und nieder und ließ sich von mir erzählen oder er that in seiner originellen Art allerlei Fragen. So rief er eines Tages: „Was macht Euer Kunstpapst?“ Damit meinte er Goethe. Sein beißender Witz verschonte

*) Dieses Bild ist noch heute eine Zierde der in einigen Zimmern des Schlosses untergebrachten Herzogl. Gemäldegallerie zu Gotha. (Abth. VIII, No. 11.) In dem über derselben belegenen Stockwerk sind, neben andern Merkwürdigkeiten, auch die Sammlungen des Herzogs August aufgestellt, welche theils Stücke von echtem Werthe, theils Raritäten enthalten, die in dem größten Kunstcabinet nicht unbeachtet bleiben würden.

Niemand; hatte man Geistesgegenwart genug zu einer passenden Entgegnung, so imponirte man ihm. Einem wenig begüterten, sehr häßlichen Fräulein vom ältesten Adel gab er einst das Räthsel auf: „Das erste haben Sie nicht, das zweite sind Sie nicht; das Ganze ist die Farbe Ihres Teints.“ (Orange.) Den Kammerherrn von Seebach fragte er: „Was ist das: die erste Sylbe ist ein großes Wasser, die zweite ist ein kleines Wasser, das Ganze ist doch unbeschreiblich trocken.“ Die Gräfin Auguste von W. empfing er bei einer Audienz mit dem Ausrufe: „Der Blitz! Ist das nicht die Gustel von Blasewitz?“ Und als sie vor versammeltem Hofe erwiderte: „O je! Da ist ja der lange Peter von Itzehoe!“ lachte er aus vollem Halse. Auf einem Maskenballe bemerkte er, wie ein junger Kaufmann Namens Tröbsdorf, den er unter der Verkleidung erkannt hatte, einer weiblichen Maske stark den Hof machte. Der Herzog trat auf ihn zu, schlug ihm auf die Schulter und sagte laut: „Tröbsdorf mit der Elle verliebt sich schnelle!“ Der Angeredete, welcher den Herzog sofort erkannte, antwortete mit großer Geistesgegenwart: „Ich führe meine Elle mit Verstand; das Scepter — ruht in Augusts Hand!“ Weit entfernt, dergleichen Sarkasmen übel aufzunehmen, ergötzte sich der Herzog darüber im Gegentheil außerordentlich.

Gern hätte er auch als Schriftsteller geglänzt, allein die literarischen Arbeiten des Herzogs, an denen mein Onkel Jacobs die Verse feilen mußte, sind — obwohl nicht ohne Geist und Witz — im Ganzen doch sehr confus. Gedruckt erschien von ihm ein Roman*), zu welchem

---

*) „Kyllenion, oder: ein Jahr in Arkadien“, Gotha, 1805, 8°; ein Werk, welches der Tochter des Verlegers gewidmet ist, deren Namen, Caroline Ettinger, ein das Buch eröffnendes Akrostichon verräth. Der Roman besteht aus zwölf mit den Namen der atheniensischen Monate bezeichneten Idyllen, durch die sich ein dünner historischer Faden zieht, welcher ursprünglich an persönliche, aber nur leise angedeutete Verhältnisse geknüpft ist. Seine Entstehung verdankte „Kyllenion“ den Lobpreisungen der Geßnerschen Idyllen, durch die eine junge Französin den Widerspruch des Herzogs reizte, der sich anheischig machte (da sie vornehmlich den griechischen Geist jener Idyllen hervorgehoben hatte): „Idyllen

sein von ihm königlich besoldeter Hofmaler, Professor Grassi, ein Bild: „Die Arkadier" anfertigen mußte. Außerdem malte dieser phantasiereiche Italiener zu einem andern Roman des Herzogs: „Panedonia", eine ganze Reihe lebensgroßer Gemälde *), z. B. zwei in ein Sternengewand gekleidete Prinzen, auf einem Throne sitzend; der eine wird durch ein kleines chamäleonartiges Ungeheuer angehaucht und verfällt, leichenblaß, dem Tode. Eine andere Illustration zu diesem Roman zeigt einen phantastischen Jäger; der Himmel auf dem Bilde ist grün, die Landschaft blau. Ferner entwarf Grassi eine ihren Wagen lenkende Fee, deren ränkevoller Charakter durch grell geschminkte Wangen angedeutet werden mußte, u. s. w. Als Papst Pius VII. aus seiner Gefangenschaft in Frankreich entlassen und nach Rom zurückgekehrt war, ließ der Herzog durch Grassi ein mächtiges Bild mit lebensgroßen Gestalten malen, welches Petrus vorstellt, wie er dem heiligen Vater die Schlüssel des Himmels überreicht. Dies riesengroße Gemälde machte er dem Papste zum Geschenk, um demselben eine Artigkeit zu erweisen und ihm seine Theilnahme zu bekunden **). Der schönen Herzogin von Kurland schenkte er ein Bild, das sie selbst in Lebensgröße darstellt, wie sie ein weißes Reh mit Vergißmeinnicht füttert. Unter dem Reh hatte er sich selbst gedacht. Von dem Weimarischen Hofmaler Jagemann ließ er sich lebensgroß in mittelalterlicher Tracht mit Federbarett malen, wie er eine Gänseblume als Liebesorakel auszupft ***).

Doch legte er auch Proben eines besseren Geschmacks ab. Er ließ z. B. eine Reihe von Zimmern reich, phantastisch, aber dabei höchst geschmackvoll decoriren; besonders gefiel mir ein nach des Herzogs eige-

zu schreiben, die auf eine ganz andere Art durch und durch griechisch sein sollten." Vergl. Friedrich Jacobs' Vermischte Schriften, VI, 464; auch VII, 170 fg. und 517.

*) Im Ganzen sechs, welche sich gegenwärtig in der Herzogl. Gemäldegallerie zu Gotha befinden. (Abth. VI, 5. 6. 7. 8. 10. 11.) Die oben erwähnten „Arkadier" von Grassi hängen daneben (No. 10).

**) Den Begleitbrief dazu siehe bei Jacobs a. a. O.

***) Dieses Bild befindet sich jetzt auf der Großherzogl. Bibliothek zu Weimar.

nen Angaben eingerichteter Salon von dunkelblauer Grundfarbe. Die seidene Tapete war herrlich bemalt mit Blumen, Früchten, Schmetterlingen und kleinen Vögeln; letztere schauten sämmtlich angstvoll nach dem Deckengemälde empor, welches eine gewaltige schwebende Eule mit glühenden Augen vorstellte. An den Seitenwänden dieses Gemachs hatten große Vasen, Büsten und ähnliche Dinge in gefälligstem Arrangement Platz gefunden*). Um die Regierung kümmerte sich Herzog August wenig; diese war lediglich seinen trefflichen Ministern überlassen. Das Land befand sich dabei sehr wohl, besonders blühte die Residenzstadt Gotha, welche unter ihm ein glänzender Mittelpunkt geistreicher Geselligkeit blieb; die Hofhaltung war prachtvoll, immerwährend verweilte Besuch von fremden Fürstlichkeiten und ausgezeichneten Personen aller Art in dem gegenwärtig so stillen Orte. Die Erinnerung an jene glanzvollen Tage hat sich im Gedächtniß der Bürger von Gotha lange erhalten, denn Herzog August war trotz seiner vielen Schrullen doch von seinen Unterthanen aufrichtig geliebt worden. Bei seinem frühen Hinscheiden im Jahre 1822 zeigte sich überall tiefe und ungeheuchelte Theilnahme. Er selbst sprach von seinem Tode ganz ruhig; ja, er hatte sich auf einer Insel im Park ein Mausoleum hergerichtet, welches er inwendig stets mit frischen Blumen bekleidete. Dahinein ohne Sarg gelegt zu werden, war sein letzter Wunsch. In der That wurde die Leiche des Herzogs auf dieser Insel bestattet, neben seinem Vater (dem kunstsinnigen, prachtliebenden Herzog Ernst II.) und seinen zwei früh verblichenen Brüdern. Als Herzog August gestorben war, wurde sein einziger überlebender Bruder, der in Rom zur katholischen Kirche übergetretene Prinz Friedrich (geb. am 28. Novbr. 1774), zurückberufen und folgte ihm als Vierter seines Namens in der Regierung von Sachsen-Gotha-Altenburg. Mit diesem erlosch die Dynastie, das Land ward getheilt, Altenburg wurde ein selbstständiges Herzogthum und Gotha fiel an Coburg, dessen Herzog Ernst I. in Gotha als Ernst III. den Thron bestieg.

*) Die sämmtlichen, einst vom Herzog August bewohnten Zimmer im Schlosse zu Gotha sind bis auf die Gegenwart unverändert geblieben.

Noch wurde mir 1811 von dem als Astronomen und Staatsmann rühmlichst bekannten Herrn von Lindenau in Gotha der ehrenvolle Auftrag zu Theil, sein Portrait zu malen. Er war ein ebenso schöner, wie geistreicher Mann, dabei ein ausgezeichneter Kunstkenner. Begeistert und lebendig strömte der Fluß seiner Rede; großartig waren seine Anschauungen von dem Sternenhimmel, wie von der Menschheit. Doch stand ihm auch die Grazie im Umgang wie so leicht keinem Andern zu Gebote; er scherzte eben so anmuthig, als er gelehrt zu sprechen verstand.

Als Friedrich IV., Herzog Augusts Nachfolger, schon 1825, drei Jahre nach seinem Regierungsantritt, starb und das gothaische Haus mit ihm erlosch, ordnete Lindenau als erster Minister die Theilung der Gothaischen Lande. Nachdem diese bewerkstelligt worden, trat Lindenau zum allgemeinen Bedauern der Gothaer in königlich sächsische Dienste; nach und nach bekleidete er hier, meistens ohne Gehalt zu beanspruchen, die hervorragendsten Staatsdienerstellen, bis er endlich Präsident des sächsischen Gesammtministeriums wurde. Nur eine so außerordentliche Arbeitskraft wie die seine konnte die umfassenden Geschäfte überwältigen, welche ihm oblagen. Im Jahre 1843 zog er sich vom Dienste zurück und nahm seinen bleibenden Aufenthalt in seiner Vaterstadt Altenburg, wo er schon seit 1826 der Landschaft präsidirt hatte. Seine sächsische Pension überwies er ungeschmälert der Unterstützung für Künstler sowie der Verbesserung gering dotirter Prediger- und Schullehrerstellen im Königreich Sachsen und im Herzogthum Altenburg. Bei seinem im Jahre 1854 erfolgten Tode hinterließ er der Stadt Altenburg ein von ihm gegründetes Museum, welches seine eigenen reichen Kunstschätze enthielt; auch setzte er jährlich tausend Thaler für ein gutes historisches Bild aus, zur Aufmunterung für talentvolle junge Künstler.

Der Frühling des Jahres 1812 führte mich nach Drackendorf, dem Landsitze des Geheimraths von Ziegesar. Ihm verschönte seine Tochter Silvia, meine schon erwähnte theure Freundin, durch anmuthige Heiterkeit und umsichtige Führung des Hauswesens das Leben. Auf dem romantisch gelegenen Gute, wo ich oft Monate zubrachte, entfaltete sich zwischen Silvia und mir ein wahrhaft poetisches Mädchenleben. Das Schloß war sehr groß; im obersten Stockwerk wohnte der Geheimrath, im Erdgeschoß die zahlreiche Dienerschaft, in der Mitte Silvia und ich. Mein Stübchen, welches eine gar freundliche Aussicht gewährte, war allerliebst; jede mögliche Bequemlichkeit, die man mir darin bereitet hatte, mußte es mir sogleich völlig heimisch erscheinen lassen. Auch Silvia wohnte sehr traulich und hübsch.

Nachdem wir des Morgens die Blumenvasen mit frischen Blumen gefüllt hatten, malte ich fleißig; später lustwandelten wir in den reizenden Parkanlagen oder verweilten an schön gelegenen Plätzen, die Früchte des Gartens genießend. Unter einem majestätischen alten Birnbaum stand ein zierliches Gartenhaus mit der Aussicht auf den grünen Wiesengrund, durch welchen die Saale sich wie ein glitzerndes Silberband schlängelt. Hier wurde gewöhnlich zu Mittag gespeist; der alte Herr von Ziegesar verweilte an dieser Stelle besonders gern, schenkte unserm Geplauder ein nachsichtiges Ohr und beantwortete freundlich unsere Fragen. Silvias Guitarre leistete Gesellschaft; ihre Lieder tönten im Wettstreit mit jenen der Sänger des Waldes; sie wußte besonders Tyrolerliedchen reizend vorzutragen. Die Abende verlebten wir häufig in der Ruine Lobeda, sahen von dort aus die Berge im Abendgold leuchten und ließen uns von den Sternen heimgeleiten. Diese anmuthige Zeit theilte manchmal meine liebe Instituts-Freundin Pauline Gotter*) mit uns; durch ihr schönes poetisches Talent, welches sie von ihrem Vater ererbt hatte, erhöhte sie immer den Reiz des Bei-

*) An sie schreibt Louise aus Drackendorf, 4. März 1813: „Wie reizend, heiter und friedlich ist doch das liebe Drackendorf zu jeder Zeit! Gestern war ein recht schöner Tag, und wir haben mit aller der Liebe und Sehnsucht Dich zu uns gewünscht, die die Erinnerung Deiner hier so anmuthig waltenden Gegenwart doppelt hervor ruft. Gestern hättest Du hier sein müssen, wie wir im Garten uns in der lauen Frühlingsluft berauschten, wie wir uns der heranschwellenden Blätterkeime erfreuten, wie die Gegend, schon neu verjüngt, in so reizender Schöne vor uns lag, — dann hättest Du uns aber auch helfen müssen, die schönen Kräpfel backen!“

sammenlebens. Noch lange nachher dachte sie lebhaft an jene Tage zurück; gegen Ostern 1837 schrieb sie mir aus München: „Wir werden ohne Frage ein grünes Fest haben, was gar lieblich und schön ist; ich erinnere mich, dergleichen einmal im lieben Drackendorf gefeiert zu haben, wo die rothen Eier in dem frischen Grün der Blätter für die Kinder versteckt lagen."

Bei einem dieser häuslichen Feste begegnete ich auch Goethe wieder, der sich an Silvias heiteren Liedern sehr erfreute, ja einmal sogar trotz seiner dreiundsechszig Jahre munter an einem Tänzchen Theil nahm*). Zugleich erblickte ich hier zum ersten Male die hochherzige Gräfin Caroline von Egloffstein, Schwester der bekannten, talentvollen Malerin Julie von Egloffstein. Von diesen Schwestern und der schönen Frau von Spiegel in Weimar soll Goethe, im Vergleich zu dem späteren Geschlechte, gesagt haben: „Gebt mir solche Gestalten, und ich schreibe Euch einen zweiten Tasso!"

Gräfin Caroline von Egloffstein möchte ich einer Lilie vergleichen, obwohl sie brünett war. Ihr Wuchs war hoch und schlank, eine zarte Blässe bedeckte ihr edles Antlitz, aus welchem die schönsten dunkelbraunen Augen hervorleuchteten. Sie sang ausgezeichnet und componirte selbst. Wenn sie sich ihre einfachen, seelenvollen Lieder zur Guitarre begleitete, bot ihre ganze Erscheinung ein Bild, das mir für alle Zeit in der Seele lebendig geblieben ist. Bei ihr bewährte sich mir auf's Neue, daß der erste Eindruck selten trügt; je länger ich sie kannte, desto mehr lernte ich ihr edles Herz verehren. Als Hofdame der Großfürstin Maria Paulowna konnte sie später ihrer schönen Seele im aufopferndsten Wirken für Andere volles Genüge thun.

*) An Pauline Gotter setzte Goethe einmal von Drackendorf aus „als Nachschrift dem Briefe einer Andern" — wahrscheinlich Louise Seidlers — folgende Worte hinzu: „Und hierzu füge ich einen sehr schönen und herzlichen Gruß, indem wir unter Blumen und Pflanzen Ihrer, liebe Pauline, gedenken. Wie fleißig und kunstfertig unsere Louise sei, werden Sie sehen, wenn sie zurückkommt und wir uns in dem schönen jenaischen Thale begrüßen." (Schellings Leben in Briefen, II, 235.)

Während meines Aufenthaltes in Drackendorf hatte ich häufig Gelegenheit zum Portraitiren. Das Bild des Herrn von Ziegesar wiederholte ich mehrmals; außerdem saßen mir einige aus dem benachbarten Jena herübergekommene Freunde. Zu den aus meiner Vaterstadt öfters herbeieilenden Besuchern gehörte der geistreiche junge Arzt Dr. Kieser und der nachmalige Gatte Silvia von Ziegesars, der liebenswürdige Professor der Theologie, Köthe, ein geborener Lausitzer, der, kunstsinnig und poetisch wie er war, viel Gutes anregte. Zuweilen predigte er auch in der kleinen Dorfkirche. Nach dem Tode des Geheimraths von Ziegesar führte seine Freundschaft für Silvia die eheliche Verbindung mit dieser herbei; 1819 kam er von Jena als Consistorialrath und Superintendent nach Allstädt, wo er 1850 starb. Er hat sich als theologischer Schriftsteller und Dichter vortheilhaft bekannt gemacht; noch nach seinem Tode erschienen zwei Sammlungen religiöser Gedichte von ihm: die „Lieder eines Kranken" und die von wahrhaft christlichem Sinne zeugenden „Geistlichen Lieder", denen auch ein kurzer Lebensabriß ihres Verfassers beigegeben ist.

Die schönen Tage von Drackendorf erreichten zuletzt ihr Ende und ich ging — diesmal in Begleitung der lieben Freundin Lottchen Stieler — wieder nach Dresden, wo mir die hehre Kunst die Stelle der Natur ersetzen mußte; die Gallerie war mein und Lottchens beständiger Aufenthalt. Wir wohnten in einem Zimmer, welches Gerhard von Kügelgen, der eine Sommerwohnung in Loschwitz bezog, von seiner Etage in der Neustadt uns überließ; gleich nach meiner Ankunft schrieb ich an Goethe, berichtete ihm von der herzlichen Aufnahme, die ich gefunden, und wie ich meine Studien eifrig *) fortsetze. Gleichzeitig

*) So eifrig, daß — wie die greise Frau von Hoff (Charlotte Stieler) dem Herausgeber schrieb — „Louise wenig von den zahlreichen Besuchern der Gallerie merkte. Eine Viertelstunde vor dem Schließen wurde geläutet, damit die Copirenden ihre Malgeräthe zusammenpackten; sehr oft überhörte Louise das Zeichen, so daß sie mehrmals beinahe eingeschlossen wäre." Sehr drollig erzählt auch Fr. von Hoff, wie Louise einst erhitzt nach Hause gekommen sei mit der Aufforderung: sich geschwind in die Kleider zu werfen, denn Kügelgen habe sie

legte ich ein gutes Wort ein für etliche Zeichnungen des Malers Friedrich, welche dieser dem Dichter gesandt hatte, damit derselbe sich, wenn möglich, für deren Verkauf verwende.

Umgehend erhielt ich von Goethe folgende Antwort:

Jena, den 23. April 1812.

Sie sollen, meine schöne Freundin, den besten Dank haben, daß Sie mir von Ihrer glücklichen Ankunft in Dresden und von dem guten Empfange daselbst, sogleich Nachricht gegeben haben. Auch ist mir sehr angenehm, die Friedrichschen Zeichnungen bey mir zu wissen. Sie sind noch eingepackt und ich weiß nicht, ob er die Preiße dabey bemerkt hat. Ist dieses nicht geschehen, so ersuchen Sie ihn darum und schicken das Blatt gleich an Hofrath Meyer nach Weimar. Und nun die Bitte um noch eine Gefälligkeit. Schon unterm 29. März habe ich ein Schreiben an Herrn von Kügelgen erlassen, worin ich denselben bath, mir eine Parthie Oelfarben, nebst anderen Bedürfnissen zu dieser Malerey, nach einem Verzeichniß das ich beylegte, baldigst zu senden. Die Sache ist mir sehr angelegen, und so verzeihen Sie nur, daß ich bey'm Abschied von Ihnen daran nicht dachte. Mögen Sie sich danach erkundigen und Meyern über die Sache schreiben. Wäre der Brief, wie kaum zu glauben, verloren gegangen, so würde er ein neues Verzeichniß schicken und ich bäte Sie, die Sache zu betreiben. Mich träfe ein Brief von Ihnen nicht mehr hier!"

Eigenhändig hatte Goethe unter diese von ihm dictirten Zeilen ein „Tausend Lebewohl!" und sein „G." geschrieben, welches näheren Bekannten als seine Unterschrift genügte.

Ich beeilte mich, den Wünschen des Dichters nachzukommen und konnte zu meiner Freude sein gegen mich ausgesprochenes Anliegen bald erfüllt sehen.

Ein traulicher Freundeskreis umgab mich binnen Kurzem in dem lieben Dresden. Besonders häufig sah ich damals Henriette von der

zu Mittag gebeten. Die Freundinnen trabten in der glühendsten Sonne nach Loschwitz hinaus, fanden aber Kügelgens schon beim Nachtisch, denn — „die ganze Einladung war ein Mißverständniß der guten, zerstreuten Louise!"

Gröben — welche ich auch portraitirte*) — und deren Bräutigam, den Professor Solger bei mir, und so lustig ging es manchmal in meinen schlichten Räumen her, daß ich mich eines Abends entsinne, an welchem wir endlich Alle munter zu tanzen anfingen. Die Fröhlichkeit dieser Tage wurde für mich noch besonders erhöht durch die Nachricht von der schnellen Heirath Pauline Gotters mit dem Philosophen Schelling, der damals in München angestellt war. Die erste Frau desselben, Caroline, geborene Michaelis, verehelicht gewesene Doctorin Böhmer aus Göttingen, A. W. Schlegels geschiedene Gattin**), war die beste Freundin von Paulines Mutter gewesen und hatte mit dieser in einem vertrauten Briefwechsel gestanden, welcher zuletzt zur Erleichterung der Matrone von deren Tochter Pauline geführt wurde. Nach dem für Schelling unsäglich schmerzlichen Verluste seiner Gattin (7. Septbr. 1809) setzte der Wittwer die Correspondenz fort, und äußerte dabei den Wunsch, die lieben, ihm geistig schon so nahestehenden Frauen auch persönlich kennen zu lernen. Er schlug deshalb ein Rendezvous an der Nordgrenze Bayerns vor; dieses gewährte man ihm, und Pauline machte beim ersten Begegnen im Posthause zu Lichtenfels gleich einen so tiefen Eindruck auf den Philosophen, daß dieser am folgenden Tage um ihre Hand bat. Ja, er wünschte dringend, daß die Hochzeit schon binnen acht Tagen folgen möchte; ein Verlangen, welchem man nachgab. Schelling kam nach Gotha, dort wurde die Hochzeit gefeiert und Pauline begleitete als junge Frau ihren Gatten nach München***). Im glücklichsten Verein lebten Beide in der Isarstadt,

*) Ueber ihre anderen Arbeiten schreibt Louise an Pauline Gotter: „Außer einem ecce homo nach Guido Reni, einem Christuskopf nach Annibale Carracci und einer mater dolorosa nach Solimena waren es nur Studienarbeiten: Köpfe nach van Dyk und Rubens. Das Oelmalen macht mir viele Freude."

**) „Caroline", Briefe an ihre Geschwister u. s. w. (Leipzig, 1871) enthält über diese Verhältnisse das Nähere. Pauline Gotters Briefe an Schelling und dessen Antworten sind abgedruckt in „Schellings Leben, in Briefen" (Leipzig 1870).

***) Goethe nahm an diesen Vorgängen lebhaften Antheil. Aus Jena, 20. Jan. 1813, schreibt Louise Seidler ihrer Freundin Pauline: „Unser verehrter Meister und Freund ist jetzt immer so kränklich, so niedergeschlagen von den bis Schelling als Greis durch Friedrich Wilhelm IV. nach Berlin berufen wurde. Trotzdem die Ehe mit sechs Kindern gesegnet war, machten Schellings doch oft große Reisen; auf einer derselben starb der Philosoph in seinem achtzigsten Jahre (20. August 1854) zu Ragaz in der Schweiz, nachdem er noch die Freude gehabt hatte, die glückliche Versorgung seiner sämmtlichen Kinder zu erleben.

Unterdessen war 1812 der Krieg wieder ausgebrochen; ich sah den Kaiser Napoleon, als er vor seinem Zuge nach Rußland in Dresden verweilte. Er stand auf der Höhe seiner Macht; Könige und Fürsten warteten in seinem Vorzimmer oft stundenlang, bis es ihm gefiel, sie vorzulassen. Die deutsche Hauptstadt veranstaltete zu Ehren des Unterdrückers des deutschen Volkes eine Illumination, so glänzend und prachtvoll, wie ich sie kaum jemals wieder gesehen habe. Wenig Monde später — und Napoleon kam flüchtig aus Rußland zurück, besiegt, zertreten, er, der soeben noch auf schwindelnder Höhe gestanden!

Der Winter von 1812 auf 1813 verging unter bangen Sorgen und ängstlichen Erwartungen für die Zukunft. Die Gemüther wurden von den widerspruchsvollsten Stimmungen beherrscht; gegen politische

allgemeinen Weltbegebenheiten, daß mein letzter Aufenthalt bei ihm, zu Ifflands Gegenwart, mir eben so oft Sorge und Betrübniß, als Freude gab. Und doch war er viel besser, als bei meiner Rückkunft in Jena, wo ich ihn an seinem alten Nierenübel recht krank fand. Auf das Theilnehmendste hat er, liebste Pauline, Deiner gedacht, und ich habe ihm haarklein Deine Hochzeit und alles dergl. erzählen müssen. Ich hätte Dir gern dazu mein Ohr geliehen, um Dich alles das Freundliche, auch besonders über Deinen Mann hören zu lassen, den er ebenso zu lieben, als zu schätzen scheint. Es war der schönste Mittag unter den sechs, die ich da genoß; die Frau Geheimräthin fuhr mit den Damen Schlitten, und nun saßen wir so recht traulich, plaudernd nur von der lieben Freundin, bis spät zum Theater." Der Brief schließt: „Lebe wohl, liebe Pauline; empfiehl mich Deinem verehrten Manne bestens (er muß ein Muster aller Männer nach Allem, was ich höre, sein!). Sein Bild steht ganz lebhaft vor meiner Seele. Ach, warum ist er nicht mehr hier! Er wird mich natürlich nie bemerkt haben; habe ich aber Gelegenheit und Glück, etwas Tüchtiges zu lernen, dann wird er vielleicht die Augen wenigstens auf meine Arbeiten wenden. Bis dahin empfiehl mich bestens."

Unterhaltungen erging bei Vielen ein förmliches Verbot, denn man kam ja nie ohne tiefes Herzweh davon, und man gebrauchte doch frischen Muth und Kraft niemals nöthiger, als in jenen Tagen! Da die Zustände sich immer drohender gestalteten, flüchtete sich Kügelgen, der Dresden nicht ohne Grund für sehr unsicher hielt, mit seiner ganzen Familie; anfangs nach Ballenstädt zu den Eltern seiner Schülerin Caroline Bardua, später zu seinen Verwandten nach Hummelshain; ich selbst war nach Jena in das elterliche Haus zurückgekehrt. Wir verlebten das Weihnachtsfest in aller Stille; nur deßhalb will ich des Tages gedenken, weil Goethe in dieser Zeit Gelegenheit nahm zu einer besonderen Aufmerksamkeit gegen mich. Weihnachten 1810 hatte er mir eine Stickerei geschenkt; ich war weit davon entfernt, jemals wieder eine ähnliche Freundlichkeit zu erwarten. Um so mehr überraschte mich die schöne Gabe eines allerliebsten Spiegels, den mir der Dichter in den ersten Tagen des Jahres 1813 mit folgenden eigenhändigen Zeilen sandte:

„Da wir unsrer lieben Freundinn zum neuen Jahre nichts erfreuliches erwiesen, so spiegle sie zu Epiphanias sich an ihren eigenen Tugenden und denke der Liebenden und Theilnehmenden. G."

Sich im Spiegel eitel zu beschauen oder gar sich zu putzen — dafür sollte freilich bald Zeit und Lust sich verlieren. Schon jagte eine Gemüthsbewegung die andere; die Trümmer von Moskau hatten Napoleons Stern unter ihrem Schutte begraben; Yorks muthvolle That der Convention von Tauroggen belebte auch in Deutschland den patriotischen Geist. In Aller Herzen entbrannte die Hoffnung, daß endlich die Stunde der Erlösung von dem schmachvollen Joche der Fremdherrschaft für uns geschlagen habe; heimlich rüsteten sich nicht weniger als sechs meiner Vettern, bei dem bevorstehenden Entscheidungskampfe selbstthätig eine Rolle zu spielen.

So sehr auch in meiner Brust warme Antheilnahme für die Geschicke des Vaterlandes lebendig war *): zu viele schmerzliche Erinner-

*) Die vollste Bestätigung dafür findet sich in L. Seidlers Briefen an Pauline Schelling. Zum Beweise, wie patriotisch die Künstlerin fühlte, diene

ungen wurden bei dem ringsum herrschenden kriegerischen Leben wieder in mir wach; ich lebte deßhalb, von dem Treiben der Oeffentlichkeit zurückgezogen, still für mich und beschäftigte mich nur eifrig mit Malen. Frau v. Heygendorf in Weimar (die Jagemann), die sich stets auf das Liebreichste für mein Streben interessirte, lieh mir mehrere ihrer schönsten großen Oelgemälde, welche ich copirte; ebenso sendete mir Kügelgen einige seiner Arbeiten zu demselben Zwecke, z. B. die Germania, wie sie voll tiefer Trauer den Aschenkrug ihrer gefallenen Söhne umfaßt. Es glückte mir, Kügelgens Original vortheilhaft nach Altenburg zu verkaufen; ein für den Künstler doppelt erfreuliches Ereigniß in jener drangsalsvollen Zeit.

Mancher interessante Kopf bot sich mir zum Portraitiren dar, unter anderen derjenige Knebels, dessen Wiedergabe zu meiner Freude allgemein ansprach. Ich verlebte liebe Stunden mit diesem edlen Greise; auch Goethe fand sich häufig bei den Sitzungen ein. Knebel schrieb mir in Beziehung auf sein Portrait*): „Ich danke Ihnen noch-

---

folgendes Bruchstück: „Drackendorf, 2. März 1813. Mir haben sich jüngst viele schöne Sterne verdunkelt; die Gallerie in Dresden ist gepackt und nach dem Königsstein transportirt, also die Aussicht eines herrlichen Sommers vorbei. Aber jetzt verschwindet ja jedes einzelne Interesse bei dem großen allgemeinen, und so redlich mein Streben ist, so geht es doch vor der Hand bei diesen äußeren Unruhen nicht vorwärts, denn der müßte lebendig todt sein, der jetzt nicht von dem allgemeinen Großen ergriffen wäre!“

*) „Stelle Dir vor, daß ich auf Goethes Zureden mich von Mademoiselle Seidler habe malen lassen. Alle Welt sagt, ich sei wirklich getroffen, und ich glaube es selbst. Das Mädchen hat ein herrlich Talent zum Portraitmalen, und wenn sie so viel zusammenbringt, daß sie noch ein paar Sommer in Dresden studiren kann, wo sie trefflich profitirt hat, so wird sie eine der ersten Portraitmalerinnen, wie Goethe selbst sagt. Sie hat auch diesen ungemein gut gemalt. Dabei hat sie Leichtigkeit und sichern Sinn und ist sehr fleißig.“ Knebel aus Jena, 22. Jan. 1812, an seine Schwester, welche das Portrait am 29. Juni 1812 zum Geburtstage erhielt. „Da ich mich nicht selbst bei Deinem Feste einstellen kann“, schrieb Knebel dazu, „so schicke ich mich wenigstens in dem Portrait, das Mademoiselle Seidler von mir ausgefertigt hat. Manche der Freunde wollen zwar nicht ganz damit zufrieden sein, ich hoffe aber doch, Du sollst darin einige

mals recht sehr, liebe und gütige Freundin, für alle die Mühe und Liebe, die Sie an mein Bildniß gewendet haben. Es wird mich immer an die guten Stunden erinnern, in denen ich Ihr freundliches und liebenswürdiges Gemüth näher habe kennen lernen. Eben dasselbe bildet sich auch in allem dem ab, was Sie machen, und wird Ihren Bildern immer Reitz und Beifall erhalten. Wie glücklich sind Sie, daß Sie die bunten schönen Farben auf die Leinwand malen können, da der Himmel so lange verweigert, sie uns an sich und auf der trüben Erde zu zeigen!"

Als ich das Portrait Knebels vollendet hatte, malte ich dasjenige des Directors des mineralogischen Cabinets in Jena, Bergraths Lenz. Dies trug mir nichts Geringeres ein, als ein Diplom der mineralogischen Societät, wodurch ich zum Ehrenmitglied derselben ernannt wurde; possirlich genug, da ich mich für dieses Fach niemals interessirt habe und kaum den Ziegelstein vom Granit zu unterscheiden weiß *).

---

der Züge finden, die Dir verwandt sind. Ueberhaupt aber ist das Ganze gut gearbeitet." Die Schwester antwortete: „Der Erbprinz (von Mecklenburg-Schwerin) findet auch Dein Bild gut getroffen. Ich habe es über meinem Klavier, und da wir einstimmig gefunden haben, daß es dem Auge nicht zu entfernt sein darf, so hängt es unter dem schönen Kupferstich Aurora, den ich von Dir habe. Es nimmt sich da sehr gut aus." (Briefwechsel, 586, 614, 620.) Der oben mitgetheilte Brief Knebels hat dem Herausgeber nur in Abschrift vorgelegen.

*) Ein Jahr später bestellte Goethe bei Louise Seidler eine Wiederholung dieses Portraits, mittelst deren er dem um das Mineraliencabinet hochverdienten Lenz eine besondere Ehre zugedacht hatte. „Stiftung, Vermehrung und Erhaltung eines so schönen Instituts verdiente dem Bergrath Lenz wohl die Aufmerksamkeit, daß man bei dieser neuen Einrichtung sein Bildniß aufstellte. Solches ward von Demoiselle Seidler recht glücklich gemalt" schrieb Goethe als Chef der im Weimarischen Staate bestehenden s. g. „unmittelbaren Anstalten für Wissenschaft und Kunst" an seinen Amtsgenossen, den Minister von Voigt in den ersten Tagen des Jahres 1815, als es sich um eine neue Ordnung und Aufstellung der Mineralien handelte. Und da Herr von Voigt der beabsichtigten Auszeichnung von Herzen beistimmte, sandte Goethe am 27. Januar 1815 dem Bergrath Lenz das Seidlersche Kunstwerk mit folgenden Zeilen: „Da nichts billiger ist, als daß Derjenige, der eine gemeinnützige Anstalt gegründet und

Unter anderen Besuchen empfingen meine Eltern beinahe allabendlich auch denjenigen des bereits erwähnten, in der gelehrten Welt rühmlichst bekannten Mediciners Professor Kieser, zuletzt Präsident der Leopoldinischen Carolinischen Gesellschaft*). Wir widmeten die Abendstunden dem Studium der italienischen Sprache und lasen den Tasso, zur Verzweiflung meiner guten Schwester, welche diese Lectüre höchlich langweilte.

So gab es inmitten verworrener Zustände, trotz Angst und Noth, wovon ein Jeder seinen Theil zu tragen hatte, doch auch manche Lichtpunkte, ja, vielleicht würdigte man diese in der allgemeinen Bedrängniß gerade um so mehr. Zu diesen Lichtpunkten zähle ich ein sogenanntes „Kartoffelkränzchen", welches sich allwöchentlich versammelte und woran sich u. A. die Schwestern der Frau Frommann, deren geistvoller Bruder Herr Wesselhöft und der Professor Köthe betheiligten. Fouqué war damals der Held des Tages; sein „Zauberring" erfreute uns vor Allem bei diesen Zusammenkünften. Mich entzückte aber besonders „Undine".

Dies sprach ich einmal lebhaft gegen Goethe aus**), daher die Anspielung in dem folgenden Briefe, der, scherzhaft wie er ist, zugleich einen tiefen Blick in das menschenfreundliche Herz des Dichters thun läßt.

---

gefördert, auch für ewige Zeiten derselben in persönlicher Gegenwart vorstehe, so hat Herzogliche Commission sich's zur vergnüglichen Pflicht gemacht, beigehendes Bildniß den Säälen des Museums zu widmen. Glücklicher Weise hat die Malerin die ansprechende und zuvorkommende Freundlichkeit des gegen Fremde und Einheimische immer bereitwilligen Naturforschers so gut ausgedrückt, daß nichts mehr zu wünschen übrig bleibt, als daß er sich selbst im Bilde lange Jahre froh und heiter begrüßen möge." (Vogel, Goethe in amtlichen Verhältnissen, 310. 345.)

*) „Er ist Schelling so mit Leib und Seele ergeben, und erzählt mir so oft von ihm, daß mir seine Besuche schon deßwegen lieb sind." (L. Seidler an P. Schelling, 22. Juni 1813.)

**) Auf diese Unterredung bezieht sich folgender Brief L. Seidlers an P. Schelling, aus Drackendorf, 4. März 1813: „Von Goethe kann ich Dir bessere Nachrichten geben. Ich fand ihn kürzlich in Weimar wieder ganz den Alten, lebenskräftig, voll Feuer und des besten Humors. Ein Gespräch über Fouqués Werke, wo er einmal recht aus sich heraus ging (wir waren ganz allein, da sich

Ich hatte diesem nämlich die bedrängte Lage des schon erwähnten Malers Kersting in Dresden geschildert und einige Bilder desselben auf Goethes Wunsch zur Ansicht nach Weimar kommen lassen. Allein sie fanden keine Käufer, mit Ausnahme der „Stickerin“ (wozu ich selbst gesessen hatte). Dieses Bild erwarb auf Goethes Verwendung Herzog Carl August für sich *).

---

die Damen durch ein Schläfchen vom Balle erholten), wünschte ich Dir hier so lebendig herzaubern zu können, als es wohl noch in meiner Seele steht, aber ich es nicht wiedergeben mag noch kann, weil es, so zerstückt, ein Nichts werden würde, und doch ein so göttliches Ganzes ausmacht. Daß er ihn eben nicht liebt und achtet, und daß er sich besonders „über die vielen zerknickten, verbogenen und verzogenen Wahlverwandtschaften, die immer als neue Ragouts von der Grundlage der seinigen von diesen neueren Schriftstellern uns aufgetischt würden,“ ereiferte, laß Dir nur ganz kurz gesagt sein und entre nous, so wie dies ganze herrliche Gespräch ein freundliches „entre nous“ war, das er hundertmal abbrach und doch immer wieder anfing, mit tausend: „Sei still! — 's ist gut! — Laß mir dies Fieber, diese Röthein der Zeit ruhen; ich werde sie auch noch überleben“ wieder unterbrach — und dabei so liebenswürdig war, daß ich dem Himmel für diese Stunden ewig dankbar sein werde. Fouqués „Zauberring“ und „Undine“ ergötzt uns jetzt unendlich, und dies gab die Ursache dieses Gesprächs; aber daß ich so viel Freude an jenen Werken habe, kümmert mich trotz dieser hohen Gegen-Meinungen nicht, denn der alte Meister meinte ja auch so freundlich: ‚was erfreute, wäre ja gut, und es gehöre eine höhere Einsicht der Dinge, oder ein ganzes Naturkind zu sein, dazu, es anders zu finden, und nicht von der reichen Phantasie und den vielen glücklich vertheilten Pointen bestochen zu werden. Ueberhaupt gehöre es ja zum Geiste der Zeit, über die wir ja nicht hinaus könnten u. s. w.!‘“

*) Das Gemälde, eine Stickerin, welche, am Rahmen arbeitend, dem Beschauer den Rücken kehrt, während man ihr Gesicht im gegenüberhängenden Spiegel erblickt, befindet sich zu Weimar in den Privatgemächern des regierenden Großherzogs. Ein Duplikat des Bildes hängt in der Kunsthalle zu Kiel, und zwar, was Louise Seidler nicht gewußt zu haben scheint, mit einem Pendant, auf welchem das nämliche Gesicht wie auf der „Stickerin“ (also dasjenige Louise Seidlers) gleichfalls von einem Spiegel zurückgeworfen wird, vor welchem ein auch mit dem Rücken gegen den Zuschauer gekehrtes Mädchen ihr Haar flicht. Die Bilder sind auf Holz gemalt, 19 Zoll breit und 15 Zoll hoch. Der Name des Malers findet sich nicht auf den Bildern, dagegen auf der Rückseite der

Hieran ließ sich indessen der hilfsbereite Dichter noch nicht genügen; um Kersting erfolgreicher zu unterstützen, griff er zu dem Auskunftsmittel einer Lotterie. Wenn es gelang, 114 Loose, jedes zu drei Kopfstück, unterzubringen, so konnten wir dem Künstler eine erkleckliche Summe übersenden. Der folgende Brief Goethes erklärt alles Uebrige:

„Sie erhalten hierbey, meine liebe und artige Freundin, Ihr Subscriptions-Verzeichniß zurück. Die von den Theilnehmern verlangten, oder ihnen zufällig zugetheilten Loose finden Sie an der Seite nach den Nummern notirt. Auch folgen die Billete, und damit ja kein Irrthum entstehe, so sind die Namen auf der Rückseite bemerkt. Es sind ihrer 44. Cassiren Sie das Geld ein; das Loos zu 3 Kopfstück. Wir haben 114 bestimmt.

Das wäre nun alles recht gut, wenn ich nicht ahndete, daß in diese Loose, die ich Ihnen überschicke, der Gewinnst schon hineingezaubert sey. Dieß will ich aber nicht laut sagen, sonst discreditire ich die übrigen und wir finden keine Abnehmer. Eigentlich ist mir diese Vermuthung daher gekommen, weil man mir nicht genug erzählen kann, was die Undinen- und Meerfräulein in Jena für Spuk treiben. Knebel spricht entzückt von denen tausend und abertausend Wellen, auf welchen jene wandelbaren Geisterchen im Mondschein herum gaukeln und bis an seinen Gartenzaun plätschern und schwätzen. Sie sollen, sagt man, alt und jung verführen und das treuloseste Geschlecht in der Zauberwelt seyn.

Leider werde ich sie in ihrer breiten Glorie nicht mehr sehen, aber wenn sie sich in ihre Grenzen zurück gezogen haben, sind sie nur desto gefährlicher und vor dem bekannten Gesang*): ‚In meinem

„Stickerin": „G. Kersting 1827". Nach dieser Jahreszahl würde es sich auch erklären, wenn das zweite Bild Louise Seidler selbst unbekannt geblieben wäre. Die Kunsthalle zu Kiel besitzt die beiden, äußerlich ziemlich unscheinbaren Bilder seit 1856, in welchem Jahre eine Frau Becher, geborene von Binzer, sie der Gallerie schenkte. Diese Dame ist verstorben.

*) Goethe citirt aus der „Saal-Nixe", einem Romane seines Schwagers Vulpius, der 1795 erschienen war. Es heißt dort:

Schlößchen ists gar fein'" (Anspielung auf die Wohnung meiner Eltern im Schlosse zu Jena) „wissen sich Wenige in Acht zu nehmen. Dem sey nun wie ihm wolle, so kann ich die Ufer der Saale nicht ganz vermeiden. Bis ich Sie daselbst wieder sehe, leben Sie recht wohl! Gedenken Sie mein und grüßen Sie Minchen" (Herzlieb). „Ich habe immer geglaubt, dieses Geistchen gehöre einem treueren Element an. Doch soll man sich überhaupt hüthen, mit der ganzen Sippschaft zu scherzen. Nochmals das schönste Lebewohl.

Weimar, d. 24. Febr. 1813.

Goethe."

Hierzu eigenhändige Adresse:

„An Demoiselle
Louise Undine Seidler
Jena."

Den Erfolg einer Sache, welche Goethe in die Hand genommen, hielt ich für vollkommen gesichert; an die Schwierigkeit, so viele Loose unterzubringen, dachte ich nicht. In meiner Herzensfreude schrieb ich daher an Kersting und verkündigte ihm sein Glück. Es fand sich jedoch, daß das Unternehmen weitläufiger war als ich anfangs geglaubt, ja, beinahe wäre es gar nicht zu Stande gekommen. Inzwischen hatte Goethe meine Voreiligkeit erfahren, aber weit entfernt, mir deshalb zu grollen, schrieb er mir folgende liebenswürdigen Zeilen:

„Man soll den Tag nicht vor dem Abend loben, heißt die alte Lehre, und Sie haben sich dießmal, meine schlanke Freundin, durch Ihre gutmüthige Dienstfertigkeit verführen lassen, Herrn Kersting eine Sache als fertig anzuzeigen, die nur noch im Werden ist. Indessen will der Himmel, daß hübsche Kinder manchmal einen Fehler begehen, damit sie einsehen, wie werth man gute Freunde halten soll, welche sich alsdann zum Beystand bereit finden lassen. Senden Sie mir vor allen

---

„In meinem Schlosse ist's gar fein,
Komm, Ritter, komm zu mir herein!"

Strophen, welche später in das bekannte Volksstück „Das Donauweibchen" übergingen.

Dingen das Verzeichniß zurück; wir wollen sehen, daß wir die Sache wieder auf ihre Füße stellen. Es ist gut, daß ich noch hier bin, sonst wäre sie wahrscheinlich unwiederbringlich verloren gewesen. Leben Sie recht wohl!

Weimar, d. 2. März 1813.

G."

Wirklich kam die Lotterie unter Goethes Leitung noch zu Stande; der Zufall wollte, daß mein Vater eins der Bilder gewann, nämlich den bereits erwähnten „eleganten Leser", der bei dem Schimmer einer argandschen Lampe studirt. Schleunigst setzte mich Goethe von dem Glücksfalle durch nachfolgende Zeilen in Kenntniß:

„Wenn das Gerücht Ihnen, meine schöne und artige Freundin, nicht schon hinterbracht hat, daß sich der elegante Leser nach Jena und zwar in Ihr Haus sehnte, so erfahren Sie es hierdurch.

Beyliegende Verzeichnisse, die ich mir wieder zurückerbitte, werden Sie näher unterrichten, daß No. 55 bey dem 98sten Auszug das Bild gewonnen hat. Disponiren Sie nun darüber, und schreiben Sie mir, ob ich es durch die Botenfrau schicken soll, ob Sie mir eine Gelegenheit angeben, oder es selbst abholen wollen? Möge mit diesem hübschen Lampenschein noch viel anderes Gute und Vergnügliche bey Ihnen einkehren! Sollten sich Liebhaber zu dem Bilde finden und Sie möchten es ablassen, so machen Sie nichts fest, bis Sie mir davon Nachricht geben.

Weimar, den 13ten März 1813.

G."

In der That reflectirte mein Vater nicht auf das Bild, sondern wünschte sehr, es zu verkaufen. Ich theilte dies Goethe mit und er schrieb mir:

„Ihren und Ihres Herrn Vaters Wunsch, meine schöne Freundin, habe ich zwar zu erfüllen gesucht, bin aber dießmal nicht ganz so glücklich wie die beyden ersten Male gewesen. Nur einen Liebhaber habe ich gefunden, der allenfalls sechs Friedrichsd'or dafür gäbe, welches freylich nur die Hälfte des Werthes ist. Gold ist eine seltene Waare, melden Sie mir, ob das Gebot annehmlich ist, oder ob ich das Bild noch aufheben und auf bessere Zeiten verwahren soll? Sagen Sie mir bey dieser Gelegenheit, wie Sie sich befinden. Leider werde ich auch diesen März abgehalten, Sie in Jena zu begrüßen. Leben Sie recht wohl und bleiben der Freunde eingedenk.

Weimar, den 24sten März 1813.

G."

Der in diesen Zeilen enthaltene Vorschlag wurde dankbar von meinem Vater angenommen; ich benachrichtigte Goethe sogleich davon, und zwar mittelst eines Billets, welches ich nicht, wie sonst, durch die Botenfrau, sondern „durch gütige Besorgung" an ihn gelangen ließ. Unser Freund Christian Stockmar nämlich war von Coburg, wo er nach beendeten Studien seit 1810 als Arzt practicirte, mit seinem Bruder Carl, einem Kaufmann, nach Jena gekommen, um seine alten Bekannten einmal wieder zu sehen. Das nächste Reiseziel der beiden Brüder war Weimar, wohin ich ihnen meinen Brief an Goethe mitgab.

Der Dichter cassirte das Geld für den „eleganten Leser" ein, sandte es mir — eigenhändige Brief-Adresse: „An Demoiselle Louise Seidler, Jena. Enthaltend 6 Louisd'or" — und bemerkte dabei:

„Hier schicke ich Ihnen, schöne Freundin, drey Doppellouisd'or, die, wie ich hoffe Ihrem Herrn Vater gefallen werden. Mir selbst, ob ich gleich ein Kunstliebhaber bin, leuchten sie fast so schön, als die argandische Lampe des Bildes. Ihnen wünsche ich, daß Sie immer in so liebenswürdiger Gesellschaft seyn mögen, als die ist, die Sie mir zugewiesen haben. Ich bin den Herren aufs freundlichste begegnet, in Hoffnung, daß Sie auch mir, wenn ich das Vergnügen habe, Sie wieder zu sehen, ein desto freundlicheres Gesicht machen sollen. Die Einlagen bitte bestellen zu lassen; ich habe sie hinzugefügt, um dem Golde einige Umgebung zu verschaffen.

Leben Sie recht wohl, empfehlen mich den lieben Ihrigen und gelegentlich auch in Drackendorf zum allerschönsten.

Weimar, den 27sten März 1813.

Goethe."

In diesem März des Jahres 1813 bereiteten große politische Ereignisse sich vor. König Friedrich Wilhelm III. von Preußen hatte sein Volk in die Waffen gerufen; Theodor Körners schwungvolle Lieder mit den herrlichen Melodieen C. M. von Webers, Ernst Moritz Arndts feurige, patriotische Schriften entflammten die deutsche Jugend; das Volk stand auf, der Sturm brach los. Auch meine sechs schon lange ungeduldigen Vettern waren jetzt nicht länger zu halten; kampfesmuthig zogen sie mit so viel tausend Anderen hinaus in den Krieg für das deutsche Vaterland.

Es war eine fieberhafte Zeit; eine Nachricht jagte die andere, kriegerisches Leben kam in unsere unmittelbare Nähe. Am 2. Mai wurde die Schlacht bei Groß-Görschen geschlagen; zerstreute Truppentheile jeder Waffengattung durchzogen unsere Thäler; auch das Lützowsche Freicorps marschirte durch Thüringen. Eines Sonntag Morgens hatte die Frühlingspracht meinen Vater und mich in's Freie gelockt; die Bäume standen in voller Blüthe und glänzten im Sonnenschein; die Vögel sangen, die Glocken läuteten in den nahen Dörfern — aber unten im Thale hörten wir ein starkes Schießen; die Franzosen lieferten den Verbündeten ein blutiges Scharmützel.

Daß während des kriegerischen Treibens die Kunst nicht in der Weise zu pflegen war, wie es ohne dieses geschehen sein würde, brauche ich kaum zu sagen. Hatte doch alle Welt nur Ein Interesse, nur Ein Gespräch! An Musik war fast nicht zu denken; nur mechanisch spielte ich bisweilen, um nicht meine ganze Fertigkeit einzubüßen. Etwas lebhafter betrieb ich die Malerei. Silvia von Ziegesars späterer Gatte, Professor Köthe, der als Feldprediger mit gegen Frankreich zog, wurde im Priesterrock gemalt; ich hielt dies Portrait für eines meiner gelungensten. Silvien selbst zeichnete ich in Kreide*); überdem begann

*) Nicht zur eigenen Zufriedenheit. „In steter Unruhe, Sorge und Angst um das allgemeine Wohl" schreibt Louise an P. Schelling, 19. Juni 1813, „malte ich doch Mehreres, aber ich kann Dir nicht beschreiben, wie schwer und peinlich es mir wurde. Silviens Bild trägt auch leider das deutliche Gepräge davon."

ich eine heilige Katharina in Pastell. Aber die leidige Politik, diese gräßliche Hydra, ertödtete die Freude an allem Schaffen.

Goethe hatte sich vor den Unruhen nach Töplitz zurückgezogen; „mit welchen Wünschen und Hoffnungen, bedarf keiner Worte!“ lautete sein Scheidegruß an liebe Freunde. Seine Entfernung war vollkommen begreiflich; die vielen Einquartierungen wurden am Ende unerträglich, dazu die Theuerung und große Armuth! Gern und freudig würde man dies Alles hingenommen haben — fühlten wir doch mit jedem Guten, Redlichen auf's schmerzlichste die Noth des Vaterlandes! — hätte man nur gesehen, wo es denn endlich hinaus wollte mit dem Feldzuge. Aber an der Spitze der Bewegung ein Oesterreich, dessen Prinzessin die Gemahlin eben jenes Napoleon war, den man bekämpfte — was war da zu hoffen!

So mußte denn der Jammer ertragen werden, und — er ward ertragen. Freilich thaten die Behörden zu seiner Linderung das Mögliche; der jugendliche Prinz Bernhard von Weimar, Carl Augusts zweiter Sohn (geb. am 30. Mai 1792, also damals einundzwanzig Jahre alt), übernahm selbst die Leitung der Einquartierungsgeschäfte des ganzen Landes. Bald war er in denselben völlig orientirt und bewies sich als äußerst tüchtiger, braver und thätiger Mann. Oft kam er auch nach Jena, um Ordnung und Fluß in die Dinge zu bringen; da war er denn von Herzen froh, wenn ihn die Einwohner ganz schlicht und bürgerlich zu sich einluden. Auf der Schneidemühle, einem Sommervergnügungsorte vor Jena, wurden ihm kleine Festlichkeiten von einfachstem Charakter, meist Picknicks, veranstaltet; die Jugend spielte dabei Gesellschaftsspiele und war ausgelassen lustig. Steife Diners liebte der Prinz gar nicht; einmal gab ihm mein Vater ein bescheidenes Mahl in einer kleinen improvisirten hübschen Laube in unserm Gärtchen; Prinz Bernhard ging mit uns hinaus und wieder herein, war sehr liebenswürdig und vertraulich herzlich und unterhielt sich auf's lustigste namentlich mit Louise Marezoll und mir. Ich mußte ihm die Entstehungsgeschichte unseres Gärtchens erzählen, die allerdings drollig genug war: mein Vater hatte dasselbe einem steinigen Weinberge von wenig Brauchbarkeit mit großer Mühe abgerungen; als Kinder hatten wir fleißig an der Urbarmachung des schönen Platzes, der eine wundervolle Aussicht über das ganze Saalthal gewährte, durch Heraussuchen der Steine mitgeholfen. Aus diesen war dann das kleine Haus erbaut worden, welches nun auf dem Grundstück stand und Schutz gegen die Unbilden des Wetters gewährte. Die Mittheilung dieser Umstände machte unserm hohen Gaste ersichtlich Vergnügen; „da müsse man freilich" meinte er, „den Acker lieb haben wie ein eigenes Kind."

Ganz Jena jubelte, als dieser begabte junge Prinz in der Mitte des Juli an Hendrichs Stelle Commandant wurde; er zog auf's Schloß und war uns ein guter Nachbar, der täglich in unserer schlichten Wohnung einkehrte und manches Mal zu Tische bei uns fürlieb nahm. Der Cavalier des Prinzen, Graf Edling, gefiel mir weit weniger als sein Gebieter; er war das Urbild eines Hofmanns, die fleischgewordene Artigkeit. Ich fand ihn immer zu höflich; stets hatte ich in seiner Gesellschaft die Empfindung, als lasse er sich zu mir herab. Mein Vater, der oftmals bei dem Prinzen Bernhard speiste und dabei Gelegenheit hatte, sehr genau zu beobachten, urtheilte über Herrn und Diener ebenso wie ich.

Leider dauerte diese heil- und freudebringende Episode in jener drangsalvollen Zeit nicht lange; nach wenig Monden schon ging Prinz Bernhard, ein ebenso tapferer Krieger, wie echt deutscher, patriotisch entflammter Mann, wieder zu seinem Regimente nach Merseburg, wo dasselbe nur auf die Ordre wartete, um gegen den Feind zu rücken. Immer näher kam der ewig denkwürdige Herbst; große Heere hatten sich gesammelt; nach den vielen Scharmützeln, welche stattgefunden und manchmal sogar unser Thal durchtobt hatten, konnte man jetzt von Tage zu Tage eine entscheidende Schlacht erwarten. Wiederum versteckten wir unsere beste Habe, diesmal sorgsamer als vor sieben Jahren. Daß des Vaterlandes Geschick nicht wieder ein so herbes sei, wie 1806, war jedes Patrioten Gebet; endlich, endlich löste sich die bange Erwartung in der wir geschwebt hatten: der Maler Jagemann kam in den Schloßhof gesprengt unter dem begeisterten Rufe: „Sieg! Sieg!"

Mit Freudenthränen in den Augen betrat er einen Augenblick mein kleines Atelier, um dann sogleich weiter nach Weimar zu eilen. Die Völkerschlacht bei Leipzig war geschlagen.

Von nun an galt es, den Feind gänzlich vom deutschen Boden zu vertreiben. Jung und Alt strömte zu den Waffen; Männer verließen ihre Familie, Knaben liefen aus der Schule, um sich anwerben zu lassen, eine nie erlebte Begeisterung bemächtigte sich des ganzen Volkes. Endlich kam auch der lange mit schmerzlichster Ungeduld erwartete sächsische Aufruf zur Bildung freiwilliger Corps, und ich mußte alle liebsten Freunde und Bekannte, Alle, die unser enges häusliches Leben erheitert hatten, den schönen Entschluß ergreifen sehen, für die glorreiche Sache zu fechten. So innig mich dies zwar erfreute, ein so stolzes Glück es mir war, grade unsere Freunde zuerst unter diese Edlen zählen zu können, so behauptete doch auch das Herz seine Rechte, und die bittere Trennung, die Aussicht auf tausend Gefahren, denen diese Heldenmüthigen entgegen gingen, goß Wermuthstropfen in jene Freude.

Einer der Ersten, die von dem Sturme ergriffen wurden, war unser lieber Hausfreund, Professor Kieser*); er wollte seine Professur niederlegen und meldete sich, um den Feldzug als Freiwilliger mitzumachen. Hierzu bedurfte er als Staatsdiener der besonderen Erlaubniß des Herzogs Carl August, zu deren Erwirkung sich Kieser selbst nach Weimar begab. Dort stellten sich ihm indessen — namentlich in Folge der momentanen Abwesenheit des Herzogs — unvorhergesehene Schwierigkeiten in den Weg, zu deren Hebung unser Freund kein Mittel unversucht ließ, so daß sich sein Aufenthalt in Weimar mehr und mehr verlängerte.

*) „Durch ihn verliere ich viel; er war täglich in unserm Hause und wie zu unserer Familie gerechnet. Ein Verhältniß wie das unsrige wird sich mir gewiß selten im Leben wieder so finden; ich hatte sein Vertrauen, und ich glaube, er erkennt auch dankbar, daß ich seine treue, theilnehmende Freundin bin.“ (L. Seidler an P. Schelling, Jena, 12. Decbr. 1813.)

Bei dieser Sachlage entspann sich zwischen ihm und mir sehr bald ein reger Briefwechsel, aus welchem ich nachstehend im Auszuge mittheilen will, was das Bild jener vergangenen großen Zeit vor dem geistigen Auge des Lesers farbenfrisch wieder heraufbeschwören kann*). Ich beginne mit einem Schreiben vom 18. November 1813.

„Gestern habe ich Professor Jagemann gesprochen, und es hat mich sehr gefreut, bei ihm eine gleiche Stimmung zu finden. Nur wünschte ich, daß er sich auch bald meldete. Etwas was mir leid thut, ist, daß man in Weimar großes Schwätzen darüber erheben und mir einen andern Beweggrund unterlegen wird, als vorhanden ist. Es schien mir in den Aeußerungen der Frau von Heygendorf gestern schon so etwas zu liegen. Ich bin mir einer so reinen Absicht bewußt — denn etwas Großes kann nur, mit Erfolg, bloß der Sache wegen unternommen werden. Ich habe dem Herzog ganz nach Ueberzeugung geschrieben.

Es war mir sehr angenehm, bei Ihrer patriotischen Freundin Frau von Heygendorf vollen Beifall meines Plans zu finden. Vielleicht findet sich Gelegenheit, daß sie dem Herzog indessen davon redet, was mir sehr lieb sein würde. Denn es scheint in Weimar eine solche Trägheit des Entschlusses zu herrschen, daß Anforderungen von allen Seiten nöthig sind.

Nach Aussage durchreisender Offiziere sind Torgau und Stettin übergeben worden, was indessen nicht wahrscheinlich. 80,000 Mann Russen mit bedeutender Artillerie sind noch im Marsch, über Coburg oder über hier. Von der andern Seite noch 60,000 Oesterreicher. Geht Alles so, wie es scheint, so bleibt uns am Ende nichts übrig, wenn wir uns nicht bald beeilen, als die Statisten bei diesem herrlichen Schauspiele abzugeben.

(Nachschrift.) Von der Frau von Heygendorf ist ein Operationsplan des Krieges in Frankreich gar gut ersonnen — wenn nur gut auszuführen!"

---

*) Vom Herausgeber nach den Originalen berichtigt und ergänzt.

Herzog Carl Augusts Abwesenheit dauerte länger, als man erwartet hatte; Kieser durfte indessen nicht besorgen, daß er seine Zeit nicht ausfüllen konnte, denn seine bewährte ärztliche Kunst war unmittelbar nach seiner Ankunft in Weimar vielfach in Anspruch genommen worden. Es wütheten nämlich in der Hauptstadt eben damals in allerstärkstem Grade epidemische Nervenfieber, zu deren Unterdrückung unser Freund sogleich hilfreiche Hand bot. Gehörte doch auch sein Quartiergeber, der Regierungsrath von Ziegesar, zu den Erkrankten, deren Zahl sich nach und nach selbst drei Aerzte hinzugesellten!

Trotz Kiesers vielfacher Beschäftigung aber dauerte unser Briefwechsel fort; regelmäßig wurde ich, und damit zugleich ein ganzer Freundeskreis, von allen wichtigen Zeitereignissen unterrichtet. Kieser wußte, daß sein Enthusiasmus in unseren Herzen ein Echo fand; stickten doch wir Jungfrauen Jenas, um unsere Theilnahme an der heiligen Sache des Vaterlandes durch die That zu beweisen, gemeinschaftlich eine Fahne für das Freiwilligencorps!

Am 24. November schrieb mir Kieser:

„Unsere Schaar muß trefflich werden. Heute früh habe ich mich förmlich unterzeichnet, da wahrscheinlich in den übrigen Fürstenthümern nichts ähnliches errichtet wird und wir auch aus jenen annehmen und die Stimmung sich täglich verbessert.

Bei Goethe*) war ich eben eine halbe Stunde. Er redete mit mir sehr brav, wünschte, ich möchte in Weimar bleiben statt mitzuziehen

*) Die Stimmung des Dichters war damals bekanntlich trübe und wechselvoll. „Von Goethe kann ich Dir wenig Erfreuliches mittheilen", schreibt Louise aus Jena, 12. Decbr. 1813 an P. Schelling; „diese unruhigen Zeiten haben seine Behaglichkeit gestört, und das empfindet er übel, und soll es auch wiederum empfinden lassen. Ich war neulich auch Mittags bei ihm und empfand es doch auch etwas, ob er gleich die Güte selbst war und mir drei herrliche Stunden mit der Mittheilung einiger Mappen Handzeichnungen und alter herrlicher Kupferstiche schenkte, denn er war weniger lebhaft als sonst. Auch meinte er: „man müße sich auf alle Art zerstreuen, und er arrangire jetzt seine Kupferstiche nach den Schulen; das sei Opium für die jetzige Zeit." Nimm dies, wie Du willst: mir war es leid, daß Er für die jetzige Zeit, die freilich lastenvoll, aber doch überall groß und herrlich ist, Opium will. Auch meinte er: „es sei Unrecht

und bot mir seine ernste Mitwirkung an in meinen hiesigen öffentlichen Geschäften.

Ich bin noch nicht im Theater gewesen, obgleich ich täglich bei der Heygendorf bin und mir Goethe das Billet in's Haus schickt. Das Theater macht mir keinen Spaß, seit man selbst auf dem großen Theater spielen will; ich ärgerte mich gestern über der Heygendorf herrlich mit Brillanten geschmückten Helm im „Titus", den ich bei ihr fand, weil der Helm nur aus Pappe war. Man sollte alle Theater in Deutschland schliessen, um das heillose Spiel in heiligen Ernst umzuwandeln. So aber macht man selbst unsern heiligen Ernst zum Spiel der unbesonnenen Jugend."

Mit dem Datum „Weimar, 27. Novbr. 1813, Morgens 7 Uhr" erhielt ich folgendes Schreiben:

„Ich sage Ihnen heute gleich einige Worte, weil ich nicht weiß, ob ich nach 8 Uhr Zeit gewinne. Meine Geschäfte mehren sich täglich, da die Epidemie zunimmt und man zu mir großes Zutrauen zeigt. Heute werde ich zuerst die Hospitäler untersuchen. Unser braver Ziegesar ist ganz außer Gefahr, und ich bin hier recht angenehm im Hause. Goethe handelt unendlich freundschaftlich gegen mich und hat mir seinen thätigen Beistand angeboten. Ich war gestern Abend seit 6 Uhr bis Nacht bei ihm. Wir redeten über die großen Welthändel zwei Stunden, verständigten uns ganz und fanden die große Wahrheit, daß Frankreich im Kampfe mit England untergehen müßte, weil das Meer gewaltiger und lebendiger als die starre Erde ist und beide Elemente durch Feuer repräsentirt werden. Ich kann Goethen wegen seines freundschaftlichen Benehmens nicht dankbar genug sein. Auch hat mich der gestrige Abend, wo wir ganz en famille speisten, Gottlob nur momentan ge-

---

von den Studirenden und Professore, mit in den Kampf ziehen zu wollen, da jetzt schon so viel geschehe, dadurch Wissenschaften gestört rc. rc. würden." Uebrigens ließ er sich nicht weiter über die Sachen aus, aber daß er nicht dafür enthusiasmirt ist, beweist er doch auch, indem er seinem Sohn verweigert, sich unter die Freiwilligen zu stellen, der es wünscht, und in kein gutes Licht durch sein Bleiben gesetzt wird."

stört. Die Krankheit beginnt mit furchtbarer Heftigkeit. Ich werde viele Arbeit mit ihr haben.

Ich ordne jetzt meine hiesigen Verhältnisse und mache interessante Bekanntschaften. Unter die letzteren gehört unser braver Blücher, den ich in Folge seiner Wunde behandle.

Meine liebenswürdige Wirthin pflegt mich unendlich, und ich schätze sie sehr. Eine Pfeife köstlichen Tabačk finde ich jeden Abend bei meinem wackeren Oberst von Engelhardt (ruſſ. Commandant), einen freundlichen Rath bei unserm guten Dankelmann, einen guten Wein bei Huschke und ein ernstes, hohes Wort bei unserm Goethe. Die Heygendorf sah ich noch wenig, weil sie immer in der Probe ist.

Unser Engagement geht schlecht, da der Minister von Voigt die Reservation der Stellen und des Engagements soll abgeschlagen haben. Ich werde heute ihn selbst fragen, und wenn es so ist, sogleich an Serenissimus selbst schreiben. August Goethe hatte sich gestern noch nicht unterzeichnet. Alles will Offizier werden, und die jungen Leute sehen nicht ein, daß es keiner von uns Civilisten jetzt werden kann. Ich wünsche sehnlichst den Herzog zurück. Leben Sie wohl; es schlägt 8!"

Der nächste Brief war datirt vom „28. November 1813, Abends 10 Uhr" und lautete:

„Ich habe mich heute mit meinen Kranken früher als bisher abgefunden, und da wir hier fein sittsam nach Bürgermanier, da obendrein der Hausherr krank ist, um 10 Uhr von einander scheiden — nicht wie in gewissen Häusern zu Jena! — so benutze ich die noch übrig bleibende Stunde, um Ihnen, meine treue Freundin, auf Ihren mir so angenehmen Brief einige Worte als Antwort zu sagen.

Mit unsern Sachen geht's schlecht, und ich habe meinen Aerger. Gestern hatten erst 32 unterzeichnet. Ich war gestern Abend bei Geh. Rath v. Voigt. Er ist eine gute Hausmutter, die ihre Küchlein gerne alle im Wärmekorb sammeln möchte. Man müsse für den Staat sorgen; es sei nicht nöthig, daß gebildete Menschen marschirten, man könne dazu Bauerbursche gebrauchen; die Stellen könne man nicht reserviren; selbst Studenten sollten nicht mitziehen, am wenigsten die aus Jena sich gemeldet hätten, weil dies gerade die besten seien. Man möge sich immerhin unterzeichnen, der Herzog könne ja streichen. Es sei ein jugendliches Feuer, das man zurückhalten müsse u. s. w. Ich erwiederte, daß ich mich auch gemeldet. Er rede nicht von mir; ich sei ja selbständig rc. rc. Soviel sehe ich, behält Voigt Recht, so kommt keiner von uns Staatsdienern mit.

Wir hatten heute Zusammenkunft der Freiwilligen (eine Auswahl, etwa 6—8) zur Bestimmung der Uniform. Ich habe daselbst im Namen Aller den Kriegsrath Weiland gebeten, dem Herzog deßhalb eine Staffette zu schicken; dabei hat mir unsere brave Heygendorf versprechen, dem Herzoge das Ganze zu melden. Ein Einzelner von uns kann nicht schreiben, weil der Herzog es sonst anders auslegt. Gebe Gott, daß der Herzog baldigst zurückkommt. Ob die Staffette abgegangen, weiß ich noch nicht. Offenbar will man die Stellen nicht reserviren, um uns zu zwingen, zu bleiben. Goethe, Groß, haben sich noch nicht gemeldet, überhaupt von hier nur fünf Staatsdiener.

Gottlob habe ich so viel zu thun, von Morgens 8 bis Abends 8 Uhr, daß ich nicht viel daran denken kann; sonst möchte man an sich selbst irre werden. Und komme ich nicht mit, so mag Gott wissen, was aus mir wird, denn ich mag diese heilige Sache nicht benutzt haben, um mich hier anzusiedeln. Auch würde es nicht gut sein, da das bloß praktische Leben des beschäftigten Arztes nicht für mich taugt. Meine Kranken mehren sich täglich, und die große Zerstreuung ist mir nun lieb, weil sie mich zerstreut.

Es thut mir leid, daß ich Goethes unendlich zuvorkommende Freundschaft nur so unvollkommen benutzen kann. Doch hoffe ich, er wird mich verstehen. Fast alle meine Nachbarn sind in meiner Behandlung: Legationsrath Falk, Fräulein von Schiller, Ellan, mein vis-à-vis — Sie sehen, wie viele Kranke es hier giebt.

Eine Freude hab' ich erlebt, und erzählen Sie die Sache den Jenaer Trägen zur Beschämung! Ich komme gestern Abend zum Kriegsrath Weiland, als ich an der Treppe den jungen Wlocka und Schäfer (Sohn des Bürgermeisters?) aus Jena traf, beide 16½ Jahr alt, klein, schwächlich, welche sich als Freiwillige melden. Weiland würdigt sie kaum des Blicks, sagt, sie seien noch Kinder, könnten nicht fechten, nicht Strapazen ertragen; ihre Eltern würden auch nicht wollen. Sie produciren hierauf Briefe ihrer Eltern und bitten so inständigst, man möge sie annehmen; unter den preußischen Freiwilligen seien noch Kleinere gewesen, sie könnten wenigstens schießen &c. — daß Weiland in Verlegenheit geräth und mich fragt. Natürlich sind sie angenommen, und ich habe von den beiden jungen Waffengefährten einen recht freundlichen Dank bekommen."

Im folgenden Briefe*) erzählte unser Freund von einer jener anregenden Abendgesellschaften, welche die Hofräthin Schopenhauer seit dem Jahre 1806 allwöchentlich zu wiederholten Malen in Weimar zu veranstalten pflegte, und bei denen sich Alles versammelte, was von Einheimischen oder Fremden auf Geist und Rang Anspruch machen konnte**). „Ich traf" schrieb Kieser, „nebst anderen, kleineren Lichtern Goethe und Fouqué, der wegen Kränklichkeit nach Haus geht. Beide saßen neben einander. Unser großer, ernster, tieffühlender, tiefdenkender, die ganze Welt in sich tragender und aus sich gebärender Goethe, zuweilen spendend aus seiner Fülle, zuweilen mit dem Schwerte drein schlagend — und der kleine, im Tenor redende, lebendig sich bewegende Fouqué, mit kleinen hellen Augen und zartgeschnittenem Munde unter dem rothen Schnurrbarte, den er fleißig zupft, dabei witzig, geistreich, unterhaltend, voll Anekdoten, Einfälle, lebendig declamirend, schön redend. Es wurde Punsch gereicht; nun thaten sich die Gemüther mehr auf; ich habe einen herrlichen Genuß gehabt in der Beobachtung dieser beiden Pole: Goethe der kalte, ernste, riesige, aber dabei beharrliche, feste, ewige Nordpol, Fouqué der warme,

---

*) Abschriftlich von L. Seidlers Hand; das Datum nicht genau festzustellen, aber ganz bestimmt aus den ersten Decembertagen 1813. Fouqués Schriftchen: „Goethe und einer seiner Bewunderer" enthält S. 25 fg. den Bericht über seine Anwesenheit bei Frau Schopenhauer.

**) Ueber diese Abendgesellschaften als frisch erzählender Theilnehmer St. Schütze, Weimars Album 183 fg.

lebendige, schmelzende, wandelbare, unstäte, nachgiebige Südpol. Erst bei solchen Contrasten fühlt man, was uns Goethe werth ist, wie in ihm der wahre, ernste, tiefe, deutsche Sinn wohnt, während bei Fouqué nur die normännische (er stammt aus der Normandie) Geschwätzigkeit und Witz auf deutschen Verstand und Sinn gepfropft erscheint. Die Weiber werden Fouqué lieben, besonders die oberflächlichen; — Mad. Schopenhauer sagte ganz naiv: „sie fände sich ganz mit ihm, wie mit einem alten Bekannten, während sie Goethe als das ewig Unerreichbare, Hohe, Herrliche fürchte." — Ich möchte Fouqué als bivouaquirenden Commandeur haben, um mir erzählend die Nächte verkürzen zu lassen, während ich mit Goethe nur das Höchste des Lebens besprechen möchte. Ich könnte Fouqué liebgewinnen, obgleich ihm selbst tiefes Gefühl mangelt, und er seinem Witz manches Bessere aufopfert, aber mir ihn nicht zum steten Lebensgefährten wünschen."

Zwei Tage darauf bemerkte Kieser noch in Bezug auf Fouqué: „Mein Urtheil war vielleicht zu hart. Ohne Goethe nimmt seine Zartheit sehr ein; und er soll sehr fromm sein."

Wohl gaben die vorstehenden Zeilen vom Dichter der „Undine" ein lebendiges Bild, nur sah dasselbe freilich ganz anders aus, als ich mir diesen Helden jener Zeit gedacht, den ich mir doch wenigstens groß, schlank, mit schönen braunen Augen u. s. w. vorgestellt hatte.

Kriegerischer, als dieser letzte Brief, fiel der folgende aus. Kieser schrieb:

„Weimar, 12. December, 11 Uhr Abends.

Die Ablösung der Preußen vor Erfurt durch die Sachsen weiß nur M. P." (Maria Paulowna?) „offiziell, ebenfalls wie das Bombardement im vorigen Briefe an Frommann; von beiden weiß der preuß. Commandant v. Kleist, den ich heute Abend sprach, nichts. Ersteres wird gesagt, das ist Alles; am 17. oder 18. soll aber das Bombardement ernstlich losgehen. Bis zum 14. ist Waffenstillstand geschlossen, das ist offiziell; man sagt, die Franzosen wollen die Stadt, aber nicht die Festung räumen. Eher als am 17. ist das Belagerungsgeschütz nicht im Stande.

Zamosk und Modlin sind über; ein Offizier bei Kleist sagte mir, er habe zwei in der ersten Festung gefundene, hier durchgebrachte Adler selbst gesehen. Die Capitulation von Danzig ist nicht ratificirt — Nachricht vom Major v. Kleist, und glaubwürdig.

Erst heute ist unsere an den General von Kleist gesendete Hospitalsache zurück; wie mird er Major v. Kl. sagt: genehmigt mit großen Lobsprüchen für unsere Compagnie. Ich bekomme sie morgen gleich und bin sehr gespannt darauf.

Kammerherr von Werther kommt, wie er mir heute im Vertrauen sagt, in den Generalstab, auch sei schon bestimmt, daß die Freiwilligen die Leibgarde des Herzogs ausmachen. Denken Sie Sich, wenn das wahr ist!

Die Polizei habe ich ein wenig geschüttelt, weil ich unsere armen Kranken ganz ohne Hilfe fand; dafür haben uns heute die aus dem Wespennest gelockten Wespen die Ohren umsummt, woraus ich mir nichts mache, weil ich Recht habe und auch Recht behalte.

Um 6 Uhr ging ich zu Goethe. Ich fand ihn allein, wunderbar aufgeregt, glühend, ganz wie im Kügelgenschen Bilde*). Ich war zwei Stunden bei ihm, und ich habe ihn zum ersten Male nicht ganz verstanden. Mit dem engsten confidentiellen Zutrauen theilte er mir große Plane mit und forderte mich zur Mitwirkung auf. Ich glaubte, es sei die Zeit nach Tische, aber es gab kein Tröpfchen, und dennoch wurde er immer lebendiger. Ich war zu müde, um mich in dieselbe Stimmung zu versetzen; so habe ich mich endlich ordentlich losgerissen. Ich fürchtete mich beinahe vor ihm; er erschien mir, wie ich mir als Kind die goldenen Drachen der chinesischen Kaiser dachte, die nur die Majestät tragen können. Ich sah ihn nie so furchtbar heftig, gewaltig, grollend; sein Auge glühte, oft mangelten die Worte, und dann schwoll sein Gesicht und die Augen glühten, und die ganze Gesticulation mußte dann das fehlende Wort ersetzen. Ich habe seine Worte

*) Kügelgen pflegte seinen Portraits ein lebhaftes (etwas buntes) Colorit und den Ausdruck weit geöffneter, strahlender Augen zu geben, wodurch er sie zu idealisiren strebte.

und Plane, aber ihn selbst nicht verstanden. Ich muß morgen nach dem Theater wieder zu ihm, um ihn zu ergründen. Er sprach über sein Leben, seine Thaten, seinen Werth, mit einer Offenheit und Bestimmtheit, die ich nicht begriff. Ob ihn der große Plan, den ich Ihnen nur mündlich sagen kann, so ergriff? Dann muß ich ihn noch mehr schätzen und sein Zutrauen gegen mich ehren. Daher auch gegen Niemand ein Wort hiervon!

Meinen Kranken, die sich täglich mehren, geht's gut. Morgen muß ich nun unser Damenhospital näher organisiren, und da giebt's mit der Polizei zu thun.

Erling reist morgen zum Herzog; ich habe ihn heute nicht sprechen können, werde ihn aber morgen früh noch aufsuchen. Uebrigens kennen sie alle unsern großen Herzog nicht (auch Goethe sprach heute groß über ihn) wenn sie für ihn fürchten, der wie ein Phönix im Kampfe jugendlich erstehen wird. Am 15. kommt er nach Eisenach. Erfahre ich seine Ankunft, so werde ich ihm entgegengehen; ich sehne mich unendlich nach seiner Zurückkunft und werde immer sichereren Muthes, daß ich mich nicht in ihm irre, und daß ich nicht hier sitzen bleibe."

Es ist tief beklagenswerth, daß unser Freund keine Gelegenheit fand, auf die in vorstehendem Briefe erwähnten „großen Plane" Goethes zurückzukommen *). Welch hochbedeutsames Streiflicht auf den Charakter

*) Sehr schön hat Heinrich Rückert (Grenzboten 1874, I, 449) bemerkt: „Wir können wohl ahnen, was der „große Plan" Goethes enthielt. Dasselbe, was dann in den „Wanderjahren", nur in bedeutend abgekühltem Niederschlag, als jene oft gelesene und doch so wenig bekannte pädagogische Digression Unterkunft gefunden hat, gohr damals in der gewaltigen Zeit in seiner Seele: der Plan einer vollständigen Erneuerung der Gesellschaft und des Staates durch eine von innen herausgegriffene Reform der Individuen, die mit der Erziehung anheben sollte; also dieselbe Idee, die Fichtes Reden an die deutsche Nation geboren hat, welche ja auch von so Vielen gehört und bewundert, von den Wenigsten nach ihrem eigentlichen Kerne verstanden worden sind. Daß in diesen großen Plan die harmlosen und liebenswürdigen patriotischen Phantasieen, die die Sinne der Andern umgaukelten, nicht stimmten, begreift sich, aber daß der Erzeuger dieses Plans in seiner Art ein eben so guter Patriot war, wie Jene, soll erst noch begriffen werden."

des Dichters müßte es werfen, hätte Kieser über diese Unterredung nähere Mittheilungen gemacht! Dies Wenige indessen reicht schon hin, die lebendige Antheilnahme Goethes an den Geschicken des Vaterlandes, welche dieser auf seine Weise doch unzweifelhaft hegte, zu erhärten.

Rasch folgte auf den obigen Brief der nächste, datirt vom 13. Decbr. Abends 11 Uhr. „Mit unserm Offiziersspitale" schreibt Kieser, „geht es langsam, doch s o l l es nun zu Stande kommen, ungeachtet aller mir entgegenstehenden Schwierigkeiten. General von Kleist hat sehr artig geantwortet und mir besonders danken lassen. Heute habe ich die Sache dem Präsidenten von Fritsch zur Genehmigung unserer Forderung (Locale von 10 Zimmern, 2 Aufwärter, 15 Bettstellen, Kosten der Arzneien ꝛc.) vorgelegt, und morgen soll es circuliren. Ich sehe wohl, daß, ehe der Herzog kommt, nichts hierin zu beendigen ist!

Sagen Sie doch Köthe, daß Präsident von Gersdorff sich förmlich unter die freiwilligen Jäger zu Pferde gemeldet hat. Ich habe heute den Brief gelesen: „Mit Genehmigung des Herzogs, der ihm seine weiteren Befehle würde zugehen lassen." Uebrigens ist bei Weiland noch durchaus nichts vom Herzoge angelangt. Weiland wird die Liste der Freiwilligen im Wochenblatte bekannt machen — denken Sie sich den Schimpf für Weimar, erst 28 reitende und 34 Fußjäger! Wenn doch der Herzog nur erst käme, um diesen Schimpf abzuwaschen!

Bei Goethe war ich nicht, weil ich nicht dazu gestimmt war. Es fällt mir dabei ein, daß es sonderbar ist, warum man so leicht, was Goethe sagt, ausführt und beweist, — wieder vergißt. So rieth er mir in Beziehung auf unser Gespräch, ja am Sonnabend die „Räuber" von Schiller zu sehen; aber ich habe das Motiv rein vergessen. Ich glaube, es liegt doch hauptsächlich darin, daß man sich durch die Art seiner Darstellung überreden läßt, mit ihm ganz gleichdenkend zu sein, da man doch in den Grundansichten in manchen Stücken abweicht. Oder liegt's darin, daß man im Gespräch mit ihm nie Ruhe genug hat, um das sich im Gespräch Entwickelnde sich einzuprägen, da der Strom der Entwicklung unaufhaltbar forteilt und das Frühere vom Nachfolgenden verschlungen wird?

Leben Sie wohl für heute; ich muß noch einen Bericht im Hospitalfach machen.

Das Gerücht der Ablösung der Preußischen Truppen vor Erfurt durch die Sachsen geht noch herum.

Edling ist schon heute ganz früh abgereist."

„Weimar, 15. Decbr. 1813.

Morgen Abend kommt die Großfürstin, der Herzog am Sonnabend oder Sonntag.

Ich bekomme meine hiesige zwecklose Existenz so satt, daß ich stille in mich gekehrt bin und meinen guten Wirthen schon den Glauben gemacht habe, ich sei krank. Die ärztliche Praxis allein hat mir nie genug gethan, und entweder muß man dabei etwas für's Leben oder für die Wissenschaft thun. Von beiden habe ich hier nichts, denn ich kann für nichts rechnen, was ich so momentan ohne weiteren Zweck genieße. So wächst meine Unruhe — um so mehr, wenn man manche Menschen so absurd schwatzen und die philisterhaften Ansichten über die jetzigen Zeitverhältnisse hört.

Auch mein Freund Blücher war gestern sehr unmuthig über das ewige Zögern der Alliirten, so daß ich nach all Diesem ordentlich wünschte, daß die Franzosen wieder den Rhein passiren, damit die Deutschen wieder electrisirt werden. Goethe hat wohl Recht! — —

Mit unserm Offiziershospitale geht es auch noch schlecht. Es liegt seit zwei Tagen beim Landespolizei-Collegium, dem ich das Circular vorzulegen für gut hielt, ehe ich's circuliren lasse. Frau v. Fritsch, der ich es durch ihren Mann zuschickte, hat mir in einem sehr artigen Billet ihre Theilnahme zugesichert. Der Präsident ist nicht entgegen, aber unentschlossen; das Collegium selbst wird uns nun noch kluge Bemerkungen machen. Nur schade für die Leutchen, daß die Sache schon so weit gediehen, und daß General von Kleist sie genehmigt hat! Zu allem Aerger ist heute nun noch Ordre gekommen, noch 200 Betten einzurichten, weil die Belagerung von Erfurt beginnt und man von Erstürmung spricht.

Goethe sah ich noch nicht wieder. Ich war noch nicht aufgelegt dazu. (Nachschrift vom 16. Decbr. Abends 11 Uhr.) Gemäß der täglichen Gewohnheit schreibe ich auch heute einige Zeilen, gleichsam wie an einem Tagebuche, und Sie sind genug gütige Freundin, um denselben einige Augenblicke zu schenken.

Ich habe schon mit meinem braven Freunde Blücher Verabredung genommen: geht alles hier verzweifelt, so hat er mir eine Stelle in seinem Regimente angeboten — und dann — gemeiner Husar unter dem braven Blücher!

Die Großfürstin ist heute Abend angekommen.

Die Kanonen von Erfurt haben heute brav gebrummt.

Der junge Hufeland, von Berlin kommend, bringt heute die offizielle Nachricht, daß die Dänen bei Oldesloe geschlagen sind und 2—3000 Mann Gefangene verloren haben. Blücher reiset übermorgen zu seinem Vater.

Ich war heute Abend ein angenehmes Viertelstündchen bei unserer Heygendorf; sie saß recht mütterlich unter ihren Kindern allein; der zweite, August, in Offiziersuniform! Sie jammerte recht aufrichtig über die Abreise des Herzogs, doch war sie damit zufrieden. Der Herzog werde sich, meinte sie, sonst todt ennuyiren, und selbst wenn er bliebe, würde es ihm gewiß angenehm sein, so zu sterben*). Ich freute mich der braven Gesinnung; um so mehr, wegen des Contrastes mit so vielen Andern. Doch muß ich meine Hospitaldamen rühmlichst ausnehmen."

„17. Decbr. 1813. Abends 11.

Morgen Mittag 12 Uhr kommt der Herzog; P. und ich wollen ihm um 9 Uhr entgegenreiten. Ich bin heute so unruhig gewesen, daß ich kaum einen Kranken habe besuchen können.

*) „Daß unser braver Herzog als echter deutscher Fürst sich nun auch als deutscher Held in der glorreichen Sache bewährt und 45,000 Sachsen mit den Truppen der sächsischen Herzöge commandirt, freut Dich gewiß auch, da Du ihn kennst und ihn liebst und schätzest." (L. Seidler am 12. Dec. 1813 an P. Schelling.)

Blücher ist weg zu seinem Vater. Ich habe ihm mein Wort geben müssen, wenn es hier nicht ordentlich zugeht, zu ihm zu kommen.

D'Alton *) schreibt heute von Mergentheim und will auch als Freiwilliger dienen, sobald's mit Ehren geschehen kann. Er klagt sehr über die Lauigkeit im südlichen Deutschland und über die Verheerungen der Russen, welche hierdurch die Menschen so erbittern, daß sie lieber die alte Knechtschaft, als die neue Barbarei ertragen wollen. Er schreibt einen untröstlichen, lamentablen Brief.

Mit Erfurt ist noch gar nichts vorgefallen, da man wegen des Frostes die Laufgräben nicht eröffnen kann; nur aus der Stadt ist etwas geschossen worden: offiziell, mir erzählt von einem heute Nachmittag von Erfurt kommenden Offizier.

Von Fouqué hat man hier sieben Kriegslieder abgedruckt, die Sie nächstens erhalten sollen."

Mit dem endlich erfolgten Eintreffen Carl Augusts kamen die Dinge in Fluß, wie nachstehende Bruchstücke der ferneren Briefe Kiesers an mich darthun:

„Weimar, 31. Decbr. 13. Morgens 8.

Der Herzog geht am 8. Januar direct auf Castel, wir Freiwilligen sobald wir fertig sind; in 10—14 Tagen, wie mir der Herzog sagt! Ein sächsischer Oberstlieutenant kommandirt uns; von den übrigen Offizieren weiß man noch nichts. Es heißt, daß 4—6 Freiwillige den Herzog sogleich begleiten sollen.

Gestern Abend speiste ich bei Goethes. Er war sehr verstimmt; „weich" wie er sagte, und kam nicht zu Tische.

Leben Sie wohl für heute. Mein Wunsch Ihres Glückes begleitet Sie über die bedeutungsvolle Grenze zwischen 1813 und 1814. Es

*) Der Anatom und Archäolog, später Professor in Bonn. Er ward Herausgeber einer „Naturgeschichte des Pferdes", eines von ihm selbst radirten Kupferwerkes über die verschiedenen Racen der Pferde. Auch lieferte er eine große Zahl anderer, nach Oelgemälden trefflich radirter Blätter, von denen mir namentlich diejenigen nach Rubensschen Originalen als vorzüglich gelungen in der Erinnerung geblieben sind.

(Anmerkung Louise Seidlers.)

ist wohl ein großer Abschnitt, dieses neue Jahr, für die ganze Welt und so auch für uns Einzelne. Hätte man mehr Ruhe, so würde sich der Ernst desselben noch tiefer ausdrängen."

Der nächste Brief brachte volle Klarheit in die Situation. Unter'm 3. Januar 1814 — Nachts 12½ Uhr — schrieb Kieser:

„Obgleich ich heute herzlich müde bin, so sage ich Ihnen dennoch einige Worte, weil ich vielleicht morgen bei diesem unendlichen Treiben und Drängen nicht dazu kommen möchte.

Ich gehe als Arzt mit, mit Wachtmeistersrang. Ich hoffe, daß man mir einen Chirurgen halten wird, weil ich den Arzt machen soll. Ein Medicinwagen steht zu meiner Disposition. So mag's denn einstweilen gehen, bis sich 'was Besseres findet. Gottlob, daß es vorwärts geht!

Man spricht fortdauernd und erneuert von einer großen Schlacht bei Hüningen; vielleicht ist's wahr und etwas Großes begonnen.

Mein Exerzieren wird ganz von meiner Praxis verdrängt. Ich habe noch nicht zum Exerzieren kommen können; bin auch nicht dazu eingeladen, weil man mich bloß als Arzt behandelt. Ich denke aber, es läßt sich nachholen, weil ich doch meine Kranken nicht liegen lassen kann.

Die Großfürstin hat gesagt: es schmerze sie nichts mehr, als daß sie nicht auch den Degen ziehen könne.

Ich wollte, es ginge erst vorwärts! Meine Uniform habe ich heute bekommen. — Nun schlafen Sie wohl!

(Nachschrift vom 4. Januar Abends 11 Uhr.) Murat, König von Neapel, ist zu uns übergetreten, Colmar ist eingenommen, und nach einem Briefe von Müffling das Elsaß größtentheils erobert. Die erste Nachricht hat der Herzog per Estafette bekommen. Ob wir Trägen noch vor der Einnahme von Paris über den Rhein kommen?

Einen Chirurgus will man mir halten.

Vor dem 1. Februar werden wir schwerlich unsern Schneckengang beginnen!"

Nun verstrich eine Woche, während deren wir nichts von dem Freunde hörten. Erst in der zweiten Hälfte des Januar erhielt ich wieder einen Brief. Er lautete:

„Weimar, 15. Jan. 1814, Abends 11 Uhr.

Ich habe Ihnen, meine theuerste Freundin, lange nicht geschrieben, aber in solcher Unordnung die Woche verbracht, daß Sie mich entschuldigen werden; und dabei Abends immer mein Zimmer bei der enormen Kälte so erfroren gefunden, daß ich nur neben dem Ofen kauernd mein Abendpfeifchen habe rauchen können, da es mir nicht möglich war, die Feder zu führen. Dabei einen Tag mit dem russischen Commandanten alle 5 Hospitäler mit 1200 Kranken untersucht, alle Tage exerziert, Kranke besucht, die Uniform und das Equipement besorgt, welches dennoch immer nicht vollendet, zum Theil schon wieder zerrissen ist. So weiß ich kaum, womit ich diese ganze Woche vertrödelt habe. Vorzüglich zerstreuen mich die verschiedenartigen Geschäfte, von denen doch keins ordentlich besorgt, zu nichts Bestimmtem führt.

Eine Freude hatte ich gestern. Eine würdige, ungenannt sein wollende edle Frau giebt mir eine massiv goldene Dose mit 67 sächsischen Steinen, äußerst künstlich ausgelegt, 200 Thaler an Werth, um sie zu verkaufen und das Geld zur Pflege erkrankter Freiwilliger dereinst anzuwenden. Ich werde sie nach Goethes Rath verloosen, 200 Loose à 1 Thaler bei Mad. Schopenhauer, weil ich schwerlich sie anders so hoch ausbringen könnte. Es ist ein Erbstück, 70—80 Jahre alt und schon wegen der trefflichen Arbeit merkwürdig. Ist es nicht recht brav, so ganz für sich etwas Gutes zu wirken? Ich kannte diese Frau, die schon einen Sohn zu uns stellt, wenig, hielt nicht viel von ihr und wurde um desto mehr von diesem edlen Zuge überrascht. Es ist Frau von Helldorf, doch nennen Sie sie dort nicht.

Goethe sehe ich fleißig, weil die Kammerfrau am Nervenfieber darniederliegt. Doch wünschte ich, nur erst aus Weimar zu sein!

Mein Equipement kostet mir enorm viel Geld, und meine güldene Praxis (vorgestern wieder 30 Thaler für 6 Recepte vom General von

Staal) kommt mir recht sehr zu Statten, da ich gegen 300 Thaler verbrauche.

Sacken soll 4000 erschlagen und 1500 Gefangene gemacht, und Hendel Trier eingenommen haben, Metz, Besançon, Nancy, Lyon erobert sein. Es ist kaum möglich, so viel Glück ohne ein Unglück! Und wir noch 6 Wochen, ehe wir an den Feind kommen! Am 30. Januar ist unser Abmarsch bestimmt.

Mein Gaul macht sich fortdauernd trefflich, aber ich muß oft das Exerzieren Geschäfte halber aussetzen, obgleich ich eigentlich jetzt wenig Kranke besuche. Wahrscheinlich muß ich in einigen Tagen nach Jena, um meinen Medicinwagen zu füllen, was ich lieber in Jena thue.

Können Sie ohne Mühe einige Loose zu meiner Dose unterbringen, so thun Sie es, da ich nicht weiß, wie mein Absatz hier geht. Morgen werde ich die Sachen der Herzogin und der Großfürstin schicken.

Vorgestern speiste zum ersten Male ein Wachtmeister bei unserer Herzogin. Der Herzog hat gestern von Arolsen geschrieben, also geht's noch nach Brabant.

Leben Sie wohl und verzeihen das undeutliche Schreiben. Kälte des Zimmers erstarrt meine Finger.

(Nachschrift vom 18. Jan. Mittags.) Der Brief ist liegen geblieben, und so noch einige Zeilen.

Wie mich so das Kriegerische erfreut, jetzt, wo wir anfangen, besser zu exerzieren! Ich gewinne meinen Säbel so lieb, meine Pistolen, trefflich eingeschossen; ich fühle mich jetzt Soldat, und das giebt Muth und Kraft. Nur wird, fürchte ich, unsere ganze Sache Spielwerk. Der Friede kann nicht fern sein, und wir brauchen wenigstens 6 bis 7 Wochen, um an den Feind zu kommen. Ich exerziere täglich 2 Stunden; geht's mir dann fortdauernd wie jetzt (wo man mich nicht als Militär, sondern als Arzt betrachten will), so kann ich überall ankommen.

Dabei wird denn weidlich gelebt. Morgen Schlittenfahrt, übermorgen Ball, und weil Keiner da ist, muß ich alles arrangiren. Mein Leben ist so ein wüstes Leben, aber mit Bewußtsein und Ordnung.

Unser Goethe gefällt mir gar nicht. Er war gestern Abend wieder so bewegt, so feierlich, so weich, daß mir himmelangst wurde. Er suchte alle alten Kupferstiche zusammen, — um sich Geschäfte zu machen, ist sehr heiter, aber auf so eigne Weise. Ich fürchte sehr für sein Leben."

Aus Weimar erhielt ich nunmehr von Kieser nur noch einen Brief, der kurz vor dem Ausmarsch der Freiwilligen am 29. Januar geschrieben war. „An der Einsegnung unseres Corps" hieß es darin, „haben Sie viel verloren, sie war sehr schön. Um 1 Uhr wurde zum ersten Mal Appell geblasen, um 4½ zum zweiten Male, wir bivouakirten eine Stunde am Webicht *) und ritten um 6½ der Kaiserin vor. Ich fürchte, heute Arrest zu bekommen, weil ich, statt den Zug zu schließen, weil das Ding so unordentlich ging, mich dicht vor dem Wagen der Kaiserin in kurzem Gallop hielt. Aber welch köstliches Hurrahrufen!

Auf dem Markte vor dem Rathhause trafen beide Corps zusammen, unter Paradirung der Bürgerschaft, welche mit ihren Gildefahnen zwei Reihen von da bis zur Haupt- und Stadtkirche bildete. Unter dem Geläute aller Glocken zogen wir zur feierlichen Weihe und Eidesleistung in die Kirche ein, wo wir im Schiff Platz nahmen. Die ganze herzogliche Familie und sämmtliche Landes-Collegia waren zugegen. Ober-Consistorialrath Günther hielt mit Würde und Wärme eine Rede, dann traten die Offiziere und Repräsentanten der Corps mit der Standarte zum Altare, wo sich der Kriegsrath Weiland als herzoglicher Commissarius bereits befand. Hier, in Gegenwart des Chefs, unseres Erbprinzen, erfolgte die feierliche Eidesleistung der sachsen-weimarischen Freiwilligen; sie geschah neben dem Grabe des Kurfürsten Johann Friedrich des Großmüthigen, der für seinen Glauben so tapfer stritt und litt, in der Nähe des Gewölbes, wo Herzog Bernhard der Große ruht und die unvergeßliche Herzogin Amalie.

Morgen ist noch Redoute, welche uns die Stadt giebt. Mein Arm ist lahm, doch geht's leidlich.

---

*) Ein kleines Gehölz vor Weimar.

Die Dose wird erst nach meiner Abreise verspielt, weil ich jetzt keine Zeit habe. Sagen Sie das in Jena. 180 Loose waren gestern untergebracht.

Leben Sie wohl. Ich scheide nicht, weil ich den Marsch nur als eine Reise ansehe."

Jetzt zog Kieser mit den Anderen davon; sein heißer Wunsch war erfüllt. Auch auf dem Marsche fand der Anhängliche Muße, uns von Zeit zu Zeit Nachricht über seine Lage zukommen zu lassen; sein erstes Schreiben war begonnen in Erfurt, am 31. Januar. Kieser meldete:

„Nachdem ich die letzten Tage und Nächte in der furchtbarsten Zerstreuung in Weimar verbrachte, sind wir denn heute Morgen 9 Uhr zu unserer großen Freude und von allen schönen Augen Weimars beweint, unter Trompetenschall mit fliegenden Fahnen ausgezogen. Es hat mich sehr gefreut, daß Ihr Herr Vater noch unsere Standarte gesehen; Jagemann wurde schon nach einer halben Stunde müde, sie zu tragen, und so hatte ich denn bis Erfurt die große Freude, dies herrliche Kleinod, welches Susemihl, wie er mir sagt, mit verliebten Augen ansieht, in den Händen zu haben und recht mit Muße betrachten zu können. Sie ist wahrhaft kaiserlich, so reich und gediegen an Gold, mit dem strahlenden Kreuze auf der einen und dem Namenszuge auf der andern Seite, daß ich recht stolz gewesen bin, so würdig zu sein, sie meinen Kameraden vortragen zu können. Ich werde sie jetzt einen Tag um den andern mit Jagemann tragen, da sie mich, statt zu ermüden, heiter und frisch erhält. Ihr herrlicher Glanz überstrahlt Alles; ich habe sie schon heute den Franzosen*) entgegengeschwenkt, und ich hoffe, daß sie morgen uns die Ehre erzeigen, sie mit einigen Kugeln zu begrüßen.

So ist denn endlich die neue Laufbahn eröffnet; gebe der Himmel, zum Besten! Unsere Leute sind herrlich; Susemihl ist über alle Beschreibung brav.

Recht sehr hat mich der Abschied von unserer großen Herzogin

*) Welche die Citadelle noch besetzt hielten.

und braven Großfürstin gerührt, da Beide so rein und schön die Sache ansehen. Auch meine übrigen Damen haben mich mit Schätzen ihrer Hände entlassen, so daß ich mir wie ein König vorkomme, wenn ich meine schönen schwarz und golden gehäkelten &c. Sachen ansehe.

Es ist mir wirklich in Weimar sehr gut gegangen; das fühle ich jetzt, wo ich so einsam sitzend, mich gefreut habe, daß mein armer gedrückter Wirth mich so freundlich empfängt. Auch haben sich meine Einnahmen so leidlich gehalten, daß ich außer völliger Bezahlung meiner Equipirung doch noch mit 30 Dukaten ausgezogen bin.

Die Kaiserin reisete kurz nach uns, und ich habe sie, als wir uns aufstellten, mit meiner Fahne salutirt. Wie werde ich mich freuen, wenn einst diese meine Kriegesfahne in Weimar einzieht! Verloren darf sie nicht gehen — eher wir Alle, das ist unser Entschluß!

Leben Sie wohl; morgen früh 7 Uhr sitzen wir auf nach Gotha. Von da noch einige Zeilen.

(Nachschrift aus Gotha, 1. Februar, Abends 10½ Uhr.) 8 Uhr ausmarschirt, sind wir nach einem bösen Wege um 2 Uhr friedlich hier angekommen. Gotha mit seinen schönen Häusern und herrlichen Lage des Schlosses gefällt mir übrigens gar wohl.

Im Erfurter Wochenblatte haben wir uns wegen der freundlichen Aufnahme bedankt, was sie hoffentlich verstehen werden, da die Meisten sehr schlecht quartiert waren.

Hier haben wir Hafer eingekauft, um unsere Pferde noch extra füttern zu können. Morgen geht's nach Eisenach, 7 Stunden. Die hiesigen Freiwilligen sind aber noch nicht alle fertig! Leben Sie wohl und theilen Sie meinen dortigen Freunden mit, was sie interessirt!"

Zwischen diesem Schreiben und dem jetzt folgenden sind — was bei den damals nur sehr mangelhaften Postverbindungen nicht Wunder nehmen kann — mehrere Briefe verloren gegangen. Der nächste, welcher richtig in meine Hände gelangte, ist datirt aus Brüssel, 5. März 1814, und lautet wie folgt:

„Endlich, nach langem, sehnsuchtsvollem Harren ist heute ein Päcklein von 3 Briefen, darunter auch der Ihrige, hier angelangt.

Ich habe heute noch Muße, weiß nicht ob morgen, und so schreibe ich Ihnen auch noch heute.

Ihr Brief hat mich sehr erfreut. Hier in der heimathlosen Ferne, wo man kein Wort mehr Deutsch als von unseren Cameraden hört, ist Alles aus der Heimath desto angenehmer. Wenn nur erst der Teufel glücklich besiegt wäre! Wir haben zwar wenig Nachrichten von der Armee, weil wir die von Paris über Frankfurt bekommen, aber es geht langsam, und hier macht man so gern viele ungünstige Nachrichten, daß wir ganz im Zweifel sind. Heute heißt es: Napoleon habe zu Versailles noch 30,000 Mann Cavallerie errichtet. Franz habe sich nach Basel zurückgezogen &c. &c.

Mit unserm Corps geht's schlecht; 3 sind desertirt (d. h. in Löwen zurückgeblieben), freilich die schlechtesten, Gothaer, aber man darf doch nicht einmal davon reden; unsere Fahne ist hier in's Depôt gelegt. Wir sollen, heißt es, zu einem sächsischen Regimente stoßen; es scheint, daß uns kein Mensch haben will. Fast gereut es mich, nicht mit Blücher gezogen zu sein, wenn nicht andere Rücksichten mich hielten. Wir im Weimarischen Angestellten bekommen, gegen Versprechen, keinen Sold, also fehlt's uns an Geld. Unsere Offiziere taugen sämmtlich nichts. Alles wird zerfallen, wenn nicht etwas geschieht.

Uebrigens haben wir uns seit den 8 Tagen, wo wir hier sind, wohl amüsirt, obgleich jetzt satt. Es ist doch ein eigenes Leben im fremden Lande, wo die Muttersprache so unbekannt ist, daß man ohne Scheu unter sich Deutsch reden kann. Die hiesigen Frauenzimmer sind Alle Rubens'sche Gestalten, und ich verstehe erst jetzt Rubens mit seinen Formen und Colorit recht. Er konnte die weibliche Welt nicht anders malen, weil er sie nicht anders sah, denn schlanke, deutsche Gestalten sieht man gar nicht.

Wir haben uns jetzt noch überall so artig betragen, daß man uns zum Wiederkommen überall eingeladen hat, dafür haben wir uns auch manches gefallen lassen, was sich kein Franzose gefallen ließ. Aber wir schämten uns, als neue Soldaten, und gedachten, was wir gelitten. Doch erhalten wir unsern deutschen Stolz, und wenn der Franzose die

Gesellschaft des Hauses suchte, so muß man hier uns bitten, daran Theil zu nehmen, weil wir lieber für uns bleiben. Ich wohne mit v. Helldorf bei einem braven Manne, Notar, der eine artige 17jährige Tochter hat. Heute hat sie v. Helldorf, Susemihl und mir jedem eine gehäkelte Börse geschenkt, ungebeten, zum Andenken; freilich hatten wir vorher mit unsern heimischen Geschenken ein bischen renommirt.

Was soll ich Ihnen vom Goetheschen Hause sagen! — Ich schweige gern, wo ich mir selbst nicht Alles sagen kann, und vielleicht wissen Sie mehr als ich.

6. März.

Neulich schrieb ich recht andächtig zu Mitternacht, als die große Glocke der Kathedrale, unter welcher ich wohne, so heilig tönte; ich glaubte, es sei zum Gebet. Sie tönt alle Abend, aber es ist pour que les gens sortent des cabarets. So täuscht man sich mit seinen schönsten Gefühlen — und Hoffnungen. Soll man nicht immer, auch den günstigsten Zeichen, mißtrauen?

„On dit" sagte mir gestern Abend unsere Wirthin, „que vous autres Allemands et les Autrichiens ont fait une ruse à Napoléon; que le Général Schwarzenberg l'a tourné et l'a chassé d'une forte position près de Paris." Sehen Sie, wie fremd dem Flamänder der Deutsche ist!

Heute werde ich gehen, einige — ich mag nicht sagen „Collegen" — bei der hiesigen école de Médicine zu besuchen. Man hat nach mir gefragt, um das Wunderthier zu sehen, das vom Professor — Wachtmeister geworden ist.

Der junge Schiller bei den Sachsen soll bei der Erstürmung einer Schanze geblieben sein. Es ist aber bloß Gerücht, reden Sie also nicht davon.

Meine Adresse ist chez Mr. le Notaire Lindemanns, rue de Ligne Sect. 6. No. 1250 à Bruxelles. Er wird mir meine Briefe nachschicken. Aber setzen Sie darauf „Militaria", so gehen sie frei. Das Porto ist enorm, und unseres Geldes wenig.

Zwei meiner Kameraden wollten sich gestern schlagen und fragen bei'm Rittmeister an, ob's erlaubt sei. — O sancta simplicitas!

Im Theater war ich einmal. Man gab „La Vestale," sehr gut. Doch erkennt man schon die französische Lebhaftigkeit, das Gewaltige der Action, und ich habe mich gewundert, wie die Hauptactrice es bis zu Ende gleichförmig aushielt.

Ich fragte gestern in einem Buchladen nach Goethes Schriften. Kein Mensch kannte sie."

Kiesers früher ausgesprochene Befürchtung, daß die Weimarischen Freiwilligen zur Einnahme von Paris — an der jeder Deutsche natürlich ganz besonders gern Theil nehmen wollte — zu spät kommen würden, sollte Wahrheit werden; sein Corps blieb in Flandern zurück, am 31. März fiel Paris nach zweitägigem Kampfe; Napoleons Macht war gebrochen.

Hatte sich solchergestalt des Freundes Hoffnung, als Combattant mit den Truppen feierlichen Einzug in die feindliche Hauptstadt zu halten, nicht verwirklicht, so sollte doch sein Verlangen, Paris überhaupt zu sehen, erfüllt werden. Der folgende Brief, über welchen er mit großen Buchstaben das Datum „Paris, 25. April 1814" gesetzt, klärt Alles auf; er war zugleich der letzte, welchen ich von dem wackern Gelehrten erhielt.

„Endlich, meine theure Freundin, einige Zeilen von hier, aus Paris, wozu Sie mir von Herzen Glück wünschen können, denn ich fühle mich wirklich sehr glücklich, endlich auch dies letzte Ziel meiner Reise, wie ich sie immer nannte, errungen zu haben, um so mehr, je mehr Schwierigkeiten, hierher zu kommen, sich mir entgegenstellten.

Nach erhaltenem Urlaub segelte ich freilich mit glücklichem Winde und eiligst am 18. ab, besuchte alte Quartierfreunde in Soignies (denn ich bin überall in meinem alten Quartier willkommen) und ging über Mons, Valenciennes, Cambray, St. Quentin, Compiègne, Senlis hierher, wohin mich mein braver Gaul in 5 Tagen, täglich 12—13 Stunden reitend, am 23. Abends trug. Denken Sie sich meine Freude, bei untergehender Sonne endlich Montmartre und die

Barrieren von Paris zu sehen! Bei Valenciennes traf ich den preußischen Hauptmann von Galinsky, welcher wegen Erbschaftsansprüchen von einigen 100,000 Thalern mit seiner Frau und Bedienten nach Paris reiste. Keiner sprach französisch; man bat mich, mich ihnen anzuschließen, und so haben wir zusammen gehalten und auch hier zusammen uns einlogirt. Wir traten in einer schlechten Auberge ab, verzehrten in 2 Tagen, sparsam lebend, 90 Fres., und haben uns jetzt, da nur die Garnison Quartier erhält, eingemiethet; zwei Chambres garnies bei einem freundlichen Restaurateur unweit der Seine, den Tuilerien, dem Louvre ꝛc. für 6 Fres. täglich, wo wir heute Abend à la carte für 5 Fres. sehr gut gespeist haben.

In $1\frac{1}{2}$ — 2 Stunden kann ich den größten Durchmesser von Paris durchgehen, daher wir täglich 3 Thaler für Fiacres sparen. Ich kenne die Straßen, Paläste, Monumente ꝛc. schon so gut als in Weimar, daher ich keinen Lohnbedienten brauche.

Der Leichtsinn der Pariser ist furchtbar, davon ein Mehreres mündlich. Aber wie freue ich mich, den scheelen Blicken der französischen Offiziere, die alle an Napoleon hängen, mit Stolz entgegentreten zu können! Der Genuß ist nicht zu bezahlen, als Deutscher, als Sieger in Paris zu sein!

Napoleon ist am 20. abgereist; wie mir Müffling sagt, von einem einzigen Bedienten und General Bertrand, sonst von Allen verlassen, begleitet. Marie Louise, Großherzogin von Parma und Piacenza, ist nach Wien gegangen. Die alliirten Truppen räumen laut Convention Paris und das Land baldigst — wenn nur nicht zu früh! Oesterreich erhält Italien, die Rheinfestungen und Brabant; alle Festungen, welche vor 1792 nicht französisch waren, wurden übergeben. Louis XVIII. kommt am 28., da freue ich mich der Illumination ꝛc.

6 Brücken führen über die Seine, aber ich suchte immer noch den berühmten pont neuf, als ich schon darauf stand. Die Tuilerics sind schön, weitläufig, aber Weimars Park ist mir lieblicher. — Der Herzog ist vorgestern angekommen. Müffling ist sehr glücklich, erkannte mich aber mit meinem Barte kaum. Man hält mich für einen Kosaken.

was ich dann schönstens abweise. Erschraken doch sogar zuweilen die Pariser vor meinem großen Haarbusch bei der kohlschwarzen Uniform, die ich jetzt trage!

Die Männer kennen Sie; die Weiber sind wohlbeleibt, feiner Teint, oft sehr hübsch, doch bin ich noch in keiner der größeren Familien gewesen. Theater werde morgen zu besuchen anfangen.

Ich gehe über Harlem, Lüneburg nach Hause, bin dort wahrscheinlich gegen Ende Juli."

Die berauschende Siegeskunde von der Einnahme der Stadt Paris durch die Verbündeten, welche in der ersten Woche des April durch das ganze, laut aufjubelnde Vaterland erscholl, versetzte auch unsere Familie in so frohe Stimmung, daß beschlossen wurde, die Hochzeit meiner Schwester Wilhelmine, die schon seit fünf Jahren mit dem Prediger Strack zu Bachra (zwei Stunden von Cölleda) verlobt war, sogleich zu feiern.

Der Frühling beging das Fest mit uns, schon im April standen die Apfelbäume in vollster Blüthenpracht. Außer unseren Verwandten und nahen Bekannten hatte sich auch Gerhard von Kügelgen mit seiner Familie aus Hummelshain eingefunden; die Gegenwart dieser wackeren Menschen erhöhte noch die Freude des Tages*). Der Polterabend wurde bei Frommanns allerliebst gefeiert; als Gäste erschienen Bauern des Dörfchens, dessen Pfarrstelle mein Schwager bekleidete, und überreichte dem jungen Paare allerlei nützliche Geschenke. Am nächsten Tage bestieg die Hochzeitsgesellschaft, nachdem Superintendent Marezoll in unserer festlich geschmückten Wohnung die Trauung vollzogen hatte, bei schönstem Wetter die Kunitzburg, wo die Neuvermählte die Mutter sämmtlicher jungen Mädchen spielte, was große Heiterkeit hervorrief.

Nach der Abreise des jungen Paares wurde es still bei uns; auch Kügelgens schickten sich an, nach Dresden zurückzukehren. Die Lage

*) Wilhelm von Kügelgen (in den „Jugenderinnerungen eines alten Mannes", 205) berichtet, daß Louise Seidler damals „Alles aufbot", um seinen Eltern den Aufenthalt in Jena „so angenehm als möglich zu machen."

der Dinge in Sachsen ließ dies jetzt zu, denn Dresden, das nach der Schlacht bei Leipzig von 300,000 Mann Franzosen besetzt geblieben war, hatte nach kurzer Belagerung capitulirt, die französische Besatzung ward kriegsgefangen erklärt, und der russische Fürst Repnin übernahm das Stadtkommando. Nachdem Ordnung und Ruhe wiedergekehrt war, sehnten Kügelgens sich nach der Heimath zurück, um sich mit eigenen Augen von den dortigen Zuständen zu überzeugen; bereitwillig stellte ihnen mein Vater seinen Wagen zur Verfügung. Kügelgens luden mich ein, die Reise mitzumachen und in Dresden bei ihnen zu bleiben; ich nahm dies dankbar an. Die Fahrt ging ohne Unfall von Statten, gegen Ende des Monats Mai 1814 langten wir in Dresden an.

Ich fand die Stadt nichts weniger als unverändert; sie hatte vom Kriege furchtbar gelitten. Die vor Napoleons Heeren davonziehenden Russen hatten die herrliche Elbbrücke gesprengt; die stehen gebliebenen Reste derselben waren durch hölzernes Fachwerk nothdürftig wieder passirbar gemacht. Fieber und Seuchen hatten geherrscht; das Elend war groß und schwer. Von den alten Freunden traf ich weder Friedrich noch Kersting; jener war aus Furcht vor ansteckenden Krankheiten nach einem Fischerdorfe in der sächsischen Schweiz übergesiedelt, dieser mit in den Kampf gezogen. „Kersting, der so ausgezeichnet treffende Schütz und Maler", sagte der Kriegsbericht einer Zeitung damals von ihm, „der Oberjäger Kersting war bei der Erstürmung der Erste auf dem Steimker Hügel bei Lüneburg." Als Offizier und Ritter des eisernen Kreuzes kehrte er später in das befreite Vaterland zurück.

Kügelgens bewiesen mir auch jetzt wieder die bewährte Freundschaft; der gütige Künstler räumte mir ein Arbeitszimmer neben seinem Atelier ein, wo ich trefflich malen konnte. Den Lebensunterhalt, dessen ich in Dresden bedurfte, bezahlte ich von einer kleinen Summe, die ich mir in Jena durch heimliches Nähen von Wäsche und Anfertigung von Stickereien erworben hatte; mein Ehrgeiz litt es nicht, daß ich dem Vater zur Last fiele, und noch konnte ich mich durch die Kunst um so weniger ernähren, als die trüben Zeitläufte mir mein Vorhaben in jeder Weise erschwerten.

Bald nach unserer Ankunft in Dresden besuchte Kügelgens Frau ihrer schwankenden Gesundheit halber das Radeberger Bad, aber sie war freundlich genug, mir zu erlauben, daß ich während ihrer Abwesenheit ganz in ihr Haus ziehen*) und die blinde Schwester des Münzmeisters Kummer, Auguste, zu mir nehmen durfte. Leider mußte diese bald einen entsetzlichen Schrecken mit theilen.

Als ich am 24. Juni früh neun Uhr trotz heftigen Regens mich eben anschickte, in die Gallerie zu gehen, ertönte plötzlich ein fürchterlicher Knall. Die Fenster zersprangen, der Ofen stürzte zusammen, die Thüren flogen auf, Bilder fielen von den Wänden. Kügelgen rannte mit dem Angstrufe: „Retten wir uns!" aus seinem Zimmer; die Luft verfinsterte sich durch dicken Qualm: „eine Pulverexplosion!" rief es auf der Straße. In der That war eine stark gefüllte Mine, welche die Franzosen angelegt hatten, durch die Unvorsichtigkeit der Russen, die dieselbe entladen sollten, entzündet worden. Die Mine befand sich in

---

*) Max Remy (Berl. Frdbl. No. 47 vom 25. Febr. 1874) berichtet, Louise Seidler habe (vorher) bei der Appellationsräthin Herrmann gewohnt. „Die Kinder derselben hingen zärtlich an ihr, und sie ließ es sich gern gefallen, unter ihren Plaudereien zu arbeiten. Eines Tages wurde das jüngste, ein blondlockiger Knabe von drei Jahren, welchen die Seidler vorzugsweise gern um sich hatte, vermißt. Man wollte ihn in ihrem Zimmer suchen, fand aber die Thüre verschlossen, weil sie ausgegangen war. Die geängstigte Mutter wurde mit der Wahrscheinlichkeit getröstet, daß die Seidler, wie es häufig geschah, den Knaben mit sich genommen hätte. Allein die Malerin kam ohne ihn zurück. Von der Sachlage in Kenntniß gesetzt, meinte sie lächelnd: sie habe ihn in der Zerstreutheit wohl gar eingeschlossen, denn sie erinnere sich, daß er bei ihrem Fortgehen im Zimmer gespielt habe. Und richtig, so war es. Aber wie fand man das kleine Bürschchen? In einem Eckchen am Ofen lag er in süßem Schlafe, vor sich, o weh, den Pastellfarbenkasten des Fräuleins in eine Menge von kleinen Stücken zerbrochen, jedes Stückchen weißes Papier aber und eine Leinwand mit einem halbfertigen Bilde mit wunderlichen, bunten Strichen bemalt. Halb erschreckt, halb gerührt, nahm die Seidler den kleinen Unhold in die Arme und küßte ihn mit den Worten: „Schön' Dank, Herr College!" herzhaft ab. In der That, eine Vorahnung seines späteren Berufs — er wurde Pastellmaler — mochte dem Kinde in der Seele gelegen haben."

der Nähe des schwarzen Thors, wo der Verkehr sehr lebhaft war; dreißig Menschen und ein Wagen mit vier Pferden wurden das Opfer dieses Unglücks. Der Druck der Luft war so gewaltig, daß in dem stundenweit von Dresden entfernten Pirna etliche Fenster zertrümmert wurden. In unserm Hause blieb keine Scheibe unversehrt; Kügelgens auf der Staffelei befindlichen Bilder waren mit Glassplittern förmlich gespickt.

Es war ein furchtbarer Morgen; wenn man es wagte, aus dem Fenster zu sehen, so begegnete der Blick nicht selten Bahren, auf denen Todte vorüber getragen wurden. Kügelgen reiste noch in der nämlichen Stunde nach dem Bade Radeberg, um seine Frau zu beruhigen, damit kein falsches Gerücht sie erschrecke.

In seiner Abwesenheit hatte ich die Ehre, der Prinzessin Caroline von Weimar, vermählten Erbgroßherzogin von Mecklenburg-Schwerin, welche auf ihrer Reise durch Dresden Kügelgens Atelier besuchte, die Honneurs zu machen. Sie war eine durch Geist und Gemüth ausgezeichnete Fürstin und wurde allgemein verehrt; ihre Gegenwart that mir nach dem entsetzlichen Schrecken doppelt wohl, allein die Spuren der Zerstörung in dem Atelier waren noch zu furchtbar, als daß ich zu dem Gefühle ruhiger Freude hätte kommen können.

Daß die Kunst in dieser Zeit brach liegen mußte, ist nur zu natürlich, Sinn und Geld dafür fehlten. Einquartierung aller Art, Durchmärsche, Theuerung, Krankheiten erschöpften die Mittel. Zum Glück hatte mir Graf Edling einen nicht unbedeutenden Auftrag gegeben, nämlich den, aus einer in der Dresdener Gallerie vorhandenen, von Dionysius Calvaert herrührenden Copie nach Rafaels „heiliger Cäcilie auf den Gesang der Engel hörend" sämmtliche Köpfe zu copiren. Außer der Heiligen selbst waren dies St. Paulus und Geminianus, Magdalena und der Evangelist Johannes. Nächstdem beauftragte mich Frau Rodde aus Lübeck, die ich in Gotha bei ihrer dort verheiratheten jüngeren Schwester kennen gelernt und welche mir ihre freundliche Neigung geschenkt hatte, ihre beiden Töchter zu malen. Sie war zu meiner großen Freude mit den Bildern zufrieden; Luft und Hintergrund hatte

Freund Friedrich später auszuführen die Güte. Frau Rodde war die Tochter des berühmten Geschichtsforschers Professor Schlözer in Göttingen und von ihrem Vater mit einer so staunenswerthen gelehrten Bildung ausgerüstet worden, daß die Georg-Augusts-Universität 1787 bei ihrem Jubiläum dem 17jährigen Mädchen die philosophische Doctorwürde verlieh. Auf Wunsch ihres Vaters hatte Dlle. Schlözer sogar einige botanische Collegien gelesen. Aber wie sehr sie auch die Wissenschaften liebte: eine häusliche Stellung zog sie doch vor, und so heirathete sie den reichen Banquier Rodde in Lübeck, wo sie auf sehr glänzendem Fuße lebte. Die Erziehung ihrer beiden Töchter leitete sie selbst und unternahm mit denselben jährlich große Reisen, auf denen sie damals nach Dresden gekommen war; einmal ging sie mit den jungen Mädchen auch nach Paris, wo sie gelehrte Verbindungen mit einigen Männern der Wissenschaft unterhielt. Die Töchter waren ungeachtet ihrer mehr als gewöhnlichen Bildung sehr bescheiden und liebenswürdig, leider aber kränklich; die älteste starb schon zwei Jahre, nachdem ich sie kennen gelernt, an einem Brustübel.

Wie dieser Auftrag der kunstsinnigen Dame für mich, so war es für Kügelgen eine Wohlthat, als die edelmüthige Freiin Elise von der Recke ihr Portrait bei ihm bestellte. Ich hatte nun öfters Gelegenheit, auch mit dieser geistreichen Frau zu verkehren.

Ende August verließ ich Dresden und reiste in die Heimath zurück; Kügelgen zog mit mir, um seine in Weimar angefangenen Bilder zu vollenden. Er malte damals Frau Johanna Schopenhauer, die Großfürstin Maria Paulowna, Schiller (diesen nach vorhandenen Zeichnungen), Wieland, und zuletzt auch die Köpfe meiner Eltern. Das Bild meiner guten Mutter, die sich schon damals sehr leidend fühlte, ward mir ein doppelt theures Geschenk von des Künstlers Hand, da nach schwerem Krankenlager bald darauf der Tod die arme Dulderin ereilte. In wahrer Glaubensfreudigkeit schloß sie am 22. Sept. 1814 die Augen, Friede mit sich und ihrem Gott lag auf dem Gesichte der Entschlafenen.

Nach diesem tiefschmerzlichen Verluste begann für mich eine neue Lebensepoche. Es galt nun, meinem Vater, der leider schon seit längerer Zeit mit einer nicht sehr würdigen Frau Beziehungen angeknüpft hatte, die gewohnte Häuslichkeit treulich zu erhalten, damit er wo möglich nicht zu einer zweiten Ehe schreite. Er aber verlangte, daß ich mich meiner Kunst ferner fleißig widmen solle, denn auf diese sei meine Zukunft gebaut. Ich bedurfte des Aufgebots meiner ganzen physischen wie moralischen Kraft, um Ansprüchen gerecht werden zu können, welche so widersprechend und daher nur sehr schwer zu erfüllen waren.

Meine Gesundheit litt unter diesen drückenden Verhältnissen und gerieth endlich in fortwährendes Schwanken; ich durchlebte ein trübes, trübes Jahr, namentlich nachdem mein Vater den Entschluß einer Wiederverheirathung bestimmt gefaßt hatte und sehr bald wirklich auszuführen sich anschickte, während gleichzeitig in Folge der durch Napoleons Rückkehr von Elba auf's neue eingetretenen Wirren die Kunst wiederum, wenn auch zum Glück nur auf kurze Zeit, das Aschenbrödel wurde. Um so dankbarer erinnere ich mich der Fürsorge meines edlen Gönners Goethe, der mich im Herbste 1815 auf einige Tage zu sich nach Weimar einlud. Auch bei Frau v. Heygendorf-Jagemann machte ich dann und wann einen kurzen Besuch; Goethe hatte nichts dagegen einzuwenden, obschon die Künstlerin oft störend in seine Verfügungen bei'm Theater eingriff. Er achtete sie jedoch als schauspielerische Kraft so hoch; wie sie es verdiente, und ließ ihr neben seinen Lieblingen, Pius Alexander Wolff nebst dessen Gattin, volle Gerechtigkeit widerfahren. Das erwähnte Dreigestirn leuchtete hell am Kunsthimmel Weimars und machte glänzende Aufführungen der Meisterwerke Shakespeares, Calderons, Goethes, Schillers und Anderer möglich. Einmal war es mir vergönnt, einer Leseprobe des Trauerspiels „Romeo und Julia" in Goethes Hause beizuwohnen. Die unermüdliche Geduld, mit welcher Goethe einzelne Stellen von den Schauspielern bis zum Gelingen der kleinsten Tonschattirungen wiederholen ließ, war bewundernswürdig. Freilich konnte er nur so das Weimarische Theater zu jener Blüthe bringen, welche unter ihm sich so voll und strahlend entfaltete.

In Geschäften war dem Dichter selbst das geringste nicht zu klein; folgender Brief legt dafür Zeugniß ab:

„Indem ich Sie, liebste Freundin, zum schönsten begrüße, ersuche ich Sie um eine kleine Gefälligkeit. Ich habe nämlich Bergrath Voigt zu verstehen gegeben, daß ich seine untere Etage *) für Großherzogliche Commission künftig zu miethen wünsche. Bey Bischoffs**) habe ungefähr denselben Raum, nebst Küche, nur nicht so schicklich und freundlich; dazu Meubles, Betten, Tischzeug und Servis und andere Kleinigkeiten. Wir zahlen dafür überhaupt 48 Thlr. — sage acht und vierzig Thaler!

Ob ich nun zwar in dem neuen Quartier gleiche Bedingungen nicht erwarte, so muß ich doch da es nicht meine, sondern eine Commissionssache ist, ehe wir weitergehen freundlich anfragen, was die Hausbesitzer etwa verlangen, was sie dafür leisten und wie wir uns arrangiren könnten. Gedenken Sie mein in Ihrem schönen Vereine und besuchen Sie uns bald.

Mit den besten Wünschen zu den Feyertagen und dem neuen Jahr

Weimar, d. 20. Decbr. 15.

der Ihrige

Goethe."

Ich besorgte den erhaltenen Auftrag so schleunig wie möglich; Bergrath Voigt schrieb seine Bedingungen nieder und händigte mir das Blatt ein. Ich erstattete Goethe alsdann Bericht, auf welchen ich nachstehende Antwort bekam:

„Das Brieflein nebst Inlage, ist mir wohl geworden; freylich hatte ich einige Hoffnung Sie diese Feyertage zu sehen. Haben Sie Dank für die Besorgung; mündlich mehr.

W. d. 28. Dez. 15."

Eigenhändig hatte der Dichter hinzugefügt: „Und nun das herzlichste Lebewohl!" nebst seinem „G."

---

*) Unmittelbar am botanischen Garten zu Jena.

**) In der Nähe des Jenaischen Schlosses. Seit 1806, wo das Hauptgebäude des Schlosses als Lazareth benutzt und später zur Aufnahme wissenschaftlicher Sammlungen eingeräumt worden war, hatte Goethe sich im Bischoffschen Hause eingemiethet.

Wenige Wochen später, in den ersten Tagen des Jahres 1816, erhielt ich von Goethe eine Bestellung. Er hatte gelegentlich einer Rheinreise im Sommer des Jahres 1814 der Rochuskapelle bei Bingen, welche renovirt wurde, ein Altarbild gelobt; Hofrath Meyer machte den Entwurf, und ich wurde mit der Ausführung in Oelfarbe beauftragt. Mit innigem Vergnügen übernahm ich es, bei diesem Vorhaben mitzuwirken. Der Meyersche Carton sagte mir besonders zu; der Heilige ist darauf — nach Goethes Worten in der dazu gelieferten Beschreibung*) — als Jüngling vorgestellt, der seinem verödeten Palast den Rücken wendet. Die Pilgerkleidung zeigt den Stand, welchen er ergriffen. Zu seiner Rechten sieht man ein Kind, das sich an Silbergeschirr und Perlen, als einer Ausbeute frommer Güterspende, freut; zur Linken ein zu spät gekommenes, unschuldig flehendes Geschöpf, dem er die letzten Goldstücke aus dem Beutel hinschüttet, ja, den Beutel selbst nachzuwerfen scheint. Unten, zur Rechten, drängt sich ein Hündchen heraus, die Wanderung mit anzutreten bereit; es ist freilich nicht dasselbige, welches ihm in der Folgezeit so wunderbar hilfreich geworden**), aber darauf deutet es, daß er, als freundlicher und frommer Mann, auch solchen Geschöpfen wohlthätig gewesen und dadurch verdient, von ihresgleichen künftighin unverhofft gerettet zu werden. Hinten, über die mit Orangenbäumchen gezierte Mauer, sieht man in eine Wildniß, anzudeuten, daß der fromme Mann sich von der Welt gänzlich ablösen und in die Wüste ziehen werde. Eine durch die Lüfte sich im Bogen schwingende Kette von Zugvögeln deutet auf die Weite seiner Wanderschaft, indessen der Brunnen im Hofe immerfort läuft und auf die unabgetheilte Zeit hinweist, welche fließt und fließen wird — der Mensch mag wandern oder zurückkehren, geboren werden, oder sterben.

Dies Bild gab Anlaß zu einem ziemlich lebhaften Briefwechsel zwischen Goethe und mir. Am 2. März 1816 schrieb der Dichter:

*) Ueber Kunst und Alterthum, Bd. 1. Heft 2, S. 179 fg.

**) Nach der Legende versorgte ein Hund den pestkrank im Walde schmachtenden Heiligen mit Nahrung.

„Mögen Sie mir doch, schöne Freundin, das Maaß der Leinwand schicken, die Sie zu dem versprochenen Bilde anwenden können. Der hübsche Heilige wird wahrscheinlich bald seine Aufwartung machen und sich Ihren liebenswürdigen Händen anvertrauen. Die schönsten Empfehlungen in der Nachbarschaft!"

Ich sandte das Verlangte sofort und erhielt unter'm 9. März zur Antwort:

„Die Breite der überschickten Leinwand würde hinreichend seyn; zur Länge oder Höhe aber brauchen wir acht Fuß; haben Sie die Güte, selbige baldigst kommen zu lassen; der Heilige ist im Begriff aufzubrechen und läßt sich nicht lange mehr halten. Als Pilger steigt er schon die letzte Stufe seines Palastes herunter. Möge er Sie, meine Theuerste, wenn er ankommt, recht munter und freundlich treffen und mit gesundem Blick von Ihnen begrüßt werden!

Goethe."

Sofort nach Empfang dieser Zeilen that ich die nöthigen Schritte, mir die verlangte Leinwand zu verschaffen und zeigte Goethe an, daß ich mich deßhalb nach Dresden gewendet habe. Allein man war dort nicht genau mit der Besorgung; drei Wochen vergingen, und Goethe fing an, ungeduldig zu werden. Am 30. März 1816 mahnte er mich in folgenden Zeilen:

„Wir haben gehofft, unsere liebe Freundin bei Gelegenheit der italienischen Theaterproductionen *) hier zu sehen; da dieser Wunsch aber nicht erfüllt worden, so frage an, ob Sie die grundirte Leinwand von Dresden bald erwarten? Der Carton nimmt täglich zu, und es wäre zu wünschen, daß, sobald derselbe fertig ist, die zierlichen Finger

*) Diese italienischen Vorstellungen wurden durch einen Besuch des Sängers Brizzi, eines ausgezeichneten Tenoristen, herbeigeführt, der mit Frau von Heygendorf Unübertreffliches leistete. Letztere war der italienischen Sprache mächtig, da ihr Vater, jener entflohene Mönch, längere Zeit in Italien zugebracht hatte. Mit ihrem musikalischen Verständniß, ihrem Geist und ihrer wundervollen Stimme ging sie ganz in die feurige Weise Brizzis ein.

(Anmerkung Louise Seidlers.)

gleich thätig seyn möchten. Ob wir den Heiligen hinüberbringen, oder ob wir Sie ersuchen, ihn abzuholen, das wird von gebietenden oder vergönnenden Umständen abhängen.

Leben Sie indessen recht wohl und gedenken der Freunde.

Der Ihrige

Goethe."

Unmittelbar darauf traf die Leinwand bei mir ein; ich eilte, dies Goethe zu melden, und sofort erhielt ich den inzwischen fertig gewordenen Carton, wegen dessen Ausführung ich mich mit dem Hofrath Meyer in Verbindung setzte. Allein jetzt ereignete sich ein trüber Vorfall, welcher die ganze Angelegenheit in's Stocken zu bringen drohte. In den ersten Tagen des Juniendes 1816 nämlich erkrankte Goethes Lebensgefährtin Christiane geborene Vulpius. Das Uebel wurde bald tödtlich; sie starb an einer Entzündung (6. Juni 1816). Da ich wußte, daß der Dichter sie von Herzen lieb gehabt, daß er stets gefühlt, wie sie ihm das Leben erleichtert und möglichst bequem gemacht durch Abwehren von Dingen, die ihm lästig wurden, so drängte es mich, ihm schriftlich mein innigstes Mitgefühl auszusprechen*). Ich erhielt darauf folgende, einem Secretär in die Feder dictirte Antwort:

*) Zwei Aeußerungen Louise Seidlers über Christiane Goethe in Briefen an Pauline Schelling verdienen aufbehalten zu werden. Am 4. März 1813 schreibt die Künstlerin: sie möchte „die Huld und Gnade" der Geheimräthin „ernsthaft" nicht verscherzen; „ich lerne immer und immer mehr ihren Werth, ihre Nothwendigkeit einsehen." Am 24. Juni 1813: „Daß der Geheimrath kurz vor den Unruhen, also noch vor Ostern, schnell nach Töplitz ging, weißt Du gewiß. Diesen gescheidten Einfall sollen wir Ihr zu danken haben. Sie hat unterdessen auch etwas für die Nachwelt gethan, nämlich ihre sämmtlichen Briefe geordnet, in zierliche Kapseln nach der Jahreszahl verwahrt. Leider waren die mehrsten von Goethe, mehrere von seiner Mutter, wo sie mich mehrmals die Ueberschrift: „Herzlich geliebte Tochter" und „Deine Dich herzlich liebende treue Mutter" lesen ließ; und die allerwenigsten von andern Menschen. Aus Italien waren die meisten von dem Geheimrath. Ach, wie gern hätte ich darin geblättert, aber sie thut sehr geheimnißvoll." Die Veranlassung, „diesen wahren Schatz" Louise Seidler zu zeigen, war „eine noble Absicht; er hatte kürzlich ein

„Den lieben Jenaischen Freunden und Nachbarn tausend Dank für Ihre tröstlichen Worte. Bey dem großen Verluste kann mir das Leben nur erträglich werden, wenn ich nach und nach mir vorzähle, was Gutes und Liebes mir alles geblieben ist.

Sagen Sie mir, meine Beste, wie steht es mit Ihrem Bilde aus; wann sind Sie so weit, daß man darüber wieder einmahl berathen kann und soll, ich würde mit Hofrath Meyer, wenn auch nur auf kurze Zeit, hinüberkommen.

Leben Sie recht wohl; grüßen Sie die Freunde und bleiben meiner Anhänglichkeit gewiß.

Weimar, 12. Juni 1816.

G."

Da ich dem Dichter in diesen trüben und schweren Tagen nicht lästig fallen mochte, so hatte ich ohne nochmalige Anfrage in Weimar das Bild bereits nach den Anweisungen des Hofraths Meyer fertig untermalt, wobei ich mir im Interesse der Composition mancherlei kleine Aenderungen erlaubt hatte. Dem in Aussicht gestellten Besuche sah ich deshalb mit nicht geringem Herzklopfen entgegen. Doppelte Freude empfand ich aber, als Goethe in seiner gewinnenden Art beifällig meinte, daß in solchen Sachen Frauengefühl stets das Richtige träfe. Einige Einwendungen, welche Hofrath Meyer machte, versprach Goethe zu überdenken, schickte mir aber gleich am nächsten Morgen folgendes eigenhändige Billet *):

---

neues Liedchen aus Töplitz geschickt", („Gewohnt, gethan", Werke in 40 Bd. I, S. 100) „ich hätte es gar zu gern abgeschrieben, was sie mir aber nicht zugestehen konnte, wie sie mir hernach von ihm selbst schriftlich zeigte. Indessen ist sie auch mit den Briefen felsenfest. Wie viel vergebliche Wünsche und Bitten habe ich darüber verschwendet!"

*) Abschriftlich. Die freilich nicht unbedingt zuverlässige Döringsche Sammlung der Briefe Goethes (Leipzig, 1837) hat S. 259 obiges Billet mit der Ueberschrift: „Weimar, den 27. Mai 1816" und (zwischen „besprechen" und „Die Sache") der Zwischenbemerkung: „Am besten wäre es, Sie besorgten einen Streifen Papier, so groß als der Raum des Pflasters, und wir verabredeten einen genauen Carton."

„Aendern Sie, liebe Freundin, nichts an dem Bilde, bis wir die Sache nochmals besprechen. Die Sache ist schwieriger als man denkt. Gestern Abend war es wirklich recht schön.

Alles Gute!

Goethe."

Hieher gehört auch nachstehendes, gleichfalls eigenhändige Briefchen des Dichters, worüber die nähere Beziehung mir leider entfallen ist; nur so viel weiß ich noch, daß es sich um eine Wohlthätigkeitsangelegenheit handelte, welche Goethe, wie immer, kräftig unterstützte:

„Hier sende, meine schöne Freundinn, was von frommen Seelen bis jetzt eingegangen, an Nachträgen wirds nicht ermangeln. Haben Sie Dank für soviele Mühe und Geduld. Jena d. 1. Jul. 1816.

J. W. v. Goethe."

Unterdessen vollendete ich das Oelgemälde des h. Rochus und war so glücklich, mir des Dichters ganze Zufriedenheit zu erwerben, so zwar, daß er des Bildes öffentlich ehrend gedachte*).

Vielleicht war es auch mit eine Rückwirkung dieser Zufriedenheit, wenn mir kurze Zeit danach von dem gütigen Großherzoge Carl August eine außerordentlich freudige Ueberraschung zu Theil wurde,

*) Im Nachklang der Rheinischen Eindrücke ward von den Weimarischen Kunstfreunden das Bild des heiligen Rochus, wie er als völlig ausgebeutelt von seinem Palast die Pilgerschaft antritt, erfunden und skizzirt, hierauf sorgfältig cartonirt, und zuletzt von zarter Frauenzimmerhand gemalt, in der freundlichen Rochuskapelle günstig aufgenommen. Ein gestochener verkleinerter Umriß ist in dem zweiten Rhein- und Mainheft wie billig vorgebunden." (Werke, Ausg. in 40 Bd. XXVII, 316.) Am 24. Juni 1816 schrieb Goethe an Sulpiz Boisserée: „Ein Bild des heil. Rochus, welches gar nicht übel, aber doch allenfalls noch von der Art ist, daß es Wunder thun kann, gelangt hoffentlich nach Bingen, um an dem großen Tage die Gläubigen zu erbauen. Es ist wunderlich entstanden. Die Skizze ist von mir, der Carton vom Hofrath Meyer, und eine zarte, liebe Künstlerin hat es ausgeführt. Sie werden es schwerlich dem Rochusberge in Ihre Sammlung entwenden. Es sey aber an seinem Platze wirksam, und so ist es recht und gut." (S. Boisserée, II, 119.)

von der ich vorher auch nicht die entfernteste Ahnung gehabt hatte. Eines Tages, als ich Frau von Heygendorf-Jagemann in Weimar einen Besuch abstattete, trat mir diese liebenswürdige Künstlerin, welche in jener Zeit öfter mit mir über meine unglücklichen häuslichen Verhältnisse gesprochen und eine mögliche Abhilfe berathen hatte, unerwartet mit der frohen Nachricht entgegen, daß der Großherzog mir auf ihre Fürbitte aus seiner Schatulle vierhundert Thaler bewilligt habe, damit ich in München ein Jahr lang die Kunst studire. „Nun brauche ich mich nicht mehr nutzlos aufzuopfern und könne in der Malerei tüchtige Fortschritte machen," setzte sie freundlich hinzu, als mir vor Glückseligkeit Thränen in die Augen traten. Dem edlen Fürsten konnte ich noch am nämlichen Abend bei Frau von Heygendorf meinen innigsten Dank ausdrücken, den er väterlich und herzlich entgegennahm.

In der That, wie glücklich war ich! Losmachen konnte ich mich nun von den drückenden, ja, erdrückenden häuslichen Verhältnissen; der Anfang einer selbständigen Existenz war in meine Hand gegeben. Ein freies Künstlerleben winkte mir mit all seinem Zauber; mit seinen Mühen, aber auch mit seinen lohnenden, herrlichen Aufgaben!

Nun ging es mit dem Anfang des neuen Jahres 1817 *) an die Vorbereitungen zu der für mich so wichtigen Reise nach München. Ich ordnete alle meine Verhältnisse gleichsam testamentarisch; dann nahm ich Abschied von den Verwandten und Freunden in Weimar und Gotha. Hier wurde mir noch eine Audienz vom Herzog August bewilligt, in welcher er mir einen letzten, wunderbaren Auftrag ertheilte. Er beschäftigte sich nämlich damals grade mit der indischen Religion und

---

*) Aus demselben hat Döring (a. a. O. 310) folgendes Billet Goethes an L. Seidler:

„Weimar, den 6. Januar 1817.

Besitzen Sie das Blättchen noch, liebe Freundin, wodurch ich Ihnen die Wolkennegoziation empfahl, so haben Sie die Güte, es mir mitzutheilen. Ich habe die Stelle vergessen, wo von diesen Dingen in Gilbert's Annalen die Rede ist."

nahm an, daß Brahma, Wischnu und Schiwa das Nämliche, wie unsere Dreieinigkeit wäre. Er sprach mit mir lange darüber und stellte mir endlich die Aufgabe: Christus als Wischnu zu malen; er müsse Perlmutter-Augen haben, die Fingernägel seien mit Alhenna — jener Wurzel, die im Orient von den Weibern zum Schminken gebraucht wird — roth gefärbt, auf seiner Brust erblicke man einen Fisch u. s. w. Mir schwindelte der Kopf; ich verneigte mich und stammelte etwas wie: „Ich will's versuchen!"

Bei diesem letzten Besuche in Gotha machte ich noch die Bekanntschaft des ehedem allmächtigen Gothaischen Ministers von Thümmel, der sich vor nicht langer Zeit nach Altenburg zurückgezogen hatte. Er war der Bruder des Verfassers der berüchtigten „Reise in das mittägliche Frankreich" und hegte den Wunsch, daß ich den Autor dieses Werkes noch vor meiner Abreise nach München malen möchte; eine Bestellung, der ich nicht wohl aus dem Wege gehen konnte.

Der Auftraggeber, Excellenz von Thümmel, der vormalige Minister, war ein schöner, origineller, geistreicher Mann, von dem die geheime Geschichte berichtet, daß er sich die Gunst der einstigen Erbprinzessin von Gotha, geborenen Prinzeß von Mecklenburg, erworben, deren weibischer Gemahl (der wunderliche Herzog August) der Krone keinen Erben verhieß. Noch spät schienen die Wünsche des Landes in Erfüllung gehen zu sollen, jedoch kein Prinz, sondern eine Prinzessin wurde geboren; die von mir in diesen Blättern bereits erwähnte nachmalige Herzogin von Coburg.

Ehe ich der Einladung des Ministers von Thümmel folgen konnte, wurde es April; in den letzten Tagen dieses Monats traf ich in Altenburg ein. Dort hatte sich der reich begüterte Mann nach seinem Rücktritt vom Staatsdienst eine Villa erbaut; die höchst geschmackvolle Besitzung lag auf einem kleinen Berge, rings um dieselbe zog sich ein weitläufiger Park, worin sich ein großer Fischteich befand. In diesem Parke sah man fünf oder sechs Schweizerhäuschen, an welche das Gerücht manches Liebesabenteuer des galanten Ministers knüpfte. Kein Wunder also, daß dessen Gemahlin (geb. von Rothkirch), als sie von der Einladung gehört hatte, welche mir zu Theil geworden war, erst genaue Erkundigungen über mich einzog. Da diese beruhigend ausfielen, wurde mir ein Atelier und Schlafzimmer dicht neben den Gemächern der Töchter des Hauses eingeräumt.

Ein unverheiratheter Sohn des Ministers war in der Nähe von Altenburg als Oberforstmeister angestellt. Als wir ihn eines Tages besuchten, fiel uns ein schmucker und trotz seiner anscheinend großen Jugend sehr gewandter Jägerbursche angenehm auf, welcher die Bedienung bei Tische besorgte. Daß dieser schöne und kräftige Jüngling — ein Weib war, ahnte Niemand. Dennoch war dem so; ohne es zu wissen, sahen wir eine Geliebte des jungen Thümmel vor uns, welche diesen auf Reisen, in die Bäder u. s. w. als Diener begleitete.

Der Minister von Thümmel, immer noch eine sehr stattliche Erscheinung, war ein barocker Mensch; einmal ließ er auf dem Dache eines türkischen Kiosks, wo sich ein länglicher Altan befand, im Freien das Diner serviren, obwohl es im April und eisig kalt war. Schnee und Hagel fiel auf die Tafel nieder, allein wir mußten ausharren. Das Abenteuerliche hatte eben für den Herrn des Hauses einen besonderen Reiz. Noch auf dem Todtenbette befahl er, daß man ihn, wenn er gestorben sei, in aufrechter Stellung, nur mit einem Betttuche umwickelt, auf seinem Landgute Nöbdenitz bei Löbichau, in dem inneren Raume einer uralten riesenhaften Eiche, wo er häufig getafelt hatte, beisetzen solle; ein Verlangen, welchem man, wie ich gehört zu haben glaube, wirklich nachgab *).

Des Ministers Bruder, der Dichter Moritz August von Thümmel, den ich portraitiren sollte, war damals schon ein zusammengesunkener, abgelebter Greis mit verschrumpften Zügen und kleinen, blinzelnden, grauen Augen. Trotz seiner Häßlichkeit machte er indessen einen freundlichen Eindruck. Da er sehr schwächlich war — kein Wunder bei seinen neunundsiebenzig Jahren! — so vermied er es, viel zu sprechen;

*) Laut Brockhaus' Conversationslexikon ist Minister von Thümmel zu Nöbdenitz „ohne Sarg, in sitzender Stellung," aber „unter dem Stamme seiner Lieblingseiche" eingesenkt. Vergl. auch Fr. Förster, Kunst und Leben, 12.

die Aufgabe, ihn zu malen, war daher keineswegs anziehend. Einige Entschädigung für dieselbe gewährte mir eine angenehmere Arbeit, welche bei mir bestellt ward, nämlich ein lebensgroßes Bild der Domina des Altenburger Damenstiftes, der schönen Freiin von Friesen, diese in der malerischen Ordenstracht darstellend.

Endlich waren beide Gemälde vollendet*); ich kehrte nach Jena zurück, traf meine letzten Vorbereitungen, und am 4. Juli 1817 brach ich bei herrlichstem Reisewetter von meiner Vaterstadt auf, ausgerüstet mit zwei Empfehlungsbriefen Goethes, von dem ich am Tage zuvor dankbaren Herzens und in tiefer Bewegung Abschied genommen hatte.

Mein erstes Ziel war Coburg, wo ich bei den lieben Stockmars die freundlichste Aufnahme fand. Christian Friedrich, mein Jugendfreund, war bereits vor Jahresfrist als Leibarzt des Prinzen Leopold von Coburg (der sich mit der Prinzessin Charlotte von England vermählt hatte) nach London abgegangen, aber die Aeltern empfingen mich mit der größten Herzlichkeit. Nach kurzem Aufenthalte in ihrem gastlichen Hause zog ich weiter nach Nürnberg, wo ich einige Tage verweilen wollte, um die schönen Vermächtnisse vaterländischer Meister zu betrachten. Ich fand die Familie Seebeck daselbst wieder, welche sich inzwischen dort niedergelassen hatte; freundlich ward ich begrüßt und gastlich aufgenommen. Ein Hauch des Friedens, der Behaglichkeit und Ordnung durchwehte das ganze Haus, man fühlte sich darin heimisch. Der liebenswürdige Mann führte mich überall selbst umher; die altdeutsche Kunst, der ich früher etwas fern gestanden, ging mir in strahlender Glorie auf, und nachdem ich Herz und Sinn an der Beschauung jener herrlichen Denkmale ehrwürdigster Vergangenheit geweidet, stieg ich, tiefbewegt durch den Abschied von Seebecks, wieder in den Postwagen, und weiter ging es über Weißenburg und Donauwörth nach Augsburg. Mein Inneres war noch erfüllt von den wundervollen Eindrücken, die ich empfangen; schlecht paßte es daher zu meiner

*) Das von Louise Seidler gemalte Bildniß M. A. v. Thümmels hat, laut Naglers Künstler-Lexikon, T. Müller in Kupfer gestochen.

Stimmung, als ich die Insassen des Postwagens nur die materiellsten Dinge besprechen hörte. Das Haupt-Thema der Unterhaltung bildete die damals herrschende, allerdings sehr große Theuerung, in Folge deren die Semmeln auf die Größe mäßiger Wallnüße zusammengeschrumpft waren. Ueber diese Calamität redeten die Passagiere den lieben langen Tag; endlich war Augsburg erreicht, und ich eilte in das Hôtel zu den drei Mohren, wo ich bei dieser Gelegenheit die Gemäldesammlung des reichen Wirthes, welche man mir sehr gerühmt hatte, anschauen wollte. In der That fand ich viel Bedeutendes, z. B. einen überraschend schönen Giorgione.

Aber meines Bleibens war nicht lange; nur im Fluge begrüßte ich die Tochter des Banquiers Schätzler, die ich bei Gotters in Gotha kennen gelernt hatte. Man lud mich ein, zu verweilen, allein ich hatte keine Ruhe, ehe ich in München war. Nach mehrstündiger Fahrt langte ich nächtlicher Weile bei strömendem Regen endlich an meinem Bestimmungsorte an, wo mich zunächst der „goldene Hahn" unter seine schützenden Flügel nahm.

Nun hatte mir Madame Asverus in Jena an ihre Freundin, Frau Professor Niethammer, eine herzliche Empfehlung mitgegeben; ich beeilte mich, diese am nächsten Morgen zu überbringen. Sie hatte die über alle Erwartung günstige Folge, daß die gütige Dame, die sich meiner noch von jener Zeit her erinnerte, wo ihr Gemahl in Jena angestellt gewesen, mir gastfrei ein leerstehendes Zimmer in ihrer Wohnung anbot, so daß sich die schwierige Quartierfrage auf überraschend schnelle und glückliche Weise für mich löste. Ich war unsäglich froh, bei einer so geachteten und angesehenen Familie Unterkunft gefunden zu haben; leichteren Herzens konnte ich nun der Entwickelung der Dinge entgegensehen.

Ich wurde alsbald gewahr, daß sich in München zu meiner ferneren Ausbildung die günstigste Gelegenheit darbot. Die Akademie unter der Leitung des aus Düsseldorf berufenen Direktors J. P. von Langer war vortrefflich zu nennen. Langers Sohn Robert ertheilte mit anderen tüchtigen Professoren den Unterricht. Alle Einrichtungen waren zweckmäßig, die Lokalitäten schön und geräumig, überall herrschte Ordnung und eine auf Akademieen seltene Reinlichkeit. Abgüsse von fast allen berühmten Antiken fanden sich vor, so die in Deutschland bisher noch nicht gesehenen Dioskuren vom Monte Cavallo in Rom. Der schönste der beiden Pferdebändiger stand wegen seiner Höhe in einem besonderen Saale. Im Winter wurde Abends nach Modellen gezeichnet, im Sommer dagegen früh Morgens gemalt. Um acht Uhr war Portrait-Studium nach der Natur, woran ich Antheil nahm; hierauf folgte klassenweis der übrige Unterricht. Die Componirenden hatten ein eigenes Atelier; den Landschaftern diente ein großes Gemälde von Koch zum schönen Vorbilde, daneben waren wirkliche Baumstämme aufgestellt, nach denen Naturstudien gemacht werden konnten. Blieben diese auch dürftig, so war das Gebotene doch immerhin mehr als nichts und namentlich zur Winterszeit willkommen, wo ja Studien im Freien nicht möglich sind.

In der Akademie suchte ich gleich am Tage nach meiner Ankunft den Direktor von Langer auf, der mir sehr liebenswürdig entgegenkam. An ihn war das erste meiner empfehlenden Schreiben Goethe's gerichtet; ich brauche wohl nicht zu sagen, daß es mir zum Talisman wurde, vor dem sich, wie in Märchen durch einen Ring, Zweig oder Zauberspruch, auch eine sonst nicht leicht in ihren Angeln zu bewegende Thür gefällig öffnete. Bei der Bedeutung des Briefes, der durch meine Hand an J. P. von Langer kam, sei es verziehen, wenn ich ihn nach einer Abschrift*) hier einschalte; er lautete:

„Ew. Wohlgeboren

haben von jeher auf meine Empfehlungen so freundlich geachtet, daß ich keinen Anstand nehme, Dlle. Seidler, welche sich nach München verfügt, Gegenwärtiges mitzugeben.

---

*) Das (dictirte) Original ist im Besitze des Herrn Dr. Salomon Hirzel zu Leipzig, dessen Güte einen unverkürzten Abdruck des werthvollen Aktenstücks ermöglichte. Vergl. „Neuestes Verzeichniß einer Goethebibliothek," S. 222.

Das Kunst-Talent dieses Frauenzimmers, welches ich von Jugend auf in allem Guten habe herauwachsen sehen, beurtheilen Ew. Wohlgeboren am sichersten selbst und helfen ihr gewiß, sich weiter auszubilden. An Fleiß und Aufmerksamkeit läßt sie es nicht fehlen, so wie ihr anmuthiges einfaches Wesen den Lehrer so gut als die Gesellschaft anspricht.

So viel Gutes ich ihr wünsche, so beneid' ich sie doch einigermaßen*) die Anschauung so vieler trefflicher Kunstwerke und Ew. Wohlgeboren lehrreiche Unterhaltung. Mir will es so wohl nicht werden, ob ich gleich jedes Jahr Blick und Wunsch in Ihre Gegend wende.

Beygehendes Heft**) widme ich Ew. Wohlgeboren besonders, da ich überzeugt bin, daß Sie die Gesinnungen der Weimarischen Kunstfreunde theilen. Es ist die höchste Zeit, den Jammer dieser Seuche laut auszusprechen, wenn man auch nicht sogleich sieht, wo die Heilung herkommen soll. Aus allem was deshalb seit der Zeit bei mir einläuft, es sey billigend oder mißbilligend, verdammend oder schonend, sieht man durchaus, daß das Uebel viel weiter um sich gegriffen hat, als man dachte. Alle Arten von Stärken und Schwächen, Edles und Jämmerliches, Talent und Nichtigkeit, Religion und Aberglaube, frommer Wahn und Sinnlichkeit, das alles zusammen bildet eine Societät, die vielleicht noch nicht in der Welt gewesen ist. Mögen Sie mir von Ihren neusten Erfahrungen mittheilen, so verbinden Sie mich sehr. Wir möchten gern in diesem Sinne klar seyn, wie sich's im Augenblick verhält.

---

*) Genau so. Es fehlt wohl das Wörtchen „um."

**) „Ueber Kunst und Alterthum in den Rhein- und Mayn-Gegenden. Von Goethe. Zweytes Heft. Stuttgard, in der Cottaischen Buchhandlung. 1817." Es enthielt den berühmten Aufsatz „Neu-deutsche religios-patriotische Kunst", unterz. „W. K. F.", außerdem aber den „gestochenen, verkleinerten Umriß" des von Louise Seidler gemalten Rochusbildes Indem also Goethe dieses Heft in J. P. von Langers Hand brachte, lenkte er dessen Aufmerksamkeit nicht nur auf jenen Aufsatz, sondern zugleich in feinster Weise auf das bis dahin wohl hervorragendste Werk der empfohlenen Künstlerin.

Junge, recht geschickte Künstler, die sich auf diesem Wege geübt, verfertigen schon auf alte Breter altscheinende Bilder, um weniger einsichtige Liebhaber zu hintergehen. So bietet man gegenwärtig in Berlin zwey Lucas von Leyden und einen Martin Schön zum Verkauf. Was für eine Confusion in die Kunstkenntniß und Praxis kommen muß, fällt in die Augen. Haben Sie ja die Güte, mich von Ihrer Seite zu belehren, denn das Nächste, was die Weimarischen Kunstfreunde äußern dürften, müßte in's Leben kräftig eingreifen. Vorerst treten doch ältere geprüfte Künstler und alle Bildhauer, auch die jüngern, auf die rechte Seite.

So viel für diesmal! Möge die Dazwischenkunft der guten artigen Schülerin eine lebhafte Communication zwischen uns erneuern!

Jena, den 4. July 1817.

ergebenst

Goethe."

Nachdem ich Herrn von Langer aufgewartet, machte ich einige fernere Besuche, um die anderen Empfehlungen abzugeben, mit denen ich versehen war; zunächst den zweiten Brief Goethes*), der mich an den Romanschriftsteller und Philosophen Friedrich Heinrich Jacobi auf das gütigste empfahl. Die auf mich bezügliche Stelle dieses Schreibens lautete:

„Gegenwärtig senden wir ein hübsches, artiges, gutes Kind nach München, um dort, als am günstigsten Orte, ihr Künstlertalent auszubilden. Empfange sie, um meinetwillen, freundlich, bis Du, aus eigenem Trieb und Ueberzeugung, ihr wohlgefällig und nützlich sein magst. Sie kann Dir von unseren Umgebungen, Wirksamkeiten und Getreibe aus eigener Ansicht erzählen, vielleicht treuer und lebendiger, als man es selbst thäte."

Auch dieser Brief sicherte mir den freundlichsten Empfang, sowohl von dem alten Herrn, an den er gerichtet war, als auch von dessen beiden

*) Gedruckt im Briefwechsel zwischen Goethe und Jacobi, S. 274.

Schwestern. Bei Jacobis war ich, da meine lieben Wirthe zu den intimsten Freunden des Hauses gehörten, wöchentlich wenigstens ein oder zwei Mal des Abends oder zu Tisch; es fand sich dort der später durch seinen Aufenthalt in Griechenland hochberühmt gewordene Hofrath Friedrich Thiersch mit seiner jungen Frau, einer Tochter des Superintendenten Löffler aus Gotha, ferner der grundgelehrte Friedrich Roth (später Oberconsistorialpräsident) und außerdem mancher durchreisende Fremde von Distinction ein. An einem ovalen Tische saßen auf einer Seite die Frauen und auf der anderen die Männer; diese führten gewöhnlich die bedeutendsten Gespräche. Mir war ein Platz in der Mitte der Frauen angewiesen, wo die lebhafte älteste Schwester Jacobis, Helene, die das Regiment im Hause führte, besonders Wirthschaftsangelegenheiten aller Art besprach. Diese ewigen Küchen- und Gartengespräche wurden mir bald sehr langweilig; vergebens strengte ich mein Gehör an, um etwas von der Unterhaltung der Männer zu erfahren; das Kreuzfeuer der weiblichen Geschwätzigkeit ließ mich von den Gesprächen Jener keinen Nutzen ziehen. So verlor ich die Freude an diesen Abenden um so schneller, als dem alternden Jacobi unaufhörlich Weihrauch gespendet wurde; der sonst so geistreiche Mann hatte nämlich leider die Schwäche lächerlichster Eitelkeit*).

Wenige Wochen nach meiner Ankunft in München durfte ich Jacobi in Oel portraitiren, damit ich mich auf der nächsten Ausstellung, die nur alle drei Jahre wiederkehrte, als Portraitmalerin empfehlen möchte. Ich begann die Arbeit am 11. September 1817; meines Wissens ist mein Bild**) das letzte, welches den Philosophen nach der Natur darstellt, denn er starb bereits, hochbetagt, am 10. März 1819.

Meinem Verkehr bei Jacobis trat es nicht weiter hindernd in den

*) Ueber Jacobi als Mittelpunkt und „eigentlichen allverehrten Beherrscher" eines Kreises geistreicher Frauen hat Steffens („Was ich erlebte" VIII, 380 ff.) trefflich geschrieben. Vergl. auch Atterboms „Denkwürdigkeiten", deutsch von Maurer, 145 ff.

**) Es befindet sich jetzt zu Schloß Mengkofen, einer in Niederbayern belegenen Besitzung des Reichsraths v. Niethammer.

Weg, daß ich auch im Hause Schellings aus- und einging, obwohl dieser damals wegen gelehrter Streitigkeiten im Zerwürfniß mit Jacobi lebte, weshalb die meisten anderen Freunde des letzteren sich von Schellings fern hielten. Auf mich hatte das indessen keinen Einfluß, und ich leugne nicht, daß ich mich im Ganzen bei Herrn von Schelling wohler fühlte, als bei dessen Gegner. Der Geist des großen Philosophen sprach sich schlicht und einfach aus; seine biedere Herzlichkeit mußte unbedingt für ihn einnehmen. Alles an dem Manne war gesund; er stand eben damals in seinen besten Jahren, während Jacobi, durch die Last seines Alters gedrückt, bereits sehr hinfällig war und unausgesetzter Pflege bedurfte.

In Schellings Gattin fand ich die liebe Institutsfreundin Pauline Gotter wieder; damals erst Mutter von drei Kindern, war sie die anmuthigste Hausfrau; das häusliche Glück wurde in den ersten Wochen meines Münchener Aufenthaltes noch durch die Anwesenheit der liebenswürdigen Mutter und zweier Schwestern Paulinens erhöht.

Wie aber auf Erden Nichts vollkommen ist, so warf die Kränklichkeit der guten Schelling, wodurch diese oft wochenlang an das Bett gefesselt wurde, einen trüben Schatten auf unsere geselligen Freuden; der geistigen Frische und Theilnahme der edlen Frau an allem Schönen that ihr Siechthum freilich keinen Abbruch. Wir erfreuten uns miteinander an den soeben erschienenen Gedichten Ludwig Uhlands; auch eigene Gedichte der begabten Pauline entstanden wohl bei passenden Gelegenheiten auf deren Schmerzenslager. Die Theestunde wurde gewöhnlich in dem an die Krankenstube grenzenden Zimmer gehalten; Paulinens zweite Schwester machte dabei die Honneurs.

Bedeutende Fremde aus allen Ländern fanden sich häufig ein; unter diesen der muntere, frische Däne Dr. Hjort und der sinnige schwedische Dichter Atterbom, Beide Lieblinge von Schelling. Atterbom feierte die nordischen Volkssagen seines Vaterlandes sehr schwungvoll durch einige Balladen; ferner dichtete er „zu Ehren der Sixtinischen Madonna von Rafael“ einen Kranz von zehn tief empfundenen Sonetten unter der Aufschrift: „Maria, die Mutter Gottes,“ welche Schelling sehr befriedigten. Seine Poesieen, zart und sinnig, enthalten die schönsten Naturschilderungen, aber sie setzen die Kenntniß der nordischen Mythologie voraus, die überall hinein verwebt ist, wodurch das Verständniß sehr erschwert wird. Atterbom hatte für Schelling eine unbegrenzte Liebe und Verehrung, welche ihren rührendsten Ausdruck fand am Neujahrstage 1818. Nach langem Krankenlager erschien die Hausfrau am Abend desselben zum ersten Male wieder unter den Ihrigen; man hatte die Weihnachtsbescheerung aufgeschoben, um Paulinen daran Theil nehmen zu lassen. Ein kleiner Kreis der nächsten Freunde war geladen; Jeder erhielt eine sinnige Gabe, welche poetisch empfundene Verschen Paulinens begleiteten. Schelling bekam ein Theegeschirr, worauf ein Kleeblatt (als Anspielung auf seine drei Kinder) gemalt war; der älteste Sohn, ein bildhübscher, lebhafter Knabe, ward mit Helm und Harnisch ausgerüstet; Atterbom erhielt ein Erinnerungsbuch. Von der ganzen Feier sichtlich ergriffen, brachte er am nächsten Morgen folgendes schöne Gedicht:

An Frau von Schelling.

Der gütigen Geberin.

Es weiht sich Dir, aus Deiner Hand empfangen,
Das Jahrbüchlein am zweiten Neujahrsmorgen.
O wohnt' in meinem sehnenden Verlangen
Der väterlichen Skalden Kraft verborgen,
Hinweg von Dir zu singen jener langen
Erst kaum gedämpften Leiden letzte Sorgen!
Doch Du bedarfst ja keiner Runenlieder;
Dich schenkt die Liebe schon dem Leben wieder.

Derweil' indessen noch gewöhnt zu walten
Ist Seherkunst in jenen nord'schen Gauen:
Erblick' ich, wie sich jetzt Dir weit entfalten
Verjüngten Erdenwallens Blüthenauen.
In vier- und fünffach sprießenden Gestalten
Wirst Du Dein Kleeblatt Dich umschlingen schauen,
Und prangend in dem Schmuck unzähl'ger Lenzen,
Den Winter selbst, wie gestern auch, bekränzen.

Wir lauschten an der Thür zur heil'gen Stelle,
Auf flog sie: staunend jauchzten schon die Söhne;
Du stand'st, umflossen von des Christbaums Helle,
Der Weisheit Braut, in lichter Mild' und Schöne!
Zum Tempel-Eingang ward uns da die Schwelle,
Wie Hymnen klangen uns der Kinder Töne,
Und lächelnd wogte durch das Götterzimmer
Holdsel'ger Gattin, blüh'nder Mutter Schimmer.

Wohl läßt sich fühlen, wie an solchem Herzen
Des großen Gatten Herz mag freudig schlagen,
Wohl, wie Dein hold Erscheinen, Trösten, Scherzen
Den Liebling stärkt nach ernster Arbeit Tagen,
Und wie Dein Friedenshauch jedwedes Schmerzen
Dem theuern Haupt entscheucht, und jedes Zagen!
So, hohe Frau, wird ewig in mir leben
Dein edles Bildniß, sanft und lichtumgeben.

In ferne Heimath einst zurückgezogen:
Wie wird mich Deine Gabe still beglücken!
Wie kommt Erinn'rung dann weither geflogen
Und sieht mich an mit klaren Sternenblicken!
Dann schwimm' ich muth'ger mit den Geisteswogen
Die dort entsprungen an der Felsen Rücken,
Wo jetzt, aus ew'ger Tief' entfesselt, fluthen
Uralter Sag' und neuer Sehnsucht Gluthen.

In dunkeln Winternächten auch erfahren
Werd' ich von Zeit zu Zeit die Kund' am Heerde,
Wie Deine Knaben, schlank, in gold'nen Haaren
Zu Hermanns Siegen ziehn mit Helm und Schwerte,
Und wie noch Er, geschirmt von Engelschaaren,
Durch mächt'ger Rede That bezwingt die Erde,
Gestaltend kühn zu Einer Herzenswahrheit
Der Dichtung Zauber und des Wissens Klarheit.

Dann lodern heller auf die Feuerfunken,
Dann leuchten Herz und Heerd wie Frühlingssonnen;
Dann sink' ich in die Knie, und freudetrunken
Dank' ich mit Thränen Gott für Eure Wonnen;

Die Ferne die uns trennt, dem Aug' entsunken
In allvereinigender Freundschaft Bronnen,
Läßt ungetrübt mich da im Spiegel schauen
An Seiner Brust die Krone aller Frauen.

Einst, wenn der Erde Finsternisse schwinden,
Der Bösen Wuth verstummt, die eig'nen Qualen,
Wenn sich am ew'gen Lebensbaum entzünden
Die Sternenlichter all' mit hellern Strahlen:
Wie frohe Kinder wollen wir uns finden
Und spielen in den morgenrothen Thalen;
Wie gestern, schmilzt von Einer Freude Flammen
Dort Weihnachtsfest und Neujahrstag zusammen *)!

---

*) Atterbom selbst in seinen „Aufzeichnungen" beschreibt diesen weihevoll begangenen Tag auf folgende Weise: „Ich sah Schelling am vergangenen Neujahrsabend beständig in höchster Rührung und Freude; seine Pauline, die lange krank war und auch jetzt noch nicht hergestellt ist, zeigte sich da wieder zum ersten Male, gleichsam dem Leben zurückgegeben, vor einigen geladenen Freunden, unter denen auch Hjort und ich waren, die wir sie an jenem Abende zum ersten Male sahen. Da sie durch ihre Krankheit verhindert worden, ihren Kindern und Freunden am heiligen Abend die Weihnachtsgaben zu schenken, feierte sie nun die Bescheerung am Neujahrsabende in eben so geschmackvoller, wie unschuldiger und herzlicher Weise. Auch Hjort und ich erhielten Geschenke mit Versen von ihrer Hand; ich bekam ein kleines Portefeuille oder Erinnerungsbuch in rothem Saffian mit vergoldetem Schnitt und dieser Inschrift:

„Erinnerung an Kunst und an Natur,
Die Dir begegnet auf Hesperiens Flur,
Bewahre Dir dies Buch für künft'ge Zeiten;
Drum laß es Dich als einen Freund begleiten."

Ich werde nie vergessen, wie poetisch sie aussah, als sich die Thür ihres Zimmers endlich öffnete, nachdem Kinder und Gäste ein Weilchen im äußeren Raume gewartet hatten, um ihr Zeit zu lassen, Alles in gehörige symmetrische Ordnung zu legen; zufällig stand sie mitten im Zimmer, den Rücken gegen den hell strahlenden Christbaum gekehrt, der seine mit Kerzen besteckten Zweige gleich einer Madonnenglorie über ihr Haupt emporstreckte. Als sie so, umgeben von diesem Glanze, gegen uns eine freundliche Verneigung machte, jauchzten die Kinder vor Freude, und der älteste Knabe, der langes goldgelbes Haar trägt und wie ein kleiner Hermann aussieht, rief laut: „Schöne Mutter! Blanke

Neben Atterbom und Hjort verherrlichte auch der muntere und gutmüthige Norweger Steffens oft den Schellingschen Kreis. Trotz seines fremden Vaterlandes war er ein ganzer Deutscher; hatte er doch, seine Professur in Breslau aufgebend, die Freiheitskriege in Blüchers Hauptquartier als Freiwilliger mitgemacht, wo er u. A. zu militärischen Unterhandlungen mit Bernadotte verwendet wurde, als dieser nur sehr schwer zur kräftigen Theilnahme an der Schlacht bei Leipzig zu bewegen war.

Steffens hatte durch seine schriftstellerische Thätigkeit auf wissenschaftlichem Gebiete schon damals europäischen Ruf erlangt. Ich begegnete ihm öfters in der Akademie. Er war Kunstenthusiast und theilte seine Empfindungen aus der Fülle des Herzens in geistreicher Weise mit; dabei war sein Wesen freundlich, theilnehmend und einfach, so daß mir der Verkehr mit ihm stets genußreich blieb. Den Arzt Ringseis, einen strengen Katholiken, finster, schwarz und ganz wie ein Spanier aussehend, lernte ich ebenfalls kennen; ich sah ihn oft bei Langers.

Letztere Familie war streng katholisch, besonders der einzige Sohn

Lichter!" — eine Bemerkung, die wir Alle unwillkürlich machten. Nun kam sie uns entgegen und Schelling stellte uns ihr vor; herzlich faßte sie mich bei der Hand und führte mich mit den Worten zu meinem Geschenk: „Lassen Sie ja mich auch in Ihrer Erinnerung leben!" Schelling selbst erhielt ein zierliches Theegeschirr mit darauf gemaltem dreiblättrigem Kleeblatt (ihre drei Kinder); ihre Verse an ihren Mann waren, wie billig, die längsten und wirklich poetisch schön. Der älteste Sohn, von dem ich schon sprach, erhielt einen goldenen Helm und einen kleinen Säbel, er spazierte den ganzen Abend stolz in dieser Rüstung umher, jetzt, mit dem Helme auf dem langen, flatternden Goldhaare und in einen scharlachrothen Waffenrock gekleidet, völlig zu einem kleinen Arminius umgewandelt. Ich blickte Schelling an — er verstand mich und drückte meine Hand; den ganzen Abend wandelte er im Zimmer auf und ab, sprach fast kein Wort, aber sah unendlich freundschaftsvoll auf uns Alle und hatte beständig Freudenthränen in den Augen. Am anderen Tage schickte ich an Frau von Schelling zum Zeichen meiner Dankbarkeit einige Stanzen, die das Glück hatten, sie sowohl wie ihren Mann vollkommen von der Größe meiner Ergebenheit für sie Beide zu überzeugen."

Robert; bei dem heiteren Vater trat der Katholicismus weniger hervor. Langers wohnten in einer reizenden, an dem hohen Ufer der Isar gelegenen Villa, im Dörfchen Haidhausen bei München. Für gewöhnlich hatten nur Katholiken Zutritt zu dieser schönen Häuslichkeit; Frau v. Langer, ernst, vornehm, machte die trefflichste Wirthin; eine wunderschöne Verwandte, Namens Josephe, stand ihr dabei wie eine Tochter zur Seite. Als Protestantin mußte ich es für eine ganz besondere Vergünstigung halten, wenn mir bisweilen die Einladung zu Theil wurde, Sonntags mit in der Villa zu speisen. Der Direktor Langer war bei Tisch unbefangen heiter, der Sohn hingegen ernst, etwas docirend. Vor und nach Tische wurden gewöhnlich Kupferwerke alter Meister besichtigt.

Was meine künstlerische Thätigkeit betrifft, so bekam dieselbe in so fern mehr eine selbständige Richtung, als die beiden Langer, Vater und Sohn, von dem Copiren nicht viel hielten und mehr Benutzung der Natur, sowie Anwendung derselben zu Compositionen wünschten*). Zunächst mußte ich fleißig Hände zeichnen; die erste größere Aufgabe, welche mir der Direktor stellte, war, eine Sybille zu malen. Dieser Charakter war mir ganz fremd, ich scheute mich deßhalb, an die Arbeit zu gehen, und erlangte in der That bald einen mir sehr willkommenen Aufschub. Goethe hatte mich nämlich beauftragt, ein in der königlichen Gemäldegallerie zu München befindliches Portrait von Rafael für meinen Großherzog zu copiren; die Erlaubniß dazu wurde mir von der zuständigen Verwaltung sogleich ertheilt, und ich machte mich ohne

*) Bei der Wichtigkeit, welche Langers Unterricht für Louise Seidler gehabt hat, dürfte das Urtheil des Naglerschen Lexikons über diesen Künstler mittheilenswerth sein. Es lautet: „Ganz besonders glücklich und groß ist Langer gewesen in Bezeichnung des Ausdrucks edler Grazie und sanfter Hoheit weiblicher Naturen. Er verstand es, jene Momente, in welchen sich der Mensch mit voller Seele einem bestimmten Affekte hingiebt, auf das lebendigste zu fassen und durch Contraste den Hauptgedanken höchst sinnreich hervorzuheben. Wenige haben auch die menschliche Figur in allen ihren Formen, Bewegungen und Lebensäußerungen so gründlich durchstudirt und mit so viel Sicherheit nachgebildet wie Langer, und als Colorist ist er nicht minder mit Auszeichnung zu nennen.“

Säumniß an die Arbeit, wodurch denn der Entwurf jener Sybille zunächst in den Hintergrund gedrängt wurde*).

Als einer von Goethe begünstigten, vom Großherzoge von Sachsen und dem Herzoge von Gotha beschäftigten Kunstnovize ward mir überhaupt manche Thür freundlich geöffnet, welche sich sonst nur schwer erschloß. Nicht Jedem wurde es so gut; trübere Erfahrungen als ich hatte eine Künstlerin machen müssen, welche unmittelbar vor meiner Ankunft nach Constanz, ihrer Vaterstadt, zurückgereist war, die ich aber später in Rom kennen und lieben lernte: Maria Ellenrieder nämlich. Da das Studiren auf der Kunstakademie Frauen nicht gestattet war, so hatte sich Direktor Langer anfangs auf keine Weise herbeilassen wollen, Maria Ellenrieder aufzunehmen, bis ihre Thränen, unter denen sie ihm vorstellte, wie ihre Taubheit sie zu jedem anderen Berufe unfähig mache, endlich sein Herz erweichten. Frommer Sinn, rastloser Fleiß und großes Talent machten bald die Schülerin dem Lehrer werth; Herr von Langer sprach mit der größten Wärme von ihr und bedauerte oft, daß ich nicht mehr mit dieser strebsamen Genossin zusammengetroffen sei. Mit der Aufnahme Maria Ellenrieders als Schülerin der Akademie zu München war übrigens ein Präcedenzfall geschaffen, der von guten Folgen war; mehr als Eine meines Geschlechtes hat sich später in der Isarstadt ausgebildet, und zwar weder zum Schaden der Kunst, noch zum Nachtheil der weiblichen Würde.

Als ich mich in München einigermaßen wohnlich eingerichtet hatte, schrieb ich alsbald an Goethe, dem ich nach gewohnter Weise von all meinen Erlebnissen vorplauderte. Bald darauf erhielt ich folgende Antwort:

„Ihr Brief, meine liebe Freundin, hat mich vielfach gefreut: er kommt bald, ist ausführlich, giebt mir von Ihrer glücklichen Künstlerlage und von dem Wohlbefinden so mancher theuern Freunde angenehme

*) Es war damals eine brennende Frage: ob dies Portrait Rafael selbst, oder einen seiner Freunde darstelle; ein Streit, den ich später kaum mehr begriff, da es mir ganz unzweifelhaft klar wurde, daß jenes Bild nicht Rafaels eigenes Portrait sein konnte. (Anmerkung Louise Seidlers.)

Kunde. Was soll ich für Sie weiter wünschen! Daß Sie in eine herrliche Kunstwelt gelangen, daß Sie solche nach Kräften benutzen, daß Sie überall wohl aufgenommen sein würden, war vorauszusehen; und nun höre ich die Bestätigung zu besonderem großem Vergnügen.

Seit einigen Tagen bin ich wieder in Weimar, nachdem ich Jena in seinem schönsten Nebelglanze verlassen. Alles ist in dem Zustande den Sie kennen. Drackendorf hat soeben eine neue Bewohnerin mit christlicher Weihe bewillkommt.

Vorstehendes ist leider eine ganze Weile liegen geblieben, und als ich in diesen Tagen wieder in Jena, im alten Quartier, Herberge nahm und die liebe Nachbarin hinter ihren Vorhängen nicht gewahrte, erinnerte ich mich meiner Schuld, und sogleich nach meiner Rückkunft eile ich, dieses Blättchen abzusenden. Frommanns werden in diesen Tagen erwartet; wie sich andere Freunde befinden, haben Sie gewiß directe Nachricht. Lassen Sie mir die Ihrige nicht fehlen; denn ich möchte gar zu gern dem Gang Ihrer ferneren Kunstbildung folgen; auch von den werthen Freunden wünsche Einiges zu erfahren. Von mir weiß ich nichts zu sagen, als daß ich nach meiner Weise fleißig bin und Ihrer mit herzlichem Antheil gedenke.

Weimar, den 18. September 1817.

In fidem

Goethe."

Um Goethe meinen andauernden Fleiß zu beweisen, malte ich emsig an der von ihm gewünschten Copie; als diese vollendet war, begann ich den Entwurf jener Sybille, welche mir Direktor Langer zur Uebung aufgegeben hatte. Ich war dem Stoffe nicht gewachsen; der Charakter der Sybille stand mir gar zu fern. Meine Auffassung stimmte nicht mit derjenigen des Direktors überein, was zu manchen Verdrießlichkeiten Anlaß gab. Er schien einen Mangel an Zutrauen in seine Kunstansichten bei mir vorauszusetzen; es war damals die Zeit, in welcher sich in der deutschen Kunstwelt zwei entgegengesetzte Richtungen vorbereiteten. Die eine, diejenige der Akademiker, strebte vor Allem nach correcter Zeichnung, zwar nach der Natur, aber nach den strengen Regeln der Antike. Nur ein tüchtiges, gründliches Zeichnen sichere dem Künstler Leichtigkeit im Componiren — dies betonten ihre Anhänger fortwährend, und allerdings mit völligem Rechte. Besondere Wichtigkeit legten die Akademiker auf architektonische Anordnung, im Allgemeinen weniger das Gefühl, als den Verstand anregend. Das Colorit hielten sie markig, ohne besondere Rücksicht auf Zartheit, Wahrheit und Durchsichtigkeit der Farbe. Diese Richtung war vornehmlich durch den Direktor von Langer repräsentirt, welcher u. A. mit kühnem und breitem Pinsel ein großes Altarblatt: „Lasset die Kindlein zu mir kommen", in dieser Weise ausführte. Natürlich gehörte sein Sohn, gleich den übrigen Professoren, ebenfalls dieser Richtung an; einer von den Schülern Langers, der geniale, bis in sein zweiundzwanzigstes Jahr mit Feldarbeit beschäftigt gewesene, dann aber plötzlich als Künstler sich glänzend hervorthuende Tyroler Rhomberg zeichnete sich besonders darin aus.

Anders war es mit der neu auftauchenden Schule der sogenannten altdeutschen Richtung, den Romantikern, deren Reigen Cornelius eröffnete. Sie suchten das Gefühl, die seelenvolle Tiefe, die innere Stimmung in der Composition auszudrücken, wie es die Altdeutschen gethan, welche die Natur naiv, ohne die Brille der Antike nachahmten. So wurde z. B. die Madonna von ihnen nicht nur als eine jugendliche Schönheit, sondern weit öfter als gläubig fromme, wirkliche Mutter, oder als jungfräuliche, demüthige Magd des Herrn, oder auch als schmerzensreiche, abgehärmte Mutter Christi dargestellt. Der sinnig ernste Heinrich Heß, der nachherige berühmte Kirchenmaler, der so Großes in dieser Richtung leistete, ward, ohne es eigentlich zu wollen, zum Haupte dieser aufstrebenden Partei. Um ihn schaarten sich Alle, die für wahre Kunst Sinn und Gefühl hatten. Zu diesen gehörte auch ein junger Schweizer, Namens Caspar Schinz*); er war mit einem beson-

*) Die Tagebücher desselben haben dem Herausgeber vorgelegen. Am 6. März 1818 zeichnet Schinz ein: „Frl. Seidler von Jena ist schon ein halbes Jahr an der Akademie; seit einigen Wochen hatte ich Anlaß, sie näher kennen

deren Talent für die Composition begabt, hatte aber weniger Geschick zur Ausführung in Farben. Als früherer Schüler des Kupferstechers Lips (dessen Kunst er sich anfänglich widmen wollte), war er ein guter Zeichner und verstand sich vortrefflich auf die Perspective; in der Malerei dagegen fehlte es ihm an Technik. Mir mangelte, was ihm geläufig war, und umgekehrt. Da wir in dem nämlichen Saale arbeiteten, so gab dies bei baldiger näherer Bekanntschaft zu einem Austausch unserer Fertigkeiten Anlaß. Er war ein herzensguter, schöner, ganz mädchenhaft aussehender Jüngling; leider verrieth eine abgezirkelte Röthe auf seinen Wangen den Keim zu einer schlimmen Krankheit. Wirklich starb er auch schon in seinem zweiunddreißigsten Lebensjahre an der Schwindsucht. Sein knabenhaftes Aussehen und der Umstand, daß er elf Jahre jünger war als ich, begünstigte ein herzliches, von meiner Seite ganz geschwisterliches Verhältniß; Schinz wurde mir in München (und später in Italien) ein ebenso angenehmer wie nützlicher Führer und Begleiter. Ich sah bald, wie viele Kenntnisse ihm mangelten, besonders in der Literatur; ich bestrebte mich daher, nach eigener schwacher Kraft sein Interesse für diese und ähnliche Dinge zu erwecken. Als Zwinglianer hatte er nie das höhere, poetische Element im Katholicismus gefühlt; durch Heß aber wurde er für diesen Cultus so begeistert, daß er von einer zu großen Ueberschätzung desselben nur durch meine Bitten: das neue Testament mit Nachdenken zu lesen, abgehalten wurde.

Hier ist der Ort, auch der Jubiläumsfeier des Reformationsfestes Erwähnung zu thun. Der 31. October 1517 war der ewig denkwürdige Tag gewesen, an welchem einst Luther seine 95 Thesen wider Tetzels Ablaßkram an die Schloßkirche zu Wittenberg geschlagen

zu lernen und fand ein sehr gebildetes und angenehmes Frauenzimmer, äußerlich schlank, die Gesichtsbildung gutmüthig, ohne schön zu sein. Je länger wir bei einander arbeiten und uns also recht oft sehen, verstärkt sich die gegenseitige Wohlgeneigtheit." Und am 21. Juni: „Von Frl. Seidler erfuhr ich heute, wie sie lange ihrem verwittweten Vater mit Mühe das Hauswesen, den Stall, das Federvieh bestellt, wie sie endlich das Haus wegen seiner Wiederverheirathung verlassen, wie sie in Dresden mit Copiren, in Weimar und Gotha mit Portraitiren sich durchhalf."

hatte; die dreihundertjährige Wiederkehr dieses Tages wurde überall gefeiert, wo ein Häuflein Protestanten sich zusammenfand; so auch in München. Ich beging das Fest im Schellingschen Kreise; des Morgens besuchten Pauline und ich die Kirche, Mittags aß ich bei ihr, hernach lockte uns das herrliche Wetter in den englischen Garten. Das Thema des Gesprächs bildete natürlich die kirchliche Lage, namentlich die Vereinigung getrennter Kirchenparteien zu einer Gemeinschaft, wie sie an eben jenem Tage in Preußen durch gemeinsame Abendmahlsfeier der Lutheraner und Reformirten als „Union" eingeführt wurde. Auch eine „Beschwörung", welche der Dichter Müllner veröffentlichte, beschäftigte die Geister; er rief dem Schatten Luthers ein kräftiges „Wach' auf" zu: —

„Der Glaube hadert um ein irdisch Recht,
Die Welt zerfällt in Herrscher und in Knecht. —
— Jetzt ist der Erd' ein Mann voll Kraft vonnöthen
Wie Du Dich einst der Christenheit bewährt:
Die Brust von Erz, die Zung' ein feurig Schwert,
Die Fers' ein Fels, die Lüge zu zertreten!"

Die Erwähnung Müllners bringt mich ganz natürlich auf die Schicksalstragödien, mit welcher besonderen Gattung des Dramas sein Name unzertrennlich verknüpft ist. Eben damals erstand ihm der gefährlichste Nebenbuhler in der Person des Wiener Dichters Grillparzer, dessen „Ahnfrau" das Münchener Hoftheater einzustudiren eilte. Der allgemeine Eindruck war, daß das Stück viele Mängel habe, aber für den Effekt trefflich berechnet und hinsichtlich der Zeichnung einzelner Charaktere herrlich sei. Namentlich erntete „Bertha" dieses Lob; in der That ist diese ganz Unschuld, Liebe und Jungfräulichkeit. Hjort und Atterbom theilten diese Meinung; auf alle aber hatte das Stück einen so tiefen Eindruck gemacht, daß Gespenstergeschichten, Ahnungen und Träume fortan ein Hauptthema der Unterhaltungen bildeten. Rasch folgte diesem ersten Drama aus Grillparzers Feder die „Sappho" und die „Medea" desselben Dichters; zwei Tragödien, in denen am 11. und 12. September 1818 die berühmte Schauspielerin Sophie Schröder Lorbeern erntete, und zwar spielte sie die Medea fast noch schöner als die Sappho — auch nach Schellings Urtheil, der mit mir der ersten Aufführung dieser Grillparzerschen Stücke beiwohnte.

Um in theatralischen Dingen nicht nur das Classische, sondern auch das Volksmäßige kennen zu lernen, unternahm ich eines Abends mit etlichen Freunden eine Expedition in's Isarvorstadttheater, wo die Hanswurstiaden des Staberle an der Tagesordnung waren; Schnurren, denen wir indessen wenig Geschmack abgewannen. Leider erkältete ich mich an diesem Abend, bei strömendem Regen, der uns auf dem Heimwege überfiel und der mich ohne Schellings rettenden Regenschirm sicherlich bis auf die Haut durchnäßt haben würde, auf's heftigste, und mußte deshalb darauf verzichten, die Catalani zu hören, welche in eben jener Woche zweimal in München mit so großem Beifall concertirte, daß zu den Proben wie zu den Aufführungen nur mit größter Mühe ein Billet zu erobern war.

Herrschte, wie man sieht, auf dem Gebiete der Schauspiel- und Gesangskunst regstes Leben in München, so blieben auch die bildenden Künste hinter jenen nicht zurück. Schon in den letzten Tagen des November 1817 waren von London, wohin Lord Elgin die Originale geschleppt hatte, die ersten Abgüsse des Frieses vom Tempel des Apollon Epikurios zu Bassae bei Phigalia in Arkadien, die Kämpfe der Centauren und Amazonen darstellend, in die Akademie nach München gekommen; ein Ereigniß, welches die ganze Künstlerwelt in Bewegung setzte. Ich beeilte mich, den Fries in der Größe des Originals auf blauem Papier, weiß gehöht, zu zeichnen, und meine Arbeit (am 3. Febr. 1818) an Goethe zu schicken. Die Sendung traf ihn in Jena, wo er längst nicht mehr im Schlosse, sondern ganz nahe bei demselben, im damals Bischoffschen Hause wohnte und den Tag mit dichterischen Arbeiten in dem Wirthshause „Zur Tanne" hinbrachte. Umgehend dankte er mir für die Zeichnung in folgendem Briefe*):

*) Zu demselben sei bemerkt, daß (außer dem Namen) noch die beiden Anfangsstrophen des citirten Gedichtes („Selbstbetrug," Werke in 40 Bd. I, 21) von Goethe selbst geschrieben sind. Das Dörfchen Camsdorf liegt unmittelbar am östlichen Ende der steinernen Brücke, welche von Jena auf das rechte Ufer

„Nicht einen Augenblick will ich säumen, mit den schnellsten Worten zu sagen, daß Sie mich durch Uebersendung der Basreliefs in die größte Bewegung und Betrachtung versetzt haben! Jetzt bedarf es nicht mehr zu vergnügtesten Stunden; bisher wiederholte ich nur immer das Lied:

Der Vorhang rührt sich hin und her
Bey meiner Nachbarin rc.

deßhalb auch zuletzt eine Ortsveränderung stattfand. Wo aber Ihr blauer reichlich ausgebildeter*) Streifen, auf blaßgelbem Grunde, sich herrlich ausnimmt, rathen Sie wohl nicht. Auf dem rechten Ufer der Saale, im Erker der Tanne, wo es wirklich schöner ist, als man es sich denken darf, da bewirthen Sie mich und meine Freunde mit der schönsten Gabe, wofür Ihnen der wärmste Dank entrichtet wird. Wie heute früh beym Gläserklang in Gesellschaft von hübschen jungen Leuten geschah. Die hellen, mitunter sonnenreichen Stunden des Tages verbringe ich auf dieser Zinne, wo des letzten Camsdorfer Bogens Wasser immer lebhaft unten rauscht. Nur die Nacht über wohne ich

---

der Saale hinüberführt; die „Tanne“ steht nahe am „letzten Bogen“ dieser Brücke, unter dem das Wasser „lebhaft rauschend“ über ein niedriges Wehr dahinströmt. Die durch Goethes Aufenthalt geweihten Stätten sind jetzt mit Inschriften versehen.

*) Da auf der Zeichnung die Originalgröße des Frieses beibehalten war, so mußten die Figuren ½ lebensgroß sein. Goethes Freude über die Sendung geht noch hervor aus einem seiner Briefe an Heinrich Meyer (Riemer, „Briefe von und an Goethe“, S. 123), in welchem es heißt: „In München sind Abgüsse der Phigalischen Basreliefs angelangt. Louise Seidler hat mir eins, blau Papier, schwarze Kreide, weiß gehöht, in Größe des Originals zugeschickt, unter Langers Einfluß sorgfältig gearbeitet. Es ist ein Abgrund von Herrlichkeit, und wohl unerläßlich, solche zu betrachten,“ u. s. w. (folgt bruchstückweise Louise Seidlers die Zeichnung begleitender Brief). Goethe bewahrte die Arbeit sorgfältig auf; Schuchardts Verzeichniß der Kunstsammlungen des Dichters nennt dieselbe I. 289, unter No. 676. Der „lange Papierstreifen mit Contouren des Frieses vom Tempel zu Phigalia,“ den Goethe am 20. October 1828 nach aufgehobener Tafel einigen Tischgästen zeigte (Eckermann, Gespräche, II, 20), wird die Arbeit Louise Seidlers gewesen sein.

in der alten Nachbarschaft. Gleich jetzt erlebe ich den schönsten Sonnenuntergang. Mehr setze ich nicht hinzu, damit dieses Blatt nicht säume. In wenigen Tagen mehr.

Jena, den 12. Februar 1818.

Goethe."

Inzwischen war auch die verhängnißvolle Sybille beendet und ich nahm jetzt jene wunderliche Bestellung in Angriff, welche mir Herzog August von Gotha noch scheidend aufgetragen: den Wischnu, welchen er sich als Christus dachte und den er als solchen dargestellt wünschte. Ich suchte mich in die indische Mythologie zu vertiefen, ich las Abhandlungen über die Geschichte und Alterthümer Asiens — aber der Auftrag war und blieb unsinnig. Die Zeit, welche ich an das Bild wendete, konnte ich als gänzlich verloren erachten; trotzdem gab ich mir unsägliche Mühe, freilich ohne den Herzog, als er das Bild endlich empfing, zu befriedigen. Ich erhielt von ihm einen originellen, sehr sarkastischen Brief, den ich leider nicht mittheilen kann, da eine liebe Handschriftenjägerin *) ihn mir entführt hat. Ich erinnere mich nur noch einer Stelle daraus, welche eine Abmahnung enthielt, gleich den meisten Malern Italien zu besuchen, wo, wie er sich ausdrückte, sein in Rom zum Katholicismus übergetretener Bruder „unter die Jesuiten gegangen sei und nun Pritschmichel der Italiener zubenamset werden müsse." Ein sehr reichliches Honorar **), das diesem Schreiben beilag, tröstete mich einigermaßen über die herbe Kritik, welche er über mein Bild ergehen ließ ***).

Als ich in München eben erst angekommen war, hatte ich die große Freude eines Wiedersehens mit Frau Henriette Herz, welche ich schon in Dresden so liebgewonnen. Ich traf sie bei Schelling, in dessen

*) Dieselbe war trotz aller angewandten Mühe nicht zu ermitteln.

**) Nach einer Notiz in Louise Seidlers Nachlaß: zehn Louisd'or.

***) Eine Bemerkung über das Bild findet sich in Atterboms „Aufzeichnungen" wo es S. 144 heißt: „Louise von Seidel malt gegenwärtig für den Herzog von Gotha einen Wischnu, der wirklich ein Meisterstück poetischer Malerei wird."

Hause sie die Geselligkeit besonders verschönte. Wir besichtigten miteinander die Kunstschätze; Abends schrieben wir dann über das Gesehene Notizen nieder. Die edle Frau wurde mir durch ihren gebildeten Geist, ihr tiefes Gefühl und ihre Anmuth täglich theurer. Wie gern hätte ich sie nach Rom, wohin sie nur zu bald abreiste, begleitet; ein heißer Wunsch, dessen Erfüllung ich mir mit so vielen Schwierigkeiten verbunden dachte, daß ich ihm in meiner Seele keinen Raum zu geben wagte. So bat ich denn Henriette Herz, mir wenigstens von Rom aus öfters zu schreiben, denn es schien mir schon ein besonderes Glück, einen Brief von Rom zu bekommen. In der That hielt die liebenswürdige Freundin das mir gegebene Versprechen, und am 5. März 1818, an welchem Tage mich Pauline Schelling zu Tisch gebeten hatte, überraschte mich deren Gatte zum Dessert mit folgendem Briefe*) von ihr:

Den 12. „Rom, im Februar 1818.

Vor einer Stunde brachte Thürmer mir Ihren Brief, meine liebe Louise, und im ersten Gefühl der Freude, die er mir machte, will und muß ich Ihnen dafür danken und Ihnen sagen, wie ich es recht erkenne, daß es lieb und gut von Ihnen ist, mir geschrieben zu haben! Durch einen von hier abgehen wollenden Künstler wollten wir Ihnen schreiben, er reiste aber nicht, und so unterblieb auch unser Schreiben; jetzt, durch Ihre Freundlichkeit von neuem angeregt, verschiebe ich es nicht länger und werde den Brief durch Ringseis besorgen lassen.

Wie soll ich nur anfangen Ihnen zu erzählen, zu sagen, wie glücklich und angenehm unsere Reise war und wie unendlich herrlich es hier ist! Ja, liebste Louise, wer nicht nothgedrungen muß, der soll nicht sterben, ohne Rom gesehen zu haben, ohne durch Tyrol dahin gereist zu sein. Wie übertrifft die Wirklichkeit jede Beschreibung! wie viel höher steht Tyrol mit seinen Bewohnern, als selbst Goethe sie beschreibt!

Wie wohl mir in München war, das müssen Sie gesehen haben; dem verehrten trefflichen Jacobi, dessen flüchtige Bekanntschaft wie ein

*) Treu nach dem Original, welches dem Herausgeber vorgelegen.

schöner Traum mir vor der Seele schwebte, näher zu sein, ihn zu sehen, zu sprechen, mich seiner Freundlichkeit, deren er mich würdigte, zu freuen, die Bekanntschaft von Schellings, Gotters, Niethammers und des bei Jacobis versammelten Kreises — alles das war eine schöne Weihe zur Erfüllung meines Jugendtraums.

Mit München ging mir für's Erste das Leben mit interessanten Menschen unter, das der Natur ging aber auf, und wahrlich, alles was ich bis jetzt Großes, Schönes und Herrliches gesehen habe, vermindert den Eindruck nicht, den jenes herrliche Land auf mich gemacht hat. Alle Beschreibung der Natur und der Menschen dort giebt keinen Begriff von der Wirklichkeit — ich schweige also auch gegen Sie davon, liebe Louise, und sage Ihnen nur, daß, vom Himmel begünstigt, wir glücklich in Verona ankamen.

Verona war nun eigentlich die erste große italienische Stadt, die wir sahen, und in ihr die ersten Ueberbleibsel großer, längst vergangener Zeiten. Das schöne Amphitheater verfehlte seine Wirkung nicht auf uns, auch gingen wir gläubig in ziemlich starkem Regen nach einem kleinen, wüsten Garten und holten uns ein Steinchen von Julie und Romeos Grabe. Durch unsern Banquier, einen Schweizer, sahen wir das Merkwürdigste in Verona, und nach drei Tagen reisten wir ab, gingen durch das schöne, aber öde und wüste Padua längs der Brenta nach Venedig. Liebste Louise, bilden Sie sich ja nicht ein, durch alles, was Sie gelesen, gesehen und gehört haben von dieser Zauberstadt, auch nur einen entfernten Begriff von ihr zu haben; in jeder Hinsicht übersteigt sie das Bild, das man sich von ihr macht. Bunt, voll und fast kleinlich ist alles, was ich von Venedig gemalt gesehen habe. Die Paläste stehen aber in grauer, stiller Pracht längs des großen Canals, indeß ein auf keine Weise zu beschreibendes Leben auf dem herrlichen Marcusplatz und der Riva schiavone in unendlichen Gestalten und Tönen sich zeigt. Berauscht vom Unerwarteten, Großen, Reizenden, war ich die ersten Tage, und die fünf Tage unseres dortigen Aufenthalts verstrichen in Einem Genuß, und das Bild Venedigs steht wie ein schöner Zauber vor meiner Seele. Von V. nach Florenz hielten wir uns nur einen Vormittag in Bologna auf; in Florenz waren wir 4 Wochen, und dort sah ich zuerst mehrere herrliche Marmorbilder, deren schwache Nach- und Abbildungen ich früher an mehreren Orten gesehen hatte. Wie Bekannte in verklärter Gestalt traten sie mir entgegen — und mit Wahrheit kann ich Ihnen sagen, liebe Louise, daß ich zuerst vor ihrer mächtigen Herrlichkeit so erschrak, daß mir die Brust eng ward, ich die Augen niederschlug und mich wegwandte. Vor der Gruppe der Niobe war dies besonders der Fall; allmählich ward ich vertrauter mit ihnen und kehrte gern und freudig immer wieder zu ihnen zurück. Deutscher Umgang fehlte mir in Florenz, und nachdem ich Alles tüchtig, nach meinen Kräften, gesehen hatte, verließ ich es gerne, um dem höheren Ziele entgegen zu eilen, und vergnügt und gesund kamen wir am 11. Octbr. Vormittags um 12 Uhr in Rom an. War ich den ganzen Morgen des letzten Reisetages außer mir, so war ich es nicht weniger, als ich endlich wirklich durch das Thor einfuhr, den Obelisk, die auf dem Platze liegenden Kirchen u. s. w. sah. Das Wetter war herrlich in den ersten Tagen unseres Hierseins, und mir war oft, als hätte ich Flügel an der Seele, so leicht, so gehoben, so getragen fühlte ich mich. In den ersten Tagen sah ich mehr, als ich vertragen konnte, und der sich einstellende Regen machte mir die nöthige Ruhe erreichbar. Der Regen hielt ungewöhnlich lange an, wir waren aber dennoch sehr glücklich, denn wir waren in Rom! In Frau von Humboldt, der gegenüber wir unser kleines Quartier bereit fanden, umarmte ich eine längst bewährte Freundin, in den Söhnen der Friedrich Schlegel liebe junge Freunde, die ich wie Söhne selbst liebe, da sie meinem Herzen durch die Liebe der Mutter nahe verwandt sind; in den beiden Schadows sah ich alte, gute Bekannte und ebenso machte ich in den ersten Tagen die Bekanntschaft von Cornelius und Overbeck. Bin ich in meiner Unkunde und Unwissenheit in der Kunst schon nicht berechtigt, etwas darüber auszusprechen, so darf ich Ihnen doch sagen, daß die Arbeiten dieser jungen Männer mich wunderbar, Jedes nach seiner Individualität, ergriffen. Den jüngsten Schadow sah ich beim Abschiede von Berlin als einen zierlichen jungen Weltmann und eleganten Portraitmaler, der durch einige ähnliche Portraits vornehmer Personen schon eine Art von Ruf hatte, der ihn über die Gebühr eitel machte. Den jüngsten Veit (Philipp, den Sie wohl von Dresden her kennen) sah ich als Anfänger der Malerkunst Berlin verlassen, nachdem er von der schönen Prinzeß Wilhelm ein gut gedachtes, aber dürftig und schwach ausgeführtes Bild gemalt hatte. Von Overbeck kannte ich ein kleines Madonnenbildchen mit steifen Falten und gelben steifen und starren Haaren, von Cornelius Zeichnungen zum Faust und den Nibelungen — nichts in Farben — und wie fand ich alle diese Leute, nachdem ich sie ganz anders zu finden, nach Goethes Main- und Rheinreise glauben mußte! Schadow war ein Portraitmaler geworden, der jedes Portrait zum Tableau erhöhte, sowie in seinen Compositionen sich stilles frommes Gemüth ausspricht, und zwar auf die lieblichste Weise durch Form und Farbe. Philipp Veit, der im Jahre 11 sein erstes Oelbild malte, dessen Studien durch den Freiheitskrieg Deutschlands, den er mitgemacht hatte, unterbrochen wurden, hatte Riesenschritte gemacht, und stehen seine Gestalten und ihre Umgebungen vielleicht jenen an Lieblichkeit nach, so drücken sie doch eben so tiefen Sinn auf vielleicht kräftigere Weise aus. Overbeck verbindet mit eben diesem tiefen, stillen Sinn eine ungewöhnliche Grazie in Männer- und Frauengestalten. Cornelius steht vor Allen hoch da, und alles was ich früher von ihm gesehen hatte, verschwindet gegen das, was er seitdem gemacht hat und jetzt macht. Der tiefe Ernst in den älteren Mannesköpfen, die Milde und Männlichkeit und sogar Lieblichkeit und Innigkeit in den jüngeren, die hohe Weiblichkeit in den Frauenköpfen ist in allen seinen Compositionen gleich groß und schön. Bartholdy, der preußische General-Consul, gab den vier Genannten zuerst Gelegenheit, ihr Talent in der Frescomalerei zu zeigen, und das kleine Zimmer, das er in der gemietheten Wohnung konnte malen lassen, enthält viel, sehr viel Schönes, und jetzt läßt der Marchese Massimi in seinem Palaste zwei Säale malen — den Dante und den Tasso — d. h. die Haupt- und bedeutenderen Nebenmomente beider Gedichte darstellend. Cornelius hat sich den Dante, Overbeck den Tasso gewählt, und Beide haben schon

Cartons dazu fertig, die ein selten herrliches Werk versprechen. Overbeck hat erst das Mittelstück der Decke ganz fertig; das befreite Jerusalem in der Gestalt einer auf einem prächtigen Sessel sitzenden Frau, der zwei Engel eben die Ketten abgenommen haben, die sie schwebend noch in den Händen haben. Die schöne Gestalt sieht ernst und fest und mit erlaubtem stolzen Gefühl aufwärts, den Werth der Freiheit fühlend, doch anerkennend, von wannen sie ihr kommt. Cornelius, der sehr schnell arbeitet, hat schon zwei Cartons mit vielen Figuren fertig, von denen die meisten trefflich gelungen sind*).

So, liebe Louise, hat der eigene Genius diese Jünglinge über das erhoben, wonach sie sich mit Gewalt bilden wollten: ich meine, daß ihr besserer Genius sie bewahrt hat vor den Unvollkommenheiten Derer, nach deren Vollkommenheiten sie mit Recht strebten und streben, die sie in einem gewissen Grade schon erreicht haben und hoffentlich immer mehr erreichen werden. Hätte Goethe die Arbeiten dieser jungen Männer gesehen, er würde vieles nicht über sie haben sagen lassen**); sähe er sie noch, er nähme manches zurück. Ich habe Ihnen nur diejenigen genannt, die mit Recht als die vorzüglichsten genannt werden — es giebt aber noch einige, die Lob verdienen, und dazu gehören der älteste Veit, der langsamer als die andern arbeitet, daher auch weniger große Fortschritte gemacht hat; seine Bilder sind melancholisch in Composition und vielleicht auch in Farben, derselbe tiefe, fromme Sinn aber ist auch in ihnen. Lassen Sie uns den Geist, der über Jene gekommen ist, nicht tadeln, wenn er auch etwas in sie gebracht, das vielleicht aus ihnen wegzuwünschen wäre. Ist es in unserer Macht, zu sagen, daß

*) Diese Cartons sind nicht in Farbe ausgeführt, da ein Ruf nach Düsseldorf den Künstler an deren Vollendung hinderte. Ph. Veit übernahm diesen Auftrag und stellte das Paradies nach seiner Ansicht dar. Cornelius' Cartons sind lithographirt und erschienen 1830 zu Leipzig als „Umrisse zu Dantes Paradies, mit erklärendem Texte von J. Döllinger," dem jetzigen Münchener Professor.

(Anmerkung Louise Seidlers.)

**) Wie im zweiten Hefte von „Kunst und Alterthum", in dem Aufsatze: „Neu-deutsche religios-patriotische Kunst."

sie so streng sittlich, so gründlich künstlerisch, so rechtlich, wacker, fromm und treu wären, wenn sie geblieben, was sie waren? Und was waren die meisten? Etwa Protestanten? Nein — sie waren nichts, sie waren ohne alle Religion, denn wären sie Protestanten im wahren Sinne des Wortes gewesen, so könnten sie ja wohl alles gewesen und geworden sein, was sie jetzt als Katholiken sind.

Ich habe Ihnen, liebste Louise, flüchtige Worte über die neue Kunst hier und gar keine über die alte gesagt, denn mit meinem Verstehen der Kunst steht es schwach; ich fühle sie allenfalls — die Menschen und die Natur verstehe ich besser, und so erfreue ich mich täglich des Umgangs mehrerer Künstler, die den Abend gerne Theil nehmen an unserm Theetisch, der mit seinem siedenden Kessel uns nordische Abende nach südlichen Tagen bereitet — so entzückt mich täglich der dunkelblaue Himmel, die herrlichen, mit Schnee bedeckten Berge, die in der schönsten Mittag- und Abendbeleuchtung vor mir liegen, indeß ich in warmer Sonne unter ewig grünen Bäumen stehe, auf hellgrünem Rasenteppich, der mit den mannichfaltigsten Blumen von ungeheurer Farbenpracht bedeckt ist — umgeben vom Duft der fast nie verblühenden Veilchen, nie aufhörendem Vögelgesang, indeß fast rund umher die jetzt reifen Pomeranzen mich aus dunkelgrünem Laube anglühen. Sagen Sie nur, wie das Alles eine arme Nordländerin, die im Schnee geboren und erzogen ist, aushalten soll — mir ist auch oft, als könnte ich es nicht — und nun in all dieser Himmels- und Erdepracht gesammelt und aufgehäuft Schätze der Kunst aus ihren besten Zeiten, in unglaublichem Maße, ja, aufgehäuft und einzeln; denn in jedem Winkel der Stadt findet man Andenken der großen Kunstzeit! Und doch, und doch giebt es treffliche Menschen, denen das alles nicht genügt, denen es in Rom nicht gefällt — die sich in dem, was da ist, stören lassen durch das, was sie vermissen, die über das Nichtgute, das wirklich da ist, das nicht sehen, was klar, groß und herrlich da liegt.

Zu diesen aber gehört der Kronprinz von Bayern nicht, an dessen großer Freude an Rom ich meine eigne Freude habe, dieses ist ein einziger Prinz, wahrlich, in dessen Nähe man vergißt, wie hoch er in der äußeren Welt über Einem steht. Er erkennt in vollem Sinne den Werth und das Verdienst der hiesigen deutschen Künstler nicht nur, sondern alles, alles, was hier zu erkennen ist — läßt sich durch nichts stören im Genuß der Herrlichkeit, die einem gesunden inneren Sinne hier überall, aus jedem Winkel, von jedem alten Gemäuer, in hohen Säälen, wie vom Rasen, entgegenstrahlt. Er ist in Einem Entzücken, das ich vollkommen mit ihm theile, und wahrhaft wohl thut es mir, daß er die deutschen Künstler, und besonders die Preußen, auszeichnet. Eberhardt, seinen Landsmann und künftigen Unterthan, hat er erst während seines jetzigen Aufenthaltes recht kennen und würdigen gelernt. Steht er als Bildhauer nicht so hoch, wie mancher andere, und besonders wie Thorwaldsen — der wahrlich auf selten hoher Höhe steht, — so ist er als Componist bewundernswerth und wahrhaft groß. Das tiefste Gemüth spricht sich in anmuthigen Gestalten und Zusammensetzungen in seinen Zeichnungen aus, auch wird der Kronprinz ihn hoffentlich beschäftigen. Dieser besucht alle deutschen Künstler und hat sich mit seinem Gefolge mit altdeutscher Tracht bekleidet; er meint, Ringseis sähe wie ein Geisterbeschwörer darin aus; und finde ich auch das grade nicht, so sieht er doch wunderlich genug mit seinem Schnurr-, Knebel- und Zwickelbart aus, der seinem mageren Gesicht ein wunderliches Ansehen giebt.

Den 17.

Nun, liebste Louise, will ich nur aufhören; denn wie viel ich auch noch zu sagen hätte, so muß ich es, denn wo die Zeit hernehmen? Des Vormittags scheint mich die Sonne zum Zimmer hinaus, ich kann es nicht aushalten im Hause, und den Abend sind entweder Leute bei uns oder wir sind später drüben bei Frau von Humboldt, wo auch immer deutsche Künstler sind. Dann habe ich die Bekanntschaft einiger englischen Häuser, die mir auch zuweilen einen Abend nehmen, und auf diese Weise lerne ich denn geläufig deutsch und englisch sprechen, an italienisch ist nicht zu denken, da mich die italienischen Gesellschaften langweilen und ich die Bekanntschaften dieser sonst wirklich zuvorkommenden Leute vernachlässige.

Leben Sie wohl, recht wohl, streben Sie danach, uns noch in Rom zu sehen, die Reise ist bequem und nicht sehr kostbar.

Grüßen Sie Jacobis; wie soll ich Ihnen aber sagen, wie Alle und wie Jeden, mit Liebe und Dank? Sie werden es wohl wissen: Schellings, Roths, Niethammers, und wer freundlich meiner gedenkt. Schreiben Sie mir bald wieder, ich sage Ihnen meine Adresse in dem Papierchen, in welchem die Veilchen liegen: ein paar Veilchen, in der Villa Pamphili gepflückt!

Leben Sie wohl und sein Sie gewiß, daß wir Ihrer oft freundlich gedenken.

Henriette Herz."

Als ich diesen Brief*) gelesen hatte, beherrschte mich nur noch Ein Gedanke, Ein Gefühl: Italien zu sehen! Auch Schelling und die übrigen Freunde waren der Meinung, ich müsse Alles daran setzen, dieses Ziel zu erreichen. So schickte ich denn den Brief der Henriette Herz an meinen Vater, mit der Bitte, ihn auf irgend eine Art in die Hände meines gnädigen Gönners, des Großherzogs Carl August, gelangen zu lassen. Frau von Heygendorf, deren Theilnahme für mich schon einmal so wirksam in meinen Lebensgang eingegriffen hatte, übernahm abermals den Liebesdienst freundlicher Vermittlung; der Erfolg war bald der günstigste. Schon am 3. Mai 1818 erhielt ich einen Brief der gütigen Künstlerin, in welchem sie mir anzeigte, daß der Großherzog mir abermals ein Geschenk von 400 Thalern bewilligt habe, mit der Erlaubniß, für diese Summe in Rom zu studiren. Außerdem hatte ich mir durch vortheilhafte Verkäufe einiger Copien ein kleines Capital gesammelt, welches ich auf die Reise verwenden konnte, und bald fand sich auch die angenehmste Reisegesellschaft. Ich hatte in Jena die Mutter meiner Freundin Susette Voigt, Frau von

*) Derselbe muß in den Münchener Künstlerkreisen Sensation erregt haben. „Hätte ich Flügel" schreibt Schinz, nachdem er ihn gelesen, in sein Tagebuch, „er hätte mich gleich zu einer Reise entschlossen gemacht." Eins der mitgesandten Veilchen, welches ihm Louise schenkt, erfüllt ihn mit dankbarer Freude.

Loewenich, kennen gelernt, eine wohlhabende, resolute Wittwe, die in Frankfurt lebte. Diese hatte einen Bruder in Neapel, dem sie längst einen Besuch zugedacht hatte; und als ich bei ihr anfragte, ob sie die Reise nach Italien mit mir unternehmen wolle, erhielt ich beinahe umgehend eine bejahende Antwort. Der junge Schinz wurde durch die Aussicht auf meine Reise so angeregt, daß er beschloß, ebenfalls nach Italien zu ziehen; ich erlaubte ihm um so eher, sich uns anzuschließen, als Frau von Loewenich mir aufgetragen hatte, mich nach männlicher Begleitung umzusehen. Ein Lehrer im Italienischen, der uns rasch in dieser Sprache förderte, war bald gefunden, und nachdem so alle Vorfragen erledigt waren, genoß ich die Aussicht auf die wunderherrliche Reise in vollen Zügen; sogar die Tücken des Münchener Klimas, welche sich in diesem Frühjahre durch Zahn- und Gesichtsschmerz besonders an mir äußerten, wurden nun leichter von mir ertragen. Wirklich flogen alle diese Plagen, als ich die Alpen überstiegen hatte, gleich einer trüben Wolke von dannen.

Das milde Wetter des vorrückenden Herbstes benutzte ich noch zur Besichtigung mehrerer Kunstschätze in dem damals frisch emporstrebenden München. Da muß ich zuerst einer eigenthümlichen Sammlung Erwähnung thun, nämlich der Gallerie des Kapaunenstopfers Reichel. Von einigen Kunstgenossen auf dieselbe aufmerksam gemacht, ging ich eines Tages, sie zu besichtigen. Ich gelangte zu einem kleinen Hause in der Vorstadt; als ich auf schmaler steiler Treppe die erste Etage erklomm, fiel mein Blick seitwärts durch eine offene Thür in ein schauderhaftes, mit einem Gemisch von Federn und Blut angefülltes Gemach — es war die Kammer, in der das Geflügel geschlachtet und gerupft wurde. Voll Entsetzen wandte ich mich ab und eilte weiter, alle Hoffnung aufgebend, daß neben solchem Handwerk wirklicher Kunstsinn bestehen könne. Aber ich sollte mich sehr getäuscht haben; die Gemälde, welche ich im oberen Stockwerk fand, waren Perlen der neueren bayrischen Kunst und so zahlreich, daß sie, trotzdem der zu ihrer Aufbewahrung bestimmte Raum nichts weniger als beschränkt war, dennoch zum Theil an die Wände gelehnt, auf dem Boden standen. So fanden sich bei den braven Bayern vielfach Spuren von Kunstsinn, die man im Norden damals noch vergeblich suchte.

Von Schinz begleitet, machte ich außerdem vor meiner Abreise einen Besuch bei dem Maler Adam, diesem Rafael der Thiermalerei. Er hatte eben ein neues, ganz vortreffliches Bild fertig auf der Staffelei: eine Stute mit dem Füllen weidend; im Hintergrunde auf der von der Abendröthe bestrahlten Wiese tummelten sich noch mehrere Pferde. Einen „Pferdemarkt" hatte er unlängst an den eben genannten Reichel verkauft.

Adam selbst war ein sehr zuvorkommender Mann, nicht minder liebenswürdig war die hübsche, von munteren Kindern umgebene Frau, deren einer Sohn später in die Fußtapfen des reichbegabten Vaters getreten ist. Auf lange anhaltenden Regen war soeben der erste sonnige Tag gefolgt; gern nahmen wir daher die Einladung des gastfreien Adam an, den Abend bei ihm zuzubringen. Es waren behagliche Stunden, die wir in dem freundlichen Häuschen, mit dem fruchtbaren Garten daneben, unter frohem Geplauder verlebten.

Endlich gedenke ich noch meines Besuchs in der Gallerie Leuchtenberg, wo mich vor Allem der große Carton der Hunnenschlacht von Kaulbach interessirte, welcher den Ruhm dieses Künstlers begründen sollte. Sodann erfreute ich mich an einem lieblichen, klar und durchsichtig gemalten Madonnenbilde von Electrine Stuntz. Diese talentvolle Künstlerin (geb. 1797 zu Straßburg im Monat Electoral, daher ihr Vorname) lebte ganz zurückgezogen bei ihrem Vater in München; ihre Begabung war so groß, daß sie schon als Kind Skizzen hinwarf, wie Andere ein Gedicht niederschreiben. Ihr Vater, ein finsterer und strenger Mann, war ein tüchtiger Zeichner und Maler, doch hatte er sich ganz der damals soeben von Aloys Senefelder erfundenen Steindruckerei gewidmet. Er erlaubte seiner Tochter nicht, die Akademie zu besuchen, sondern unterrichtete sie selbst. Ihr großes Talent entwickelte sich in der stillen Verborgenheit so wunderbar, daß sie in München einen Namen hatte, ohne daß ihre Persönlichkeit irgendwie bekannt gewesen wäre. Auch ich war ihr in München nur ein einziges Mal begegnet, doch hatte sie auf mich den angenehmsten Eindruck gemacht. Unter schwarzen, von Natur geringelten Locken glänzten sanfte, dunkle Augen hervor; ein schönes Colorit belebte kleine, kindliche Züge. Ein rosiger Mund mit weissen Zähnen und eine zierliche, runde Gestalt vollendeten die liebliche Erscheinung. Die eifersüchtige Wachsamkeit ihres Vaters hatte sie indess doch nicht ganz verbergen können; ein Baron Wilhelm von Freiberg sah und liebte sie. Electrine merkte anfänglich seine Neigung kaum und erwiederte sie später nur in ihrer sanften, passiven Weise. Die beiderseitigen Eltern waren dieser Verbindung ganz abhold. Einige Jahre vergingen, während deren die Leidenschaft Freibergs immerfort wuchs, wodurch Electrinens Gegenliebe mehr und mehr geweckt wurde. Endlich erklärte Freiberg seinen Eltern auf das bestimmteste, diese Heirath schliessen zu wollen. Die stolzen Adligen erschraken darüber so sehr, dass sie sich an Stuntz wendeten und ihn ersuchten, seine Tochter so bald wie möglich im Stillen nach Italien zu bringen; die Kosten der Reise und des Aufenthaltes im Süden wollten sie übernehmen. Dem alten Stuntz, welcher die Verbindung ebenso wenig wollte, als die Familie von Freiberg, kam diese Aufforderung sehr erwünscht; Electrine aber, die in erster Reihe Künstlerin war, freute sich, Italien zu sehen und dort weiter studiren zu können. Baron von Freiberg entdeckte jedoch kaum die Abreise der Geliebten, als er dieser von Station zu Station nachreiste. Endlich fand er sie in Rom. Von hieraus erklärte er seinen Eltern nochmals, dass er diese Verbindung um jeden Preis eingehen würde, und so gaben diese zuletzt (1823) ihre Einwilligung; die Trauung fand in München statt. Der überglückliche Gatte wünschte, dass Electrine auch an seiner Seite der von ihr mit so hoher Auszeichnung betriebenen Kunst — hatte doch die Academie von S. Luca in Rom sie zu ihrem Mitgliede ernannt! — treu bleibe, und so bezog er mit ihr ein idyllisch belegenes kleines Gütchen in der Nähe von München, wo sie ungestört nur der Liebe und ihrem Genius leben konnte. Leider war Electrinens zarter Körper den doppelten Pflichten einer Hausfrau und Künstlerin auf die Dauer nicht gewachsen; nachdem sie drei oder vier hübschen Kindern das Leben geschenkt, begann sie zu kränkeln und starb 1817 an der Auszehrung, einen trostlosen Wittwer hinterlassend.

Unterdessen nahte das Ende des Sommers 1818 heran; all mein Sinnen und Denken bezog sich schon auf Italien. Mit Ungeduld erwartete ich Frau von Loewenich; endlich traf diese aus Frankfurt ein und wenige Tage später erschien mit dem 19. September 1818 der letzte Tag, die letzte Nacht, die ich in München zubrachte. Kein Schlaf kam in meine Augen; ich zählte Stunden und Viertelstunden, bis die Glocke fünf Uhr verkündete. Der Wagen fuhr vor. Mein Herz pochte gewaltig; kaum fand ich Ruhe und Zeit, der mich in der Chaise bereits erwartenden Reisegefährtin „Guten Morgen" zuzurufen. Nur schwer gelang es mir, meine Aufregung zu bemeistern; ich faßte mich endlich so gut es ging und stieg ein. Der Kutschenschlag fiel zu, die Pferde zogen an, und hinaus ging es in den dampfenden Morgennebel.

Welch ein Unterschied, wenn die jetzige Jugend nach Rom reist! Kaltblütig steigt man in den Eisenbahnwagen, in das Dampfschiff, und landet in Civita-Vecchia, erreicht die herrliche Roma auf dem kahlsten Wege und gelangt durch unbedeutendes Straßengewinkel zum Hôtel.

Weit poetischer kamen Schinz, Frau von Loewenich und ich an das Ziel unserer Sehnsucht: über die blauen Berge, quer durch Tyrol ziehend, erreichten wir aller Künstler gelobtes Land, — das sonnige Italien.

Zweites Buch.

Italien.

Rom. Neapel. Florenz.

(1818—1823.)

„Ich komme mit allem guten Muth,
Leidlichem Geld und frischem Blut;
— — — — — — —
Möchte gern was recht's hieraußen lernen!"
(Goethe.)

Es war mir wie ein Traum, als wir endlich in dem ersten bedeutenden italienischen Orte, der märchenhaften Lagunenstadt Venedig, rasteten. Wir hatten uns vorgenommen, nicht lange zu bleiben; der von unzähligen Gondeln wimmelnde große Canal, die Rialtobrücke, der prächtige Marcusplatz, die Marcuskirche und wie sonst die Herrlichkeiten der oft geschilderten Stadt heißen, wurden mithin verhältnißmäßig rasch in Augenschein genommen; die hurtigen Gondeln trugen uns ebenso schnell wie wohlthuend geräuschlos von einer Sehenswürdigkeit zur andern. So besuchten wir die Schiffsbauwerkstätte, wo wir ein noch von dem Franzosen angefangenes Kriegsfahrzeug von 84 Kanonen bestiegen, um alle Einzelnheiten desselben kennen zu lernen; auch das Modell des berühmten Bucentaurus war dort zu sehen. Das Original, auf dem sich ehemals die Dogen in großer Feierlichkeit mit dem Meere vermählten, ist zerfallen. Außerdem ließen wir uns in Venedig das Arsenal zeigen und erkletterten den Marcusthurm, der, gleich den meisten Glockenthürmen in Italien, abgesondert steht.

Wenig Tage, und wir zogen weiter nach Verona, überall geleitet von einem trefflichen Führer, von Goethes „italienischer Reise." Indem wir diesem damals noch ziemlich neuen klassischen Werke treulichst folgten, genossen wir vieles doppelt; andrerseits freilich geschah es, daß wir manches, weil es unserm großen Dichter entgangen war, oder weil er es nicht für erwähnenswerth gehalten hatte, gleichfalls nicht zu sehen bekamen. Frau von Loewenich war die beste Reisegefährtin; sehr oft kürzte sie die Zeit während der Fahrt durch Recitiren von Gedichten, was sie trefflich verstand.

Daß wir von den Schätzen sämmtlicher Künste alles irgend Erreichbare in den Kreis unserer Betrachtung zogen, brauche ich wohl nicht besonders hervorzuheben; in dieser Beziehung entsinne ich mich noch eines merkwürdigen Ungefährs. Wir waren zu den in schwindelnder Höhe befindlichen Steinsitzen des mit Sorgfalt erhaltenen Amphitheaters zu Verona emporgeklettert; die Brust noch geschwellt von den empfangenen großartigen Eindrücken, begaben wir uns in die Arena. Hier fanden wir eine kleine bretterne Bude errichtet, in welcher zu unserm größten Erstaunen eine elende italienische Schauspielertruppe eine Uebersetzung von Kotzebues „Indianern in England“ (deren Hauptperson die alberne Gurli ist) aufführte. Ein antikes Bauwerk und moderne Comödie, ein römisches Amphitheater — und Gurli! Welch ein Contrast!

Nach kurzem Aufenthalte zu Verona fuhren wir durch die Ebene weiter nach Mantua; Director v. Langer, welcher für Giulio Romano sehr eingenommen war, hatte es uns zur Pflicht gemacht, diese Stadt eigens um der Bilder dieses Meisters willen zu besuchen, — ebenso Parma, um Correggio kennen zu lernen, was außer in dieser Stadt nicht erschöpfend möglich sei. In der That waren die Eindrücke, die wir in Parma hatten, so groß, daß sie mir noch jetzt mit lebendigen Farben vor der Seele stehen; hoch beglückte es mich, die alten mir in Nachbildungen wohlbekannten Gemälde nun im Original zu sehen, namentlich Correggios Oelbilder in der Akademie, die sich meist durch tiefes Gefühl und erhabene Einfachheit auszeichnen.

Von Parma ging es nach Bologna. Hier bewunderten wir Rafaels heilige Cäcilie, außerdem die Meisterstücke der Bolognesischen Schule; Guido Reni und die beiden Caracci lernte ich in ihrer ganzen Erhabenheit kennen. Schade, daß uns der Contrast des Ideals mit dem Leben nicht erspart blieb; wenn wir die Kirchen und Gallerien verließen, so trat uns die zudringlichste Bettelei störend entgegen. Wahrhaft erschreckt aber wurde ich eines Tages durch eine ganz in schwarze Seide gekleidete, verschleierte Frauengestalt, welche in der dunkelsten Ecke eines Säulenganges knieend, den Vorübergehenden beide Arme entgegenstreckte und unaufhörlich „Carita! Carita!“ schrie — in einem Tone, der Mark und Bein durchdrang. Wir gaben ihr ein reichliches Geschenk und eilten erschüttert davon.

Am 15. October erreichten wir endlich Florenz, dessen Lage schon uns überraschte und entzückte; diese Stadt trägt ihren Namen mit Recht! Tief in einer Thalsenkung sahen wir bei einer Krümmung des Weges unser Reiseziel unerwartet vor uns; Tausende von einzelnen Landhäusern waren rings um die Stadt verstreut. Diese Villen lagen mitten zwischen Oel- und Weinpflanzungen, wodurch das Thal den Anblick eines lieblichen Gartens darbot. In malerischen Krümmungen schlängelt sich der Arno durch diese Landschaft, welche in weiter Ferne von den grotesken Formen der carrarischen Gebirge begrenzt wird. Das ganze pittoreske Bild athmete Frieden und Heiterkeit; in seiner stimmungsvollen Ruhe schien es mir einem Gemälde des beato fra Angelico zu gleichen, der ja in dem nahen Fiesole einst wirkte und wandelte.

Und nun — die in Florenz aufgehäuften Kunstschätze! In den Prachtzimmern des Palazzo Pitti, der Wohnung der Großherzöge von Toscana, welche staunenswerthe Menge unvergleichlicher Bilder! Nicht allein eine Auswahl der herrlichsten Rafaels, sondern auch die edelsten florentinischen Künstler fanden wir in wunderwürdigen Werken vertreten. Hinter dem Palazzo lag der terassenförmig aufsteigende Garten Boboli mit der Michel Angelo zugeschriebenen Gruppe von Adam und Eva, einem Meisterwerke der Bildhauerei. Ebenso fesselte uns die weltberühmte, an antiken Gemälden und Kunstschätzen aller Art reiche mediceische Gallerie im Palazzo degli Uffizi, namentlich ein rundes Gemach mit Oberlicht, wo unter anderen Perlen auch die mediceische Venus aufgestellt ist. Vor der Stadt besuchten wir noch das Großherzogliche Lustschloß Pratolino, die Kolossalstatue des Apennin bewundernd, welche im dortigen englischen Garten, den deutsche Beamte mit deutscher Sauberkeit im Stande hielten, aus dem Sandsteine des Berges in riesenhaften Dimensionen gehauen ist. Doch unseres Bleibens war nicht lange, wir behielten uns einen späteren, dauernderen Besuch vor und eilten weiter; nur einen Strohhut — dieses berühmte Florentiner Fabrikat — zu kaufen, konnte ich nicht unterlassen.

Die Seele erfüllt von all den großartigen Eindrücken, welche wir bisher empfangen hatten, brachen wir auf nach Rom. Arezzo, dann Perugia, für uns schon des Tempels Vorhof, waren bald erreicht; über Spoleto gelangten wir nach Assisi. Hier verleitete uns Goethe, die dreifach über einander gebaute Kirche des heil. Franciscus zu übergehen und nur einen antiken Tempel der Minerva aus den Zeiten des Augustus aufzusuchen, der zwar noch vollkommen gut erhalten, aber lange nicht so groß und ausdrucksvoll ist, wie wir gedacht hatten. Endlich kam der Tag, an welchem der Reisewagen uns zum letzten Male in seinem dunkeln Schooße begraben sollte.

Es war ein wundervoller Herbstmorgen. Schon von Nepi aus genossen wir das unbeschreiblich schöne Panorama der Umgegend Roms mit seinen prachtvollen Gebirgszügen, den Sabiner und Albaner Bergen. Auf einer Anhöhe hinter der letzten Poststation la Storta sahen wir hochklopfenden Herzens zuerst die Peterskuppel allein; endlich erreichten wir, über die Ponte molle fahrend, Rom, welches — im Gegensatze zu anderen Städten, deren Nähe sich durch Villen, Fabriken, überhaupt vermehrten Verkehr ankündigt — in der Campagna di Roma wie in einer Einöde vor uns lag.

Durch die Porta del Popolo fuhren wir am Nachmittag des 28. Oktober 1818 zur ewigen Stadt hinein; gleich am Thore, als wir unsere Pässe vorgewiesen, überraschte mich ein lascia passare, den mir Niebuhr, der preußische Gesandte, freundlich entgegengeschickt hatte. Diese Gunst war in Rom, wo es mit der Dogana damals sehr streng genommen wurde, keine Kleinigkeit; sie überhob uns der unangenehmen Durchsuchung unserer Effekten durch die Zollbeamten; der ganze Vetturinwagen ging nun frei in die Stadt. Wir dankten jenen Passirschein der Güte meiner werthen Freundin, Frau Henriette Herz, sowie der Fürsprache meines Vetters Eduard Ettinger, den ich noch wenige Wochen zuvor, als er nach Rom zum Prinzen Friedrich von Gotha reiste, um dort die Stelle eines Secretärs und Gesellschafters anzutreten, in München bei mir gesehen hatte.

Die ersten Personen, die ich nicht weit vom Thore erblickte, waren denn auch der mir wohlbekannte Prinz, in Begleitung meines Vetters Eduard. Von beiden auf das herzlichste begrüßt, fühlte ich mich in Rom sogleich heimisch, wie ich denn während der fünf Jahre meines ersten Aufenthaltes in Italien niemals Sehnsucht nach dem Vaterlande empfand. Die Erinnerung an das ferne Wunderland blieb vielmehr mein Trost, wenn später oft „des Lebens Bürde schwer und schwerer drückte“; die Bilder, welche aus jener köstlichen Zeit in meinem Gedächtniß haften, scheinen mir aus Morgenduft gewebt und Sonnenklarheit — mein ganzer Aufenthalt in Italien während der Jahre 1818 bis 1823 däucht mir ein einziger heller Frühlingstag.

Schon der herzliche Empfang, den wir fanden, rührte uns tief, und in freudiger Bewegung erreichten wir das Haus, in welchem Henriette Herz für Frau von Loewenich und mich eine Wohnung gemiethet hatte. Es war ein schönes, geräumiges Gebäude, dessen Parterre von einer Familie Pulini bewohnt ward, welche die übrigen Räumlichkeiten zu Künstlerwohnungen eingerichtet hatte.

Ein schwarzbrauner Römer empfing uns; mit ihm kam seine freundliche, blonde Frau, begleitet von sechs schönen Kindern. Der Römer, unser nunmehriger Hausherr, war Bildhauer; nicht selbstschaffend, sondern mehr ein geschickter Bearbeiter des Marmors und deshalb ein gesuchter Gehilfe der ersten Künstler. Die Frau war eine Apothekerstochter, also nicht von gemeiner Herkunft; trotzdem besaß sie — wie sich gleich bei ihren ersten Worten verrieth — nur die gewöhnlichste italienische Bildung des früheren Klosterunterrichts. Die beiden ältesten Töchter, Mädchen von 12 und 13 Jahren, hatten die nämliche ungenügende Klosterbildung, zeigten sich aber bald als gewandt, gefällig und lebhaften Geistes, besonders die ältere, Caroline. Ich wurde in ein großes, feuchtes Zimmer geführt, ein kleinerer Raum, ehemals eine Küche, war daneben; dies sollte meine Wohnung sein. Als ich mir alles anschaute, hatte ich gleich eine echt italienische Ueberraschung: in einem Commodenkasten, den ich öffnete, entdeckte ich einen Scorpion, über den mich Todesangst ergriff.

Neben dem großen Gemach, das mir angewiesen war, wohnten Wand an Wand die Historienmaler Schnorr von Carolsfeld und Friedrich Olivier, welche später auch in verwandtschaftliche Beziehungen traten, indem sie zwei Schwestern, Stiefschwestern von Friedrich Oliviers älterem Bruder Ferdinand, heiratheten. An die Zimmer dieser beiden Künstler stieß dasjenige der Frau von Loewenich. Schnorr begrüßte in mir sogleich auf's herzlichste die Landsmännin, mit einer Freundlichkeit, durch welche der angenehme Eindruck seines Entgegenkommens noch erhöht wurde. Er war von schlanker Figur; sein Gang und seine Bewegungen waren leicht; sein ganzes Wesen erschien einnehmend und ritterlich; besonders gut kleidete ihn die damals von den in Rom lebenden Künstlern fast allgemein angenommene altdeutsche Tracht. Er bildete den wohlthuendsten Gegensatz zu dem verschlossenen, manchmal schroffen Olivier, der für mich nie etwas anziehendes hatte. Da ich Schnorr mein Leid über die für meine Gesundheit nachtheiligen Zimmer klagte, bot er mir sofort seine sehr freundlich belegene Wohnung an — eine Güte, welche ich mir dankend zu Nutze machte*).

Damit man aber nun nicht glaube, ich habe gewohnt wie eine Prinzessin, so folge gleich hier eine Schilderung meines nunmehrigen Quartiers, welches mich während der größten Zeit meines Aufenhaltes in Rom beherbergen sollte.

Wie fast alle Künstlerwohnungen, war es am Monte Pincio belegen, und zwar auf dem höchsten Punkte desselben, dicht neben der Porta Pinciana, jenem Thore, an welchem einst der blinde Belisar bettelnd gesessen haben soll. Dort stand (und steht vielleicht noch) der vierstöckige Palazzo Guarniere; in diesem befand sich mein Logis eine Treppe hoch. Es bestand aus einem langen, mit verwitterten Fresken

*) Auch Schinz hebt in seinen Tagebüchern gleich nach der Ankunft in Rom hervor: „Schnorr, ein sehr gefühlvoller, geschickter junger Künstler von 24 Jahren, nimmt sich meiner mit Liebe an, ertheilt mir manchen guten Rath und macht mich auf vieles aufmerksam."

gezierten Saale und einem anstoßenden Schlafzimmer, welches zwei Fenster und einen Kamin hatte. Die Marmorbekleidung der verbindenden Thür, in Folge eines Erdbebens geborsten, klaffte weit auseinander. Das Mobiliar war gleich null, man sah weder Vorhänge noch den Luxus eines Schreibtisches; als Sopha diente eine schmale, strohgeflochtene Bank; die einzige Kommode war grau angestrichen und mit bunten Linien verziert; das Bett, wie gewöhnlich in Italien, so breit, daß drei bis vier Personen darin Platz gehabt hätten. Es bestand aus vier Brettern, die auf eisernen Untergestellen ruhten; auf den Brettern lag ein mit Maisblättern gestopfter Sack, darüber eine dünne, mit Wolle gefüllte Matratze. Ein ebenso gefüllter leinener Sack fungirte als Kopfkissen; vervollständigt wurde dieses primitive Ganze durch eine wollene Decke. Das Leinenzeug war stets ungerollt und so grob wie ein deutsches Soldatenhemd; Andersens „Prinzessin auf Erbsen" würde wahrscheinlich auf dieser Lagerstatt in der ersten Viertelstunde den Geist aufgegeben haben.

Im Winter wurden die Annehmlichkeiten meiner Wohnung noch erhöht durch Kälte und Rauch. Das Kaminfeuer des Schlafzimmers reichte nicht aus, den großen Saal, in welchem ich arbeitete, mit zu erwärmen; ich schaffte deshalb einen sogenannten „Ofen" an; das heißt einen eisernen Kasten, auf dito Stangen ruhend, und versehen mit einem langen eisernen Rohre. Letzteres konnte nirgend anderswo, als zum Fenster hinaus geleitet werden; bei widrigem Winde fehlte es daher nicht an Rauch. Das Heizen mußte dann ganz unterbleiben und die sechszehn Scudi (Speciesthaler), womit ich auf dem Trödelmarkt den Ofen theuer erkauft, trugen ihren Zins nicht ein. Da aber, wer den Schaden hat, für den Spott nicht sorgen darf, so mußte ich noch obendrein die Neckereien meiner Kunstgenossen ertragen, von denen gewöhnlich Philipp Veit, mein verehrter Hausgenosse, der drei Etagen höher in ähnlicher Calamität steckte wie ich, meine Stubenthür zu öffnen und nach Art der deutschen Schornsteinfeger hereinzurufen pflegte: „Heute wird gefegt," oder: „Heute heizt man nicht!"

Angenehmer war die Wohnung im Sommer, denn ich hatte die

Aussicht auf ein reizendes Hausgärtchen, dessen Mauern ganz mit dem saftigen Grün der Limonen überdeckt waren, zwischen denen Blüthen und Früchte prangten; in der Mitte befand sich ein klares Bassin. Auf den gut gehaltenen Beeten des Gärtchens wuchsen große Büsche wohlriechender Gewächse, welche bei uns nur als Zierpflänzchen in Töpfen fortkommen.

Wohl war mein italienisches Heim, trotz des nicht unbedeutenden Preises, den ich dafür zahlen mußte, höchst bescheiden und einfach, aber doch — wie glücklich fühlte ich mich darin! Verhältnißmäßig genommen, konnte ich übrigens nicht klagen, denn von meinen Kunstgenossen wohnte gewiß keiner besser. Bequemlichkeit galt nichts; man lebte nur, um zu streben.

Neben den Gemächern, welche ich zu schildern versucht habe, lagen die Zimmer des stillen, in sich gekehrten Historienmalers Johann Veit; im vierten Stockwerk hatte, wie bereits bemerkt, der große Meister Philipp Veit, später mein Lehrer und lieber Freund, seine Wohnung. Mir imponirte gleich sein erster Anblick; er war eine schlanke, hohe, orientalische Schönheit, sein Wesen ernst, aber nicht finster. Geist und Witz belebte seine Unterhaltung, und wo er erschien, beherrschte er unwillkürlich die Umgebung, ohne es zu wollen. Er hatte den Freiheitskrieg unter General Kleist als Freiwilliger zu Pferde mitgemacht und etwas ritterliches lag in seinem ganzen Wesen; auch ging er gern mit dem Hausherrn Pulini auf die Jagd. Seine Kunst war in jeder Hinsicht so einfach groß wie er selbst, besonders zeichnete er sich durch sein schönes klares Colorit aus. Er heirathete später die älteste Tochter unseres Hausherrn, die bereits erwähnte Caroline, ein liebes, sinniges Wesen, frisch und heiter; trotz ihrer fünfzehn Jahre zwar ohne besondere Schönheit, aber tüchtig im Haushalte, in welchem sie überall wacker mit zugriff, bald am Kochtopfe, bald in der Waschküche ihre emsige Thätigkeit entfaltend.. Ihre beständigen kindischen Neckereien mit Philipp Veit veranlaßten mich eines Tages, dessen Mutter, Frau von Schlegel, aufmerksam zu machen, daß dies für beide Theile gefährlich werden könne. Stolz sich von mir abwendend, erwiderte sie: „Mein

Philipp wird doch keine solche Hausglucke heirathen?" Aber Caroline wurde (im September 1821) dennoch Philipps Frau; ihr natürlicher Sinn, ihr praktischer Verstand und ihr sicherer, feiner Tact machten ihm das gute Geschöpf täglich theurer und die Ehe mit der „Hausglucke" wurde sehr glücklich. Freilich verdient hervorgehoben zu werden, wie merkwürdig und über alle Erwartung das scheinbar unbedeutende Kind sich entwickelte. Dinge, die ihr früher gänzlich fremd waren, begriff Caroline Veit ebenso rasch wie gründlich, im Deutschen z. B. machte sie die schnellsten Fortschritte. Sehr bald hörte ihre Unterhaltung auf, langweilig zu sein; ihr Urtheil war verständig; leicht und theilnehmend ging sie auf fremde Gedanken ein. Philipp besprach mit ihr jedes seiner vielseitigen Interessen, so daß sie bald um Alles, ganz besonders aber um seine Arbeiten, genau Bescheid wußte. Nicht minder sorgte sie für sein leibliches Wohl. Einst hatte er sich auf der Jagd ein Entzündungsfieber zugezogen, das sich zuerst erschreckend heftig ankündigte; wie rühmte nun Philipp die treffliche Pflege seiner kleinen Frau, deren lebhafte Theilnahme und Besorgniß uns wahrhaft rührte; wie dankbar erkannte er, daß seine rasche Wahl einer Lebensgefährtin ihm so zum Heile ward! Später söhnte sich auch Frau von Schlegel — welche die Heirath nicht eher erfahren hatte, als bis dieselbe eine vollendete Thatsache war — völlig mit ihrer Schwiegertochter aus; diese wurde der alternden Dame eine treue Pflegerin, wodurch sie deren ganzes Herz gewann. Zwischen Philipp und seiner Mutter bestand von jeher das schönste Verhältniß.

Noch am Tage meiner Ankunft in Rom hatte ich Gelegenheit, Bekanntschaft mit dem Historienmaler und späteren Kunstschriftsteller Passavant aus Frankfurt anzuknüpfen; demselben, der sich später durch sein treffliches, vom reichsten Wissen zeugendes Werk über Rafael einen berühmten Namen machte. Er war ein freundlicher, schöner und kenntnißreicher Mann. Wir holten unsern Reisegefährten, den treuen Schinz, der nicht weit von unserer Wohnung ein bescheidenes Quartier gefunden hatte, und gingen darauf dankerfüllten Herzens Alle zu der uns so gefällig und dienstlich gewesenen Henriette Herz, wo wir mit dem originellen Tyroler Koch, Historien- und Landschaftsmaler, und dem braven, geschickten Suter aus Wien nebst dessen Frau zusammentrafen, mit denen wir nach deutscher Sitte Thee tranken. So endete mein erster Tag in Rom.

Am nächsten Morgen besuchte uns Henriette Herz; wir gingen miteinander nach der Villa Bartholdina. Der preußische Consul Bartholdy hatte hier zur Förderung der jugendlich aufstrebenden Künstler Cornelius, Veit, Overbeck und Schadow einige Zimmer mit Fresken, deren Figuren lebensgroß waren, ausmalen lassen. Vor Allem überraschte mich hier Cornelius' tief empfundene Darstellung des Wiedersehens zwischen Joseph und Benjamin; ebenso die „sieben fetten Jahre" Veits. Auch eines der Overbeckschen Bilder, „die mageren Jahre", fand ich besonders groß gedacht und erhaben im Styl.

Auf dem Heimwege begegnete uns der gelehrte Bunsen, Legationssecretär beim preußischen Gesandten. Seine Züge waren nicht eigentlich schön zu nennen, aber ungemein gewinnend; sein volles, rundes Gesicht, gedrungen wie seine ganze Figur, war bartlos und ohne lebhaftes Colorit, sein Haar war dunkelblond, die Augen lebhaft. Sein frisches, herzliches Wesen bahnte schnell einen zwanglosen Verkehr mit ihm an.

Bunsen galt mir immer als das seltene Beispiel eines Mannes, bei dem Glück und Verdienst Hand in Hand gehen. Als armer Student machte er in Göttingen die Bekanntschaft eines Amerikaners, der ihn bat, ihm Führer auf einer beabsichtigten weiteren Reise zu werden. So kam Bunsen nach Rom, wo er den preußischen Gesandten Niebuhr kennen lernte. Dieser gewann ihn lieb und führte ihn in die ersten Kreise ein. Eine Engländerin, Mrs. Waddington aus Monmouthshire, welche zwei jugendliche, liebenswerthe Töchter besaß, wünschte, daß diese sich in der deutschen Sprache und im Kunstverständniß vervollkommnen möchten, und bat Bunsen, diesen Unterricht zu übernehmen. Nach und nach erwarb sich der junge Mann die Achtung der Mutter in so hohem Grade, daß sie die stille Neigung zu ihm, welche in dem Herzen ihrer älteren Tochter Fanny erwachte, mit

Vergnügen entdeckte und Bunsen nach Verlauf eines halben Jahres fragte, ob er geneigt wäre, ihr Sohn zu werden. Freudig erstaunt erwiderte der Bescheidene, daß er solche Hoffnungen nicht zu nähren gewagt habe, da er weder Vermögen noch eine Stellung besitze. Die Mutter wünschte nur, er möge sich einen passenden Wirkungskreis verschaffen. Bunsen vertraute sich seinem Gönner und Freunde Niebuhr an, welcher ihm sogleich Hoffnung auf den Posten seines bisherigen Gesandtschaftssecretärs, des Dr. Brandis, machte, der aus Gesundheitsrücksichten in die Heimath zurückkehren wollte. Somit waren die beiderseitigen Bedenken gehoben; Bunsen erhielt nach Brandis' Rücktritt wirklich dessen Stelle; für ein reichliches Auskommen sorgte die Mutter. Die Verbindung ward bald geschlossen, und als Niebuhr im Jahre 1823 aus Rücksicht auf die Gesundheit seiner Frau Rom verließ, trat Bunsen an dessen Stelle. Er war dem König Friedrich Wilhelm III. bei seinem Aufenthalt in Rom im Jahre 1822 und einige Jahre später dem Kronprinzen persönlich bekannt geworden; als Führer des Letzteren durch die Kunstwelt Roms hatte er volle Gelegenheit gehabt, seine großen Kenntnisse und zugleich seine geistreiche Liebenswürdigkeit zu entfalten, so daß er sich bei dem nachmaligen Friedrich Wilhelm IV. trefflich empfahl. Später wurde er von Rom abberufen und ging nach der Schweiz, wo er bei der Eidgenossenschaft accreditirt ward; endlich erhielt er den Gesandtschaftsposten in London.

Als ich in Rom eintraf, war noch Niebuhr preußischer Gesandter. Herz und Geist leuchteten aus den wunderschönen, tiefblauen Augen dieses edlen, ausgezeichneten Mannes und ließen ihn, seiner kleinen Figur ungeachtet, groß und bedeutend erscheinen. Eine schöne, ernste Blondine mit den feinsten Zügen trat mir als seine Frau entgegen; zwei holde Kinder, ein Knabe und ein zartes Mädchen mit dickem Lockenhaar, vollendeten das reizende Bild. Niebuhrs wohnten im alten Theater des Marcellus, einem kleinen Colosseum, dessen Unterbau (in welchem sich auch die sogenannte „Goethe-Kneipe" befand) offene Bogenhallen bildeten, auf denen zwei Etagen ruhten. Im Mittelalter war das Theater zum Palast der mächtigen Familie Savelli umgestaltet worden. Auf der einen Seite war das Theater eingestürzt; auf diesen Trümmern war ein Garten entstanden, zu dem man durch zwei Auffahrten gelangte. Der Garten selbst war von Zimmern und Sälen umgeben, welche die Aussicht bis fern auf den Monte Aventino mit seinen Kirchen und Klöstern gewährten. Das behaglich und vaterländisch eingerichtete Niebuhrsche Familienzimmer war das letzte einer großen Reihe von Gemächern, welche im dritten Stockwerk des ehemaligen Theaters lagen. Unter diesem Stockwerke, sowie unter dem Garten befanden sich kellerartige Räume; in einigen stehengebliebenen Eingangshallen des zusammengestürzten Theaters hatten Schmiede, Schlosser, Wagner und andere Handwerker ihre Arbeitsstätten aufgeschlagen; es war ein buntes, bewegtes Treiben, das sich meinem Auge darbot. Ein zerfallener Bogen bildete vor der düsteren, schmalen Treppe den Eingang zu der interessanten, romantischen Wohnung des preußischen Gesandten. Schon bei meinem ersten Besuche gewann ich das treffliche Ehepaar Niebuhr lieb; eine Zuneigung, welche auch später nie erkaltet ist.

Gleich nachdem ich in Rom angekommen war, besuchte ich Frau Dorothea Schlegel, die Mutter der beiden Veit, deren Ruhm so herrlich im Erblühen war. Sie war geistreich, freundlich und wohlwollend, so daß man sich, trotz ihrer Häßlichkeit und des brennenden Blicks ihrer großen dunkeln Augen doch unendlich angezogen fühlte. Wie Henriette Herz, wohnte Frau von Schlegel in dem Hause, welches einst Angelica Kauffmann besessen, und worin diese Künstlerin ihr Dasein beendet hatte.

Eigenthümlich war übrigens der Contrast zwischen Dorothea Schlegel und Henriette Herz. Diese genoß in jeder Hinsicht allseitige Verehrung; über ihrem ganzen Wesen lag der Zauber der Schönheit und Anmuth ausgegossen; echt weibliche Herzensgüte zeichnete sie aus. Ganz Bescheidenheit, ließ sie ihre mannichfachen Begabungen, besonders ihre großen Sprachkenntnisse, selten ahnen. Sie war nicht genial und geistreich wie Dorothea Schlegel, die von Witz und Leben sprühte. Dorothea imponirte unbewußt; nebenbei verstand sie es meisterlich, Jedem etwas Passendes, Liebes und Angenehmes zu sagen. Gern setzte sie fremde Vorzüge in's rechte Licht und suchte dieselben vortheilhaft zur

Geltung zu bringen. Waren beide Frauen beisammen, so überragte die häßliche Dorothea doch die schöne Herz bei weitem. Allein während das Leben der letzteren in unschuldigster Reinheit strahlte, konnte das der Schlegel nicht vor einem strengen Richterstuhle bestehen. Noch eine Scheidewand war da. Der Protestantismus, zu dem sich Henriette Herz bekannt hatte, wirkte trotz aller Vermittelungsversuche, störend auf das sonst so innige Freundschaftsverhältniß der beiden, seit ihrer frühen Jugend mit einander bekannten Frauen, sowie auf deren ganzen Kreis ein. Dorothea war mit ihren acht- und neunjährigen Söhnen in Köln zur katholischen Kirche übergetreten; auch Overbeck und andere damals in Rom lebende Maler waren katholisch, theils durch Geburt, theils durch Wechseln mit dem Glauben. Bitter empfand dies Henriette Herz, und oft schien es mir, als ob Frau von Humboldt (von der ich sogleich näher sprechen werde), so sehr sie die überwiegende Genialität Dorothea Schlegels anerkannte, die arme Henriette durch doppelte Freundlichkeit für manche durch die katholischen Elemente erfahrene Zurücksetzung entschädigen wollte. Auf mich, die im Protestantismus geboren war, hatte der Unterschied der Confession wenig Einfluß; wie mit beiden, von mir, jede in ihrer Art, geschätzten Frauen, verkehrte ich freundschaftlich mit meinen Kunstgenossen, gleichviel ob diese Katholiken waren oder nicht.

Noch eine dritte meines Geschlechtes sollte mir merkwürdig und auf mein späteres Geschick einflußreich werden: die soeben erwähnte Frau von Humboldt, Gemahlin des preußischen Ministers Wilhelm von Humboldt. Diese an Geist und Herz gleich ausgezeichnete Frau brachte mit ihren beiden Töchtern, Gabriele und Caroline, die strenge Jahreszeit in Rom zu*). Sie war eine leidenschaftliche Kunstfreundin,

---

*) Scherzend schreibt Atterbom an Schelling (25. Mai 1818, ungedr.): „Es soll hier in Rom eine ganze Colonie von deutschen Frauen errichtet werden, und alle diese Damen wollen zusammen wohnen, in Einem Hause. Die Minerva dieses wunderlichen Olymps wird wohl die Frau von Schlegel vorstellen; den Platz der Juno wird wohl keine der Frau von Herz streitig machen wollen. Schade, daß die alte Cybele, Frau von Humboldt, bald nach England abgeht!

und hatte sich aus diesem Grunde bei einer Wittwe einquartiert, die sich mit ihren vier Kindern davon ernährte, daß sie möblirte Wohnungen an Künstler vermiethete. So lebte Frau von Humboldt Wand an Wand mit schöpferischen Talenten — ein Gedanke, der ihr ungemein wohlthuend zu sein schien. Ihre drei Treppen hoch belegenen Zimmer befanden sich im einfachsten Zustande, die Backsteinfußböden waren schadhaft, die Wände nur mit Kalk getüncht; man sah weder Vorhänge noch einen Schreibtisch, noch ein Sopha; das Mobiliar bestand aus Strohstühlen, mit Oelfarbe angestrichenen Tischen und Commoden, sowie zwei kleinen Toilettespiegeln. Die daheim durch jede Bequemlichkeit verwöhnte Frau aß mit der ganzen Hausgenossenschaft — darunter der Maler Schadow und Thorwaldsen — in dem Wohnzimmer der Familie der Vermietherin, welches gleichzeitig als Waschküche und Baderaum, sowie für sonstige häusliche Zwecke diente. Frau Buti (so hieß die Vermietherin) war die allgemeine Mama, auch ihre Töchter, sittig, einfach und schön, benahmen sich bescheiden und anständig; eine derselben heirathete kurze Zeit nachher den Maler Lengerich. Die Unterhaltung bei Tisch war gewöhnlich lebhaft und fröhlich, selbst Thorwaldsens sonst stilles Wesen ward angeregt. Frau von Humboldt hielt keine Equipage, war alle Abend zu Haus und empfing Künstler, Gelehrte und Fremde; nicht lange, so erhielten auch Schinz und ich Zutritt zu diesem Cirkel. Die Unterhaltung, welche die geistreiche Wirthin immer auf Kunstinteressen zu lenken wußte, war stets sehr belebt. Frau von Humboldt bewies sich wie eine Mutter für alle besseren Künstler; wo sie von einem Kunstwerk hörte, versäumte sie nie, es zu sehen. Befand sich der Schöpfer desselben in drückender Lage, — in Rom keine Seltenheit! — so vermittelte sie bei seinem Fürsten, oder wo es sonst möglich war, den Verkauf seiner Arbeit oder Erneuerung seines Stipendiums. So sorgte sie auch kurz vor ihrer Abreise im Frühjahr 1819 für mich, indem sie an eine Freundin, Frau von Wolzogen, Schillers

Fräulein Seidler muß sich sputen, damit sie ja ihre Aufnahme in diesen allerliebsten Frauenstaat nicht verfehle. Es sind schon zwei junge Fräulein dort, und Auguste Klein die dritte, die sich mit Malerei beschäftigen."

Schwägerin, über meine Fortschritte in der Kunst berichtete und lebhaft ihr Bedauern darüber ausdrückte, daß ich nicht noch länger in Rom verweilen könne; zugleich bat sie Frau von Wolzogen, meinem Fürsten und Wohlthäter Carl August den Inhalt ihres Briefes vorzutragen. Dies geschah, und das Fürwort der Frau von Wolzogen, welche sich überhaupt seitdem warm für mich interessirte und mir nach meiner Rückkehr in's Vaterland die wohlwollendste Gönnerin wurde, hatte den besten Erfolg. Der gütige Großherzog setzte mir für ein zweites Jahr, das ich in Italien verleben sollte, abermals vierhundert Thaler aus. Als ich diese überraschende Nachricht erfuhr, beschloß ich sogleich, meinem Wohlthäter in Dankbarkeit ein schönes Staffeleibild zu copiren, das ihm als angenehmer Gegenstand willkommen sein und meine Fortschritte bekunden konnte. Da mir für den Augenblick die Gelegenheit fehlte, diesen Plan zweckentsprechend in's Werk zu setzen, so mußte ich die Ausführung desselben einstweilen verschieben. Erst im Frühjahr 1821, bei einem längeren Aufenthalte in Florenz, konnte ich auf meine Absichten zurückkommen und diese so würdig ausführen, wie mein dankbares Herz es mir vorschrieb.

Mit Thorwaldsen und Schadow, den schon erwähnten Hausgenossen der Frau von Humboldt, wohnten außerdem noch der zierlichfeine Maler Wach, später Akademiedirektor zu Berlin, und der Kupferstecher und Maler Senff unter einem Dache; alle Vier hauseten im ersten Stock. Von ihnen war Thorwaldsen der einzige, der mehr als ein Zimmer hatte, nämlich drei. Im ersten derselben war ein kleines Atelier; Staffeleien mit angefangenen Basreliefs standen darin umher, der Fußboden, die Tische und Stühle waren mit kleinen Figuren bedeckt; nur mit Mühe fand man einen Stuhl zum Sitzen, nirgend etwas, das einem Comfort ähnlich war; weder ein Bücherbrett, noch Schreibzeug, noch Schreibmaterialien. Das Schlafzimmerchen war besonders klein; trotzdem stand auch in diesem dicht vor des Künstlers Bett ein Modellirstuhl mit einem angefangenen Bildwerke darauf, an welchem er sogleich nach dem Aufstehen zu arbeiten pflegte. Hinter diesem Zimmer befand sich ein etwas größeres, die schönste Aussicht gewährendes Gemach, mit Gemälden geschmückt, durch deren Ankauf Thorwaldsen bedrängte Künstler unterstützt hatte; auf den Tischen sah man in bunter Unordnung allerlei Ausgrabungen, Vasen, Münzen, Bronzen u. s. w. Aus diesem Raume führte eine Thür zu einer größeren, gewöhnlich unbenutzten Treppe, neben der sich eine Marmortafel befand, in welcher das Datum eines Besuches des Papstes Pius VII. bei Thorwaldsen eingegraben war.

Der Künstler hatte jedoch nicht nur dies eine Atelier, sondern deren vier bis fünf, in denen er viele Arbeiter beschäftigte. Er fertigte die Skizzen zu seinen Werken gewöhnlich nur einen Fuß hoch an und ließ sie darauf von einem geschickten Schüler oft über Lebensgröße modelliren. Dies Thonmodell wurde sodann abgegossen und in Marmor copirt. Sein bester Schüler, Pietro Tenerani, war ihm dabei besonders werth und eigentlich unentbehrlich. Die einzige Statue, die er ganz allein vollendet hat, ist der Adonis, den man in der Münchener Glyptothek bewundert, und der ein Zeugniß dafür ablegt, daß er, ebenso wie Canova, den Marmor trefflich zu bearbeiten verstand. Die gröberen Arbeiten, wie das Aushauen der Figuren aus dem rohen Marmorblock, waren untergeordneten Bildhauern anvertraut; die feinere Arbeit ging dann in geschicktere Hände über. Eins seiner Ateliers war so groß wie eine kleine Kirche, die anderen waren kleiner, oft recht kalt und feucht; nirgend sah ich Kamine oder Oefen, an denen es auch in seiner eigenen Wohnung mangelte. Dafür kleidete sich Thorwaldsen desto wärmer; im Winter trug er mindestens vier bis fünf wollene Westen und Jacken über einander, seine Schüler und Modelle mußten sich mit großen metallenen Kohlenbecken behelfen. Beiläufig erzählt, rettete diese Eigenthümlichkeit der Kleidertracht dem Künstler einst das Leben; am 25. März 1823 nämlich wäre er beinahe durch eine Unvorsichtigkeit des jungen Buti, der sich mit einem Gewehre nicht gehörig in Acht nahm, erschossen worden, aber seine vielen Röcke schützten Thorwaldsen, indem sie die Gewalt der Kugel schwächten. Seine Rettung war nichts desto weniger ein wahres Wunder, denn die Kugel verletzte sogar die Haut und verursachte eine Quetschwunde.

Als ich Thorwaldsens Atelier zum ersten Male betrat, war er eben mit seinem herrlichen Mercur beschäftigt. Neben ihm wurde der wunderschöne Triumphzug Alexanders für die Villa des Grafen Sommariva am Comer See vollendet. Dieses der Antike ebenbürtige Kunstwerk sollte ursprünglich die für Napoleon bestimmte Wohnung im Quirinal schmücken: eine sinnbildliche Verherrlichung der Thaten des Kaisers. Da dieser indessen nicht nach Rom kam, so erhielt das Basrelief eine andere Bestimmung.

Den großartigen Jason, dem Thorwaldsen sein Glück und seine Existenz in Rom verdankte, fand ich noch als Gypsmodell im Atelier. Der Künstler war nämlich 1796 mit einem Stipendium der Akademie von Kopenhagen auf fünf Jahre nach Rom geschickt worden, aber er spazierte die ganze Zeit umher, völlig in der Betrachtung der antiken Kunstwerke aufgehend, ohne etwas Eigenes zu schaffen. Erst als die Zeit seines Aufenthaltes beinahe abgelaufen war, entschloß er sich zu arbeiten und modellirte binnen wenig Tagen seinen Jason in übermenschlicher Größe. Ein kunstsinniger Engländer, Sir Thomas Hope, sah bei dem schon zur Rückkehr nach Dänemark gerüsteten Künstler das kaum vollendete Modell, kaufte es und bestellte es in Marmor. So konnte Thorwaldsen, vor Sorge geschützt, ruhig in Rom bleiben; der Auftrag Hopes machte ihn in weiteren Kreisen bekannt und fürder fehlte es ihm nie mehr an Aufträgen und Anerkennung.

Ich habe hernach Gelegenheit gehabt, Thorwaldsen ziemlich genau kennen zu lernen. Er war ein überaus einfacher Mensch; der Schlichtheit seines Inneren entsprach diejenige seines Aeusseren. Sein Arbeitskostüm bestand in einem grauen, mit Lämmerfell gefütterten Kattun-Schlafrock*), seine Straßentoilette war stets sehr bescheiden. Von seinen elf Orden wurde man selten etwas gewahr. Besonders oft verkehrte ich mit ihm, als ich das Portrait meiner Jugendfreundin Fanny Caspers zu malen begonnen hatte, welche am 7. Novbr. 1818, also

*) So hat ihn Begas 1823 in Rom gemalt; Amsler hat dies Bild in Kupfer gestochen. Der mit Lob sonst karge Schinz nennt (im Tgbch.) das Begassche Bild „ein, man kann sagen: vollkommenes Portrait."

nicht lange nach meiner Ankunft, ebenfalls in Rom eintraf. Mit lebhaftester Freude erneuerte ich in ihr die liebe Bekanntschaft aus den seligen Tagen, wo wir Beide noch im Flügelkleide das Pensionat der Doctorin Stieler zu Gotha besuchten; die heitersten Erinnerungen aus unserer Jugendzeit traten uns wieder vor die Seele*). Fanny hatte sich in ihrem Aeußeren seit den langen Jahren, während deren ich sie nicht gesehen, verhältnißmäßig wenig verändert; ihr eigentliches Selbst aber war noch ganz das alte. Ein liebenswürdiges Kind der Natur, war Fanny graziös in Worten und Bewegungen; alte wie junge Herren und Damen wurden durch den Reiz ihres Wesens bezaubert. Sie war jetzt Gesellschafterin der ungarischen Fürstin Maria Leopoldine Grassalkovics von Gyaral**), Tochter des Fürsten Paul Anton von Esterhazy, einer sehr gütigen Dame, welche ihr volle Freiheit ließ, wodurch es möglich wurde, daß wir uns viel sehen konnten. Mit wahrem Vergnügen unterzog ich mich der Aufgabe, sie zu portraitiren. Zu den Sitzungen traf Thorwaldsen fast regelmäßig ein, denn nicht lange, so hatte sich zwischen Beiden, welche sich bereits von einem kurzen Besuche her kannten, den Fanny im Herbste 1815 mit ihrer Fürstin in Rom gemacht, eine große Neigung entsponnen. Die lebhafte, muntere, witzige, begabte Fanny, die aller Schelmerei und Scherze voll war, konnte mit ihrer bezaubernden Art freilich wohl Liebe erwecken. Die Grazien schienen ihr alles gewährt zu haben, was entzücken kann; sie sang lieblich, plauderte hinreißend, wußte tausend Anecdoten auf die amüsanteste Art zu erzählen, kurz, war unerschöpflich in gesellschaftlichen Scherzen und harmlos-ergötzlichen Kunststückchen. Ja, ihr trotz langer Entfernung von den Brettern noch immer bedeu-

*) „Wie unendlich glücklich bin ich, Louise Seidler hier zu haben! Wir bringen Stunden mit einander zu, die zu den seligsten meines Lebens gehören; jeder Ton, der meine Seele berührt, klingt in ihrer wieder, und unsere Ansichten stimmen in der Hauptsache fast immer überein." Fanny Caspers, N. fr. Pr. No. 3662.)

**) So meldet der Gothaer Hofkalender von 1819. Raab (a. a. O., No. 3662) schreibt Gyarmat. — Die Ehe, am 25. Juli 1793 geschlossen, war kinderlos.

tendes Schauspielertalent zeigte sich gelegentlich mehrfacher Anlässe in hellem Lichte, namentlich als Ausgangs Februar 1819 Frau von Humboldts Geburtstag von den deutschen Künstlern sehr sinnig begangen wurde. Auguste Klein aus Berlin, eine dichterisch reichbegabte Freundin, die mir auch ein Sonett zu dem selbstgepflückten Blumenstrauße gefertigt, den ich schenkte, hatte ein kleines Lustspiel: „Die ländliche Familie", verfaßt, welches von Thorwaldsen, mir und einigen Anderen dargestellt ward; die Hauptrolle gab Fanny Caspers und erntete darin einstimmigen Beifall *). Und als am 1. Mai 1819 Philipp Veits Namenstag gefeiert wurde, übernahm sie in dem gleichfalls von Auguste Klein gedichteten Gelegenheitsscherze: „Die Kunst, Philipps Lieblingsbilder herbeibringend," die moderne Sibylle; Schadow war Paris und ich Johanna von Arragonien. Alle diese Eigenschaften Fannys waren dazu angethan, Thorwaldsen für dieselbe zu entflammen, und sie verehrte in ihm den unerreichten Bildhauer, den modernen Phidias.

Leider führte das gegenseitige Interesse doch zu keinem Resultat, und zwar aus Rechtlichkeit des Künstlers. Er hatte nämlich, kurz ehe Fanny nach Rom kam, seine Verlobung mit einer edlen, aber unschönen Schottin, einer Miß Franziska Mackenzie Seaforth, gelöst, und zwar zur Beruhigung der Trostlosen mit dem Versprechen, sich nie verheirathen zu wollen. Diese Dame hatte den Künstler in Albano kennen gelernt, wohin er sich, am römischen Fieber heftig erkrankt, zu seiner Wiederherstellung begeben hatte; sie ward ihm dort eine treue Pflegerin, zugleich lernte er in ihr die erste edle weibliche Seele in seinem Leben kennen. Sie war voller Kunstenthusiasmus und Kenntnisse aller Art, sanft, still, leise in ihrem Auftreten, was mit ihrem grauen Teint und

*) Schiller hatte in „Maria Stuart" eigens für sie eine „Gräfin Douglas" schreiben wollen. (Weimars Album, 151. Vergl. Pasqué: Goethes Theaterleitung, II, 285.) Ueber die Feier des Geburtstags der Frau von Humboldt durch das oben erwähnte Schäferspiel s. die deutsche Uebersetzung von Eugène Plons „Thorwaldsen" (Wien, 1875), wo S. 105—114 Bruchstücke aus den Tagebüchern Fannys abgedruckt sind. „Es spricht aus denselben eine für Natur und Kunst, für alles Schöne und Edle begeisterte Seele, ein tiefes Gemüth."

ihrem von Kopf bis zu Fuß grauen Anzuge völlig im Einklang stand. Einen bedeutenden Eindruck machte Miß Mackenzie, die mir später, als ich sie kennen lernte, immer wie eine Fledermaus vorkam, nicht. Von Gestalt war sie groß, mager und knochig; ebenso waren Hände und Füße. In dem Ausdruck ihrer Augen und der Gesichtszüge lag indessen etwas Angenehmes und Anziehendes; ein Stempel der Herzensgüte versöhnte mit der sonst höchst unscheinbaren, auch nicht mehr ganz jungen Dame. Da früher Thorwaldsen die Beute einer ganz gewöhnlichen, üppigen, jähzornigen Römerin, Anna Maria Magnani (verheirathet mit einem Berliner Professor, der sich aber nicht mehr um sie kümmerte), gewesen war, so mochte ihm der Contrast zwischen den beiden Frauen zu Gunsten der Schottin sehr fühlbar gewesen sein. Allein die Italienerin hatte ihm wegen seiner Treulosigkeit Rache geschworen und würde dieselbe wahrscheinlich auch ausgeführt haben, wenn er der Gemahl ihrer Nebenbuhlerin geworden wäre; hatte sie doch früher schon dem sanften, stillen Thorwaldsen bei verschiedenen häuslichen Zwistigkeiten Gefäße aller Art an den Kopf geworfen! Miß Mackenzie hatte, als ihr Thorwaldsen in Albano wirklich, leichtsinnig genug, seine Hand bot, nicht den Muth, ohne Zustimmung ihrer Familie sogleich ihre Einwilligung zu geben: zum Glück für Thorwaldsen, denn ein Blinder mußte merken, daß sie nicht die Person war, um den eigenartigen Künstler mit dem Joche der Ehe auszusöhnen; sie selbst wäre dabei am unglücklichsten geworden. So kamen beide nach Rom; Miß Mackenzie führte Thorwaldsen sogleich bei ihren englischen Bekannten ein, in deren Abendzirkeln sich indessen der Künstler so bodenlos langweilte, daß sie ihm bald unausstehlich wurden und er in seine gewöhnliche Osteria zu seiner Foglietta, der mit Stroh umflochtenen Weinflasche, die er nicht verschmähte, mit doppelter Wonne zurückkehrte. Vergebens versuchte Miß Mackenzie, sich den eigensinnigen Thorwaldsen wenigstens als Freund zu erhalten; er mied sie gänzlich und löste das Eheversprechen, worauf sie trostlos in ihr Vaterland zurückreiste. Nach mehreren Jahren kam sie jedoch wieder nach Rom, um bei Thorwaldsen ihr Grabmal zu bestellen; auch da gelang es ihr indessen nicht, den Künstler wieder für sich zu entflammen.

Diese Schottin nun war grade im Begriff, sich wieder nach ihrem Vaterlande einzuschiffen, als die schöne, blühende, neckische Fanny auf's neue in Rom erschien. Sie entzündete das leicht bewegliche Gemüth Thorwaldsens, dessen Neigung sie bald von ganzem Herzen erwiederte. Er suchte sie so oft wie möglich auf; am liebsten bei mir. Gern ertheilte er mir dann seinen Rath in Betreff des Portraits von ihr; so mußte auf seine Anheimgabe Freund Schinz mir als Hintergrund des Gemäldes das Colosseum zeichnen*).

Die beiden Liebenden traten einander, ohne sich indessen mit Einem Worte zu erklären, immer näher; namentlich weckte das Geplauder und der Gedankenaustausch während der Stunden, da ich Fanny malte, gegenseitig mehr und mehr die innigste Theilnahme. Die brünstigsten Gebete um Erfüllung ihres Herzenswunsches sandte Fanny, eine gläubige Katholikin, zur Madonna empor, und forderte auch mich auf, zu Gott für sie zu beten. Wir Alle wünschten, daß sie Thorwaldsens Frau werden möchte; sie würde eine Stütze für die Deutschen in Rom geworden sein und den Künstler aus den unwürdigen Fesseln jener Italienerin, welche ihn inzwischen wieder umschlungen hatten, befreit haben. Gewiß wäre sie auch seiner natürlichen Tochter Elisa, welche ihm die Magnani geschenkt hatte, eine gute Mutter gewesen. Dieses bei der elenden Anna Maria gebliebene Kind der Liebe verheirathete Thorwaldsen später an einen alten dänischen Obersten Namens von Paulsen, den jedoch ein tieferes Interesse an das vom Vater reichlich ausgesteuerte Mädchen nicht zu fetten schien.

Unter den Kunstkoryphäen, welche bei meiner Ankunft zu Rom

*) Das Portrait befindet sich zu Linz im Besitz der Tochter von Fanny Caspers. Letztere bemerkt darüber in ihrem Tagebuch (9. Jan. 1819): „Ich glaube, es wird das ähnlichste Bild, welches von mir gemacht wurde. Mehrere Künstler haben es gesehen und sind sehr zufrieden damit.“ Auch die gegenwärtige Besitzerin rühmte dem Herausgeber „den lieblichen Ausdruck des Gesichtes“ auf dem Bilde.

in großer Anzahl dort versammelt waren, stand unstreitig Thorwaldsen an Bedeutung, Gewalt des Genius und europäischem Rufe Allen voran. Aber auch unter den übrigen Künstlern befanden sich viele wackere Männer, und gern trage ich auf den folgenden Blättern zu deren Charakteristik nach Kräften bei. Ebenso dürften die gesellschaftlichen Beziehungen der damaligen Zeit Stoff zur Schilderung darbieten; um so mehr, als sie den Hintergrund bilden, von welchem die in meinem Gedächtniß bunt einander drängenden Hauptgestalten jener denkwürdigen Epoche sich werden abheben müssen.

Nicht lange war ich in Rom, so fand ich Zutritt in die Werkstätten der verschiedensten Künstler; gleich anfangs besuchte ich die Ateliers von Cornelius und Koch. Tief und bedeutend wie der Eindruck von Cornelius' Werken war auch derjenige seiner persönlichen Erscheinung. Sein Adlerblick war nicht scharf, sondern nur seelenvoll; der Künstler war geistreich, aber zugleich erweckte seine biedere Herzlichkeit Vertrauen. Der höchst liebenswürdige, geistreiche, bescheidene Mann gefiel mir je länger, desto besser, und da er unter der katholischen Partei für einen Ketzer galt, so weiß man hiermit, daß er ein aufgeklärter, vernünftiger Katholik war, zu dessen Bekanntschaft man sich nur Glück wünschen konnte. Sein Talent war vom ersten Range; seine Arbeiten alle höchst genial und voll der größten Innigkeit. Des Tyrolers Koch heiteres, witziges Wesen war ebenso originell wie tüchtig. Er empfing uns in Hemdsärmeln in seinem Atelier*), sprach den Tyroler Dialect, hatte stets auf einem Stuhle neben sich den Dante liegen und eine seiner ersten Fragen, die er an mich richtete, war: ob ich die „Hölle" dieses Dichters gelesen hätte? Als ich dies verneinte, recitirte er sogleich einige Stellen daraus, und zwar in italienischer

*) Ueber diese „Atelierscene" bemerkt C. v. Lützow (Ztschr. f. bild. K., IX. Jahrg., S. 66) in einem Aufsatze „J. A. Kochs Jugendzeit": „sie ließe sich vortrefflich illustriren durch eine Caricatur von Kochs Schüler Hieronymus Heß, die sich in der Handzeichnungen-Sammlung der Wiener Akademie befindet." Jenem Aufsatze beigegeben ist ein treffliches Portrait Kochs. S. über diesen u. A. auch Kestners „römische Studien", 94 fg.

Sprache, welche er aber mit starkem Tyroler Dialecte gräßlich aussprach. Auf der Staffelei hatte er eine große Schweizer Landschaft, welche so klar, so durchsichtig gemalt, so großartig aufgefaßt war, daß sie nichts zu wünschen übrig ließ. Unten an einer buschigen Stelle hatte er Schlangen angebracht. „Sehen Sie," sagte er, „das ist das Gezücht der Recensenten!" Ein figurenreiches Bild stand daneben: „Die Einnahme von Saragossa".

Mit diesem geistreich-barocken Koch bin ich während meines Aufenthaltes in Rom ziemlich oft zusammen gekommen. Er war so urwüchsig originell, daß er häufig verblüffte; ein solcher Kraftmensch ist nicht alle Tage zu finden. Als Maler genial, versuchte er sich auch auf literarischem Gebiete und schrieb u. A. eine „Rumfortische Suppe" — eine Parodie auf die damaligen neuen Kunstbestrebungen*). Es war ein Werk voll Geist und Witz, aber zugleich toll und verworren.

Alle Augenblicke ließ er mich rufen, um mir wieder eine andere Art seiner Malerei zu zeigen. Der wunderliche Mann machte immer neue Erfindungen, um das beste Colorit zu erzielen, und wechselte daher unaufhörlich mit der Methode in der Technik. Einmal kam er mir vor Freude strahlend entgegen und versicherte: nun das Rechte aufgefunden zu haben, nämlich das Untermalen mit bloßen Lazurfarben in der

*) „Moderne Kunstchronik. Briefe zweier Freunde, in Rom und der Tartarei, über das moderne Kunstleben und Treiben: oder die Rumfortische Suppe, gekocht und geschrieben von Joseph Anton Koch in Rom." Carlsruhe, J. Velten, 1834. „Dieses kleine Werklein" sagt der Verfasser in der Vorrede, „ist eine ungeschmeichelte und unlackirte Chronik der erbärmlichsten Erbärmlichkeit, zu Papier gebracht von einer nicht mit Praxis begabten Feder, aber zum Zeitvertreib oder auch Zeitverderb für gebildete Stände und zur Warnung für Künstler, welche sich über gemeines Handwerk, den Bettelstab der Kunst, oder über den Schofel, die Lakaienschaft, niederträchtige Schmarotzerei und Kopfnicker erheben möchten, anstatt das süßliche, zärtliche, zartäugelnde, gemüthlich ästhetische Gewimmer aus dem tiefsten Herzenskämmerchen der modernen Welt hervorzukitzeln, oder krampfhafte, von der untersten Zehe gewaltsam herausgehaspelte und von oberster Höhe heruntergeschmetterte hochschwülstige Trompetenstöße zur Beförderung eleganter, literarisch- und kunstgebildeter Geselligkeit harmonisch zu kratzen und in das moderne Leben zu lispeln."

Stimmung, welche das Bild haben solle. „Sehen Sie," sagte er, „meinen Bileams Esel an; er ist auf diese Weise behandelt, und einen gleichen Erfolg erwarte ich von meinem Ritter St. Georg." Ein andermal faßte er eine so große Vorliebe für den Grünspan, daß dieser zur Hauptfarbe avancirte; auch der Asphalt erfreute sich bei ihm einer Epoche besonderer Gunst. „Ohne diesen" behauptete er, „kann kein Bild bestehen." Kaum glaublich ist es, daß trotz dieser Marotten seine Bilder nach der Vollendung trefflich, klar und harmonisch aussahen; lebendig in der Farbe, aber nicht grell. Namentlich seines Andreas Hofer entsinne ich mich als eines in ganz eigener, kräftiger und leuchtender Manier behandelten Gemäldes. Es war mir immer ein besonderes Vergnügen, den merkwürdigen Alten zu besuchen und ihn so eigenthümlich hantieren zu sehen. Originell war schon seine Toilette. Ein kleines Käppchen auf dem Kopfe, den kurzen Pfeifenstummel im Munde, saß er im offenen Hemd, mit aufgekrempten Aermeln, herunterhängenden Strümpfen und niedergetretenen Pantoffeln an der Staffelei. Machte er Besuche, so war ein alter abgeschabter blauer Ueberrock mit umgeschlungenem buntem Halstuch sein gewöhnlicher Anzug, bei welchem die Tabackspfeife als Schmuck der Rocktasche nie fehlte. So nachlässig war seine Erscheinung, daß er einst bei einer vornehmen Familie, die ihn immer mit größter Freude empfing — denn Jedermann hatte ihn lieb — von einem neu angestellten Bedienten, der ihn nicht kannte, als Bettler abgewiesen wurde. Dürftig wie seine Toilette war auch seine Umgebung, und doch blieb er ein ausgezeichneter Lehrer für alle jungen, von ernstem Streben beseelten Künstler, ein Stern erster Größe in der Kunstwelt.

Aeußerst lohnend war auch ein Besuch des Ateliers des Bildhauers Eberhardt, dessen schöne Compositionen im altchristlichen Styl mich besonders anzogen. Der Künstler selbst, ein schlichter, ehrlicher, lieber Greis, war gleichsam eine Erscheinung aus dem Mittelalter; er besaß in Wahrheit den Charakter eines frommen Mönchs. Früher hatte er einige mythologische Gegenstände ausgeführt, wofür ihm eine Professur an der Münchener Akademie zu Theil ward. Als er für Rom Urlaub erhielt, folgte er dort ganz seiner Neigung und arbeitete nur christliche Gegenstände, Basreliefs, Grabmäler u. s. w. Auch eine wunderliebliche sitzende Madonna, so fromm, so jungfräulich und demüthig, wie sie nur die alten Meister schufen, stand bei ihm im Atelier. Sein Leben war, im Einklang mit dieser Kunstrichtung, still, einfach und fromm; seine Tracht und seine Wohnung entsprachen seinem mönchischen Wesen.

Mit Eberhardt bildete Canova in Kunst und Erscheinung den völligsten Gegensatz, doch auf angenehme Weise. Er war von mittlerer Größe, schlank und zart gebaut; sein Benehmen das eines gebildeten, vornehmen Weltmannes. Ich kannte viele seiner zahllosen Arbeiten bereits aus Kupferstichen und Abgüssen. Immer hatte ich seine schöne, nur ihm eigene Art der Bearbeitung des Marmors bewundert; in Rom lernte ich einsehen, daß Thorwaldsen ihn im ächten antiken Styl weit überflügelt hatte. Canovas Grazien machten einen etwas süßlichen, gedrechselten Eindruck; diejenigen Thorwaldsens waren dagegen schöne, wiewohl ernstere Gestalten. Im Basrelief hat Canova Thorwaldsen nie erreicht, dessen Alexanderzug die großartigste Schöpfung des Meißels in neuester Zeit ist und wahrscheinlich bleiben wird. Die Italiener selbst pflegten daher auch den Dänen „Patriarch des Basreliefs“ zu nennen.

Erwähnenswerth ist auch die derbe Persönlichkeit des Bildhauers Johann Martin Wagner, der vom Kronprinzen Ludwig von Bayern zum Ankauf von Kunstschätzen mit ausgedehnter Vollmacht versehen war. Der genannte Künstler lud mich eines Tages ein, die von der Insel Aegina gekommenen und von Thorwaldsen für die Münchener Glyptothek geradezu bewundernswürdig hergestellten Aegineten bei ihm anzusehen. Ich erblickte siebenzehn höchst merkwürdige, der Tempelruine des panhellenischen Jupiter entnommene Figuren aus der ersten griechischen Zeit, die Köpfe alle lächelnd und in keinem Verhältniß zu den schön ausgeführten Körpern. Spuren von Farbe befanden sich an den Rüstungen und bestätigten dadurch, was oft bestritten wurde: daß nämlich diese antiken Kunstwerke an ihrem Platze bemalt standen. Noch zeigte mir Wagner den barberinischen Faun, der so lebensvoll war, daß er zu athmen schien. Dies Kunstwerk war nur für Eingeweihte sichtbar, da es bei dem Publikum in Vergessenheit gerathen sollte, um später bei Nacht und Nebel nach München transportirt zu werden, denn eigentlich verbot ein strenges Gesetz, römische Alterthümer auszuführen.

Ein Spaziergang mit Schinz führte mich kurze Zeit nach meiner Ankunft in Rom auch zu Overbeck, der mit seiner jungen Frau die Villa Palombara, unweit der Bäder des Diocletian, bewohnte. Der Marchese Massimi hatte, wie mir aus dem Briefe der Frau Henriette Herz bereits bekannt war, dem frommen, bescheidenen und doch so großen Künstler nebst anderen deutschen schöpferischen Talenten den ehrenvollen Auftrag ertheilt, seine Villa durch Fresken zu italienischen Dichtungen zu schmücken. Overbeck erhielt die Aufgabe, zum „befreiten Jerusalem" die Bilder zu liefern, eine Arbeit, die ihn mehrere Jahre hindurch beschäftigte. Unbewußt hegte er eine stille Neigung für eine Wienerin, welche ihrer Gesundheit wegen seit Kurzem mit einer Gesellschafterin in Rom lebte und bisweilen Künstler bei sich empfing. Signora Nina, — ihres Zunamens erinnere ich mich nicht, denn in Italien herrscht die Sitte, die Menschen nur bei ihrem Vornamen zu nennen*) — Signora Nina, eine engherzig-fanatische Katholikin, war eine weichliche, sentimentale, anspruchsvolle Dame, äußerlich nicht besonders reizend oder fein, sondern eher dick; mit großer Begabung zur Intrigue verband sie reiche Bildung, wußte die italienischen Dichter auswendig und schwärmte für die Kunst. Sie hatte in Wien, als Kind der Liebe eines aristokratischen Vaters, bei diesem angenehm gelebt, war aber der Welt müde, glaubte sich kränklich und daher eines südlichen Klimas bedürftig. Der Vater gab ihr gern die Erlaubniß, mit ihrer Gesellschafterin Elise nach Rom zu gehen. Kaum bemerkte die verschlagene Nina die schüchterne Neigung Overbecks, als sie alles mögliche that, um ihn ernstlich zu fesseln; als er nun gar die große Massimische Bestellung bekam, beschloß sie, die Sache zum gedeihlichen Ende zu bringen. Sie vertraute

*) Auch Caroline Pichler (Denkwürdigk. II, 234) nennt „die nachmalige Frau von Overbeck" nur „Fräulein Nina", und bezeichnet sie als „Nichte des Hofraths von Hartel."

sich ihrem klugen Beichtvater an, sagte ihm, daß sie eine unbezwingliche Neigung zu Overbeck fühle und diesen deßhalb meiden müsse; ja, sie bat ihn, dies Overbeck selbst mitzutheilen, damit dieser seine Besuche einstelle. Es wirkte. Der unschuldige Künstler war entzückt, die zurückgedrängte Leidenschaft flammte auf, und er bat den Beichtvater, der jungen Dame sein Herz zu Füßen zu legen, ihr aber zugleich zu eröffnen, daß er befürchte, ihr jene glänzende Lage nicht bieten zu können, an welche sie gewöhnt sei. Signora Nina machte indessen dem schüchternen Künstler Muth, indem sie ihn wissen ließ, daß sie ein ansehnliches Heirathsgut von ihrem Vater erhalten werde. Nun wurde die Verbindung wirklich geschlossen; kurz vor meiner Ankunft in Rom war das junge Paar getraut worden und lebte seelenvergnügt im ganzen Vollgefühl des Glücks der Flitterwochen. Die Gesellschafterin der Signora Nina, welche durch deren Verheirathung mit Overbeck ihre Stelle verlor, fand ein Engagement bei Frau von Schlegel.

Elise war ein heiteres, praktisches, „fesches" Wiener Kind, das sich durch freundliches Wesen bei Jedermann bald beliebt zu machen wußte; nannte sie doch einst sogar unser protestantischer Prediger Schmieder „eines von den Wesen, die vom Herzen weg leben; ihre gute Laune habe hinter dem Schalk eine innige Heiterkeit und Einfalt, die Jedem das Herz erfreuen müsse." Trefflich verstand sie es, die Geselligkeit zu beleben, indem sie, unterstützt durch eine frische Stimme, kleine österreichische Nationallieder und „Schnadahupfl'n" mit viel Naivetät vortrug. Als Katholikin harmonirte sie sehr mit Frau Dorothea Schlegel; die dritte im Bunde war die schon erwähnte Berlinerin Auguste Klein, wegen ihres langen, schleppenden Mantels wohl scherzweis »la tragédie allemande« genannt; eine Dilettantin in der Malerei, welche zwar nichts Bedeutendes leistete, aber vermöge ihres regen Sinnes für das Schöne sowie ihres feinen Urtheils in künstlerischen Dingen doch in der ganzen Malerwelt wohlgelitten war. Ihr schönes Innere offenbarte sich bei mannichfachen Gelegenheiten in anmuthigen und wahrhaft poetischen Schöpfungen; auf dem Felde der Gelegenheitsdichtung that sie sich zu allen Zeiten ganz besonders hervor, und stets war, was sie sagte, sinnig und zart. Ihre lebhafte Phantasie dürfte Ursache gewesen sein, daß sie in Rom zum Katholicismus übertrat.

Nun verband sie ein gleiches Interesse mit Elise und Frau von Schlegel, bei welcher sie fast täglich zu finden war; als bevorrechteter Mann erschien bei diesen Zusammenkünften, in denen hauptsächlich über religiöse Dinge gesprochen ward, der Maler Eggers: Man denke sich nun die Ueberraschung der ganzen römischen Künstlerwelt, als plötzlich die Gesellschafterin Elise, Auguste Klein und Eggers spurlos von der Bildfläche verschwunden waren. Als sie nach etwa acht Tagen wieder auftauchten, ward Elise als Frau Eggers vorgestellt und fortan machten die Drei einen Haushalt aus, denn Eggers hatte weder Vermögen, noch Aussicht auf genügenden Erwerb durch seinen Pinsel. Auch Elise war arm; daher suchte Auguste durch ihren Beitrag zum Wirthschaftsgelde die Häuslichkeit des jungen Paares zu verschönern. Sie ist die treue Freundin der beiden Gatten geblieben; in einigen düsteren, zum Palazzo Caffarelli gehörigen Gemächern, zu denen man durch einen unmittelbar auf dem tarpejischen Felsen angelegten Garten mühselig Zutritt fand, hauste das Kleeblatt — welches jedoch überraschend schnell vierblättrig wurde — in einer spärlichen Einrichtung. Elise und Auguste ergänzten sich trefflich; jene war praktisch und heiter, diese dagegen klug und poetisch, beide aber fanden ihren Vereinigungspunkt in der Vergötterung ihres gemeinschaftlichen Lieblings Eggers. Es war ein schönes, durchaus edles, wenngleich etwas eigenthümliches Verhältniß, in welches sich indessen die römischen Kunstgenossen sehr bald zu finden wußten, namentlich als die guten Seiten des Charakters der jungen Hausfrau und Mutter auch ihnen gelegentlich zu Gute kamen. Denn trotz mancher Widerwärtigkeiten ihrer Lage bewahrte Elise Eggers immer noch Kräfte und Gedanken, Anderen zu helfen; so dankte gelegentlich Schnorr ihrer Sorgfalt, ihrer Pflege, ihrem trefflichen Kochtalent seine Herstellung von einer traurigen und langwierigen Krankheit. Das andauernde Einathmen der nassen Kalkluft, welchem er bei einer Frescomalerei ausgesetzt war, hatte seine Säfte so verdorben, daß, als er bei einem heftigen Augenübel eine spanische Fliege auf den Arm legte, diese eine böse Entzündung hervorrief. Schon fürchtete man, der Arm müsse abgenommen werden; dies ward zwar noch glücklich verhindert, allein da die Wunde sich nicht schloß, so besorgte man eine Auszehrung. Mit Arznei war wenig zu helfen; da übernahm die gute Eggers das Geschäft, für den Kranken gute und kräftige Speise zu kochen; ein Beginnen, welches durch einen überaus glücklichen Erfolg gesegnet ward, denn der schon aufgegebene Schnorr blieb dem Leben und der Kunst erhalten.

Was die malerische Richtung von Eggers betrifft, so hielt er sich zu Overbeck, diesem Meister der romantischen Schule und Hauptführer der Nazarener, dessen Genie eben damals seine größten Werke schuf. Im Vollgefühl der jungen Liebe zu seiner Nina geriethen die vom Marchese Massimi bestellten Fresken zum „befreiten Jerusalem" meisterlich; ich fand die weibliche Hauptfigur entzückend unschuldig, zart und fromm, die Engel, welche ihr die Ketten lösen, heilig rein und kindlich erhaben, das Ganze eigenartig und ohne an eine andere Kunstschöpfung zu erinnern.

Später habe ich die große Freude gehabt, Overbeck bei mehreren seiner Werke mit kleinen Hilfsleistungen dienlich sein zu können, namentlich arbeitete ich an dem Grunde seines herrlichen Bildes: „die sieben hungrigen Jahre" mit, und noch heute bin ich stolz darauf, daß ich dem Meister eine Handreichung leisten durfte.

Hier wäre die Stelle, einer Genossin meines Strebens und meiner künstlerischen Neigungen zu gedenken, deren Namen ich schon flüchtig erwähnt habe, nämlich der Kirchenbildermalerin Maria Ellenrieder. Sie kam zwar erst später (im Winter von 1822 auf 1823) nach Rom, aber wir wurden schnell so innig mit einander befreundet, daß wir sogar eine Zeitlang zusammen wohnten.

Maria Ellenrieder war eines der liebenswürdigsten, gewinnendsten Wesen, welche man sich denken kann; recht wie ein stilles Veilchen, bescheiden und treu. Ihre Taubheit und daraus hervorgehende theilweise Hilflosigkeit waren Anlaß, daß ich mich ihrer besonders annahm. Sie schloß sich mir auch völlig an; es waltete, da ich die Aeltere war, ein fast kindliches Verhältniß von ihr zu mir. Ihre Bilder erlangten schnell einen Ruf; sie waren tief empfunden, voll überirdischen Reizes, fromm, die Madonnen und Christkinder wahrhaft seelenerquickend in Haltung und Ausdruck, und was an ihren Werken mehr als alle Kunstfertigkeit entzückte, war die reine, demüthige Seele, die aus ihren Schöpfungen strahlte. In der That, man malt nur gut, wenn man aus dem Innersten des Gemüthes herausmalt, Maria Ellenrieder war der Beweis dafür. Und doch war sie so bescheiden, einst bei Betrachtung eines Entwurfes von Schinz auszurufen: „Ich kann leider gar nicht von Kunst reden, ich kann nur arbeiten!" Das that sie denn auch, und zwar mit rastlosem Fleiße; ihr Eifer beschämte die meisten Männer. Einst malte sie an einem Jesulein mit dem Kreuze, welches nach dem übereinstimmenden Urtheile Aller vorzüglich gelang, aber die Arme mußte dazwischen ein Bild von Gerard kopiren, um sich in den Stand zu setzen, etwas länger in Rom bleiben zu können, ohne ihrem Vater zur Last zu fallen. „Im Himmel — da will ich mich ausruhen!" sagte sie einst, als die Rede davon war, ob wir dort auch fortmalen würden. Wie lebendig trat mir dabei ihr schweres Leben voll Kampf und Entsagung vor die Seele! Ja, wer es treu meint mit der Kunst, der muß sein Selbst aufopfern.

Auch nach meiner Rückkehr in die Heimath blieb ich mit Maria Ellenrieder in steter Verbindung; in regelmäßigen Zwischenräumen erhielt ich als „Mütterchen und Lehrmeisterin" wie sie mich noch nannte, auch als ihr Ruhm den meinigen längst überflügelt hatte, Briefe von ihr. In Rom vermißte sie mich, wie sie oft versicherte, sehr schmerzlich: „es ist einmal ausgemacht, daß die deutschen Künstler in der Regel die Malerinnen nicht leiden können" schrieb sie, und setzte hinzu: „Auch hier giebt es in unserer Zunft viele harte Herzen." Ich führe dieses Urtheil nur an, um zu sagen, daß ich es für zu scharf halte; meine Erfahrungen sprechen für das Gegentheil. Aber Maria Ellenrieder war leicht verletzt und zog sich dann wie eine rauh berührte Mimose scheu in sich selbst zurück. Auch in ihren glücklichsten Tagen war sie immer von einer gewissen Poesie des Leidens umwoben.

Später war es eine Aeußerlichkeit, welche wir mit einander gemein hatten: jede von uns ward „Großherzogliche Hofmalerin", ich in Weimar, sie in Carlsruhe. Aber leider habe ich sie überlebt; aus voller Thätigkeit ward sie im Jahre 1863 zu Constanz hinweggerafft. Zum Glück hatte sie kein schweres und langes Krankenlager zu überstehen; der Verfall ihrer Kräfte ging so rasch vor sich, daß die Nachricht ihres Hinscheidens völlig unerwartet kam. Unmittelbar vor ihrem Tode hatte sie noch ein Gemälde von sehr großen Raumverhältnissen beendet, dasselbe für das Constanzer Publikum zur Besichtigung ausgestellt und dann an den Auftraggeber, den Großherzog von Baden, nach Carlsruhe abgehen lassen. Die Nachricht von der glücklichen Ankunft des Bildes und dem Wohlgefallen des Großherzogs an demselben hatte sie noch erfreut. Außerdem war sie kurze Zeit bevor sie starb mit einem kleinen Oelgemälde fertig geworden, das sie der Constanzer Feuerwehr zum Geschenk bestimmt hatte; es stellt den heiligen Florian dar, wie er seinen mit Wasser gefüllten Helm über ein sich entwickelndes Feuer ausleert und dieses dadurch erstickt. Am Frohnleichnamstage des oben genannten Jahres schlummerte sie hinüber; Sarg und Grab wurden mit Kränzen und Blumen geschmückt, welche zum Theil weit herkamen; so sandte pietätreich der Großherzog von Baden eine wundervolle Blumenfülle aus den Hofgärten von Carlsruhe. Ihr Landsmann, Mitbürger und Berufsgenosse Friedrich Pecht, schrieb einen Nekrolog voll hoher Anerkennung der künstlerischen und sittlichen Vorzüge der Heimgegangenen, in welchem er ihr den ersten Platz unter den Künstlern ihres Genres anwies. Wenige Monate nach ihrem Tode wurde Maria Ellenrieders Brustbild von Ferdinand Wagner al fresco an der Außenfläche der Stadtkanzlei zu Constanz angebracht, als dieses Gebäude, wie das Fuggerhaus in Augsburg, von dem genannten Künstler mit Fresken geschmückt ward*).

*) Der Charakterkopf Maria Ellenrieders ist fast der einzige, der von Schinz (in dessen sonst sehr skizzenhaften Tagebüchern) etwas mehr ausgeführt ist. Seine Aufzeichnungen, welche diejenigen Louise Seidlers bestätigen und abrunden, lauten: „Immer wünschte sich Frl. Seidler Umgang mit einer talent-

Keinen größeren Gegensatz zu Maria Ellenrieder konnte es geben, als den einige Zeit vor ihr in Rom eintreffenden Historienmaler Ferdinand Flor. War jene eine ernsthaft strebende, begabte Künstlerin, kernhaft tüchtig in ihrer Wesenheit und deßhalb von Alt und Jung geehrt, so leistete dieser »semper in floribus«, wie König Ludwig von Bayern Flor beständig genannt haben soll, nur wenig; sein Talent war, wenn auch angenehm, so doch keineswegs bedeutend, und entfaltete sich auch nicht, als der einer reichen Hamburger Familie entstammende, vormals sehr wohlhabende Künstler durch einen Bankerott plötzlich seine ganze Habe einbüßte. Er nahm diesen Unfall sehr leicht; pecuniäre Sorge beschäftigte ihn jetzt so wenig, wie vordem, trieb ihn auch nicht zur Arbeit an. Im Gegentheil kam er nun erst recht in sein

---

vollen Künstlerin, und fand diesen zu ihrer Freude auf die schönste Art durch Maria Ellenrieder, welche ein schönes Talent mit den herrlichsten Eigenschaften verbindet. Sie ist wahrhaft fromm, und dies äußert sich aus all ihrem Reden und Thun; sie ist dabei sehr heiter, ja, oft sehr lustig. Sie kann sich betrüben, wenn ihr eine Aufgabe nicht genügt, aber bloß dann, wenn sie weiß, nicht allen möglichen Fleiß darauf gewendet zu haben, denn that sie dies, so ergiebt sie sich in das Mißlingen, als in den Willen Gottes. Betrübt zu sein, hält sie alsdann für unrecht, giebt aber nicht nach, die Ursache des Mangels zu erkennen, nimmt jeden Rath mit größter Bescheidenheit an, und findet sie, daß man nicht recht habe, so sagt sie gleich: „Das ist nichts", und will die Gründe hören. Sie hat in der Kunst bis dahin bloß Langers Rathschläge gehört und befolgt, weßhalb sie noch sehr einseitig nach Rom kam. Im Vatican scheinen ihr indessen die Schuppen von den Augen zu fallen, und sie ist nie glücklicher, als wenn Louise sie mitnimmt, Veit, Overbeck und andere deutsche Künstler zu besuchen, deren Arbeiten zu sehen und Urtheile zu hören. Sie malte jüngst ein Mädchen, das liest; es sollte eine Maria sein. Sie ließ es aber hernach ohne Heiligenschein, da sie wohl einsehen lernte, daß die Idee ein Abweg von der wahren Kunst war. Es war in seiner Art ganz artig, die Art zu malen völlig Langerisch. Louise sagte ihr das, und sie fühlte, Louise habe Recht, worauf sie dann dringend bat, doch etwas bei Jener malen zu dürfen. Louise gab ihr Anleitung, das gemachte Bildchen zu verbessern; sie war entzückt, als dasselbe in wenig Tagen verbessert war, und wollte nun noch den von Louise sehr artig gemalten Kopf einer heiligen Giuliana copiren, was sie denn, wenn auch nicht ohne Anstrengung, ganz vollkommen herausbrachte."

Fahrwasser, denn da er sich doch momentan zu helfen suchen mußte, so arrangirte er eine Soirée, bei welcher er lebende Bilder nach den besten Originalen stellte; die größte Sensation erregte die liebliche Caroline Pulini als Clärchen aus Goethes „Egmont". Ueberhaupt fielen die Tableaux ungemein befriedigend aus, denn Flor hatte in deren Anordnung unbestreitbar seine starke Seite, wie er sich auch eine große Kiste voll allerhand Theatergarderobe hatte kommen lassen. Er selbst war mit einem lustigen Genossen zu Fuße nach Rom eingewandert, in Tanzschuhen, weißen Pantalons, braunem Röckchen und statt des Ranzens eine Guitarre auf dem Rücken.

Zu den Künstlern, welche während der Zeit meiner Anwesenheit in Rom sich dort aufhielten, gehörte auch Carl Begas, der einfach-fromme Hermann (ein Freund und hochbegabter Schüler von Cornelius), der sinnige Rheinländer Ramboux und der Berliner Historienmaler Remy. Den einen oder anderen von diesen traf ich häufig bei dem gastfreien Maler Catel, der eine Römerin zur Frau hatte und ein offenes Haus machte, in welchem man gern verkehren mochte. In Berlin geboren, hatte er sich seit 1809 dauernd in Italien niedergelassen, zum entschiedenen Gewinn für die dortigen Künstlerkreise, denn Catel war ein vielseitig gebildeter Mann und ein tüchtiger Historien- und Landschaftsmaler; namentlich seine italienischen Landschaften, hervorragend durch Colorit und Zeichnung, waren sehr gesucht, da man die südliche Natur mit großer Wahrheit und zugleich hochpoetisch auf ihnen dargestellt sah.

Auch die Landschaften des tüchtigen Reinhart waren geschätzt. Sein großartiger, breiter Styl, seine edle Auffassung der Natur zeigte sich in seinen Oelgemälden, wie in seinen Radirungen. Als Mensch war er von echter, schon auf seinem Gesichte ausgedrückter Biederkeit; groß, kräftig in der Haltung und markig in der Erscheinung, glich er einem Waidmanne, wie er denn in der That die Jagd sehr liebte.

Sodann wurde ich im Verlaufe der Zeit bekannt mit dem biblischen Historienmaler Wilhelm von Schadow, später Direktor der Kunstakademie zu Düsseldorf. Dieser bat mich eines Tages, ihm durch Untermalung eines Kinderportraits, welches er zu wiederholen hatte, eine eilige Arbeit zu erleichtern. Ich malte in seinem Atelier und hatte dabei Gelegenheit, die Eigenthümlichkeiten dieses Mannes kennen zu lernen. Er war rastlos fleißig, aber unter unaufhörlichem Seufzen und Stöhnen, und marterte sich beim Schaffen wahrhaft ab. Die Arbeit sagte mir in keiner Weise zu; dennoch nahm ich sie an, um dem wackeren Künstler einen Dienst zu erweisen; aber froh war ich doch, als die unheimlichen Arbeitstage bei Schadow vorüber waren, denn dieser legte oft über die geringfügigsten Kleinigkeiten eine aufbrausende Heftigkeit an den Tag.

Von dem großen römischen Künstlerkreise der Historiker fern hielten sich die Gebrüder Riepenhausen, Franz und Johann, welche gemeinschaftlich recht tüchtige Kunstschöpfungen hervorbrachten. Ich freute mich der Bekanntschaft dieser beiden Künstler, die ich schon vor Jahren bei Frommanns in Jena durch ihre Umrisse zu Tieds Genovefa, nach denen ich zeichnete, verehren gelernt hatte. Ihr feines, artiges Benehmen war weniger nach Originalität haschend, als dasjenige so vieler anderer Künstler; ihre Werke standen mit ihrem ganzen Wesen im Einklang, sie waren gefällig und angenehm, wenn auch nicht von tiefem Gehalte. Besonders correct, leicht und graziös componirten sie im Geiste der Alten.

Nicht mit Stillschweigen übergehen kann ich ferner die Kupferstecher Barth und Amsler, jener ein Thüringer, dieser ein Schweizer. Bieder und wacker, waren sie echte Kernnaturen, ohne Falsch. Barth sogar oft aufrichtig und wahr bis zur Rücksichtslosigkeit. Beide waren einer strengen, einfachen, stylvollen Manier in ihrer Kunst beflissen und leisteten sehr Tüchtiges, Barth vielleicht noch mehr als Amsler, der zu Zeiten ein recht trockener Kauz sein konnte. Namentlich lieferten diese Künstler treffliche Portraits; ihre Blätter genossen eines großen und wohlbegründeten Rufes. Amsler arbeitete auch viel nach Reliefs von Thorwaldsen; zum Vorbild seines Styls nahm er sich den Marc Anton.

Uebrigens lernte ich in Rom nicht nur deutsche, sondern auch italienische Künstler kennen und schätzen; ich nenne zuerst den auch in Deutschland wohlbekannt gewordenen Palmaroli, der als Restaurator alter Gemälde einzig in seiner Art und daher sehr berühmt war. Seine Tüchtigkeit bewirkte, daß er im Jahre 1826 nach Dresden berufen ward, um dort mit anderen Bildern die Sixtinische Madonna von Rafael zu restauriren, welche er vorzüglich reinigte und in ihrer ursprünglichen Größe (ein Theil der Leinwand war umgeschlagen gewesen) wieder herstellte. Er gebrauchte dazu nur sehr kurze Zeit, ließ sich freilich fürstlich bezahlen*). Bei dem Besuche, welchen ich Palmaroli machte, hatte er eben einen „Christus, als Gärtner der Magdalena erscheinend", vollendet, ein großes Gemälde Giulio Romanos, welches wie neu wieder hergestellt war. Er arbeitete jetzt an einem wunderbaren, ganz einfachen, aber überaus reizenden Frauenkopfe, an dem kaum noch ein Schatten des Originals sichtbar geblieben. Später hat Palmaroli dieses Bild, unter dem ich mir am liebsten die Loreley gedacht hätte, dem Leonardo zugeschrieben — eine willkürliche, freilich bei italienischen Restauratoren nicht seltene Taufe.

Außer dem Genannten interessirte mich besonders lebhaft ein Lieblingsmaler des Herzogs Emil August von Gotha, der von mir schon genannte Professor Grassi. Er war ein sehr guter, oft großartig auffassender Portraitmaler, mit klarem, durchsichtigem Colorit, der freilich im historischen Fache nur geringe Kenntnisse zeigte. Ich sah von ihm jenes Bild, welches Herzog August für den Papst bestellt hatte, um diesem bei seiner Rückkehr aus Frankreich eine Aufmerksamkeit zu bezeigen: „der heilige Vater, vom Apostel Petrus die Schlüssel zurück erhaltend; fern im Hintergrunde Rom." Gut in der Farbe, ließ das Bild in der Zeichnung zu wünschen übrig; ebenso war die Idee um deßwillen mangelhaft, weil der Papst auch als französischer Gefangener ja immer Papst geblieben und nur seiner Herrschaft über den Kirchen-

*) Am Ende seines Aufenthaltes in Dresden, der vom Juni 1826 bis Ende August 1827 dauerte, beliefen sich die Ausgaben für ihn und seinen Sohn auf 6513 Thaler, ungerechnet einige hundert Thaler Kosten an Utensilien. Hübners Katalog der Dresdener Gallerie, S. 65.

staat vorübergehend verlustig gegangen war. Hierfür durfte freilich der arme Grassi nicht verantwortlich gemacht werden, da er sich ja den Anordnungen seines Auftraggebers, des unberechenbaren Herzogs von Gotha, fügen mußte.

Zu diesen während meiner Studienzeit in Rom ansässigen Persönlichkeiten gesellte sich oftmals auch lieber Besuch aus Deutschland, der uns leider meist nur zu schnell wieder verließ. So kehrte der von mir bei Schelling schon gern gesehene Däne Hjort zu allseitiger herzlicher Freude eines Tages in Rom ein; gleichermaßen überraschte mich ein Besuch der Professorin Seidelmann, einer Freundin, mit welcher ich früher viel in der Dresdener Gallerie zusammen gearbeitet hatte. Venetianerin von Geburt, verband sie südliche Lebendigkeit mit drolliger Laune, welche durch ihre fremdartige Aussprache des Deutschen noch komischer wurde; so sagte sie z. B. gleich beim Eintreten in mein Atelier: „Hei welch' schöner Erbsentag“, statt Herbsttag. In ihrer eleganten Häuslichkeit zu Dresden sah sie jeden Abend die vornehmste Gesellschaft bei sich, was ihr viele Bestellungen auf Portraits verschaffte, die sie tüchtig malte. Ihr Mann, der übrigens noch ganz der alten Zopfzeit angehörte, war Professor der Kunstakademie in Dresden und besonders routinirt in der Anfertigung von Sepia-Copien nach den bedeutendsten alten Meistern in der Größe der Originale, wenn diese auch die räumliche Ausdehnung z. B. der sixtinischen Madonna von Rafael hatten. Solche Sepia-Copien waren damals besonders in Rußland und Polen sehr beliebt und wurden daher häufig bestellt. Da zu jener Zeit im historischen Fach in Dresden mehrere Epoche machende Künstler wirkten, so glaubte Frau Seidelmann, daß dergleichen Vortreffliches bei der jüngeren Kunstwelt in Rom nicht zu finden sei. Um mich darüber mit ihr nicht zu streiten, führte ich sie sogleich in die Villa Bartholdina, wo ihr Erstaunen über die dortigen Meisterwerke denn freilich groß war, was mir keine kleine Genugthuung gewährte.

Zu den Erscheinungen, welche nur vorübergehend in Rom auftauchten, gehörte ferner der 1819 auf seiner Hochzeitsreise einige Zeit in der ewigen Stadt verweilende Herr von Quandt aus Dresden, dessen Namen ich in diesen Blättern schon erwähnt habe. Er war Kunstkenner und zugleich Enthusiast. Mit tiefer Einsicht, welche er in blühendem Style darzulegen wußte, widmete er seine Feder der Kunst; die Schilderungen seiner mannichfachen Reisen erhielten durch gediegene ästhetische Betrachtungen bleibenden Werth. Seine Frau, geborene Meißner, war durch Elise von der Recke feinsinnig und geistreich erzogen worden.

Wie immer, so zeigte sich das Ehepaar Quandt auch während der Monate seines Aufenthaltes in Rom — wo der Hausherr die Landsleute aufforderte, seine Wohnung schlechthin als ihre „Kneipe" anzusehen, — wahrhaft besorgt für die oft recht gedrückten deutschen Künstler. Ein ächter Mäcen, gab Herr von Quandt jedem der ersten Maler Bestellungen auf Bilder, welche er dem eigenen Ermessen der Einzelnen überließ. Philipp Veit wählte sich die Judith; Senff eine heilige Anna, die kleine Maria auf dem Schooße haltend; Näke eine heilige Elisabeth, Almosen austheilend, welchen Gegenstand der Künstler schon in Deutschland in einer sehr großen Composition als Zeichnung ausgearbeitet hatte. Von Schnorr wünschte Herr von Quandt die schöne Albaneserin gemalt zu haben, ein Bauermädchen Namens Vittoria Cardoni aus Albano von so plastischer Schönheit, daß sie vielfach gezeichnet, gemalt und in Marmor gemeißelt wurde *). Mit Overbeck stand Quandt über einen Carton aus dem „befreiten Jerusalem", Olint und Sophronia, in Unterhandlung, aber man war noch nicht einig über den Preis. Da ereignete es sich, daß dieser Carton, der in der Villa Massimi in einem Saale ohne Fenster aufgestellt war, durch einen nächtlichen Sturmwind von der Staffelei herab gerissen wurde; er stürzte über einen Stuhl und erhielt einen langen, zackigen Riß. Als Herr von Quandt dies hörte, sagte er sogleich, den verzweifelnden Künstler liebevoll tröstend: „Nun, jetzt, da den Carton kein Anderer

*) Kestners „Römische Studien" enthalten als Titelkupfer eine Umrißzeichnung des Profils Vittorias. Der Text bringt S. 81 fg. interessante Nachrichten über die schöne Winzerin von Albano, welche Kestner im Jahre 1820 entdeckte.

kaufen wird, nehme ich ihn zu jedem Preise." Als Auguste Klein diesen Hochsinn erfuhr, ward sie zu einem Sonett angeregt, welches Herrn von Quandt überreicht ward; die Schlußstrophen lauteten:

„Ein Deutscher Bürger tritt in uns're Hallen
Und schaut mit Liebe, was in Lieb' geboren;
Die Kunst hat Ihn zum Helfer sich erkoren!
Und fürstlich scheint das Bürgerblut zu wallen,
Denn Unglück wendet Er mit edlem Sinne,
Daß Kraft und Muth der Künstler neu gewinne!"

Ja, das Quandtsche Ehepaar verdient das herzlichste Gedenken *), denn es hat den Künstlern reichen Segen gebracht!

Um Gemahlin und Stiefsöhne zu begrüßen, kam am 2. April 1819 ferner Friedrich von Schlegel, der Gatte Dorotheas, auf kurze Zeit nach Rom, wo ich gleich nach seiner Ankunft mit ihm bekannt wurde. Je mehr ich mich darauf gefreut hatte, ihn zu sehen, desto bitterer ward ich durch seine äußere Erscheinung enttäuscht. Wie hätte ich mir einen so lebendigen Geist in einer so schwammigen Fleischmasse denken können! Auch seine Augen sprühten kein Feuer; der Dichter der Lucinde und des Alarkos glich einem in Schwelgerei sich behaglich fühlenden Sybariten. Selten war er munter und aufgeweckt, doch meistens freundlich und wohlwollend. Sein Lieblingsthema des Gesprächs war alles, was mit der Kochkunst und mit gastronomischen Genüssen zusammenhing; er redete immerfort vom Essen und aß anscheinend nicht, um zu leben, sondern umgekehrt. Da konnte es denn nicht Wunder nehmen, daß er so dick war. Seine Frau machte zu allen Zeiten einen bedeutenderen Eindruck, als er; ihre Unterhaltungen waren äußerst interessant, sie war zu klug, als daß nicht jedes Gespräch durch ihre Einmischung hätte Werth erhalten sollen. Auch mit ihrer

*) Es wurde Louise Seidler auch von Quandt zu Theil; im Nachlaß der Künstlerin fand sich das in Stahl gestochene Portrait desselben, 1850 gez. von Bendemann; eine sehr liebenswürdige Widmung stand darunter. Das größte Vergnügen aber fanden Beide daran, gelegentlich der häufigen Besuche Louise Seidlers in Dresden mit einander in Quandts Wägelchen spazieren zu fahren, dessen sich dieser wegen seiner 1828 verunglückten Füße fast beständig bediente.

einigermaßen zur Schau getragenen Frömmigkeit mochte man sich aussöhnen, denn dieselbe ruhte in der That auf festem Grunde. Recht in die Augen springend war sie freilich; die Umgebungen der als Jüdin Geborenen waren durchweg geistlich, so Bücher wie Bilder und Menschen. Namentlich pflegte eine unendliche Menge von Patres damals wie später bei ihr aus- und einzugehen. So bildeten die beiden Gatten einen Contrast, bei welchem mir ziemlich alles Licht auf Seiten Dorotheas, der Schatten aber bei dem dicken Friedrich zu sein schien, über dessen baldige Abreise von Rom ich mich denn auch nicht eben sehr betrübte.

Weit erfreulicher war es mir später, Friedrich Thiersch wiederzusehen, als dieser im Herbste 1822 Rom besuchte. Er hatte sich mit einigen anderen gelehrten Forschern verbunden, um ein umfangreiches Werk über Italien zu schreiben; gemeinschaftlich mit Jenen wollte er nun die Halbinsel durchreisen. Leider ist die Herausgabe des beabsichtigten Buches ganz oder doch theilweise unterblieben; ein Umstand, den Jeder bedauern muß, der Thierschs reiches Wissen und seine lebendige Art der Auffassung und Darstellung kannte.

Ein weder wissenschaftlichen, noch künstlerischen Kreisen angehörender Fremder, der längere Zeit in Rom verweilte, war eine so interessante Erscheinung, daß ich doch ein paar Worte über ihn sagen muß. Es war dies ein Kaufmann aus Hamburg, Namens Hermann Nolte. Er stammte aus einer angesehenen Familie der reichen Hansastadt, wo er in Wohlhabenheit eine vortreffliche Erziehung genossen hatte. Sein braver Vater wurde in den Bankerott eines andern Handlungshauses hineingezogen und verlor unverschuldeter Weise sein ganzes Vermögen. Der junge Nolte, tief betrübt über dieses traurige Ereigniß, welches die Familie aller Hilfsmittel beraubte, ging niedergeschlagen über die Straße, als ihm ein Lotteriecollecteur begegnete, der ihm ein Lotterieloos dringend aufnöthigte. Der junge Mann sah dies als einen Wink der Vorsehung an; eine Reihe glänzender Bilder stellte seinem Geiste sich dar — er nimmt das Loos und giebt zwei Louisd'or, sein letztes Geld das er besitzt, dafür hin. Zu Hause angekommen, theilt er der Mutter, die zugleich seine beste Freundin war, mit, wozu er sich habe verleiten lassen. Mißbilligend sagt die sanfte Frau: „Wie kannst Du Deinen letzten Sparpfennig, jetzt, in unserer Lage, so auf's Spiel setzen?" Der Sohn, darüber erschrocken, eilt, das Loos zurückzugeben. Nach kurzer Zeit wird bekannt gemacht, daß wirklich eben diese Nummer das große Loos gewonnen habe! Die fromme Mutter sah in diesem Geschick eine Fügung Gottes, ihren Sohn vor den Schlingen des Reichthums zu bewahren. Der junge Nolte machte nun Versuche, sich eine Existenz zu gründen, und kam in Handelsgeschäften nach Italien. Hier glückte es ihm in der That, besonders da die Geistlichkeit eine Vorliebe für ihn gefaßt hatte, in der Meinung, seine Seele für den allein selig machenden Glauben zu „retten". Namentlich ein Pater José gab sich viele Mühe, Nolte seiner Confession abtrünnig zu machen, und anscheinend mit Erfolg — was mich nicht Wunder nahm, denn der Pater war ein gefährlicher, beinahe Grauen erregender Versucher. Der forschende Blick seiner tiefliegenden, schwarzen Augen, gemildert durch ernste Freundlichkeit, die ganze unbeschreibliche Hoheit — um nicht zu sagen: zwingende Gewalt — seines Wesens erweckte in mir das bange Gefühl, daß es sehr schwer sein müsse, der Ueberredung eines solchen Mannes zu widerstehen. Angst und Schmerz bewegten mich, unsern Freund in solcher Gesellschaft zu wissen, allein Nolte hatte — trotzdem er unter der besonderen Obhut der Frau von Schlegel stand — zu meiner innigsten Freude doch Charakter genug, seiner Ueberzeugung treu zu bleiben. Nichtsdestoweniger war er unendlich erfreut, als ich ihm ein kleines Madonnenbild malte; er revanchirte sich indessen auf eigene Weise. Eines Tages nämlich schenkte er mir ein prachtvolles Nähkästchen, welches mir aber gar kein Vergnügen machte, da eine geheime Mißbilligung meiner Künstlerlaufbahn mir in dieser Gabe zu liegen schien. Ich erlaubte mir daher die Bitte, das Nähkästchen mit einem mir besser zusagenden Gegenstande vertauschen zu dürfen; Nolte nahm diesen Wunsch freundlich auf, und so suchte ich mir ein Paar große Vasen aus, die als liebe Erinnerungen noch heute meinen Schreibtisch zieren. Um mir jedoch, wie er scherzend sagte, den Beweis zu geben, daß er meinen Lebensweg für durchaus nicht verfehlt halte, gestattete mir Nolte, daß ich ihn portraitiren durfte.

Später ging er, um seinen Geschäften mehr Aufschwung zu geben, nach Mexiko, und zwar ohne Abschied, was mir höchst unbehaglich war. Ein Lebewohl, und wäre es auch noch so traurig, ist doch das Amen in der Predigt; ich mag es nicht vermissen. — Was in Mexiko aus dem Davongegangenen geworden, konnte ich nie erfahren, habe überhaupt niemals wieder von ihm gehört. Wir vermißten seine anregende Gesellschaft sehr schmerzlich*).

Es wird in meinen Schilderungen nicht unbemerkt geblieben sein, eine wie wichtige Rolle damals in Rom das religiöse Bewußtsein und die Confession spielte. In der That wurde diese heilige Sache mit dem gebührenden Ernste behandelt; in die Zeit meiner Anwesenheit zu Rom fiel sogar ein bedeutsamer Wendepunkt in Glaubensangelegenheiten.

Im Herbste 1818, als ich in der heiligen Stadt eintraf, existirte dort noch kein Gottesdienst für Protestanten; ein solcher hatte überhaupt noch nie in Rom stattgefunden. Es war daher eine wahre Wohlthat, daß die ebenso geistvolle wie gemüthreiche Frau Herzogin von Württemberg**), welche aus Gesundheitsrücksichten den Winter von 1818 auf

*) Hermann Octavio Nolte, geb. zu Hamburg am 3. März 1758, war Generalconsul in Mexiko 1827—1830, blieb (in den letzten Jahren ohne Geschäft) dort und starb zu Anfang 1852. Zwei seiner Brüder sind literarisch bekannt: der jüngere Ernst Ferdinand, geb. in Hamburg am 24. Decbr. 1791, seit 1826 Professor der Botanik und Director des botan. Gartens zu Kiel, † daselbst am 13. Februar 1875, und Vincent Otto, geb. zu Livorno am 21. Novbr. 1780 († zu Paris am 10. August 1856), dessen „Fünfzig Jahre in beiden Hemisphären. Reminiscenzen aus dem Leben eines ehemal. Kaufmanns", 2 Bde. Hamburg, zwei Auflagen (1853 und 1854) erlebte. In letztgenanntem Werke steht I, 32 fg. die Erzählung von der Verarmung des Vaters, Joh. Heinr. Nolte (geb. 1730), der von 1781—87 Hamburgischer Consul in Livorno und dort Theilnehmer der Handlung Otto Franck u. Comp. war. Dies muthmaßlich die Ursache, daß auch Hermann Nolte sein Glück in Italien suchte.

**) Gemeint ist entweder die Schwester des damals regierenden Königs Friedr. Wilhelm, Herzogin Friederike Katharine Sophie Dorothea, geb. 21. Febr. 1783, Gemahlin des Prinzen Jérome von Montfort, oder die Wittwe des ältesten

1819 in Italien verlebte, unserer Sehnsucht helfend entgegenkam. Ihr echt evangelischer Sinn fühlte zur Fastenzeit, während welcher die Katholiken so eifrig ihren kirchlichen Pflichten obliegen, das Bedürfniß nach einer religiösen Feier im größeren Styl. Ihr Geistlicher, Namens Kloß, ein Vetter Schellings, that bereitwillig das Seinige zur Verwirklichung dieses Wunsches, indem er am Palmsonntage des Jahres 1819 in den Zimmern der Frau Herzogin eine Austheilung des heiligen Abendmahls veranstaltete, zu welcher alle in Rom anwesenden protestantischen Fremden, gleichviel weß Standes sie waren, Einladungen erhielten. Alle Gutgesinnten freuten sich herzlich darüber und nutzten diese Gelegenheit, denn wie man einen Verlust nicht eher fühlt, als bis man etwas entbehrt, so ging es auch uns mit dem protestantischen Gottesdienste. Fünfzig und etliche Theilnehmer fanden sich am Palmsonntage zusammen; Sonnabends vorher, am 2. April 1819, hatten wir erst Beichtrede und Vorbereitung, Tags danach fand die Austheilung des heiligen Abendmahls statt. Die schöne Feier mußte im Mittelpunkte des Katholicismus doppelt ergreifend wirken; gestärkt und erhoben gingen wir auseinander, Gott bittend, daß er uns im wahren Glauben kräftige und das Rechte uns klar mache. Denn wohl bedurfte es großer Charakterfestigkeit, namentlich für uns beständig phantasievoll angeregte Maler, so manche Lockung zur Rückkehr in den Schooß des Katholicismus tapfer abzuweisen — um so mehr, als die großen Schönheiten dieses Cultus sich nicht leugnen lassen. Wie wohl hatte es mir oft gethan, beim Nachhausegehen nach vollbrachter Arbeit im dunkelsten Eckchen einer durch Kerzenschimmer matt erleuchteten Kirche während der Vesperandacht still in meinem Gott auszuruhen; wie vieles andere Poetische vermißte ich — mochte auch der Verstand noch so laut dagegen sprechen — in unserem Ritual, wie z. B. das Befehlen zarter Herzensangelegenheiten in die Hände der heiligen Jungfrau! Es geschah nicht, aber die Sehnsucht, es thun zu dürfen, war angeregt.

Ohms des Königs, Herzogin Henriette von Württemberg, Fürst Carls von Nassau-Weilburg Tochter.

Noch manche andere edle Symbolik weist die katholische Kirche auf, wodurch die Andacht belebt und erhöht wird — gewiß Ursache genug, wenn mehr als ein Versuch, Confessionswechsel zu veranlassen, wohl gelang, und jedenfalls schwerwiegende Entschuldigung, die Abgeirrten nicht lieblos zu verdammen.

Aehnlich dachte Niebuhr. Dieser edle Mann, ein Vorbild in jeglicher Hinsicht — als Gelehrter, als Staatsbürger, Gatte, Vater, Freund, Helfer und Tröster in der Noth — fühlte, wie nöthig in Rom ein protestantischer Gottesdienst sei, welcher den Schwankenden Belehrung und festen Halt gewähren könnte. Der Mangel an Bibeln und Gesangbüchern, noch mehr: das sehr strenge Verbot derselben, gestattete ja nicht einmal, daraus Rath und Erbauung zu schöpfen! Nach mannichfacher Ueberlegung hatte daher Niebuhr beschlossen, Schritte in dieser Angelegenheit zu thun und dieselbe dem mächtigen Cardinal-Diaconus Hercules Consalvi, Staatssecretär des Papstes, seinem Freunde, vorgetragen. Dieser bewog den toleranten Papst Pius VII., daß er den Deutschen erlaubte, was bisher nur den vorzugsweise begünstigten Engländern gestattet war, nämlich freie Religionsübung in einer eigenen Kirche und die unbeanstandete Einführung von Bibeln. Nachdem Niebuhr dieser Einwilligung gewiß war — kein kleiner Triumph für den preußischen Gesandten! — richtete er ungesäumt ein ernstes Wort an seinen König Friedrich Wilhelm III., dessen religiösen Sinn er kannte; die Anregung brachte Früchte. Der König gewährte alsbald tausend Thaler aus seiner Schatulle, um einen würdigen Geistlichen für die zu stiftende Kapelle zu berufen. Die Wahl war nicht leicht; es mußte nicht nur ein gelehrter, sondern auch ein frommer Mann sein; ebenso mild und liebevoll, wie kühn und fest, um den Verfolgungen des katholischen Clerus entgegen zu treten. Auch wünschte Niebuhr, daß er verheirathet sei, um grade in Rom zu beweisen, daß das eheliche Bündniß der Würde des Geistlichen keinen Eintrag thue, ihn vielmehr tüchtig mache, ein tieferes Einsehen in alle menschlichen Verhältnisse zu gewinnen und dadurch seinen Beichtkindern eine größere Stütze zu werden. Ein solcher Geistlicher fand sich in der Person des glaubensstarken und für die Ausbreitung des Evangeliums begeisterten Dr. Schmieder, welchem diese Stellung besonders zusagte, weil sie ihm zugleich Gelegenheit bot, seine Kenntnisse in Geschichte und Alterthum unter Niebuhr zu bereichern und endlich die geliebte Braut als Hausfrau heimzuführen. Schmieder war in der That und Wahrheit ein echter guter Hirt; seine brave Frau stand ihm in jedem Liebeswerke getreulich bei. Vor seiner Ankunft in Rom, welche in den ersten Junitagen des Jahres 1819 erfolgte, hatte er einen herzlichen Brief an seine künftige Gemeinde geschrieben, welche deßhalb dem neuen Seelsorger vertrauensvoll entgegensah. Auch gegen mögliche Anfeindungen fühlte sich dieser unter Niebuhrs Schutze sicher und geborgen und konnte dies mit allem Rechte, da selbst Papst Pius VII. ihm volle Anerkennung zollte. Um Schmieders neuen Pfad zu ebenen, gab Niebuhr aus seinen Mitteln dem jungen Paare eine passende Einrichtung, deren Besorgung seine treffliche Gattin mit Freude übernommen hatte; ja, sie machte es sogar möglich, eine Italienerin zur Bedienung zu finden, obgleich diese in der Beichte dem Zorne ihres Beichtvaters nicht entgehen konnte *). Niebuhr vollendete sein gutes Werk, indem er einen der Sääle seiner Wohnung zur Kapelle einrichten ließ. Er sorgte für Kanzel und Altar mit Crucifix und Altarleuchtern; nur eine kleine Orgel und Gesangbücher fehlten noch. Um diesem Mangel abzuhelfen, wurden von den Künstlern und dem Geistlichen die jeden Sonntag vorkommenden Gesänge aufgeschrieben und vertheilt. Einige musikalische Gemeindeglieder sangen vor, und die übrigen folgten einstimmig nach.

Am 27. Juni des Jahres 1819 konnte der erste protestantische Gottesdienst in der ewigen Roma gefeiert werden. Die Gemeinde, wohl 60 Personen, versammelte sich im Vorzimmer Niebuhrs. Um

*) Die gemeinen Römer hatten sehr sauberbare Vorstellungen vom Protestantismus; im Grunde erschien ihnen die Unabhängigkeit vom Papste nicht nur natürlich, sondern sie gefiel ihnen sogar gut, „denn" — sagten sie — „die Protestanten thun sehr klug daran, sich wegen des Ablasses direct an Gott zu wenden, und nicht erst mit einem Papste deßhalb zu verhandeln."

(Anmerkung Louise Seidlers.)

9 Uhr Morgens erschien der Gesandte, den Geistlichen an der Hand; als er diesen der Gemeinde als Seelsorger vorstellte, glänzte eine Thräne in seinen seelenvollen blauen Augen und bekundete seine tiefe innere Bewegung. Schmieder bestieg die kleine Kanzel und hielt in evangelischem Geiste eine kurze Anrede, worauf der erste Choral ertönte; dann folgte eine begeisterte Predigt, welcher sich das Kirchengebet, die Responsorien, der Segen und endlich das herrliche Lied: „Nun danket alle Gott" anschlossen. Darauf wurde nach altlutherischer Weise das Abendmahl gereicht, welches die Gemeinde knieend empfing. Zuletzt wurden nach ältester Sitte zwei Kinder auf einmal getauft. Wie erinnerte das Ganze an die kleinen, verborgen gehaltenen Gottesdienste der ersten Christen, die so oft Märtyrer ihres Glaubens wurden! Zum Andenken an den feierlichen Tag erfreute uns der von dem heiligen Erlebniß tief ergriffene Professor Rieß, ein Gelehrter, welcher, um Heilung von seinem Brustleiden zu finden, nach Italien gekommen und unterwegs mit Schmieder auf dessen Reise nach Rom zusammengetroffen war, mit einem weihevollen Gedichte „Zum 27. Junius 1819", worin es hieß:

„Im wüsten Felsenthale schlug Moses an den Stein,
Da sprang in hellem Strahle ein Bächlein, silberrein.
So hast Du heut die Quelle der Wahrheit aufgethan
An einer öden Stelle, und unter todtem Wahn.
O laß zum Baum gedeihen den Keim, den Du gelegt;
Klein ist die Zahl der Treuen, die ihn mit Liebe pflegt, —
Doch Du bist unter ihnen mit Deiner Wunderkraft,
Die leicht auch aus Ruinen ein Heiligthum sich schafft.
Kein eitles Traumbild irre das zweifelmüde Herz,
Das in dem Weltgewirre sich sehnet himmelwärts*)!
O laß uns nicht ermüden, bis wir einst aus dem Nichts
Uns nah'n dem sichern Frieden im Reiche Deines Lichts!"

*) Die tiefe Himmelssehnsucht, welche aus diesen Strophen so ergreifend spricht, sollte nur zu bald erfüllt werden: unheilbar krank, starb Rieß wenige Monde später in Florenz, trotz der aufopferungsvollen Pflege seiner treuen Gattin und zweier barmherziger Brüder.

(Anmerkung Louise Seidlers.)

Mit dem regelmäßigen Sonntags-Gottesdienste, der somit in Rom eingerichtet war, hielt eine Betstunde, welche jeden Mittwoch Abend abgehalten wurde, gleichen Schritt; manches edle Samenkorn ward da ausgestreut, manches bereits im Herzen wurzelnde Bessere neu gekräftigt. Als im Jahre 1823 Bunsen Niebuhrs Stelle eingenommen hatte, wurde die ursprüngliche kleine Einrichtung durch eine stattlichere, auch mit einer Orgel versehene Kapelle im Erdgeschoß der Bunsenschen Wohnung im Palazzo Cassarelli auf dem Capitol ersetzt. Doch niemals ward die gehobene Stimmung des 27. Juni 1819 wieder erreicht, zumal nachdem ganz gegen Niebuhrs Wunsch die preußische Agende eingeführt worden war. Das Neue, Ungewöhnliche derselben, das viele Stehen gleich zu Anfang des Gottesdienstes übte keinen günstigen Einfluß auf die Stimmung und störte die Andacht. Da die meisten Deutschen auf dem Monte Pincio wohnten, so hatten sie einen weiten Weg nach der Kirche; von der Hitze ermüdet, kamen sie dort an; das Stehen wurde ihnen dann doppelt beschwerlich, Leidenden und Schwachen oft dadurch der Gottesdienst verleidet.

Bunsen, von dessen wahrer Religiosität so viele herrliche Zeugnisse bestehen, welche seinen Namen auf die späteste Nachwelt bringen werden, setzte die segensreiche Wirksamkeit Niebuhrs fort, indem er dem langgehegten Wunsche nach einem protestantischen Kirchhofe Erfüllung verschaffte. Bisher hatten die in Rom entschlafenen Protestanten auf einem nicht einmal von einer Mauer umgrenzten Anger neben der Pyramide des Cestius geruht; die Gräber waren allen Unbilden des Pöbels und der vorbeiziehenden Viehheerden preis gegeben; oft waren Monumente beschädigt oder Gräber zerwühlt worden. Durch Bunsens Eifer kam im Mai 1824 eine die Begräbnißstätte schützende Mauer zu Stande, wo nun auch die Leiche von Goethes Sohne ungefährdet ruht; das Grab desselben ist geschmückt mit einem Portraitmedaillon, welches Thorwaldsen modellirt hat.

Fast unüberwindlichen Schwierigkeiten trotzend, gründete Bunsen ferner auf dem Capitol das noch heute bestehende Hospital für Protestanten aller Nationen, dessen Oekonomie die erste Gattin des Archäolegen Braun ihr ganzes Leben lang auf das umsichtigste und treueste besorgte. Ueberdies ward Bunsens Haus, wie vordem dasjenige Niebuhrs, der Sammelplatz aller besseren Elemente, gleichviel ob diese sich einten zur Besprechung ernster Dinge, oder zu Lustbarkeit und Scherz; so kam ein gewisser Halt in den Verkehr, dessen Mangel sich ohne Zweifel bitter gerächt haben würde. Bald wurde bei Bunsens aus der Bibel gelesen, bald sangen Geübtere heilige Gesänge von Palestrina und Anderen, dann wiederum wurden Zeichnungen und Kupferstiche in altchristlichem Styl betrachtet und daran religiöse oder künstlerische Betrachtungen geknüpft. Ein andermal veranstalteten Bunsens, die bei all ihrer tiefen Frömmigkeit doch durchaus nichts Kopfhängerisches hatten, in den schönen weiten Räumen des Palazzo Caffarelli gesellige Feste, bei denen getanzt, noch öfter aber gesungen oder musicirt wurde, denn es fehlte damals in Rom nicht, wie gewöhnlich in Deutschland, an Herren, sondern an Damen.

Was das eigentliche Kunstleben und Treiben betrifft, so hatten die deutschen Maler verabredet, in dem Winter von 1818 auf 1819 Gewandstudien zu zeichnen — eine Uebung, an der auch ich eifrig Antheil nahm. Kein Direktor ward dazu ernannt, es bildete sich eine kleine Künstlerrepublik; die Maler selbst übernahmen die wahrlich nicht angenehme Mühe, einander gegenseitig zur Draperie zu stehen. Keiner schloß sich aus. Daß ich als einzige Frau daran Theil nehmen durfte, erfüllte mich mit Stolz und spornte meinen Fleiß.

Das Leben der Künstler in Rom war überhaupt im Großen und Ganzen durchaus kameradschaftlich. Als wir erst näher miteinander bekannt geworden waren, versammelten sich Alle sehr oft Abends bei mir um des Lichts gesell'ge Flamme; der Thee aus einer großen Blechkanne, deren schätzbare Acquisition mir gelungen war, mundete trefflich. In den gewöhnlichen Wohnungen gab es weder Kaffee- noch Theegeschirr; man kam in Kaffeehäusern zusammen. Thee wurde auch dort nicht verabreicht; nur eine ungeheure Kaffeekanne brodelte den ganzen Tag am Feuer, da zu allen Stunden Kaffee getrunken wurde. Das Frühstück ließ man sich in's Haus bringen. Ein kleiner, netter Bursche klingelte früh und brachte auf einem gelben Blechbrette für jede Person ein Kännchen — Cucumetto genannt — mit Kaffee, ein Schälchen mit Krumenzucker, ein Glas Wasser und ein Brötchen. Milch gab demjenigen, der sie besonders verlangte, eine allmorgendlich in die Höfe der Häuser getriebene Heerde Ziegen ganz frisch. Nach einer Stunde klingelte es wieder; der Kellner kam und holte das Geschirr wieder ab, wobei er das leere Cucumetto auf eine lange Schnur zog, die ihm über die Achsel hing, so daß er endlich mit den Kännchen wie mit einem Schellengeläute ausstaffirt war. Viele Künstler, und besonders die, welche ihre Arbeit außer dem Hause hatten, nahmen ihr Frühstück im Kaffeehause selbst ein. Das uns zunächst gelegene hielten vier alte Jungfern, von den Künstlern „Noctuen" (Nachteulen) genannt, in einem kleinen, ärmlichen, unreinlichen, mit halb zerfallenen Möbeln ausgezierten Lokal, das aber durch seine Lage an einem Knotenpunkte der Straßen, wo die meisten deutschen Maler wohnten, sehr begünstigt war. Hier versammelten sich mehrere der ausgezeichnetsten Künstler, die, nachdem sie gefrühstückt hatten, ihre lebhafte Unterhaltung oft noch lange vor der Thüre fortsetzten. Dies ergötzte mich, da ich sie vom Fenster meiner Wohnung aus beobachten konnte, oft außerordentlich, zumal ich das Peroriren des Landschaftsmalers Rhoden aus Cassel und das lebhafte Declamiren des sächsischen Malers Platner, zu denen die beiden ruhigen Veits und der stille Kupferstecher Ruschewehh einen drolligen Contrast bildeten, theilweise verstehen konnte.

Die Nachteulen waren trotz ihrer Häßlichkeit und ihrer vorgerückten Jahre wegen ihrer drolligen Naivetät und ihrer komischen Einfälle, die nie in Plattheit ausarteten, bei den Künstlern sehr beliebt. Die älteste der Schwestern, blaß und mager, mit lang vorgestrecktem Halse und Gesichte, trug bei grauen Haaren ein buntes Kopftuch mit starren, weit abstehenden Zipfeln; eine Tracht, welche die abschreckende Häßlichkeit der armen Person noch vermehrte. Die drei übrigen erschienen ohne diesen majestätischen Kopfputz; ihre spärlichen grauen Häärchen waren in naiven Zöpfchen am Hinterkopf befestigt. Die älteste hatte das Regiment, sie war meist die Wortführerin; die zweite, eben so dick wie die erste mager, ergänzte und belachte die oft wirklich guten Späße derselben, wobei ihr Körper in seiner ganzen Fülle erbebte. Die Künstler fanden Freude daran, diesen Humor durch ihre Neckereien auf's höchste zu steigern, was ihnen auch stets trefflich gelang, da es den Italienern eigen ist, nie um eine Antwort verlegen zu sein. Die beiden jüngeren Schwestern sorgten am meisten für die Bewirthung der Gäste, theilten auch gelegentlich an die kleinen Kellner Püffe aus, wenn diese unglücklicherweise eins der lahmen Tischchen umstießen, eine Portion Kaffee verschütteten oder andere Kleinigkeiten versahen. In der engen, schwarz geräucherten Küche brodelte beständig der Kaffee in einem großen kupfernen Gefäße, aus dem die Gäste befriedigt wurden.

Um auf diese letzteren zurückzukommen, so war der oben erwähnte Platner im Jahre 1832, als ich zum zweiten Male nach Rom ging, sächsischer Consul geworden; ein Glück für den Mann, denn trotz eisernen Fleißes brachte er doch in der Kunst nie etwas zu Stande; ein angefangenes, großes Bild harrte Jahre lang der Vollendung. Zum Glück hatte er eine sehr fleißige, gute, einfache Römerin zur Frau, die den Haushalt auf das sparsamste einrichtete und zwei Töchter und einen Sohn gut zu erziehen verstand. Auch der Landschaftsmaler Rhoden hatte eine Tivoleserin geheirathet, die ihn sehr beglückte und den Haushalt nach Landessitte sehr einfach führte. Rhoden, von dickleibiger, untersetzter Statur, war zum Katholicismus übergetreten und, wie alle Renegaten, sehr fanatisch; seine Tochter sollte daher auch Nonne werden. Sie kehrte jedoch nach dem ersten Novizenjahr an den häuslichen Heerd zurück. Papa Rhoden malte außerordentlich langsam, da er sehr scrupulös und sauber ausführte. Sein Atelier durfte nie gewaschen oder gekehrt werden; Besen und Bürsten waren strenge verpönt. Wegen des Staubes wurde es nur täglich mit Wasser gesprengt, so daß der steinerne Fußboden einer Tenne glich, auf der man hätte Getreide säen können. Rhodens Landschaften, welche niemals die geringste Staffage hatten, fanden wenig Anklang; eine ihm später zu Theil gewordene, ziemlich bedeutende Pension seines übrigens sehr geizigen Landesherrn, des hessischen Kurfürsten, war ihm daher doppelt zu gönnen.

Die geschilderten Persönlichkeiten waren mehr oder minder häufig Gäste in meiner kleinen Zelle, und da das Wenige, was ich bieten konnte, nicht immer ausreichte, so verwandelten — als nach und nach ihrer Mehrere sich bei mir einfanden — diese geselligen Zusammenkünfte sich in regelmäßige Picknicks. Man traf sich gewöhnlich am Sonnabend Abend bei mir; entweder wurden dann Dichtwerke gelesen wie Goethes Tasso, Iphigenie, Wilhelm Meister u. s. w., oder belehrende Schriften, wie u. A. Fernows Lebensbeschreibung des Asmus Jacob Carstens, in welcher besonders die Schilderung des ehemaligen Kunsttreibens zu Rom, im letzten Jahrzehnt des vorigen Jahrhunderts, im Vergleich zur Gegenwart, lebhafte Theilnahme erwecken mußte. Daneben wurden auch wohl die neuesten Tagesvorfälle besprochen, ferne wie nahe, und aus allen Gebieten, über welche die Anwesenden eine Meinung hatten. Reichhaltigen Stoff lieferten die politischen Ereignisse in Italien wie im lieben Vaterlande, z. B. die Ermordung Kotzebues, der durch Sands Dolchstiche am 23. März 1819 hingerafft wurde. Erschütternder noch, weil uns alle näher angehend, wirkte auf uns die Nachricht von der Ermordung Gerhards von Kügelgen, meines verehrten Meisters, der im Herbste des Jahres 1820 auf der Dresdener Landstraße von einem Räuber erdolcht ward. Ich verlor bei der gräßlichen Botschaft ganz meine Fassung; langsam nur vermochte ich mich wieder zu sammeln.

Gottlob trafen uns ähnliche trübe Zeitungen nur selten. Im Allgemeinen trugen unsere Zusammenkünfte einen heiteren Charakter; wir verkehrten in harmloser, doch nie schrankenloser Lustigkeit, ohne allen Zwang, und trotz der verschiedenen Elemente, welche unter meinem Dache sich innig gesellten, erinnere ich mich keines Mißklangs, der die Harmonie unseres Beisammenseins auch nur vorübergehend gestört hätte.

Namentlich die Geburts- und Namenstage der verschiedenen Künstler wurden feierlich begangen. Fröhlichkeit und muntere Scherze waren bei diesen Gelegenheiten, welche ganz den Charakter von Familienfesten trugen, an der Tagesordnung; die Wohnung ward freundlich geschmückt, theatralische Aufführungen wurden veranstaltet, Räthsel gelöst und

Pfänderspiele gespielt. Am 15. Mai 1819, dem ersten Geburtstage, welchen ich in Italien verlebte, waren Alle bei mir so vergnügt, daß wir zuletzt in den drolligsten Versen sprachen; einige Musikalische sangen einander immerwährend in Recitativen an, zu denen ein Dritter über die Guitarre riß und Töne hervorbrachte, welche man für einfallende Accorde ausgab. Zur Empfangsbegrüßung für jeden Eintretenden ward eine Art von Feuerwerk dadurch hergestellt, daß Lorbeerzweige in den Kamin auf glimmende Kohlen geworfen wurden; die Früchte platzten dann in der Gluth, und es gab ein Geprassel wie von deutschen Knallbonbons.

Als Hauptspaßvogel belustigte an diesem vergnügten Abend der Landschaftsmaler Rösel die Gesellschaft, ein Berliner von unverwüstlicher Laune, als Künstler vorzüglich begabt, mit der Feder Bäume und Ruinen zu zeichnen; außerdem malte er Veduten sehr geschickt in Sepia. Ein kleiner, brauner, verwachsener Dreißiger, voll witziger Einfälle, mit dem Wahlspruch: »Semper lustig, nunquam traurig«, war er völlig dazu angethan, eine ganze große Gesellschaft zu amüsiren. Aber nicht nur deßwegen, sondern gewiß noch mehr um seines bis zur Aufopferung guten Herzens willen war er beliebt; er schien die Gefälligkeit in Person zu sein. Am Abend meines Geburtstages kam die Rede auf seine Sammlungen; er forderte mich auf, sein kleines „Museum" doch auch bald einmal zu besuchen, und ich that es einige Tage später, begleitet von Frau von Schlegel. Rösel hatte Raritäten aller Art gesammelt und wußte den geringfügigsten Dingen Interesse abzugewinnen. Da ich Gelegenheit gehabt, ihm einige kleine Gefälligkeiten zu erweisen, so drängte es ihn, auch mir eine Aufmerksamkeit angedeihen zu lassen. Kaum hatte er die Theilnahme bemerkt, mit welcher ich sein „Museum" betrachtete, so versprach er, mir eine kleine Antiquitätensammlung zu schenken, als Anfang zu einem künftigen Museum Seidlerianum.

In der That erhielt ich schon am nächsten Tage verschiedene Sächelchen und dabei folgendes Gedicht:

„Wer früh mit dem rechten Fuße zuerst aufsteht,
Dann frisch und fröhlich an die Arbeit geht,
Auch fein und andächtig sein Morgenlied singt,
Dabei seinen Kaffee bedächtig trinkt:
Dem erblühen gar fromme Gedanken im Herzen,
Die soll er achten und nicht verscherzen.
Als ich den heutigen Tag also angefangen,
Ist mir in der Seele ein Licht aufgegangen,
Als sei im Kalender kein beſſ'rer zu finden
Um ein Museum sicher zu begründen.
Da öffnete ich schnell alle Kisten nnd Kasten
Voll alter Bilder und Münzen und Pasten,
Um sieben Sachen daraus zu erkiesen
Die da würdig wären für Fräulein Louisen. —
Erst zog ich A. einen Schnurrbart hervor;

(Anbei ein kleines, in Oel auf Blech gemaltes Männerportrait.)

Der kam mir zwar etwas spanisch vor,
Doch meint' ich, daß unter den alten Trachten
Auch die altspanische nicht sei zu verachten. —
Dann griff ich nach B., denn wer A gesagt
Der sage auch B! —

(Anbei ein kleines ovales, in Oel auf Blech gemaltes Männerportrait.)

Na, wie behagt
Dieses Köpfchen? Diesem wackern Niederländer
Fehlt nichts am Kostüm, als — die Gewänder.
Zum Glück war das Hemd aus der Wäsche gekommen,
Drum hab' ich ihn auch gleich bei'm Kragen genommen. —
Jetzt sollten wohl billig auch die anderen Schulen
Der Reihe nach folgen, jedoch das Buhlen
Nach Vollständigkeit in Gemäldegallerieen
Ist noch keinem der Sammler zum Segen gediehen.
Drum beschloß auch ich: die Schulen zu schließen. —
Doch dürft' es das Fräulein nicht verdrießen,
Dieses Lämpchen C. im Museo aufzustellen,

(Anbei eine kleine antike Thonlampe.)

Um die fehlenden Statuen damit zu erhellen.
'S ist übrigens in Praeneste gefunden

Am Tempel der Fortuna in glücklichsten Stunden! —
Jetzt folgt das D.; eine Paste. —
(Anbei ein Fragment einer Paste.)

Ei! Ei!
Das nenn ich ein Köpfchen! — 's ist leider entzwei;
Doch gebühret dem E. ein schönerer Kranz:
(Anbei eine Glaspaste mit Rafaels Bildniß.)

Es ist Rafael selbst! Dieser Kopf ist ganz. —
Damit das Fräulein Diesem treu verbleibe,
Die heilige Kunst mit ganzer Seele treibe,
Folgt F. ein Ringlein aus uralter Zeit;
(Anbei ein kleiner bronzener Ring.)

Es schützt gegen Mißgunst, Verfolgung und Neid. —
Jetzt bitt' ich, dies G. recht bei'm Licht zu betrachten;
(Anbei eine kleine antike silberne Münze.)

So ein Heckepfennig ist auch nicht zu verachten,
Denn ohne nach Schätzen und Reichthum zu streben,
Giebt's in dem glücklichsten Künstlerleben
Oft Fälle, in welchen man nur für Geld
Zum Besten der Musen den Preis erhält. —
An diese alte Münze ist das Glück gebunden;
Jüngst ward sie in einem Grabe gefunden
Und gelangte zu mir durch geweihte Hände,
Drum nimmt ihr Segen auch gar kein Ende. —
Mit diesen höchst seltenen sieben Sachen
Will ich dem Fräulein ein Geschenk heute machen,
Um ihr ein Museum damit zu begründen. —
Sie lege nunmehr sich höchstselbst auf's Finden,
Und verliere keine Zeit mit dem mühsamen Suchen.
Das Stehlen will Mancher sogar verfluchen,
Sonst brächt' es viel ein. Das Kaufen kostet Geld!
Wie soll man's nun machen in aller Welt? —
Geduld! Nur getrost auf milde Herzen vertraut!
Ist Rom doch auch nicht an Einem Tage erbaut,
Jedoch — wohlverstanden! — auf sieben Hügeln;
Daran soll's Museum sich öfters spiegeln!

Rom, am 23. Mai 1819.

Samuel Rösel."

Die kleine Sendung, deren harmloser Inhalt unser Künstlerleben und Treiben wohl zu charakterisiren geeignet ist, war auf der Adresse mit dem Zusatze versehen: „Geburtstagsgeschenk post festum", aber dieser Spaß hätte mir keine größere Freude machen können, auch wenn er zum 15. Mai gekommen wäre.

Doch nicht nur der Geburtstage römischer Freunde, auch derjenigen Entfernter wurde gedacht, z. B. des siebenzigsten Geburtstags des allverehrten Dichterfürsten Goethe, 28. August 1819. Briefe, kleine Gaben und einige hübsche Stanzen von Auguste Klein gingen aus Rom an ihn ab; ich sandte ihm statt eines Briefes einen getrockneten Strauß mit Bemerkung des Ortes und Datums, an welchem die Blumen gepflückt waren. Einige Durchzeichnungen, von denen ich hoffte, daß sie ihm Freude bereiten würden, fügte ich hinzu.

Am St. Franziskatag, 9. März 1819, gab auch das Namensfest meiner lieben Freundin Fanny Caspers Anlaß zu einer fröhlichen Vereinigung bei mir*). Die zahlreichen, in meiner kleinen Wohnung kaum zu placirenden Gäste brachten artige Geschenke mit; eine Lotterie ohne Nieten wurde veranstaltet, zu welcher einige dichterisch Begabte (in erster Reihe die unverwüstliche Auguste Klein) flugs allerliebste Verse machten. Einer der Freunde hatte alles Nöthige herbeigeschafft, um Punsch zu bereiten; aber ach — worin ihn brauen und serviren? Triumph! Es fand sich ein neuer irdener Topf! Reizende Blumen, die ich des Morgens zur Verherrlichung des Festes gesammelt, wurden schnell mit Orangenblüthen und Zweigen aus dem Hausgärtchen zu einem reichen Kranze vereint und der ordinäre Topf damit umwunden; so war ein herrlicher Tafelaufsatz fertig. Das zweite Prachtstück bildete ein großer Gothaischer Schinken, den mein Vetter Ettinger nebst

*) „Keinen Namenstag, so lange ich lebe, brachte ich so schön und poetisch zu, als den gestrigen. Alle die lieben, theuern Menschen hier vereinten sich, mir Freude zu machen, und es ist ihnen vollkommen gelungen. Wenn ich noch wo Namenstage verlebe, werde ich hundertmal mit dankbarem, sehnsüchtigem Herzen an den in Rom gefeierten zurückdenken." (Fanny Caspers am 10. März 1819 in ihrem Tagebuch.)

anderen Victualien als heimathliches Gericht mir hatte kommen lassen und der sich als besonders schmackhaft erwies; herzlich belacht wurden auch die Verse, welche der freundliche Geber seinem Geschenke hinzugefügt hatte; sie lauteten:

„Das Dichten g'lingt mir nicht,
Und meine Verse hinken;
Drum bitte, nimm fürlieb
Mit diesem Goth'schen Schinken!"

Neben demselben prangte auf der Tafel ein schöner Kuchen von Henriette Herz; kleine mitgebrachte Leckereien mundeten dazu nicht übel. Da das Geburtstagskind Lebenslichter auf einem Kuchen nicht gewünscht hatte, so wurde Abends eine kleine Illumination improvisirt. Wie oft ertönte es: „Fanny lebe! Es lebe Fanny!" Das schöne Wesen glühte vor Wonne und Freude; wir setzten sie auf den Tisch, Thorwaldsen schlang den Kranz um ihr Haupt, und wir begrüßten sie als eine der Musen, der unsere kleinen Gaben zu Füßen gelegt wurden. Es war rührend, Thorwaldsen zu beobachten, wie er gegen seine tiefe Empfindung für das herrliche Mädchen anzukämpfen strebte, und wie das Gefühl für sie doch immer wieder zum Durchbruch kam. Warum mußte auch jene Engländerin wie ein graues Gespenst zwischen ihnen stehen, da Fanny Caspers Thorwaldsen so ganz hätte beglücken können und auch den Jahren nach — sie war am 31. Mai 1787 zu Mannheim geboren und Thorwaldsen zählte 49 — vollkommen zu ihm paßte*)!

*) Die Mittheilungen Louise Seidlers über Thorwaldsens Beziehung zu Fanny Caspers, welche den Vorzug genauester Bekanntschaft mit dieser letzteren für sich geltend machen können, haben außerdem noch deßhalb Werth, weil sie die irrige Darstellung seines dänischen Biographen berichtigen, zufolge deren auf Thorwaldsens Charakter ein tiefer Schatten fällt. Just Mathias Thiele in seinem „Leben Thorwaldsens" (deutsch von Henrik Helms) sagt (I, 344 ff.) Folgendes: „Eine andere Francesca, eine schöne lebhafte — erin, war in Begleitung einer reisenden Familie nach Rom gekommen, die Thorwaldsens Bekanntschaft gemacht und ihn in ihre gesellschaftlichen Kreise gezogen hatte. Diese Dame, die zwar nicht mehr in blühender Jugendfülle dastand, ist uns als eine sinkende Herbstsonne geschildert, aber von dem ganzen entzückenden Schimmer

Uebrigens hatten Thorwaldsens huldigende Aufmerksamkeiten für die von Allen verehrte Fanny die Folge, daß ein wohlmeinender und redlicher Freund, Thorwaldsens Landsmann, der gelehrte Alterthumsforscher Bröndsted, welcher den innigsten Antheil an Fannys Schicksal nahm und die gegenseitige Neigung zwischen ihr und Thorwaldsen kannte, Letzteren als Ehrenmann am folgenden Tage offen fragte, was

---

des Abendhimmels umflossen. Aus ihren Briefen ersehen wir, daß sie Thorwaldsen leidenschaftlich geliebt hat, und durch den Glanz ihrer Schönheit zog sie ihn so ganz und gar von seiner Bahn ab, daß er, wenigstens einige Zeit, diesem strahlenden Himmelskörper als Trabant folgen mußte. Denn unser Künstler schien von nun an alle Rücksichten aus den Augen zu lassen, und den Kranz, den in einer Gesellschaft ein Kreis von Bewunderern um sein Haupt wand, drückte er begeistert auf ihre reichen Locken und jubelte bei ihrem Anblick, während sein guter Genius sich weinend abwandte. Dies Betragen des großen Künstlers betrübte seine Freunde, und selbst bei Denjenigen rief es Bedauern hervor, die keine Freude an seiner Verbindung mit Miß Mackenzie empfunden hätten. Von den gemeinschaftlichen Freunden trat endlich eine vornehme englische Dame dazwischen und forderte im Namen ihrer Landsmännin Thorwaldsen eine bestimmte Erklärung ab. Die Folge hiervon war, daß Miß Mackenzie am 2. Mai 1819 Rom verließ. Die zweite Francesca genoß nicht lange ihren traurigen Triumph, Thorwaldsen schien wie aus einem unheimlichen Traume erwacht zu sein und dachte jetzt nur daran, selbst Rom zu verlassen." — Bröndsted war, einer Notiz seines Tagebuchs zufolge, „Thorwaldsens wegen recht herzlich froh über das Scheitern der Verbindung mit Miß Mackenzie; sie hatte zwar Bildung und viele, vielleicht zu viele Kenntnisse, aber kein Naturell, keine Blume, keine heitere Mittheilung; sie hätte ihn zu Tode ennuyirt." Louise Seidlers Erzählung des Sachverhalts dürfte der Wahrheit am nächsten kommen und somit das Verdienst einer Ehrenrettung des großen Künstlers für sich in Anspruch nehmen können. — Die von Thiele erwähnten Briefe, zwölf an der Zahl, von Fanny Caspers theils 1818—19 in Rom, theils 1820 in Wien an Thorwaldsen geschrieben und im Archiv des Thorwaldsen-Museums zu Kopenhagen sorgsam verwahrt, bezeugen die Liebe zwischen der Schreiberin und dem Künstler. S. die eingehende Darstellung des Verhältnisses bei Plon, a. a. O. Vergl. auch „Ein Engländer über Deutsches Geistesleben im ersten Drittel dieses Jahrhunderts", S. 99 und 100. Das in der Anmerkung auf S. 100 erwähnte „Manuscript des Aufenthalts einer Künstlerin in Rom" ist dasjenige Louise Seidlers.

das Mädchen zu hoffen habe; worauf Thorwaldsen ihm mit tiefer Trauer mittheilte, daß er zwar seine frühere Verlobung mit Miß Mackenzie gelöst habe, jedoch gegen das Versprechen, nie einer Anderen seine Hand zu reichen; er werde dies Versprechen auch halten, da die Mackenzie ihn verzweiflungsvoller Weise nicht aufgegeben habe. Ob nun Bröndsted Fanny von dieser Unterredung Andeutungen gab, weiß ich nicht mit Bestimmtheit zu sagen; gewiß ist nur, daß das liebe Wesen ganz kurze Zeit nach jenem fröhlichen Feste ihre Gebieterin, die Fürstin Grassalkovicz, zu bestimmen gewußt hatte, Rom zu verlassen und nach Neapel zu reisen. Noch einmal vereinigte die zum Abschiede veranstaltete Feier uns Alle; am Abend vor der Trennung (20. April 1819) wurde der Thee an meinem Kamin getrunken. Tags darauf versammelten sich sämmtliche Bekannte bei mir. Es waren die letzten, wehmüthigen Stunden vor einem ewigen Abschiede, denn niemals sollte ich Fanny wiedersehen *). Am 2. August 1823 verheirathete sie sich in Wien (von Frau Dorothea Schlegel zum Altar geführt) an den Associé eines großen Banquierhauses, Namens Stanislaus Doré, schenkte diesem am 1. October 1827 eine Tochter und starb nach zwölfjähriger, zufriedener Ehe am 18. Mai 1835. Bei einem späteren Aufenthalt in Wien, 1840, lernte ich ihren gutmüthigen, freundlichen

*) Fanny Caspers' (durch gleichzeitige Notizen in Louise Seidlers Papieren bestätigte) Tagebücher berichten noch von einem vorübergehenden Aufenthalte in Rom bei der Rückkehr von Neapel: „16. Mai 1819. Früh 7 Uhr kehrten wir nach Rom zurück; ich eilte zu meiner theuern Louise." Thorwaldsen hatte Fanny inzwischen „eine sehr schöne Zeichnung gemacht: Amor, der mit einem Schmetterlinge spielt. Herz und Seele! Ein göttlicher Gedanke! Louise hat mir den Merkur von Thorwaldsen ganz vortrefflich gezeichnet." Diese Zeichnungen haben sich in Fanny Caspers' Nachlaß gefunden. Den letzten Abschied nahm Fanny von L. Seidler am 22. Mai: „Mir war so bange und traurig zu Muthe! Den Abend brachte ich noch bei Louise zu .... und jetzt, in diesem Augenblicke, trennte ich mich auf der Trinità von meiner Louise. Sprachlos umarmten wir uns mit dem Wunsche, aber ohne Hoffnung, uns wieder zu sehen. Das Herz war mir gebrochen, ich hatte keine Thräne mehr, es war mir, als sollte ich von jeder Lebensfreude scheiden."

Mann und dessen milde, brave zweite Frau kennen, welche Fannys hinterlassene einzige Tochter Marie vortrefflich erzogen hat, so daß dieselbe jetzt eine ehrenvolle Stellung bei der Kaiserin von Oesterreich einnimmt. Die Tochter war wohl der Mutter ähnlich, doch ohne ihr an Schönheit gleichzukommen.

Thorwaldsen aber litt es nicht mehr lange in Rom; schon im Juli 1819 brach er auf nach Dänemark, um sich die ewige Stadt und ihre quälenden Erinnerungen für einige Zeit aus dem Sinne zu schlagen und die verlorene innere Ruhe wieder zu gewinnen. Erst im Spätherbst 1820 kehrte er nach Italien zurück.

Mein Abschied von Fanny Caspers sollte aber nicht der einzige bleiben, welcher mich noch im ersten Halbjahre meines römischen Aufenthaltes schmerzlich bewegte; wenige Tage, nachdem Fanny aus unserer Mitte geschieden war, machten auch Frau von Humboldt, Henriette Herz und der preußische Gesandtschaftssecretär Dr. Brandis Anstalt, nach Deutschland zurückzukehren (2. Mai 1819). Den Dr. Brandis lernte ich erst am letzten Tage seines Aufenthaltes in Rom recht kennen und schätzen. Er hatte sich in seiner Stellung, unter Niebuhr, stets sehr glücklich gefühlt; jetzt aber erging der Ruf des Vaterlandes an ihn, eine Professur an der neu errichteten, sogleich mit vorzüglichen Lehrkräften ausgestatteten Universität Bonn anzunehmen; nun ließ die Liebe zur deutschen Heimath den patriotischen Mann das Scheiden leichter ertragen. Die edle, schöne Henriette Herz war der allgemeine Liebling geblieben; viele Thränen flossen ihr nach. Während der letzten Tage ihres Aufenthaltes in Rom bemühte sich Jeder, ihr noch irgend eine Aufmerksamkeit zu erweisen; ich selbst überreichte ihr eine von mir angefertigte Copie des Erzengels Michael von Perugino (das Original in der Academie San Marco zu Florenz ward von mir später an Ort und Stelle copirt; für jetzt hatte ich nur eine im Besitze der Frau von Humboldt befindliche Copie von Eggers vor mir, nach der ich arbeitete), über welche Henriette Herz große Freude hatte. Freilich war das von mir bereits auf der Herreise mit hohem Genuß betrachtete Original (auf das ich zurückkommen werde) ein wundervolles Bild: das Colorit bräunlich und dabei doch klar und durchsichtig; die Jünglingsschönheit des Engels noch erhöht durch den edlen, ernsten und himmlischen Ausdruck seines Antlitzes.

So wenig wie Henriette Herz konnte auch Frau von Humboldt durch irgend Jemand ersetzt werden. Manchem schöpferischen Talente hatte sie durch Rath und That in edelster Weise genützt; vier mit Künstlern dicht besetzte Wagen begleiteten sie daher bis zur ersten Station hinter Rom, bis la Storta. Das Wetter, trübe und regnerisch, harmonirte mit der allgemeinen Stimmung. Wir frühstückten gemeinschaftlich; die Orvieto-Foglietten machten fleißig die Runde, aber selbst dieser dem Champagner ähnliche Wein stimmte diesmal nicht heiter, wiewohl Dankgefühle und Hoffnungen auf ein glückliches Wiedersehen zu vielen Gesundheiten Anlaß gaben. Für mich war auch dieser Abschied ein Lebewohl auf ewig; nur an das Grab der Frau von Humboldt zu treten, war mir im Jahre 1830 — wo ich einige Wochen bei einer lieben Freundin, der Frau von Bardeleben in Berlin zubrachte, — noch vergönnt. Ich besuchte damals die älteste Tochter der edlen Frau, Caroline, die ihre geistreiche, bedeutende Mutter vor Allen vermissen mußte, weil deren besondere Liebe das Mädchen entschädigt hatte für das Nichtvorhandensein äußerer Anmuth, welcher Mangel neben einer blühend schönen jüngeren Schwester, Gabriele (seit 1821 die Gemahlin des preußischen Gesandten in London, des Freiherrn von Bülow), für die stille, oft in sich gekehrte Seele doppelt fühlbar wurde. Carolinens Vater, der Staatsminister Wilhelm von Humboldt, lebte nach dem schweren Schlage, der ihn betroffen hatte, mit seiner Familie auf seinem Gute Tegel bei Berlin still zurückgezogen; es ward mir jedoch bald die freundliche Erlaubniß zu Theil, ihm und seiner Tochter meine Aufwartung machen und dem Andenken der theuren Gönnerin an deren Ruhestätte eine Thräne weihen zu dürfen. Tegel liegt wie eine Oase in einer Sandwüste an dem breiten Wasserspiegel der Havel; das Schlößchen, zu welchem eine kleine Allee führt, ist anmuthig-friedlich im Nadelholz versteckt. Hier fand ich den edlen Greis, mit bleichem Angesicht, doch voll freundlicher Milde, sein Haupt spärlich mit grauem

Haar bedeckt, in einem großen Saale, in dessen Mitte eine lange Tafel stand; rings an den Wänden befanden sich Arbeitstische, auf denen Bibeln in allen Sprachen und Größen sämmtlich geöffnet lagen; Herr von Humboldt schien eben damit beschäftigt, Vergleichungen des Textes anzustellen. Die berühmtesten antiken Venusbüsten, theils in Marmor, theils in Gyps, standen umher. Nach freundlicher Begrüßung führte er mich selbst zu der Ruhestätte seiner theuren Gemahlin, neben welcher auch für ihn ein Platz bestimmt war. Zwischen beiden stand auf erhabenem Piedestal die Bildsäule der Spes mit einer Lotusblume, von Thorwaldsen in Marmor ausgeführt. Frau von Humboldt hatte sie in Rom noch selbst bestellt, ebenso hatte sie wenige Wochen vor ihrem Ende den Fleck ausgesucht, wo sie bestattet liegen wollte, grade dem Hause gegenüber. „Man sieht dort das Schlößchen so hübsch!“ hatte sie gesagt.

Nachdem ich Frau von Humboldts Grab besichtigt, zeigte mir Caroline noch die vormaligen Wohngemächer ihrer Mutter, welche nur plastische Kunstwerke als Zimmerschmuck aufwiesen. Wie rührte es mich, hier jene Kunstgegenstände wieder zu sehen, welche ich einst in Rom bei Frau von Humboldt bewundert hatte, und die theilweise unter meinen Augen entstanden waren! In einer kleinen Rotunde befand sich die Portrait-Statue einer früher in Rom verstorbenen und begrabenen Tochter; überall herrschte die größte Einfachheit bei schönem Kunstsinn. Mit tiefer Bewegung schied ich von diesem mir durch die Erinnerung an Frau von Humboldt wahrhaft heiligen Orte. Auch Carolinen sollte ich niemals wiedersehen; sie starb anfangs der dreißiger Jahre*).

*) Für die außerordentliche Werthschätzung, deren sich Louise Seidler in der Familie von Humboldt erfreute, legt auch ein an sie gerichteter Brief Caroline Humboldts, d. d. Tegel, 27. Aug. 1830, beredtes Zeugniß ab. Es heißt in demselben: „Sie erhalten hierbei von mir ein Geschenk, welches Ihnen gewiß werth und theuer sein wird: die Lithographie der Zeichnung, die der Professor Wach nach ihrem Tode und aus der Erinnerung von meiner lieben seligen Mutter gemacht hat. Da Sie, meine theure Louise, selbst Künstlerin sind, werden Sie desto mehr dies höchst gelungene Bild bewundern, und die rührende, so wahr aufgefaßte Aehnlichkeit wird Sie tief ergreifen. Nur wer sie so empfunden

Mit Frau von Humboldt war eine Centralsonne aus dem Himmel des römischen Lebens geschieden; die Lücke, welche sie hinterließ, blieb lange schmerzlich fühlbar. Andere Elemente traten an ihre Stelle, aber es war nicht dasselbe; freundlicher, geselliger Verkehr, allein ohne die milde Wärme, ohne das helle geistige Licht, welches Frau von Humboldt unbewußt und deshalb doppelt wohlthuend ausstrahlte.

Einigen Ersatz für die Geschiedene boten die Kreise des Prinzen Friedrich von Gotha, dessen gastliches Haus auch mir freundlich offen stand. Wie der gütige Herr mich gleich bei meiner Ankunft willkommen geheißen hatte, so stattete er mir, als ich nur eben erst in meinem Quartiere wohnlich eingerichtet war, einen Besuch ab. Leider hatte ich das Mißgeschick, ihn zu verfehlen; ich erwiderte daher seine Aufmerksamkeit sobald als thunlich.

Prinz Friedrich von Gotha, später (wie schon erwähnt) der letzte Regent dieses Landes, war das jüngste Kind des Herzogs Ernst II., welcher vier Söhne hatte. Wohl ahnte dieser nicht, daß sein Stamm so bald erlöschen sollte, denn er pflegte oft mit väterlichem Stolze zu sagen: „Mein Haus ruht auf vier Stützen." Aber zwei der Kinder starben im zarten Alter, und Herzog August hinterließ so wenig einen Leibeserben wie sein Bruder Friedrich, der nach kurzer Regierung an einer Gehirnkrankheit verschied.

Der Prinz, welcher schon lange in Rom lebte, wurde vom Papst und der Geistlichkeit sehr ausgezeichnet, da er zur katholischen Kirche übergetreten war. Er war ein Fürst von seltener Herzensgüte, stillen, in sich gekehrten Wesens, ohne Geist und Leben. Seine Gestalt war groß und schön, sein dickes, rothes, bartloses Gesicht, welches semmelblonde, krause Locken umgaben, ward von freundlichen Augen belebt; seine sehr schönen Hände schmückten zahlreiche Ringe. Sein Gefolge

---

und erkannt hat, konnte ihr Bild so wiedergeben. Auch Sie haben sie geliebt; Ihnen wird gewiß dies Bildniß heilig sein. Mein Vater beabsichtigt, es mit der Zeit vielleicht in Kupfer stechen zu lassen, und der Steindruck wurde nur gemacht, damit ihre Kinder, Anverwandten und nächsten Freunde etwas hätten, woran sie sich in dem tiefen Schmerze halten könnten."

bestand nur aus einem deutschen Kammerdiener und meinem Vetter Ettinger, der sein Secretär, Geschäftsführer und Hofmarschall zugleich war.

Des Prinzen Wohnung, nahe am Theater des Pompejus, lag etwas erhöht; vom Empfangszimmer aus hatte man eine sehr schöne Ansicht von Rom. Oft gab der erlauchte Herr kleine Mittagessen, bei denen er auf die freundlichste Art den Wirth machte. Er selbst sprach zwar wenig, legte aber seinen Gästen keinerlei Zwang auf. Immer saß sein Beichtvater mit zu Tische, Monsignore Renazzi, ein vollkommener Weltmann mit gewandter Unterhaltungsgabe. Unangenehmer Weise ließ ein Seitenfenster des Speisezimmers ein widerwärtiges Schauspiel sehen: am Rande des Daches von St. Andrea della Valle jagten sich kämpfend und spielend große Ratten. Leider sind diese häßlichen Thiere in jener Parochialkirche heimisch, da in deren Gewölben nach römischer Sitte die Todten des Kirchspiels ohne Sarg verwesen.

Während des Sommers bewohnte der Prinz eine schöne Villa in Albano; im Winter zog es ihn wieder nach Rom, wo er gern die Theater besuchte; in den besseren derselben hatte er eine Loge. Er liebte die Musik und hielt sich einen eigenen Musikmeister, Namens de Cesaris, der ihn unterrichtete und ihm vorspielte. Dieser Mann war ein schlauer, versteckter Jesuit, von gewandten, einschmeichelnden Formen. Er war hauptsächlich der Urheber des Uebertritts des Prinzen zur katholischen Confession gewesen; die vornehmste Geistlichkeit brachte die von diesem angebahnte Glaubensänderung zum Abschluß*). Nun genoß der Prinz

*) Von zuverlässiger Seite (die Quelle stand dem letzten Herzoge von Gotha persönlich nahe) ist zu dieser Angabe die Bemerkung gemacht worden, die Confessionsänderung des Prinzen Friedrich sei nicht das Werk des katholischen Clerus, sondern vielmehr dasjenige der Fürstin Dietrichstein und deren Mutter, der Gräfin Schuwalow gewesen. Selbst der damalige Papst habe dem Prinzen den Uebertritt widerrathen, und als derselbe dennoch erfolgt sei, habe Pius VII. den Proselyten von den sonst bei der Aufnahme in die katholische Kirche üblichen Verfluchungen anderer Religionen dispensirt. Als später Prinz Friedrich zur Regierung kam, schenkte ihm Pius VII. sein lebensgroßes Bild; es hängt im Schlosse zu Gotha.

in clericalen Kreisen eines besonderen Ansehens und auf alle Weise begünstigte man seine Lieblingsneigungen, die sich hauptsächlich auf Malerei und Musik richteten. Oft speisten musikalische Künstler bei ihm; eine vorzügliche Kapelle führte häufig Tafelmusik aus.

Durch die Vermittelung des Prinzen machte ich mehr als eine interessante Musikerbekanntschaft; so hörte ich bei ihm eines Tages den später weltberühmten Geiger Paganini. Dieser war damals ein eben aufgehender Stern am musikalischen Himmel. Sein Auftreten war barock, doch man verzieh es ihm, da sein Spiel voll tiefer Empfindung war. Sein Aeußeres stellte sich dürftig und jämmerlich dar; lang herabfallende, schwarze, straffe Haare, hagere, bleiche Gesichtszüge mit einer bedeutenden Nase und kleine halberloschene Augen vereinigten sich zu einem keineswegs anziehenden Ganzen. Seine Haltung war schlaff, sein Gang schwankend. Er sah wirklich danach aus, als habe er lange im Gefängnisse gesessen. Die Sage wollte wissen, er habe im Kerker auf einer alten Geige mit Einer Saite gespielt und ihr die wunderbarsten Klänge zu entlocken verstanden. Er spielte auch, als ich ihn hörte, nur auf Einer Saite; ihm zu lauschen, übte einen seltsam-fesselnden Reiz. Daß ihm Beifall gezollt wurde, machte nur wenig Eindruck auf ihn; sein schlaffes, bleiches Gesicht blieb ruhig; nur durch ein sanftes Kopfnicken und lebendigere Führung des Bogens drückte sich seine Befriedigung aus. — Ferner producirte sich wiederholt ein ausgezeichneter Guitarrespieler Namens Giuliano bei dem Prinzen. Nie hätte ich geglaubt, daß dieses primitive, in Deutschland gegenwärtig schon ganz verschollene Instrument solchen Reichthum entfalten und ähnliche Wirkungen hervorbringen könnte.

Die Bekanntschaft der ehemaligen ausgezeichneten Sängerin Madame Vera geborenen Häser, einer Deutschen, machte ich ebenfalls durch die Vermittelung des hohen Herrn. Die Genannte hatte sich mit einem römischen Advokaten verheirathet; nach deutscher Sitte ein Haus machend, versammelte sie einmal wöchentlich Abends einen Kreis von ausgezeichneten Fremden und römischen Musikfreunden um sich. Es wurde musicirt, und sie selbst sang oft wundervoll. Sie war aus

Weimar gebürtig, hing noch mit großer Liebe an ihrer Vaterstadt und begrüßte mich als ihre Landsmännin besonders herzlich. Ihr sanftes, echt weibliches Wesen hatte etwas ungemein Wohlthuendes. Die musikalischen Soiréen bei dieser liebenswürdigen Frau hatten einen vornehmen Anstrich, von dem aber jegliche Steifheit fern blieb.

Auch einen Improvisator hatte Prinz Friedrich eines Tages*) zur Unterhaltung seiner Gäste kommen lassen. Signore Ferretti — so hieß dieser Künstler — nahm den glaubensstarken Priester Filippo Neri, der in Rom sehr in Ehren gehalten wird, zum Gegenstande seiner Improvisation, und berichtete von demselben, daß er in einfacher, oft sehr origineller Weise das Innere des Menschen zu erforschen wußte. Einst war es dem Papste zu Ohren gekommen, daß eine Nonne im Geruche der Wunderthätigkeit stand. Der heilige Vater wünschte zu erfahren, ob sie diesen Ruf verdiene; Filippo Neri wurde daher abgesandt, um die Wahrheit zu erforschen. Bei schmutzigem Wetter langt er vor der Klosterpforte an und begehrt, sogleich vor die Nonne geführt zu werden. Ohne weitere Umstände streckt er ihr seine schmutzigen Stiefeln entgegen und verlangt, daß sie ihm dieselben ausziehe und reinige. Die Fromme, ob solchen Begehrens sich entsetzend, weicht stolz zurück, worauf Filippo ohne ein Wort zu sagen, sich umdreht und nach Rom zurückeilt, wo er den Papst versichert, daß er keine Heilige gefunden, denn jener Nonne fehle das Haupterforderniß zu einer solchen, die Demuth**).

Eines Mittags traf ich bei dem Prinzen Friedrich den Dichter Grillparzer, der mir durch das Münchener Theater schon rühmlichst bekannt war. Sein Aeußeres, — eine schlanke, magere Figur, ein blasses, ovales Gesicht mit milden, gleichsam verklärt dreinschauenden Augen, — war nicht unangenehm; es kam aber zu keiner interessanten Unter-

*) Vielleicht an einem 26. Mai, dem Tage des heiligen Nerie.

**) An diesem Histörchen hatte Goethe einen solchen Spaß, daß er es in der „italienischen Reise“ nicht weniger als zweimal vorträgt: „Neapel, Sonnabend den 26. Mai 1787“ (Werke in 40 Bd. XXIV, Seite 11) und „Philipp Neri, der humoristische Heilige“ (ebenda, Seite 158).

haltung, weil der anscheinend kränkliche Grillparzer sehr zurückhaltend und schüchtern auftrat.

Von ebenso überraschender Anspruchslosigkeit, wie er, war das Wunderkind Carl Witte, welches Anfangs 1819 Italien bereiste. Dieser junge, als vierzehnjähriges Kind seiner eminenten Gelehrsamkeit halber im Jahre 1814 von der Universität Gießen zum Doktor der Philosophie, 1816 in Heidelberg aber zum Dr. juris promovirte Mann, der bei schlankem Wuchs, weichen Zügen und gefälligen Formen einen fast noch knabenhaften Eindruck machte, erfreute uns durch eine Reihe von Vorträgen aus und über Dante (Wittes Lieblingsdichter), sowie über den heiligen Franziscus von Assisi, an deren Trefflichkeit ich noch heute dankbar zurückdenke. Er wurde ein intimer Freund von Schinz, der ihn portraitirte und bei dieser Gelegenheit Duzbrüderschaft mit ihm trank. Später ging Witte nach Neapel; ich war so glücklich, ihm dorthin einige Empfehlungen mitgeben zu können. — Daß unser Freund, nach Deutschland zurückgekehrt, anfangs eine Professur in Breslau bekleidete, seit 1834 aber in Halle angestellt war, darf ich wohl als bekannt voraussetzen*).

Bei dem Prinzen Friedrich von Gotha machte ich gelegentlich auch diplomatische Bekanntschaften, wie z. B. diejenige des hannoverschen Legations-Secretärs Kestner. Er war der vierte Sohn der Tochter des Deutsch-Ordens-Amtmanns Buff aus Wetzlar; seine Mutter, Charlotte Buff, ist bekanntlich das Urbild zur Lotte in „Werthers Leiden". Kestner — der sich später durch die Herausgabe des Briefwechsels seiner Eltern mit Goethe auch literarisch hochverdient gemacht hat — war von magerer, kleiner Gestalt, sein Gesicht war blaß und knochig, kleine Augen bei großer Nase fielen auf. Indessen hatten seine Züge einen

---

*) Ueber Carl Wittes Frühreife und Jugendjahre s. „Carl Witte, oder Erziehungs- und Bildungsgeschichte desselben. Ein Buch für Eltern und Erziehende." (Vom Prediger Witte, Carls Vater.) 2 Bde. Leipzig, Brockhaus, 1819, sowie eine zweite, o. O. 1843 als Manuscript gedruckte Schrift desselben Verfassers: „Carl Wittes, jetzt Professors der Rechte in Halle höchst glückliche Kindes-, Knaben- und angehende Jünglings-Jahre." (8°, 494 S.)

ungemein freundlichen, theilnehmenden Ausdruck, wie er denn diese Theilnahme später, als ich ihn genauer kennen lernte, mir gegenüber wiederholt auf die liebenswürdigste Art bethätigt hat. Er war ein wahrer Kunstenthusiast, dilettirte im Zeichnen und sammelte allerlei kleine antike oder ägyptische Kunstschätze und Votivgebilde in Bronze und Marmor, wie man sie noch immer in alten Tempeln findet. Auch versuchte er sich im Dichten; ein Lustspiel von ihm, „Die Puppen", wurde einst im Redenschen Kreise von Liebhabern aufgeführt. Seine Wohnung war stattlich und ganz mit deutscher Bequemlichkeit eingerichtet; ich war in der Folge öfters bei ihm zu Gaste. Er wohnte in der Via Gregoriana, einer der Straßen, die am Monte Pincio entlangführen; die ihn Besuchenden genossen von den behaglichen, mit Kunstschätzen reichgeschmückten Zimmern aus beinahe die nämliche schöne Fernsicht wie vom Monte Pincio.

Neben dem hannoverschen Legationssecretär muß ich noch des hannoverschen Gesandten gedenken, des Barons Reden, welcher mit seiner Familie die (später in den Besitz des Königs Ludwig von Bayern gekommene) Villa Malta mir gegenüber bezogen hatte. Ich war an Redens durch Frau von Humboldt empfohlen worden und hatte an ihnen stets die wohlwollendste Nachbarschaft; oft verschmähte die freundliche Familie sogar meine Künstlerzelle nicht, wie sehr diese auch gegen das gesandtschaftliche Hôtel abstach. Im heiteren Vereine saßen wir dann und tranken nach deutscher Weise Thee; der blecherne Cucumetto mußte die silberne Theekanne ersetzen. Bei alledem gefiel sich Baron von Reden sehr in seiner Würde; nie erschien er ohne Stern und Ordensband, auch seine wohlbeleibte Gemahlin trat mit großem Aplomb auf. Die älteste Tochter, Henriette, war ein Wesen von scharfem Verstande und seltener Herzensgüte; Elise, die jüngere, zart, anmuthig, war der Liebling der ganzen Familie. Mit angenehmer Stimme begabt, verschönte sie manchmal das gesellige Beisammensein durch ihren Gesang, der so kunstvollendet war, daß sie sogar mit einer Sängerin von Fach, der ausgezeichneten Marconi, in Duetten wetteifern konnte. Daß übrigens die gütige Familie Reden Kunst und Künstler förderte, wo sie es vermochte, was namentlich Thorwaldsen oft zu Statten kam, darf ich nicht unerwähnt lassen; ihre Freundlichkeit gegen mich ging so weit, daß es mir ein für alle Mal erlaubt war, in dem schattigen und kühlen Garten der entzückend gelegenen Villa Malta zu malen, so oft und so lange ich wollte*). Im Jahre 1820 wandten Redens sogar einer ganz talentlosen Hannoveranerin, einem Fräulein von Sturmfeder, ihre Fürsorge zu, trotzdem das Nutzlose dieser Gönnerschaft auf der Hand lag. Das Fräulein, ein armes, kränkliches Wesen, wollte sich zur Künstlerin ausbilden und glaubte, die Begabung mit der römischen Luft einathmen zu können; ein Wahn, den — sich und Anderen zur Qual — leider viele angehende Kunstbeflissene theilen. Auch Fräulein von Sturmfeder arbeitete sich ab, ohne einen anderen Erfolg zu erzielen, als daß sie sich, wie ihren Beschützern, den braven Redens, deren Geduld ich bewunderte, Ungelegenheiten bereitete. — Noch verdient erwähnt zu werden, daß bei Redens immer viele Engländer logirten oder doch verkehrten; fast immer waren es Leute, deren vielfach lächerliche Manieren und barocke Kunsturtheile ergötzlich wirkten; sie vor guten Bildern zu sehen, war oft gradezu possirlich.

Da ich im Vorstehenden versucht habe, Charakterköpfe aus dem diplomatischen Corps zu entwerfen, so finde gleich hier noch ein liebes Bild seine Stelle. Christian Friedrich von Stockmar, der verehrte Jugendfreund, war es, den ich zu meiner großen Freude am 15. Januar 1822 in Rom wieder begrüßte, nachdem lange, ereignißreiche Jahre verstrichen waren, seit wir uns zuletzt gesehen. Stockmar hatte im Jahre 1816 den Prinzen Leopold von Sachsen-Coburg zu dessen Vermählung mit der Prinzessin Charlotte nach England begleitet; als diese nun im ersten Wochenbette gestorben war, blieb der Landsmann als Freund und Rathgeber bei dem gebeugten Wittwer, dessen Dienste

*) Am 15. Mai 1820, Louise Seidlers Geburtstage, schreibt Schinz in sein Tagebuch: „Jeder gab ein Andenken; v. Redens schenkten Blumen, einen Ring, ein Kränzchen und Handschuhe, und sagten dazu: Freunde müssen in der Fremde bedacht werden, da sie sonst an solchen Tagen die Heimath zu sehr vermissen würden."

er sich auch ferner widmete, als der Prinz 1830 auf den belgischen Königsthron berufen wurde. Ich hatte gelegentlich der Anwesenheit des hohen Herrn in Italien die Ehre, ihm durch Stockmar vorgestellt zu werden; er unterhielt sich lange mit mir über Gegenstände der Kunst, für welche er großes Verständniß zeigte. Von Rom wandte sich Prinz Leopold, Stockmar in seinem Gefolge, nach Neapel, wo er ein Abenteuer bestand, dessen Verlauf das diplomatische Talent meines Jugendfreundes in das hellste Licht zu setzen geeignet war.

Der Prinz fiel nämlich in die verführerischen Schlingen einer reizenden Engländerin, welche nichts geringeres plante, als eine Vermählung mit ihrem Anbeter. Stockmar hatte dies nicht sobald gemerkt, als er den letzteren unter dem Vorwande der Besichtigung eines englischen Dreimasters in den Hafen lockte; nachdem aber der Prinz mit seinem Gefolge das Schiff bestiegen hatte, ließ Stockmar sofort auf eigene Verantwortung die Anker nach Livorno lichten. Das Wagestück gelang, und Stockmar stand von jener Zeit an womöglich noch höher bei seinem Fürsten in Gunst*).

Gleiches Zutrauen schenkte ihm, da er auf Wunsch des Königs Leopold als höchst nöthiger Berather und Helfer wieder nach London zurückgegangen war, sowohl Prinz Albert von Sachsen-Coburg als dessen Gemahlin Victoria, welche letztere ihn verehrte wie einen Vater. Nachdem Stockmar im hohen Alter sich nach Coburg zurückgezogen hatte, wo er im Schooße einer glücklichen Familie seine letzten Jahre als heiterer Greis verlebte, besuchte ihn die Königin Victoria bei ihrer Anwesenheit in jener Stadt jedesmal, und zwar nie ohne ihre Kinder,

*) Die „Denkwürdigkeiten" aus den Papieren des Freiherrn von Stockmar, welche 1872 erschienen sind, erzählen diese charaktervolle Handlung des berühmten Diplomaten nicht. — Der Sohn desselben theilte dem Herausgeber mit, „wie ihm von dem erzählten oder einem ähnlichen Hergange nichts bekannt sei, daß vielmehr die in seines Vaters Tagebuche enthaltenen Notizen die Annahme: als habe er seinen Herrn in der angegebenen Art nach Livorno entführt, ausschließen, indem die Reise (16. Juni 1822) danach als eine seitens des Herrn beabsichtigte und nach dessen Befehl vorbereitete erscheine."

welche den ehemaligen treuen Diener ihres Hauses gar herzlich „Papa Stockmar" nannten.

Der edle Mann starb im Sommer 1863 als österreichischer Freiherr und bayerischer Ritter höchster Orden; bürgerlich geboren, war er auf der socialen Stufenleiter so hoch gestiegen. Bei unserer Begegnung in Rom hatte er nur erst eben den sächsischen Adel erhalten; daß aber seinem wahren Werthe damit etwas hinzugefügt worden sei, war nicht seine Meinung, wie er mir denn immer als das Urbild eines nie das Kleid, sondern immer den Träger desselben in's Auge fassenden, graden, ehrenfesten, granitnen Charakters galt. Muster zugleich und unübertroffen schien mir seine Weise, mit den Großen dieser Welt umzugehen; trotz aller schuldigen Ehrerbietung sah ich ihn niemals kriechend. Bei Gelegenheit unseres vielfachen Verkehrs in Rom — Stockmar kam häufig Abends ganz freundschaftlich-herzlich, ohne ausdrückliche Einladung, zu mir, um bei einer Tasse Thee zu plaudern — lernte ich von ihm, was ich gut verwerthen konnte, denn bereits hatte ich durch Empfehlung des Prinzen Friedrich von Gotha Zutritt in einen fürstlichen Cirkel gefunden, welcher noch neben dem seinigen bestand, nämlich in denjenigen der Fürstin Alexandrine Dietrichstein, die mit Würdenträgern aller Art, den vornehmsten Geistlichen, hohen Beamten und Notabilitäten der Kunst und Wissenschaft viel verkehrte. Es war um die Weihnachtszeit des Jahres 1820, als ich zum ersten Male bei ihr war; nach italienischer Sitte brannte nur Kaminfeuer in ihrem Salon; die zierliche, zarte Fürstin saß dabei, in einen grünen, mit Zobel besetzten Sammetpelz gehüllt und gab so ein schönes Bild, während ihre Gäste, diesen Schmuck entbehrend, sich eine wärmere Atmosphäre wünschten.

Oft sah ich bei der Fürstin den ersten Historienmaler Roms, Camuccini, der ein vortrefflicher Zeichner und guter Colorist war — nach akademischer Weise. Er hatte sich durch Fleiß und Glück Reichthümer erworben und besaß einen prächtigen Palast, wo er in hohen, weiten, trefflich erhellten Räumen eine äußerst sehenswerthe Gallerie zusammengebracht hatte, zu deren Besichtigung er mich sogleich einlud. Sie enthielt einen Schatz ausgezeichneter Meisterwerke, wie sie nur in Zeiten gleich der französischen Revolution in Privathände kommen. Ein im goldenen Schimmer der Abendsonne strahlender Hafen von Claude Lorrain, eine unübertroffene kleine Madonna von Rafael, welcher das Christkind eine Nelke reicht, waren darunter; außerdem besaß Camuccini eine Menge herrlicher Durchzeichnungen*). Ferner wies die Sammlung eine reiche Anzahl von Kupfern oder Copien nach Rembrandt auf; ich lernte hier von Neuem diesen wunderlichen Künstler schätzen, der mit so viel Geist und Wahrheit auffaßte, aber sich nie zum Idealen erhob. Jeden Sonntag war die Gallerie den Fremden geöffnet, und ich hatte darin oftmals eine wahrhaft erhebende Sonntagsfeier. Wiederholt führte mich Camuccini umher, indem er in liebenswürdigster Weise Erklärungen und Data zu seinen Bildern gab. Die Fürstin Dietrichstein hatte dem schönen, geistvollen Künstler und feinen Weltmanne gegenüber Amors Pfeilen nicht widerstehen können; man munkelte trotz den 45 Jahren der hohen Frau (sie war am 19. Decbr. 1775 geboren) von großer Intimität zwischen Beiden. Auf den Verkehr bei der Fürstin wirkte dies aber nie störend, sondern eher anregend ein; es ging meist sehr zwanglos zu, Scherze, Anecdoten und lustige kleine Erzählungen machten die Zusammenkünfte amüsant. Ich erhielt, bis die Fürstin ganz unerwartet plötzlich abreiste, ziemlich häufig Einladungen zu derselben; den Prinzen Friedrich sah ich von Amts wegen längere Zeit hindurch ebenfalls beinahe täglich, denn er hatte schon im December 1819 sein Portrait bei mir bestellt, und zwar gleich dop-

*) Wahre Perlen von Durchzeichnungen sahen Schinz und ich am 29. Mai 1819 bei dem dänischen Maler Lund. Die meisten waren nach alten Italienern (Giotto, Ghirlandajo, Fiesole u. A.) angefertigt, Lund hatte sie mit großer Mühe gesammelt und nach der Zeitfolge geordnet. Auf unsere Bitten war er so gütig, uns einen Band dieser schönen Sammlung zu leihen, nach dem wir dann zu Hause mit Muße arbeiten konnten. Vermag etwas den Geschmack an alter Kunst zu erwecken, so ist es diese geistige Essenz der Bilder, bei der alles Mangelhafte in der Ausführung, jedes durch die Zeit herbeigeführte Verderben wegfällt.

(Anmerkung Louise Seidlers.)

pelt*), da er es zweimal zu verschenken wünschte. Den liebenswürdigen Herrn zu malen, war eine hochwillkommene, weil leichte und gewinnbringende Aufgabe. So verkehrte ich in angenehmster Weise mit Personen, die „auf der Menschheit Höhen" standen.

Bisweilen lud mich auch der Prinz von Gotha ein, seine Loge im Theater zu benutzen; ich hatte dadurch manchen Kunstgenuß. Mich frappirte anfangs der stürmische Beifall, mit welchem das italienische Publikum seine Lieblingskünstler überschüttet. Der fanatismo der Zuhörer kennt in solchen Fällen keine Grenzen; ich arme Nordländerin wüßte dies Wort nicht einmal richtig zu übersetzen; „schwärmerischer Beifall" drückt es lange nicht aus. Die Italiener sind ganz außer sich, und begeistern natürlich durch ihr eigenes Feuer den Virtuosen ebenfalls. Warum auch muß man im Norden die Gaben der Künstler in der Regel so kalt aufnehmen! Diese entbehren dadurch eines Sonnenscheins, der sie ermuthigt und sie über sich selbst hinaus hebt.

Auch das bunte Gewimmel des Carnevals konnte ich durch des Prinzen Friedrich Güte besonders bequem mit ansehen; der Balkon des Palastes eines ihm befreundeten Italieners, bei welchem er auch Frau von Schlegel und mich einzuführen die Gefälligkeit hatte, bot eine herrliche Gelegenheit dazu. Das Auge wurde durch die auf Stühlen zu beiden Seiten der (übrigens nicht breiten, doch von sehr hohen Häusern eingefaßten) Corsostraße sitzenden schönen Römerinnen, durch die zahllosen Masken, die langen Reihen von Carossen, deren Insassen sich dreist mit Confetti bewarfen, lebhaft beschäftigt. „Confetti" heißt eigentlich Zuckerwerk, aber die Carnevals-Confetti sind nachgemacht: kleine Gypskügelchen, welche sich durch den Anprall des Wurfes in weißen Staub verwandeln, so daß die Straßen nach den Confetti-Scenen wie mit einer Lage weißen Mehls bestreut erscheinen. Manche Fabrikanten dieses gesuchten Carneval-Artikels fertigen denselben auch so an, daß nur die Schale von Gyps, deren Inhalt aber aus feinem Mehl besteht, welches Gesicht und Kleider der mit Confetti Beworfenen in eine dichte weiße Wolke hüllt.

*) Schinz (im Tgbch.) sagt: drei Mal.

Endlich begann das Pferderennen. Der Corso mußte von den Wagen geräumt werden, die Masken drückten sich zur Seite oder flüchteten sich in die Häuser, und die Renner stürzten auf das gegebene Zeichen vom Fuße des Capitols aus durch den Corso bis zum Obelisk der Piazza del Popolo, wo sie aufgefangen wurden.

Als das Rennen vorüber war, begann die Corsofahrt auf's neue; auch ich konnte nun der allgemeinen Lustigkeit nicht widerstehen und ließ mich verlocken, mit Frau von Schlegel, welcher das Zusehen vom Fenster aus schon längst nicht mehr amüsant genug war, einen Wagen zu besteigen und mich in die bunte Menge zu mischen. In der That waren die herumschwärmenden Masken auf diese Art leichter zu beobachten. Frauen, als Männer gekleidet, und umgekehrt, waren ein Hauptscherz. Ein alter Marquis wurde mit einem Strickchen an der Nase von einer jungen Schönen herumgeführt; ein anderes Paar machte sich dadurch bemerklich, daß die Epaulettes und Schuhschnallen des Cavaliere Büschel von Endiviensalat waren; den Kopf bedeckte eine bunte wollene Perücke mit vier Zöpfen, den Hut trug diese Maske unter dem Arme. Die Gefährtin erschien im lächerlichsten Federaufsatz; ein altes steifes Stoffkleid bildete ihren Anzug, den ein ungeheurer Fächer vervollständigte. Diese und ähnliche Caricaturen gingen gravitätisch auf und nieder; perorirende Advokaten, Doctoren mit der Medicinflasche, Harlekins und Colombinen, Pantalons mit ihren weiten Schlappärmeln u. s. w. u. s. w. drängten sich dazwischen — aber nirgend zeigte sich Pöbelhaftigkeit; Alles hatte einen gewissen Anstand. Das Volk benahm sich wahrhaft liebenswürdig.

In ihre Kutsche zurückgelehnt, sahen wir an diesem Tage auch die Prinzessin Marie Pauline Borghese, die zweite Schwester Napoleons I. Der Wagen bewegte sich langsam hin und her und gab der Prinzessin Muße, die Rosen ihrer Wangen vor allem Volke künstlich zu erzeugen, worauf sie unbefangen die dazu gebrauchte Baumwolle auf die Straße warf. Sie war noch immer schön, aber am vollkommensten soll einst ihr Wuchs gewesen sein, wie sie sich denn auch von Canova als Venus modelliren ließ. Als eine Freundin sie fragte: „Wie ist das möglich gewesen?"

sagte sie ganz naiv: „Mein Gott, ich ließ einheizen; ich konnte mich also nicht erkälten!" — Canovas Meisterwerk wurde indessen nicht öffentlich gezeigt; es blieb im Palazzo Borghese eingeschlossen.

Höchst originell fand ich übrigens den Schluß des Carnevals, „Moccoli," d. h. „Lichter" genannt. Es zündet nämlich — um dem fröhlichen Gaste „zu Grabe zu leuchten," — Jeder ein dünnes kleines Licht an; zu Hunderttausenden sieht man diese flimmern: auf den Balkons, an den offenen Fenstern, an und in den Wagen, auf der Straße. Nun bemüht sich ein Jeder, dem Anderen unter scherzhaften Zurufen das Licht auszublasen, das seinige aber zu schützen, wodurch ein unendliches Schreien, wirbelnde Bewegung und unbeschreibliches Getöse entsteht. Jubelnd und lachend schwingen sich die Spaziergänger auf den Schlag der vorbeirollenden Kutschen, um die Moccoli der Darinsitzenden auszublasen; man klettert auf die dicht mit Lichtern und Menschen besetzten Ballons, ja, man bedient sich, um die Moccoli-Flämmchen zu tödten, sogar weithin wirkender Blasebälge, und Alles schnauft, schnaubt und bläst, Alt und Jung macht wie von der Tarantel gestochen die wunderlichsten Sprünge, um dem Nachbar ein Licht auszulöschen, das dieser im nächsten Augenblicke wieder anzündet. Die scherzhaften Kämpfe, welche hieraus entstehen, geben Gruppen von der originellsten Haltung. So bildet sich im ganzen weiten Corso ein unaufhörlich wogendes Lichtmeer, bis eine Stunde nach Sonnenuntergang das Ave Maria ertönt und ein Kanonenschuß gelöst wird; dieser verkündet das Ende des Carnevals. Wie mit einem Zauberschlage verlöschen alle Lichter, statt ihres Glanzes erfüllt den Corso dichter Dampf, die Wagen biegen in die Seitenstraßen ein und die lärmende Fröhlichkeit räumt lautloser Stille den Platz. Sobald die Lichter erloschen sind, eilt Alles in die Trattorien, um sich hier, in den Gasthäusern, vor Beginn der Fasten noch einmal recht an Fleischspeisen zu letzen. Um 12 Uhr müssen jedoch auch die Trattorien geschlossen sein. Wenn aber das Unheil, welches die Confetti anrichten, anderen Tags durch fleißiges Bürsten geschwind ausgebessert ist und die unschuldigen Mehlflecke von den Kleidern und von den Möbeln der nach dem Corso hinausgehenden Zimmer leicht weggebracht werden können, so sind die Folgen der Moccoli-Kämpfe nicht ganz so harmlos. Die Kleider sind über und über mit Wachstropfen bedeckt, die keiner Bürste weichen; man muß dieselben daher den Fleckenreinigern hinliefern, die dadurch eine reiche Geldernte halten. Die Lokale dieser Leute gleichen in den Tagen nach dem Carneval ungeheuern Trödelbuden, wo alle möglichen Kleidungsstücke über einander gehäuft sind. Etwas kostbares findet man darunter nicht, denn ein Jeder legt das abgetragenste Zeug an, da es Mehl und Wachs Trotz zu bieten bestimmt ist.

Mit dem geschilderten Moccoli-Treiben hatte der Carneval ein Ende, die tolle Zeit war vorbei, und die Straßen wurden öde wie zuvor. Rom, das wieder seinen stillen, ernsten Charakter annahm, athmete auf's neue tiefsten Frieden. In diesem Zustande hatte die heilige Stadt für mich etwas ausgeprägt Beschauliches, namentlich spät Abends war die Scene mir immer äußerst eindrucksvoll. Die Nacht ließ alle oft kleinlichen Details verschwinden; die tiefe Ruhe auf den großen Plätzen und Straßen, nur unterbrochen durch das geisterhafte Rauschen und Plätschern der Brunnen und Fontainen, der wunderbare Nachthimmel, von welchem der Mond sein mildes Licht in schönster Fülle niedersandte, die imposanten Gebäude, welche in so reicher Zahl dem Blicke sich darboten — dies alles brachte einen großartigen Eindruck hervor; das gewaltige Rom ist doppelt erhaben beim Schimmer des Mondes.

Jene Fontainen und Brunnen mit ihrem Wasserreichthum bilden eine der schönsten Zierden auf den Plätzen, Straßen und Höfen der ewigen Stadt; bei großer Hitze sind sie eine besondere Wohlthat. Wird doch die große, längliche Piazza Navona, um den Römern ein besonderes Vergnügen zu gewähren, im August ganz unter Wasser gesetzt, auf welchem man dann eine Art von Corsofahrt veranstaltet, um sich abzukühlen! Von erstaunlicher Größe und Pracht ist ferner die Fontana Trevi, aus deren Becken man beim Scheiden von Rom zu trinken pflegt, da eine alte Sage dann verbürgen will, daß man nach Rom zurückkehre. Dies Meisterstück der Bildhauerkunst besteht ganz aus weißem Marmor; aus der Nische eines großen Palastes tritt ein kolossaler Neptun hervor, vier schnaubende Rosse zügelnd; von allen Seiten stürzt die schäumende Fluth in ein weites Bassin.

Zwei immerwährend spielende Fontainen, deren Wasser über dreißig Fuß hoch springen, befinden sich außerdem vor St. Peters Dom, auf einem weiten Platze, der an zwei Seiten umschlossen wird von gewaltigen, dreifachen Säulenreihen, worauf Statuen von Heiligen prangen; in der Mitte des Platzes steht ein majestätischer Obelisk. Dahinter erhebt sich die palastähnliche Façade der Kirche mit ihrer ungeheuren Kuppel. So riesenhaft ist dieser Bau, daß dem Auge des Eintretenden jeglicher Maßstab der Verhältnisse entschwindet; dies Menschenwerk wirkt auf den Beschauer hinreißend wie eine Schöpfung der Natur. Trotzdem überkam mich in dessen Innern, wenn auch ein festliches, so doch kein heiliges Gefühl, wie es meine Seele immer in gothischen Domen empfand, deren Architektur mir stets wie eine versteinerte Hymne erscheint und meiner Seele gleichsam Flügel leiht. In der Peterskirche konnte ich nie vergessen, daß die zur Fortführung des Baus nothwendigen Gelder durch Ablaßkram und ähnliche Unwürdigkeiten erpreßt wurden, welche zwar den Segen der Reformation, aber alsdann auch die blutigsten Religionskriege in ihrem Gefolge hatten.

Durch die viereckigen Pfeiler, welche St. Peters Dach stützen, werden Räume gebildet, die den Umfang einer mäßigen deutschen Kirche haben; in denselben wird oft zu gleicher Zeit hier gepredigt, dort Messe gelesen, an einem dritten Orte Kinderlehre gehalten u. s. w., ohne daß eine Function die andere störte. Zwischen den Pfeilern befinden sich Altäre mit Altargemälden, nach edlen Meistern in vergrößertem Maßstabe aus Mosaik gearbeitet. Der Hochaltar erscheint von Weitem gesehen wie ein großes Himmelbett, und doch hat er, wie behauptet wird, die Höhe eines der höchsten Paläste Roms, des Palazzo Farnese. Ueber ihm wölbt sich die riesenhafte Kuppel; wo diese auf den vier Pfeilern ruht, sind in Medaillons von Mosaik die vier Evangelisten angebracht.

Die übrige Ausschmückung des Innern von St. Peter ist wenig erfreulich und verschwindet vor der Majestät des Ganzen; desto interessanter sind die vaticanischen Grotten unter der Peterskirche — eine

Welt von Grabmälern und Inschriften, zu der man seitwärts vom Pfeiler der heiligen Veronica hinabsteigt. Unter dem Hochaltar liegen die Gebeine des Apostels Petrus, umschlossen von einer eigenen, unterirdischen Kapelle, zu der jedoch Frauen der Zutritt versagt ist. Eben dort liegen auch die sterblichen Reste der Päpste; ihre Monumente befinden sich in der Kirche. Am Eingang zu dieser Gruft brennen 99 goldene Lampen Tag und Nacht. — Sehr lohnend, freilich auch sehr mühsam, ist das Besteigen der (doppelt gewölbten) Kuppel; die Großartigkeit des oben sich darbietenden Anblicks entschädigt indessen für die Anstrengung des Hinaufklimmens. Mittels einer endlosen Wendeltreppe erreicht man zunächst die Gallerie im Inneren der Kirche, von wo die Kuppel sich zu wölben anfängt; hier erst bekommt man den rechten Begriff von der Größe aller Proportionen, wenn man z. B. sieht, daß jeder einzelne Mosaikstein in den Gestalten der schwebenden Engel, welche die ganze Kuppel ausfüllen, die Größe eines Backsteins hat, und erfährt, daß die Feder, mit der der Apostel Johannes schreibt, sechs Ellen lang ist. An einer Seite der Gallerie erhebt sich ein Altar, zu dessen Seiten Säulen stehen, die einst Titus nach der Eroberung Jerusalems aus dem Tempel Salomonis nach Rom gebracht haben soll; auf diesem Altar befindet sich der kostbare Schrein, welcher die seltensten Reliquien birgt, wie z. B. den Schwamm, der, mit Essig getränkt, dem Heiland am Kreuze gereicht ward, das Schweißtuch der h. Veronica u. s. w. Diese Reliquien werden den Andächtigen nur an den höchsten Festtagen von oben herab gezeigt.

Von der Gallerie aus gelangt man zunächst auf das Dach — es bildet eine kleine Welt für sich. Jahr aus Jahr ein sind hier zahlreiche Arbeiter beschäftigt, die das kolossale Gebäude im Stande erhalten; ein Brunnen befindet sich oben und eine Menge kleiner Kuppeln, von Fenstern umgeben, welche Licht in die Kirche werfen. Alsdann beschreitet man den Aufgang zu der riesigen Kuppel — ganz erschöpft erreicht man endlich die Plattform, auf welcher der sechzehn Menschen bequem fassende Knopf mit seinem hohen Kreuze ruht.

Welches einzige Panorama erquickt aber nun den Müden! Zu der ganzen Aussicht auf Rom, die Campagna und die blauen Berge gesellt sich noch der Blick auf das Meer. Der klarste Himmel wölbte sich über mir, als ich hinaufgestiegen war; die Sonne stand schon tief am Horizonte, und majestätisch in das Meer hinab tauchend, vergoldete sie die Fluth, die Spitzen der Berge und die weite, großartige Landschaft — bis nach und nach dunkle Schatten sich herniedersenkten und die Dämmerung meine Rückkehr erheischte.

Es kann nicht in meiner Absicht liegen, eine Topographie der heiligen Stadt, wie ich sie gefunden habe, zu liefern; ich verzichte in dieser Hinsicht vielmehr von vorn herein auf jegliche, auch nur annähernde Vollständigkeit. Nur weniger Stätten will ich noch gedenken, an die sich für mich irgend etwas Merkwürdiges knüpft, wie z. B. der uralten Kirche San Clemente. Dort befinden sich die freilich stark beschädigten, aber doch noch sehr schönen Fresken von Masaccio (Tommaso Guidi), das Leben der heiligen Katharina schildernd*). Die erste Darstellung zeigt uns diese Heilige, wie sie in einfacher, unschuldiger Haltung lehrend vor mehreren Greisen steht, die ihr theils aufmerksam, theils unwillig zuhören. Erhabener noch ist der Ausdruck der Hauptfigur auf dem nächsten Bilde: Sta. Katharina, im Gefängniß eine Königstochter zum Christenthume bekehrend. Weit schöner jedoch, als die Heilige selbst, gelang dem Künstler die Königstochter; ihr zartes Haupt, bedeckt von einem durchsichtigen Schleier, zeigt ein Profil, so geistig, so unschuldsvoll, edel und rein, daß ich kein ähnliches Kunstgebilde unter allen, die ich in meinem langen Leben sah, darüber stellen kann. Im Jahre 1841 gab mir der kunstsinnige Herr von Quandt den Auftrag, nach einer mitgebrachten Durchzeichnung ein Bild dieser Königstochter in Oel zu malen; leider war es mir aber nicht möglich, das so verwischte, nur noch wie ein Hauch existirende herrliche Urbild nach so langer Zeit zu meiner Befriedigung wiederzugeben**). — Be-

*) Neuere Forschungen weisen diese Fresken dem Masolino da Panicale, dessen Schüler Masaccio war, zu.

**) Wenn Naglers Künstlerlexikon berichtet, von Louise Seidler sei „eine Copie nach einem Kopfe aus den Wandgemälden in der Kirche S. Agnese zu

sonders tief empfunden ist endlich Masaccios heilige Katharina, wie sie den Todesstreich empfängt; der halb erstorbene, halb selig verklärte Blick wirkt mächtig ergreifend. Gerührt schied ich von dem Werke des nur zu früh verstorbenen Künstlers, dem aber die Mitwelt schon den Lorbeer reichte, da er der Ersten einer seine Gestalten lebensvoll mit kräftigen Schatten abrundete. Leider liegt die Kirche San Clemente sehr tief und ist daher feucht, was natürlich auf die Fresken nachtheilig einwirkt.

In der Kirche Sta. Cecilia war es ein ausgezeichnetes Werk der Sculptur, welches sich meinem Gedächtniß eingeprägt hat, nämlich Madernas heilig Cäcilie. Rührend einfach liegt die zarte jungfräuliche Gestalt mit übereinander geschlagenen Händen in einer engen Nische unter der Platte des Hauptaltars; das von einem leichten Tuche umschlungene Haupt ist gewendet und dadurch verdeckt, seitwärts aber am Halse sieht man die Wunde, welche der Märtyrerin den Tod brachte. Seltsam, daß ein Schüler des manierirten und oft so schwülstigen Bernini hier ein so schlichtes, aber eben deßhalb edles Kunstwerk schaffen konnte!

Durch die schönste Harmonie in allen ihren Verhältnissen erfreut eine der kleineren Basiliken Roms: San Pietro in Vincoli, der Aufbewahrungsort der Ketten, welche Petrus in seinem Kerker zu Jerusalem getragen haben soll. In einer Seitenkapelle befindet sich das Grabmal Papst Julius' II., angeordnet von Michel Angelo, dessen majestätischer sitzender Moses die imposante Krönung des Ganzen bildet. In diesem Werke offenbart sich der erhabene Geist des gewaltigen Meisters in einer Vollkommenheit und Größe, von der keine Worte einen Begriff geben. So mußte der Führer eines hartnäckigen Volks, wie die Juden, aussehen; so denkt man sich den Mann, mit

---

Rom im Besitze des Herrn von Quandt", so dürfte muthmaßlich eine Verwechslung mit dem Kopfe nach Masaccio vorliegen. Wenigstens erwähnt Louise Seidler ihres Besuchs der Kirche S. Agnese nur mit zwei flüchtigen Zeilen, ohne die geringste Bemerkung daran zu knüpfen, welche jene Angabe des K.-L. bestätigen könnte.

dem Gott selbst auf Sinai gesprochen. Unübertrefflich ist die von Michel Angelos eigenem Meißel herrührende Bearbeitung des Marmors; stände das Kunstwerk etwas höher, es würde noch überwältigender wirken.

„Mutter und Haupt aller Kirchen der Welt und der Stadt Rom" ist laut daran zu lesender Inschrift der Lateran, an der alten, vom Kaiser Aurelian erbauten Stadtmauer Roms belegen. Neben ihm befindet sich in einem besonderen Gebäude die heilige Treppe, welche aus Jerusalem nach Rom gebracht und angeblich dieselbe ist, welche Christus hinanstieg, als er vor Pilatus geführt ward. Die Gläubigen rutschen die achtundvierzig Marmorstufen nur auf den Knieen hinauf; oben steht eine kleine Kapelle, in der Messe gelesen wird. Dem Lateran gegenüber liegt das kleine, runde Taufkapellchen, worin das mächtige rothe Porphyrbecken, aus welchem Kaiser Constantin getauft worden sein soll.

Endlich gedenke ich — und zwar nicht ohne die tiefste Wehmuth! — als der schönsten Basilica Roms der Kirche San Paolo fuori le mura, eines überaus ehrwürdigen Gebäudes, im Süden weit vor der Stadt, in der Nähe der (bei Ueberschwemmungen meistens in die Kirche tretenden) Tiber belegen. Eiserne Gitterthüren führten zu der großen Vorhalle; das Innere ward geschmückt durch zwei imposante Reihen von je zweiundzwanzig canellirten korinthischen Säulen aus weiß und lilla geädertem Marmor, Pavonazzo genannt. Zwei kolossale Porphyrsäulen trugen die Wölbung der Apsis; in derselben befand sich ein großes Mosaikbild: Christus mit den Evangelisten; ein ähnliches sah man auf Goldgrund an dem Fronton des Eingangs; die Brustbilder sämmtlicher Päpste befanden sich am Fries über den Säulen. Uralte bronzene Thüren, deren rohe Basreliefarbeit aus den Zeiten der wiederbelebten christlichen Kunst stammte, öffneten den Zutritt zu dem hinter der Kirche liegenden Kloster mit seinem kleinen Garten, den ein Kreuzgang einschloß. Die schönen, größtentheils gewundenen, mit Mosaik verzierten byzantinischen Säulchen desselben gewährten einen anmuthigen und zugleich prächtigen Anblick; in dem Kreuzgange selbst waren Alterthümer aufgestellt, die auf der Straße von Ostia gefunden worden.

Wie hätte ich ahnen können, daß dieser edle Bau, der Jahrhunderten getrotzt und die ganze Christenheit mit Bewunderung erfüllt hatte, binnen kürzester Frist ein Raub der Flammen werden sollte! Bei einer Ausbesserung des Daches verfuhren die Arbeiter mit ihrem Kohlenbecken so leichtsinnig, daß das Sparrwerk aus Cedernholz in Brand gerieth; unaufhaltsam verbreitete sich dieser über die ganze Kirche. Die grandiosen Pavonazzosäulen verkohlten zu Kalk, nur kümmerliche Reste blieben davon übrig. Ich erlebte dieses Unglück nicht mehr in Rom; die Trauerkunde desselben erreichte mich unmittelbar nach meiner Abreise, im Juli 1823, zu Florenz. Papst Pius VII. überlebte den Brand der ihm so theueren Kirche nicht lange; wenige Wochen nach ihrem Untergange starb der edle und milde Greis. Seine Nachfolger ließen San Paolo zwar langsam wieder aufbauen, doch jene Säulen aus orientalischem Marmor, eine Siegesbeute aus der alten Römerzeit, konnten nicht ersetzt werden; graue polirte Granitsäulen mußten ihre Stelle vertreten. Als ich im Jahre 1832 wieder nach Rom kam, war die Kirche noch im Bau begriffen; ich konnte mich jedoch nicht überwinden, die theure Stätte wieder zu betreten; es wäre mir zu schmerzlich gewesen*).

Die Orte, wo die Jahrtausende alte Geschichte Roms uns am machtvollsten entgegentritt, sind unstreitig die Trümmer der Kaiserpaläste und das Forum romanum, jetzt Campo Vaccino genannt. Jene hatten große Erwartungen bei mir erregt, die jedoch ziemlich getäuscht wurden. Unter hohen Bögen, zwischen einzelnen, stehen gebliebenen Stücken Mauerwerk ging es auf und ab; dazwischen Weinberge, Gärten, Artischockenpflanzungen u. s. w. Angenehm aber ward ich überrascht, als ich beim Emporsteigen die (seitdem in ein Nonnenkloster umgewandelte und deshalb unzugänglich gewordene) Villa Mills erreichte, welche auf den höchsten Theilen der Ruinen erbaut ist. Hier blühen Rosen in

---

*) Ueber den Brand der Kirche San Paolo fuori le mura am 16. Juli 1823 s. auch Nippolds Lebensbeschreibung Bunsens, I, 206.

üppiger Menge; sie umranken die Trümmer, verschlingen sich zu Bögen, prangen in den Hecken und verbreiten sich wildwuchernd zwischen den Blumenbeeten. Von diesem Standpunkte aus genossen die Kaiser den Anblick der Spiele, die unten im Circus maximus gehalten wurden.

Lange weidete ich mich staunend an der Rundschau, dann stieg ich hinab nach dem alten Forum. Hier concentrirte sich das öffentliche Leben der Staatsbürger; hier standen die Tempel, deren ungeheure Trümmer wir noch jetzt bewundern; hier ist noch die Tribüne, von der herab jene gewaltigen Reden ertönten, die das Volk zu den kühnsten Thaten hinrissen. Im Geiste sah ich die römischen Krieger mit ihren Trophäen den Triumphzug nach dem Capitole halten; sah die gefangenen Könige mit Ketten beladen, ein Spott des Pöbels; sah Thusnelden gesenkten Hauptes einherschreiten; der Zug der Priesterinnen entfaltete sich vor meinem inneren Auge; ich hörte das Siegesgeschrei des römischen Volks. Weiter und weiter schweiften meine Gedanken zurück in die Vorzeit, denn hier auf diesem Platze hatten auch Romulus und Remus einst ihren Tempel; noch heute giebt man ein kleines rundes Gebäude ohne Säulen dafür aus, das jetzt zu einer Kirche dient.

Drei noch wohl erhaltene Triumphbögen steigen empor auf diesem merkwürdigsten aller Plätze; der des Septimus Severus dicht unter dem Capitol, der des Titus am Palatin, und endlich der des Constantin nahe am Colosseum. Innerhalb des Titusbogens befinden sich Bruchstücke eines Hautreliefs, das den Triumphzug des Titus nach der Eroberung von Jerusalem darstellt; kein rechtgläubiger Jude geht darunter hinweg.

Das ungeheure, in seinen wichtigsten Theilen durchgehends aus wohlgefugten Quadern, im Uebrigen aus gebrannten Backsteinen erbaute Colosseum schließt gleichsam das Forum ab und überragt alle übrigen Trümmer: den Venustempel, in den sich gegenwärtig die Kirche der Sta. Francesca Romana hineinschmiegt; den Tempel der Faustina, wo jetzt San Lorenzo in Miranda; die Trümmer der Tempel des Saturn, des Jupiter tonans, der Concordia u. s. w. Im Colosseum, auf dessen amphitheatralisch sich erhebenden Steinsitzen 80,000 Zuschauer bequem Platz hatten, fanden bekanntlich die Kampfspiele der Gladiatoren statt; der Tod vieler Märtyrer stempelte dieses Amphitheater unter den Päpsten zur geweihten Stätte. Als ich dieselbe zum ersten Male betrat, hielt soeben eine Prozession von Mönchen singend ihren Umgang bei den Heiligenstationen; eine andächtige Volksmenge kniete in der Abendbeleuchtung. — In der Mitte der Arena erhebt sich ein hohes Kreuz, an welchem jeden Freitag ein Kapuzinermönch predigt; gleichzeitig wird links vom Eingange in einem großen Bogen Kinderlehre gehalten; in einem anderen Bogen haust in zierlich ausgeschmückter Halle ein Einsiedler und liest Messe.

Zwischen den imposanten Trümmern all dieser untergegangenen Herrlichkeiten bin ich oft gewandelt; gern versenkte sich mein Geist in die Betrachtung der glorreichen Vergangenheit. — Und die Gegenwart —?

Sie wühlt die Bruchstücke des majestätischen Schuttes aus der Erde hervor, freut sich der aufgefundenen Brosamen und klebt ihre elenden Hütten zwischen die erhabenen Ruinen. Eine dürftige Allee von immergrünen Eichen schützt gegen den Sonnenbrand; hier ruhen neben ihren Karren und wiederkäuenden Rindern die von der Arbeit ermüdeten Landleute — ein entnervtes Geschlecht! Rasch eilt der Wanderer vorüber, — kaum daß er einige Marmorstückchen vom Boden aufhebt, welche die moderne Industrie — zu Briefbeschwerern verarbeiten läßt!

Das Thal des Forum öffnet sich gegen Norden zwischen dem Capitolin und dem Quirinal zum ehemaligen Marsfelde. Dort ist das hehre Pantheon — jetzt meistens Sta. Maria della Rotonda, seltener ad Martyres genannt — dessen Anblick immer wieder Bewunderung weckt. Freilich, das Frontispiz, bei der Erbauung mit einem schönen bronzenen Basrelief geziert, ist dessen jetzt beraubt; die Päpste haben es theils zu dem Hochaltar von St. Peter verwendet, theils Kanonen daraus gegossen, und dafür die schöne Form des flachen Kuppeldachs durch ein paar kleine Glockenthürmchen entstellt, die man sehr bezeichnend Eselsohren genannt hat. Die Rotunde ist nur von oben durch ein offenes Oval erleuchtet; leider hat der hereinströmende Regen dem Mosaikboden merklich Eintrag gethan. Rings an der Mauer sind jetzt in Nischen Altäre; unter einem derselben ruhen (neben den sterblichen Resten anderer großer Männer, deren Ruhm das Pantheon verewigt) die Gebeine des Großmeisters unserer Kunst, des herrlichen Rafael; unweit davon diejenigen seiner Braut, einer Nichte des Cardinals Bibiena. Zwei Inschriften auf Rafaels Grabe übersetzte mir der kundige Niebuhr wie folgt:

„Rafael ist es, vor dem die Natur sich doppelt gefürchtet,
Lebend trübt' Er ihren Sieg, aber ihr Leben im Tod.
Mit dem Lebenden bangt' um den Sieg die Mutter der Dinge,
Mit dem Sterbenden glaubt selbst sie zu sterben dahin."

Den großartigen Kuppelbau des Pantheons, der ein so wundervoll in sich geschlossenes Ganzes bildet, konnte ich nicht sogleich fassen; gleich der mächtigsten Eiche hat er Jahrhunderten getrotzt; die schwärzlich graue Farbe, welche ihr hohes Alter diesen Mauern verliehen, läßt sie nur um so ehrwürdiger erscheinen. Die Menschen, welche sich rings umher geschäftig bewegen, ähneln hurtigen Ameisen; ein sich mir immer wieder aufdrängender Vergleich, den ich zuerst an einem Markttage zog. Denn der Platz, auf welchem jenes erhabene Bauwerk steht, dient zum Fleisch-, Geflügel- und Gemüsemarkt; da sah man Gestelle, an denen gerupfte Hühner und Truthähne hingen; zur Seite derselben standen flache Binsenkörbchen, angefüllt mit den einzelnen Theilen der geschlachteten Vögel, mit Hahnenkämmen, Lebern, Mägen u. s. w.; sogar das Blut war aufgefangen und ward feilgeboten, ebenso die Pfoten- und Flügelenden. (Letztere dienen der ärmeren Classe zur Nahrung.) Auf dem Pflaster aufgestapelt erblickte man allerlei Wild, in Stücken zerlegt, wie Rehe, Wildschweine, oft auch Stachelschweine; daneben lagen Südfrüchte und Gemüse in großen Haufen, besonders Artischocken, zarter Salat, Endivien und Aehnliches. Meist waren die Verkaufsbuden mit Lorbeergewinden freundlich geschmückt; zwischen diesen las man oft an hervorragender Stelle ein mit großen Buchstaben geschriebenes Sonett, welches die Huld der Götter pries, denen man diese Gaben verdankte.

Wie das Aeußere des Pantheons, so erschien mir das Innere des riesenhaften Vaticans mit seinen unvergleichlichen Kunstschätzen immer auf's neue wie der Zauber eines Feenmärchens. Gleichwie am nächtlichen Firmamente die Sterne unabsehbar, in ungeheurer Menge, und alle verschieden an Glanz und Größe aufgehen, so auch hier. In wundervollster Harmonie und Schönheit zusammengestellt, sieht man in den weiten Säälen eine Perle der Kunst nach der andern. Unbeschreiblich war der Eindruck, als einst Herr von Quandt nächtlicher Weile die unübersehbare Gallerie der plastischen Bildwerke durch Fackeln beleuchten ließ. Die Statuen schienen Leben zu athmen, so frappant wirkte die düsterrothe Gluth, der hin- und herschwankende Schatten. All das Große, das Erhabene trat doppelt siegreich und majestätisch in die Erscheinung, und manches früher Uebersehene entzückte jetzt; so die Gruppe eines Ehepaares, das sich die Hände reicht. Etwas Innigeres kann man kaum sehen; Rauch hat denn auch später diese Idee zum Grabmale des Niebuhrschen Ehepaars benutzt.

Ein andermal bot sich mir vom Fenster meines Zimmers aus unverhofft ein Schauspiel dar, welches freilich keineswegs idealer Natur, wie das soeben geschilderte, aber doch auch sehr eigenthümlich war. Der schwedische Bildhauer Byström nämlich, dessen großes Atelier sich in der hochgelegenen Villa Malta meiner Wohnung gegenüber befand, erhielt zu einer großen Arbeit einen ungeheuern Marmorblock, den vierundzwanzig schnaufende, keuchende Büffel, gestachelt von den spitzigen Lanzen der schreienden und fluchenden Treiber, mühsam den Berg hinaufschleppten. Diese dämonisch schwarzen, wilden Bestien waren nicht gezähmt, sondern man sagte mir, sie lebten in den pontinischen Sümpfen, würden aber durch List und Gewalt zu Kraftanstrengungen, welchen Ochsen und Pferde nicht gewachsen wären, dienstbar gemacht. Die hämische, zurückgedämmte Wuth dieser Büffel, ihre kleinen, tückischen, blutunterlaufenen Augen, ihre schnaubenden Nüstern, die kühnen, leidenschaftlichen Bewegungen ihrer Bändiger gaben ein aufregendes Schauspiel, an welchem die ganze Straße den wärmsten Antheil nahm.

Die Lebhaftigkeit der italienischen Bevölkerung ist mir überhaupt lange Zeit merkwürdig geblieben; zur Beobachtung derselben bot sich mir bei den verschiedenen Volksfesten, denen ich im Laufe meines römischen Aufenthaltes beiwohnte, wiederholt reichliche Gelegenheit. So sollte ich gleich am heiligen Dreikönigstage des Jahres 1819 eine drollige Sitte der Römer kennen lernen. An diesem Tage wird nämlich, wie bei uns zu Weihnachten, für fleißige Kinder eine Art Bescheerung veranstaltet, aber der Schauplatz derselben ist die Küche, und zwar die Stelle unter dem Schornstein. Dort werden die Strümpfe, welche die Mädchen während des Jahres gearbeitet haben, an einer Leine neben einander aufgehängt und mit Zuckerwerk und Spielzeug angefüllt. Der Kinder Fleiß bestimmt also das Maß ihrer Belohnung. In den kleineren Straßen geht unterdessen ein schwarz vermummtes Wesen, die Befana genannt, mit einem Besen umher und sucht die bösen Kinder auf, um sie zu strafen. Diese Befana ist das, was bei uns zur Weihnachtszeit der Knecht Ruprecht ist. Die Kinder erschrecken und laufen davon, wenn sie die Befana erblicken; endlich aber zieht sich diese zurück und der volle Jubel der kleinen Schelme braust aus fröhlicher Kinderbrust jauchzend hervor. Beiläufig erzählt, ist der Ausruf „Befana" ein arger Spottname geworden, was ich erfahren sollte, als ich einst mit meiner Reisegefährtin durch Roms Straßen ging. Kaum hatten die Kinder den etwas auffallend mit Federn garnirten Hut der Frau von Loewenich erblickt, so schrieen sie jubelnd: »Ecco la Befana!« wiesen mit Fingern auf uns und verfolgten uns, bis wir unser bergendes Haus erreichten.

Die geistige Ausbildung der römischen Jugend schien mir nach allem, was ich in dieser Hinsicht zu beobachten Gelegenheit hatte, im Ganzen auf recht schwachen Füßen zu stehen, wozu das clericale Regiment wohl den größten Theil beitragen mochte. So meinte z. B. eines Tages die sonst höchst verständige älteste Tochter meines Hauswirths: die Greise, welche sie auf einem großen Basrelief dargestellt fand, existirten lebend in der Wirklichkeit. Daß der durch Rom fließende Strom sich Tiber nenne, war ihr ganz neu. Und doch war sie das Kind aus einem gebildeten Hause und von Natur reich begabt!

Der Wissenschaft zeigte sich die niedere römische Bevölkerung unzugänglich, auch wenn es ihr Verderben war; dafür lieferte ein Umstand den Beweis, welcher einem mir befreundeten deutschen Arzte begegnete. Dieser kam eines Abends ganz aufgeregt in mein Zimmer. „Was ist Ihnen?“ frage ich ängstlich, und er berichtet: „Ich behandele ein reizendes Kind von acht Jahren, und begreife nicht, warum sein altes Uebel stets von neuem schlimmer und schlimmer hervortritt. Endlich entdecke ich, daß es an einer Ueberfütterung leidet; ich beschwöre nun die Mutter, dem Kinde kein Essen zu verabreichen und verordne strengste Diät. Heute komme ich abermals zu ihr und finde das Kind in den letzten Zügen. „Was ist geschehen?“ rufe ich bestürzt aus. „Gewiß ist wieder gegen mein Verbot gehandelt worden!“ „Ach, mein Gott!“ schluchzt die Mutter, „ich habe ja der Madonna eine Kerze gelobt, so schwer wie mein Kind, wenn sie dieses gesund machen wolle — mußte ich da die Kleine nicht immerwährend füttern, damit sie recht schwer wurde und ich der Madonna eine stattliche Kerze darbringen konnte?“

Aberglauben, Unwissenheit, Verdumpfung und Verdummung sind eben zu kraß in Italien; welch ein göttliches Land, und auf wie niederer Stufe seine Bewohner! Von dem köstlichen Sprichworte „Bete und arbeite!“ das uns Deutschen aus der Seele geschrieben ist, beherzigen Jene nur die erste Hälfte; stundenlang liegen sie vor Heiligenbildern, am Wege, in den Kirchen auf den Knieen. Alle Augenblicke fanden Prozessionen statt; kein Festtag war ohne solche zu denken.

Das erste größere kirchliche Schaugepränge erlebte ich 1818 gleich einige Tage nach meiner Ankunft in Rom am St. Carlo-Tage, dem 4. November. Feierlich zog der Papst in einem ganz vergoldeten Wagen in die Kirche; ein Bischof, der auf einem weißen Zelter ritt, trug ihm ein großes Kreuz voran. Senatoren in Staatskarossen folgten; ihre Bedienten waren in lange, rothe, mit gelben Bändern besetzte

Mäntel gehüllt; ein ungemein prunkhaft aussehendes Kostüm. Was war das aber im Vergleich zu dem nächsten hohen Feste, Weihnacht des Jahres 1818! Schon Tage lang vorher kündigte der heilige Christ sich an durch die Vorbereitungen der Krämer, durch herrlich aufgeputzte Conditorläden mit schönen und eigenthümlichen Süßigkeiten. Pinienkerne schienen besonders beliebt und wurden auf mannichfache Weise verzuckert dargeboten; sie waren zarter und schmackhafter als Mandeln. Die kirchliche, sehr solenne Feier begann um Mitternacht vom 24. auf den 25. Decbr. mit Glockengeläute von allen Kirchen Roms. In Santa Maria Maggiore findet eine besondere Feierlichkeit statt; eine silberne Wiege wird um 12 Uhr in Prozession herumgetragen, der sich die zahlreich auf dem marmornen Fußboden der Kirche hingelagerten Landleute andächtig anschließen. Morgens folgt dann das große Hochamt, vom Papste selbst im Quirinal abgehalten; gelegentlich desselben werden die seltensten Reliquien gezeigt, so z. B. ein Stück vom Kreuze des Erlösers, die Lanze des Longinus u. s. w. Ich hatte mich sehr früh aufgemacht, was bei dem herrschenden Gedränge unerläßlich war, und wohnte der Feier bei. In vollem, kostbarem Ornat wurde das Oberhaupt der katholischen Kirche unter einem Thronhimmel in die Kapelle getragen; würdevoll stieg der alte Mann die Stufen des Hauptaltars empor und las die Messe, umgeben von der prachtvoll kostümirten hohen Geistlichkeit. Musik und Glockengeläute erhöhten die Feier. Hier zeigte sich der katholische Cultus in würdiger Weise; anders war es in der Kirche Sta. Maria in Ara Coeli auf dem Capitol (ehemals Tempel des Jupiter), die ich noch besuchte. Ich stieg mit unzähligen Menschen die breite, weiße Marmortreppe hinan; gleich beim Eintritt sah man in der Mitte der Kirche eine Art Theater, zu welchem drei Stufen führten. Dort war die Krippe; die Madonna, eine lebensgroße Puppe in weißem Gewande mit blauem Mantel, kniete vor dem in der Krippe liegenden Jesuskinde, neben ihr Joseph in der braunen Kutte, das Kind anbetend. Die Köpfe von Ochs und Esel fehlten nicht im Hintergrunde; seitwärts aber war noch eine andere, sehr seltsame Gruppe. Eine lebensgroße weibliche Figur in dunkelrother Seidenrobe und majestätischem Federaufsatz auf dem Kopfe, Perlenschnüre um Hals und Brust, hatte einen Cavalier in spanischer Tracht zur Seite, der den Federhut in der Hand hielt; links von der Dame sah man eine kleine weibliche Gestalt in blumigem, buntem Stoffgewande. „Was bedeutet das?“ fragte ich erstaunt den Kapuziner, welcher die Wache hielt. „Das ist ja der Kaiser Octavian und die tiburtinische Sibylle“ erhielt ich zur Antwort*). „Aber die Kleine neben ihr?“ „Ist ihre Kammerzofe; solche Damen können diese nicht entbehren!“ erwiderte, würdevoll dreinschauend, der Kapuziner zu meinem höchsten Ergötzen.

Wie seltsam war mir die Parallele zwischen diesem theatralischen Pompe und der einfachen Weihnachtsfeier, welche wir deutschen Künstler unter uns begingen! Die römische Flora ist selbst im Winter reich; am Morgen, nachdem wir die Kirchen besucht, pflückten wir daher auf der Zinne des Friedenstempels Weihnachtssträuße von den wild dort wuchernden Levkoyen, Reseda, Goldlack, Tazetten und Tulipanen, denen wir Epheu, Lorbeer und Myrthe hinzufügten. Abends wurde bei Frau von Schlegel ein echt deutsches Weihnachtsfest arrangirt; mit Hilfe ihrer Söhne, des Malers Eggers, der munteren Elise und der poetischen Auguste Klein gelang eine gar liebliche Feier. Im großen Mittelzimmer bei Frau von Schlegel strahlten in vollem Lichterglanze zwei Lorbeerbäume, welche die deutschen Tannen ersetzen mußten; Orangen vertraten die Stelle unserer Aepfel; unsere frischen Blumenbouquets und römische Zuckersächelchen verzierten gar anmuthig die Bäume; kleine, scherzhafte Gaben in dichterisch-heiterem Gewande verursachten noch besonderes Ergötzen. Wendete sich aber der Blick, so wurde man durch zwei herrliche, in den einander gegenüber belegenen Thüren angebrachte Transparents überrascht. Auf dem einen, von der Hand Philipp Veits, verkündete der Engel den Hirten auf dem Felde die frohe Botschaft; auf dem anderen, von Eggers' Hand, befand

*) Nach der Legende beobachteten am Tage, als Christus geboren wurde, die tiburtinische Sibylle und der Kaiser Octavian da, wo jetzt die Kirche Ara Coeli steht, um Mittag am Himmel eine wunderschöne Jungfrau mit einem Knäblein im Schooße.

sich eine Geburt Christi, Maria und Joseph, das Kind in der Krippe anbetend, aber ohne den Kaiser Octavian und die tiburtinische Sibylle.

Von anderen kirchlichen Feierlichkeiten, denen ich beiwohnte, war mir besonders die am Grün-Donnerstage in einem Saale des Vaticans veranstaltete Fußwaschung und Speisung der zwölf Apostel merkwürdig; diese wurden durch Pilger vorgestellt, welche nach Rom gewallfahrtet waren, um dort die Osterzeit zu verleben. Eine zahllose Menge wohnte, wie allen dergleichen Ceremonien, so auch dieser bei. Auf einer Estrade saßen die zwölf Pilger in langen, weißwollenen Gewändern und eben solchen Mützen; jeder von ihnen hielt einen Veilchenstrauß in der Hand. Die Thüren öffneten sich, und der Papst, in langem, weißem, bis auf die Füße herab zugeknöpftem Gewande, dunkel violettem Sammetkragen und Käppchen von derselben Farbe, trat ein. Ihm folgten zwei Diener; der eine trug weiße Tücher, der andere eine goldene Waschschale mit Wasser darin. Knieend reichten sie ihm beides, nachdem das den historischen Vorgang erzählende Evangelium abgesungen worden; der Papst bückte sich, benetzte die Füße der zwölf Pilger der Reihe nach und trocknete sie dann mit den Tüchern ab, welche darauf den Gewaschenen als Geschenk verblieben. Als die Function kaum beendet war, strömte schon alles zu dem weit entfernten Saale, wo die Speisung dieser nämlichen Pilger vor sich gehen sollte. Auch hier waren unzählige Menschen versammelt. Eine lange, schmale Tafel war für die Zwölf hergerichtet; als sie ihre Sitze eingenommen hatten, erschien der Papst. Cardinäle überreichten ihm knieend die Schüsseln, die er dann auf die Tafel setzte; er legte jedem Pilger vor und schenkte Wein dazu ein.

Bei den verschiedenen kirchlichen Feierlichkeiten im Vatican hatte ich wiederholt Gelegenheit, den uralten, durch besondere Bestimmung des Tridentiner Concils auf die Privatkapelle des Papstes beschränkten Canto fermo zu hören, diesen weltberühmten Gesang, der in seiner jetzigen Form von Gregor dem Großen, dem Wesen nach aber aus der Zeit der Griechen stammen und bis heute noch keine Veränderung erfahren haben soll. Man muß ihn oft hören, um seine Schönheiten zu erkennen. Ich vernahm in ihm, der aus dem Jahre 599 datirt, gleichsam die Uranfänge der modernen Musik in tiefen, langgehaltenen, sich wiederholenden, klagenden Accorden, ohne Accompagnement, ohne jegliche Verzierung, ja ich möchte sagen, ohne jeglichen Reiz gefälliger Melodie. Düstere, strenge Erhabenheit ist sein Charakter; es ist eine majestätische, nahezu grauenhaft ernste Musik, welche eine mächtig erschütternde Wirkung nie verfehlen kann. Aeolsharfen und Harmonikaklänge glaubt man zu hören; die Stimmen der Sänger tönen in arpeggirten Accorden so wundervoll in einander, daß man wirklich himmlischer Sphärenmusik zu lauschen wähnt.

Ein besonderes kirchliches Gepränge entfaltete sich am Charfreitage in der nicht großen, aber durch Michel Angelos Meisterwerke herrlich geschmückten Capelle Sistina; an diesem Tage sah ich den Papst und seine Cardinäle selbst des heiligen Amtes walten. Der Chor, innerhalb dessen sie fungirten, war durch ein Gitter von dem übrigen Raume getrennt; neben dem Altar stand ein großer Candelaber mit dreizehn brennenden Kerzen, die zum Zeichen der Trauer von gelber Farbe waren. „O Jerusalem, was hast du gethan!" tönte schwermüthig der fromme Gesang; unterdessen nahte der Abend und die Dämmerung nahm zu; nach und nach flossen im Inneren der Capelle Gestalten und Formen in einander. Von den dreizehn Lichtern erlosch mit Ausnahme desjenigen, welches den Erlöser selbst bedeutete, eines nach dem andern, wie Einer nach dem Andern Christum verrieth und verließ. Allmählich trat Finsterniß und Todtenstille ein; dann aber ertönte wunderbar das Miserere von Allegri. Engel schienen ihre Stimmen in langgehaltenen, reinen Discanttönen erst leise, dann immer lauter zu erheben, den Höchsten anflehend um Erbarmen und Gnade. Endlich verhallte der letzte Ton — das letzte Licht wurde entfernt, und schweigend ging die Menge auseinander.

Ich eilte, so schnell mich meine Füße tragen wollten, nach Sanct Peters Dom, um dort die wundervolle Kreuzbeleuchtung zu sehen. Tausende von Menschen waren versammelt; dennoch bot die majestätische Kirche noch Raum genug, wie in einem Concertsaale umherzugehen.

Von der Decke herab hing ein mächtiges, ganz mit Lampen besetztes Kreuz; der Papst mit allen Cardinälen kniete darunter zum Gebete nieder. Durch die Lichtstrahlen des Kreuzes wird der ungeheure Raum allein erleuchtet; eine Anordnung, welche — da alle Verzierungen der Kirche verschwinden und die hohen, majestätischen Wölbungen riesenhaft hervortreten — einen unbeschreiblich heiligen Eindruck macht und ganz des hohen Geistes Michel Angelos würdig wäre, wenn sie, wie behauptet wird, wirklich von ihm herrührt. Ich konnte mich glücklich preisen, diesen herrlichen Anblick noch genossen zu haben, denn da in den entfernteren und ganz dunkel gebliebenen Räumen der riesenhaften Kirche von den allezeit pietät- und rücksichtslosen Engländern trotz der Anwesenheit des Papstes, welche doch hätte Achtung gebieten sollen, Unziemlichkeiten verübt worden waren, so unterließ man später die Ausführung der schönen Feier ganz — ein leider nicht alleinstehendes Beispiel, daß Rohheit die Poesie verscheuchte.

Mit dem Charfreitage trat plötzlich eine tiefe Stille in ganz Rom ein. Alle Glocken der Stadt verstummten; erst am Ostersonntage erschallten sie Punct zwölf Uhr wieder von sämmtlichen Kirchen und Thürmen. Welch herrliches Gloria! Später ertönte zur Vesper noch ein Gloriagesang in allen Kirchen. Zugleich mit dem Glockengeläut hörte man auch Freudenrufe und Jauchzen auf den Straßen, ja, wer eines Gewehrs hatte habhaft werden können, unterließ nicht, zu schießen. Dies Geknall bildete einen seltsamen Contrast zu der früheren Ruhe.

Am ersten Ostersonntage, den ich in Rom verlebte, holte mich in der Frühe Prinz Friedrich von Gotha zu einer Spazierfahrt ab, welche am Eingange des Petersplatzes neben den Colonaden endete; dort konnten wir die Benediction, welche der Papst ertheilte, bequem mit ansehen. Unter dem Donner der Kanonen der Engelsburg, unter dem Glockengeläute der dreihundert Kirchen Roms erschien der Papst mit der dreifachen Krone im festlichsten Schmucke auf dem Balkon der Peterskirche; er wurde auf einem Sessel getragen und war von zahlreicher Dienerschaft begleitet, welche große Fächer von weißen Pfauenfedern ihm zur Seite hielten; ein Geschenk der Stadt Ravenna.

Angesichts der Menge erhob sich der heilige Vater und gab den zahllos auf dem Petersplatz Versammelten, welche auf die Kniee stürzten, seinen Segen. Man rechnete, daß außer den Einwohnern Roms und den Landleuten, die herbeigeströmt waren, dreißigtausend Fremde in der heiligen Stadt versammelt seien. Auf dem großen Platze vor der Peterskirche stand Kopf an Kopf; namentlich fielen die Pifferari in die Augen: Hirten aus den Abruzzen oder der Campagna, welche in der Osterzeit zahlreich nach Rom kommen und dort vor den Madonnenbildern in den Straßen mit Dudelsack und Pfeife in einfachen Melodieen ihre Andacht verrichten. Ablaßzettel flogen auf die Menschenmenge herunter und wurden eifrig aufgefangen. Da unser Wagen mit allen übrigen in der Entfernung halten mußte (auf dem Petersplatze standen sicherlich sämmtliche Kutschen von Rom, und doch war noch Raum für eben so viele), so konnte ich leider den Papst nicht genau sehen; dennoch machte es auch auf mich einen tiefen Eindruck, als so viele Tausende mit Einem Schlage andächtig auf die Kniee stürzten, um den Segen des „Statthalters Christi“ zu empfangen, der ihn am Ostersonntage der ganzen Christenheit spendet.

Am Abend verschaffte mir Monsignore Renazzi, der Beichtvater des Prinzen Friedrich, in einem an der Engelsbrücke, St. Peter gegenüber liegenden, drei Stock hohen Hause einen bequemen Platz, um die Kuppelbeleuchtung von St. Peter und später die Girandola auf der Engelsburg mit anzusehen; eine besondere Vergünstigung, denn nur sehr wenige Gebäude liegen so, daß man von ihnen aus den Anblick beider Herrlichkeiten gleichzeitig genießen kann. Mit Sonnenuntergang begann die Beleuchtung von St. Peter; zuerst durch Fackellicht, auch auf dem Kreuze ganz oben. Dann wurden die Gallerieen, dann unter diesen die Fenster der Kuppel, den Rand des Daches entlang, überall durch flammendes Fackellicht erhellt. Um ein Uhr in der Nacht erlosch dies plötzlich, und wie mit Zauberschlage trat an seine Stelle die Lampenbeleuchtung. Der ganze herrliche Bau schien wie aus Lichtperlen auf dunkeln Grund gezeichnet. Die Lampen folgten den architektonischen Linien der Pfeiler, Friese, Fenster, Gallerieen, Rippen der Kuppel; ein

Feenpalast, mit dem Strahlenkreuze geschmückt, schien in der Luft zu schweben. Sogar der obere Rand der Colonaden — auf welchem Bildsäulen stehen, die durch die hin und her hüpfenden Lichtreflexe Leben zu athmen schienen — war von Lampen umsäumt. Zwei Stunden später wurde das Feuerwerk auf der Engelsburg angezündet, deren Localität, ein rundes, mehr breites als hohes Gebäude, sich besonders dazu eignete. Das großartige Schauspiel begann mit zahllosen Raketen, die im Steigen einen fächerartigen Pfauenschweif bildeten. Bald schienen feurige Wasserfälle über die runden Mauern der Burg hinabzustürzen, bald hatte es den Anschein, als sei sie von glühenden Festons und Blumensträußen umzogen; die wunderbarsten Flammengebilde wechselten mit einander ab, und der Schluß war, wie der Anfang, eine großartige Girandola, aus welcher beim Erlöschen ein kolossaler Erzengel Michael in rother Gluth sichtbar wurde. Die Pracht dieses Feuerwerks wurde noch dadurch erhöht, daß es sich in dem hart vorüberfließenden Tiberstrome wiederspiegelte.

Wenige Monde später, im Juni, genoß ich abermals durch die Güte des Prinzen von Gotha eine seltene Vergünstigung. Er lud mich nämlich ein, mit ihm nach St. Peter zu fahren, um der majestätischen Feier des Corpus domini beizuwohnen. Wir stiegen bei den Colonaden aus und nahmen zwischen denselben einen erhöhten Platz ein, von welchem aus man die vorbeiziehende Prozession vortrefflich sehen konnte. Der Fußboden zwischen den Colonaden war mit Blumen bestreut, zwischen den Säulen hingen Laubgewinde. Unter dem Glockengeläute von allen Kirchen Roms und dem Kanonendonner von St. Angelo begann der Zug. Die Geistlichkeit der fünf Basiliken Roms eröffnete ihn; vor jeder Abtheilung derselben wurde statt der Fahne eine Art von Schirm getragen, der aus breiten Streifen von Goldbrokat und dunkelrothem Sammet zusammengesetzt war. Diese Stoffe waren der jährliche Tribut der Juden für die Erlaubniß, in Rom wohnen zu dürfen, und dafür war ihnen das Ghetto eingeräumt: ein Gewirr schmutziger Straßen mit himmelhohen Häusern, welches allabendlich geschlossen wurde. — Den Anfang der Prozession machte der Lateran, als die Mutterkirche Roms; dann folgten die zahllosen Mönchsorden mit ihren gemalten oder gestickten Orislammen, die Klosterbrüder hielten brennende Kerzen in den Händen und sangen Psalmen. Ihnen wiederum folgte der griechische Patriarch mit seinen Geistlichen; er trug eine Krone wie die der alten Kaiser, und ein langes, bis zu den Füßen herabwallendes, vorn offenes Stoffgewand, in dessen breite Ränder Figuren von Heiligen in bunter Seide eingestickt waren. Ihm schlossen sich die Cardinäle an; sie hatten weiße, zugespitzte Bischofsmützen auf den Häuptern und trugen ganz goldstoffene Meßgewänder über weißen Unterkleidern mit breiten Spitzen. Den Cardinälen reihte sich die Dienerschaft des Papstes an, in carmoisinrothen Sammet und eben solche Seide gekleidet; auf rothsammtenen Kissen mit Goldquasten wurden die dreifache Krone des Papstes und die goldenen Schlüssel Petri getragen. Endlich erschien, ehrwürdig anzuschauen, der Papst selbst, auf erhöhtem, mit Teppichen behangenem Gerüste knieend, von seinen Offiziaten getragen, während er mit beiden Armen die Monstranz umfaßte, welche die heilige Hostie barg. Sein Kopf war nur mit einem kleinen, weißen Käppchen bedeckt; die ganze Gestalt umgab ein weites, weißes Stoffgewand, das selbst die Hände verhüllte. Ein reicher Baldachin wurde über ihn gehalten. Den Beschluß machten die Leibwachen zu Fuß und die Schweizer in mittelalterlicher Tracht mit Helm und Hellebarden; Pagen, gekleidet wie die Schweizer, nur mit Baretten statt der Helme versehen, gingen dem Baldachin zur Seite. Das Ganze bot ein pomphaftes Bild; hauptsächlich imponirte der griechische Patriarch mit seinem langen, weißen Barte. Die Harmonie des Festes wurde nur durch einen einzigen Mißton gestört, nämlich durch das zerlumpte Aeußere der Landleute, welche den Platz füllten und einen grellen Contrast zu all dem Glanze bildeten, in welchem der Clerus auftrat. Später mußte ich erfahren, daß unsere geputzten Bauern ärmer sind, als diese dürftig, aber malerisch aussehenden Italiener, die unter dem herrlichen Klima nicht zu säen und nicht zu ernten brauchen, der liebe Herrgott ernährt sie doch.

Ich habe erzählt, wie ich den Papst bei hohen Feierlichkeiten sah.

Oftmals begegnete ich ihm aber auch, wenn er seine tägliche Spazierfahrt machte, wobei ihn eine reitende Leibwache begleitete. Wenn Pius VII. sich zeigte, stürzte alles auf die Kniee, um seinen Segen zu empfangen, den er während des Fahrens aus den Wagenfenstern, sowie beim Auf- und Niederschreiten an schattigen Stellen, wo er halten ließ, Jedermann ertheilte. Er trug meistens ein bis zu den Füßen zugeknöpftes Hauskleid von weißem Casimir, mit einer Pellerine von dunkelroth-violettem Sammet. Sein Haupt bedeckte ein Käppchen von gleichem Stoff und gleicher Farbe; die noch dunkeln, weichen, sanft gelockten Haare quollen darunter hervor. Seine Gestalt war klein, das Gesicht sehr mager und blaß, mit ungemein sanften, braunen Augen, in denen ein wahrhaft frommer Ausdruck lag — der Spiegel seines Inneren. Einen Beweis seiner milden Gesinnung gab er einst bei solchem Spaziergange einem deutschen Künstler, einem trotzigen Gesellen, der, während alle Anwesenden die Kniee vor dem Kirchenoberhaupte beugten, den Hut auf dem Kopfe, herausfordernd stehen blieb. Papst Pius ging freundlich auf ihn zu und sagte: „Der Segen eines alten Mannes kann niemand etwas schaden, ich gebe ihn dir!" Der junge Mensch stürzte wie vom Donner gerührt auf die Kniee*).

Einmal — und zwar am 10. Januar 1819 — führte mich auch eine nicht grade religiös zu nennende Angelegenheit in ein Gotteshaus, nämlich in die Kirche Santa Maria Maggiore, wo die sterblichen Ueberreste der dahingeschiedenen Königin Christine von Spanien aus-

*) Nach einer von Friedrich Hofmann erzählten Mittheilung Friedrich Rückerts war der deutsche Künstler, welcher diese Begegnung mit Pius VII. hatte, der Kupferstecher Carl Barth. Rückert meinte, derselbe sei „nicht fähig gewesen, diesen Trotz gegen eine religiöse Sitte aus einem unlauteren Beweggrunde auszuführen. Er that es aus der innersten Wahrhaftigkeit seines Wesens; des Papstes wegen die Straße meiden hieß ihm so viel, als vom graden Wege abweichen aus Feigheit oder Falschheit. Und ebenso war es nicht Schwachheit, die ihn vor dem Papste niederwarf, sondern die Wahrhaftigkeit seines Herzens gebot es ihm." (Gartenlaube 1866, No. 7.) Uebrigens versichert Ernst Förster („Peter von Cornelius", I, 202), Cornelius habe ihm den Vorfall so berichtet, als sei dieser Rückert selbst begegnet.

gestellt waren. Schwarzer, mit silbernen Lilien bestickter Sammt bekleidete Säulen und Wände der Kirche. Angethan mit dem königlichen Prunke, im Silberstoffkleid, mit Hermelinmantel und Krone, ruhte die todte Majestät auf einem schräg abfallenden Katafalk, der ebenfalls eine schwarzsammtene Draperie hatte. Die Quasten an den Zipfeln derselben wurden von vier Prinzen von Geblüt gehalten. Die von Statur kleine Königin nahm sich in der kolossalen Kirche wie eine Puppe aus. Am Morgen des genannten Tages war die Schaustellung zu Ende; um Mittag wurde die Leiche nach der Peterskirche übergeführt, in deren Krypta sie ruhen sollte. Mit dem Schlage zwölf setzte sich der feierliche Leichenzug, dem zur Aufrechthaltung der Ordnung ein Trupp Bewaffneter voranritt, unter fortwährendem Glockengeläute in Bewegung; eine Trauermusik erschallte, zahllose geistliche Orden, die Brüder Fahnen und brennende Kerzen in der Hand, führten ihn an. Der Träger des Kreuzes, in weißem Gewande mit rother Stola und rundem, von beiden Seiten aufgekremptem Hute, ritt auf einem weißen Maulthier. Dieses wurde geführt von zwei päpstlichen Dienern, die in kurze Ueberwürfe von carmoisinfarbenem Damast gekleidet waren. Dann folgte die reich behangene Bahre mit der noch immer auf dem Paradebette prangenden königlichen Leiche. Unmittelbar dahinter ritten Fürstlichkeiten und Cardinäle (diese zu Maulesel) im größten Pomp; dann sah man auf einem Wagen den leeren Sarg, welcher in der Peterskirche die sterbliche Hülle der Königin aufnehmen sollte. Er war mit einer goldstoffenen Decke behangen; ein reich verzierter Thronhimmel erhob sich darüber. Eine zahllose Wagenreihe mit dem Hofstaat und der Dienerschaft der Königin schloß sich an; in jedem Wagen saß immer nur eine Person; die letzten Kutschen waren leer. Als ich den Zug langsam sich hatte entfalten und die Kirche verlassen sehen, ging ich nach Hause, aß gemüthlich zu Mittag und pflegte der in Rom doppelt nothwendigen Siesta. So war fast drei Uhr herangekommen; das fortdauernde Glockengeläute bezeugte indessen, daß der Zug noch immer in Bewegung sei. Ich eilte deshalb, ihm nochmals zu begegnen, und war so glücklich, nahe bei Sanct Peters Dom auf einem Karren einen erhöhten Platz zu erobern, wo ich das prunkhafte Bild nochmals an mir vorbeiziehen sah. Gegen fünf Uhr verkündete der Donner der Kanonen von der Festung St. Angelo, daß der Zug in der Peterskirche angelangt war. Hier geruhte die Majestät zu bleiben, und der bis jetzt in sämmtlichen Functionen mit aller Strenge fortdauernde Hofdienst wurde damit aufgehoben. Jeden Morgen hatten nämlich Arzt, Friseur, Hofdamen, Kammerfrauen, Haushofmeister und Stallmeister sich nach den Befehlen Ihrer Majestät erkundigen müssen, wie wenn die Königin gelebt hätte. Die Antwort war jedesmal gewesen: „Ihre Majestät ruhen." Die Küche war wie gewöhnlich bestellt worden, die Pferde standen angeschirrt. Der kurz vor dem Tode der Königin in deren Dienst getretene Friseur hatte nur dreimal die Ehre gehabt, die hohe Frau zu frisiren; dennoch erhielt er, wie alle übrigen Hofdiener, eine königliche Pension.

Hatte solchergestalt eine todte Majestät mich und meine Kunstgenossen, ja, die ganze Stadt in Bewegung gesetzt, so sollte alsbald eine lebendige das Gleiche thun: man erwartete nämlich den Kaiser Franz I. von Oesterreich zum Besuche in Rom. Als dies bekannt wurde, geriethen alle deutschen Künstler in Athem; sie wollten eine Ausstellung für den Monarchen veranstalten. Frohe Erwartung regte sich in der Künstlerbrust: ein Deutscher Kaiser wird Deutsche Kunst in Rom zu würdigen wissen, so hoffte man. — Wie bitter sollte man sich getäuscht haben!

Am 3. April 1819 traf der Kaiser ein; die Ausstellung der deutschen Bilder im Palazzo Caffarelli wurde am Tage seiner Ankunft für das Publikum eröffnet. Die Cartons zu den Frescobildern der Casa Bartholdina und der Villa Massimi bildeten die Hauptzierde derselben. Mein bescheidener Beitrag bestand in dem Portrait meiner Freundin Fanny Caspers, welches an passender Stelle eine gute Unterkunft gefunden hatte.

Am Tage nachdem der Kaiser angelangt war, wurde ihm zu Ehren im Vatican eine Cantate aufgeführt. Eine Freundin und ich, wir hatten durch Niebuhr eine Einladung zu dieser Festlichkeit erhalten. Da wir uns etwas verspätet hatten, so kamen wir athemlos an; die hohen

Flügelthüren öffneten sich, und wir erblickten zu unserer Bestürzung in einem zauberhaft beleuchteten Saale eine glänzende Versammlung reich geschmückter Damen und decorirter Herren. Unsere Verlegenheit steigerte sich noch, als der Portier beim Eintreten ganz laut in den Saal hineinrief: »Signora Luigia Seidler, pittrice tedesca!« Wie Donner hallte dies Wort an meine Ohren. Die arme, schüchterne Malerin im schwarzen Kleidchen trat erschrocken mit niedergeschlagenen Augen zur Seite, ohne sich weiter vorzuwagen; sie ließ die Aufführung gern im Stich, als der Eintritt des Kaisers mit Gefolge das Hinausschlüpfen unbemerkt möglich machte.

Der Kaiser hatte die Musik im Vatican „kunstsinnig" gebilligt — wir hofften alles von seinem Besuche unserer Ausstellung. Mühe und Sorgfalt hatten wirklich etwas bedeutendes zu Stande gebracht, und mit Stolz blickten wir auf die großartigen Schöpfungen deutscher Kunst. Sämmtliche Gemälde erschienen durch Gegensatz und Beleuchtung gleichsam in wahrer Gestalt; vor allem ragte die „Religion" von Philipp Veit hervor, eine edle hohe Gestalt, für eine Lünette im Vatican bestimmt. Das Colorit, der Charakter, der erhabene Ausdruck ließen nichts zu wünschen übrig; die Cartons zur Casa Bartholdina und theilweise zur Villa Massimi gewannen bei näherer Beschauung immer mehr; ebenso befriedigte Wilhelm Schadows Portrait von Thorwaldsen, von sich selbst und seinem Bruder, dem Bildhauer Rudolph Schadow, welcher letztere seinerseits eine Spinnerin und ein Mädchen, das seine Sandalen bindet, in Marmor ausgestellt hatte. Wach producirte u. A. eine treffliche Copie der Vision des Ezechiel nach Rafael; Bernhard, Rehberg und Rösel tüchtige Zeichnungen, Catel einige seiner vorzüglichsten Landschaften u. s. w. Im Ganzen enthielt der Katalog 178 Nummern und die Namen von 48 Malern, einer Malerin (welche ich selber war), von sieben Bildhauern, vier Kupferdruckern und zwei Erzgießern*).

*) Datirt „Rom, Mai 1819" gab in der Augsb. Allg. Ztg. Salomon Bartholdy einen Bericht „über die Kunstausstellung im Palaste Caffarelli zu Rom im April 1819", wieder abgedr. b. Dorow, „Denkschr. und Briefe zur Charakteristik d. Welt u. Literatur", III, 116 fg. Der starke Ausfälle gegen die

Somit konnten wir uns sagen, daß das Ganze würdig und stattlich erscheine, und wohl durfte uns das Herz in freudiger Erwartung höher schlagen. Aber — der Kaiser besah „holter" nur einmal flüchtig diese Ausstellung, und es erfolgte kein Zeichen irgendwelcher Theilnahme, wogegen später italienische Künstler gewinnbringende Bestellungen, und Franzosen Orden erhielten. Der gute Kaiser hatte freilich so wenig Sinn für wahre Kunst, daß er gelegentlich eines Besuchs bei Thorwaldsen diesem auf die Achsel klopfte und ausrief: „Brav! Brav! Schaun's — man sieht holter, daß Sie ein fleißiger Schüler von dem Canova sind!" Tags darauf kam auch ein alter General aus des Kaisers Gefolge zu Thorwaldsen, fragte, ob dieser bei Canova „gelernt" habe und versprach ihm dann sehr huldreich seine Protection.

Noch einige andere Anekdoten förderte Kaiser Franz zu Tage; so z. B. hatte er von den in Italien so oft vorkommenden Weinrebenfestons an den Landstraßen den Glauben gehegt, dieselben seien expreß für ihn angefertigt, und eine große Freude über diese ihm erzeigte „Huldigung" ausgedrückt. Auf dem Petersplatz erregten die dreißig Fuß hoch springenden Fontainen seine besondere Aufmerksamkeit. Nachdem er sich eine Weile in ihre Betrachtung vertieft, rief er seiner Begleitung zu: „Schön! schön! i hob nun g'nug g'schaut; lassen's die Wasser alleweil' nur wieder ab!" Er ahnte nicht, welche Fluthen Roms antike Wasserleitungen spenden und hielt auch diese riesigen Fontainen für improvisirt.

So verging der Frühling und ein Theil des Sommers vom Jahre 1819 — bald war ich acht Monde in der ewigen Roma. Da beschloß ich, eine Tour nach Neapel zu unternehmen, wohin Frau von Loewenich mir schon vorangegangen war; sie hatte mir Wunderdinge von der herrlichen Stadt geschrieben und meine Sehnsucht nach derselben geweckt. In Begleitung einiger Freunde (unter denen der Schweizer Landschafts-

---

„Nazarener" enthaltende Aufsatz scheint unter den deutschen Künstlern in Italien viel böses Blut erregt zu haben, wie sich aus den scharfen Aeußerungen über denselben bei Schinz (Tgbch. 28. Aug. 1819) schließen läßt.

maler Salathé und der treue Schinz) machte ich mich denn im Juli auf den Weg — „Neapel sehen und nicht sterben!“ war die Losung.

Wir hatten einen schriftlichen Accord mit einem Vetturin gemacht, der uns in drei und einem halben Tage nach Neapel zu bringen, sowie unterwegs für Nachtlager und Kost zu sorgen sich anheischig machte; die Person zahlte dafür zehn Scudi. Morgens drei Uhr rasselte der kolossale, schwer bepackte und mit vier schellenbehangenen Maulthieren bespannte Wagen an meiner Hausthüre vor, aber erst gegen acht Uhr fuhren wir zum Thore hinaus; so lange ließen die übrigen Passagiere, besonders diejenigen, welche den Bock einnahmen, auf sich warten. Welche Geduldsprüfung für die Reisenden! Unerträglich im Vergleich zu der unaufhaltsamen Pünktlichkeit der Eisenbahnen.

Im Schneckenschritt gelangten wir Mittags zwölf Uhr nach Albano — eine Strecke, die man mit guten Pferden in zwei Stunden zurücklegen kann. In der Post, die zugleich Gasthof war, ward nun gemüthlich ausgeruht und Mittag gemacht; endlich ging es langsam weiter nach Genzano und von da an bewaldeten Bergketten vorüber nach Velletri, einer auf einem kleinen Hügel malerisch gelegenen Stadt, wo das erste Nachtquartier gemacht werden sollte. Wer beschreibt aber unser Entsetzen, als bei einbrechender Dämmerung unser Vetturino plötzlich ein Zetergeschrei: »Ladri! Ladri!« ausstieß. Zugleich stürzten die Pferde wie rasend vorwärts. „Was giebt's?“ riefen wir Alle voll Entsetzen wie aus Einem Munde, und das Haar sträubte sich uns empor. „Nichts! Gar nichts!“ versetzte der Kutscher ruhig; „ich habe meine Pferde abgerichtet, daß sie auf diesen Ruf tüchtig zu laufen beginnen, und da sie anfingen, matt zu werden, wollte ich sie stacheln, damit wir Velletri bald erreichen.“

Wir wußten nicht, sollten wir lachen oder schelten. Ich glaube, wir thaten beides, jedenfalls aber waren wir froh, nicht wirklich von Räubern bedroht gewesen zu sein.

Uebrigens lebte die Furcht vor Spitzbuben nicht bloß in unserer Einbildung; die Unsicherheit der Umgegend Roms war zu jener Zeit in der That sehr groß. Hatte doch soeben erst unser Reisegefährte, der brave Maler Salathé, wirklich die unliebsame Bekanntschaft mit Räubern gemacht! Freilich war sein romantisches Abenteuer noch gut abgelaufen, aber beängstigend genug war der Gedanke an dasselbe doch. Eigentlich war es auf den Baron Rumohr abgesehen gewesen, der schon mehrere Jahre hintereinander während der heißen Jahreszeit einen Sommeraufenthalt in der Umgegend von Olevano gewählt hatte. Dies Städtchen liegt etwa dreizehn Stunden von Rom malerisch auf einem der höchsten Gipfel des Sabinergebirges; die Straßen laufen eng und steil übereinander, nur der Markt bildet einen freien Platz, auf dem die Kirche steht. Die Stadt wird beherrscht von einem alten, zerfallenen Castell; unweit von diesem lag völlig einsam das kleine Casino, welches Baron Rumohr bewohnte. Es gehörte armen Landleuten und war dürftig eingerichtet, aber die prachtvolle Aussicht entschädigte für den Mangel an Comfort. Oft lebten hier Landschaftsmaler bei dem Baron, um die Gegend zu skizziren; das Gerede, dieselbe sei durch Räuber sehr unsicher, focht die leichtblütigen Künstler um so weniger an, als sich längere Zeit keine Spur des Gesindels gezeigt hatte. Auf einmal jedoch lockten die Gerüchte von dem Reichthum des Barons dasselbe herbei. Eines Tages erschienen während eines starken Gewitters drei verwegene Gesellen vor Herrn von Rumohrs Hausthür; einer hielt Wache, zwei sprangen die Treppe hinauf und fragten dreist nach dem Baron, der ihnen in leichter, lässiger Sommerkleidung zufällig entgegentrat. Er durchschaute sofort den Sachverhalt, antwortete aber kaltblütig mit ruhiger Gelassenheit: „Ich weiß nicht, wo Herr von Rumohr ist, ich werde ihn rufen." Die Räuber hielten ihn für einen Diener, und dies gab ihm Frist, zu entfliehen. Unterdessen war der Maler Salathé jenem Wächter in die Hände gefallen und von ihm gepackt worden, da er ihn trotz der gegentheiligen Betheuerungen des Sohnes des Wirthes von Olevano, Namens Baldi, der aus unzeitiger Neugier dem Vorgange zusah, für den Baron hielt. Nun durchsuchten die Spitzbuben das ganze Haus; als sie den Baron nicht fanden, erkannten sie ihren Irrthum, geriethen in grenzenlose Wuth und schleppten statt des Herrn von Rumohr den Wirthesohn, der auf diese Weise seinen Vorwitz höchst unliebsam büßen mußte, und den Maler gebunden fort, mit der Drohung, sie Beide zu tödten, wenn nicht das Lösegeld, 2000 Scudi für jeden von ihnen, herbeigeschafft würde. Kaltblütig sagte ihnen Salathé, alle seine Freunde und Verwandte seien gleich ihm selbst zu arm, um nur das geringste zu zahlen. Der Wirthssohn dagegen schrie wie ein kleines Kind. So gelangten sie, Berg auf, Berg ab, bis zu einer Höhle, wo noch andere Räuber hausten, welche grade allerlei Beute durchsuchten, bei welcher sich auch ein Medaillon mit einem Damenportrait befand. Salathé blieb ganz ruhig; die fremdartige Gruppe fesselte sein Künstlerauge so, daß er gelassen das Skizzenbuch aus seiner Tasche zog und die Räuber zu zeichnen begann. Dieser Gleichmuth imponirte ihnen dergestalt, daß sie ihm ein über das andere Mal ein enthusiastisches „Bravo! Bravo!" zuriefen, Kunststücke mit ihren Messern, an denen noch Blutspuren klebten, ausführten — sie warfen die Messer z. B. so in die Höhe, daß dieselben beim Herabfallen ein Stückchen Papier aufspießten — und sich überhaupt sehr artig gegen Salathé betrugen, dem sie fortan die besten Bissen und den ersten Trunk gaben. Dafür mußte er ihnen aus Gebetbüchern, welche von den Einwohnern Olevanos requirirt wurden, vorbeten, wobei die Räuber voll Erbauung, ja, Zerknirschung, in sich gekehrt und zum Theil weinend, zuhörten. Die angefertigten Skizzen, über welche sie sehr erfreut schienen, steckten sie sorgfältig zu sich, indem sie Salathé sogar einluden, ganz bei ihnen zu bleiben; er solle ein bequemes Leben haben. Den schreienden und wimmernden Baldi dagegen behandelten sie auf das verächtlichste, drohten ihm und zückten wie zum Spott die Messer auf seine Brust. Ein junger Schäfer, welcher Lebensmittel brachte, wurde von dem Hauptmann der Bande, Namens Nicola, nach Olevano in das Casino geschickt, um zu erklären, daß, wenn nicht binnen drei Tagen für jeden der Gefangenen 2000 Scudi unter einem bestimmten Steine lägen, dieselben ihr Leben verlieren würden. Bei dieser Nachricht gerieth der arme Vater des gefangenen Baldi außer sich; er begab sich zum Baron von Rumohr, stürzte ihm zu Füßen und beschwor ihn, seinen Sohn zu retten, da er selber unmöglich die Summe aufbringen könne und der Baron ja gleichsam der Urheber des Unglücks sei. Wirklich schaffte Herr von Rumohr großmüthig fast die ganze geforderte Summe herbei; für den Rest nahmen die Räuber silberne Löffel und Uhren, welche ihnen die Familie des Gefangenen anbot. Als das Geld für Baldi erlegt worden war, gaben die Räuber diesem auf die verächtlichste Weise mit Fußtritten die Freiheit; den Maler Salathé dagegen hatten sie bereits ohne Lösegeld losgelassen, ihn ob seines muthigen Benehmens ihrer Freundschaft versichert, ihm Gottes Segen gewünscht und die Hoffnung ausgedrückt, ihm bald auf der Landstraße nach Neapel zu begegnen. Ja, sie küßten ihn beim Abschiede, sagten, er solle in Frieden ziehen und gaben ihm noch einen Scudo Reisegeld mit.

Diese damals noch ganz frische Begebenheit*) kam uns Allen bei dem plötzlichen Geschrei unseres Kutschers lebhaft in den Sinn, was zur Hebung der Stimmung begreiflicher Weise nicht beitrug. Ich läugne nicht, daß ich mich oft scheu auf der Landstraße umsah, ob sich nicht trotz eines sehr strengen Edictes, welches der Papst in Folge des durch Salathés Abenteuer verursachten, gewaltigen Aufsehens unlängst erlassen hatte, doch wieder Räuber zeigten. Gottlob war indessen meine

*) Sie hat sich, wie aus Schinz Tgbch. erhellt, am 18. Juni 1819 zugetragen. Salathé blieb zwei Tage in der Gewalt der Räuber. In Rom traf er am 21. Juni wieder ein, „etwas schwach“ berichtet Schinz, „und er sollte wenig reden, doch erzählte er viel Empörendes, namentlich von dem Gelehrten, der den Kerlen Weg und Gelegenheit gezeigt. Dieser, ehemals in Diensten des Wirths von Olevano, hatte demselben Wein gestohlen und war deshalb bestraft worden; nun machte er aus Rache die Räuber auf den jungen Baldi aufmerksam.“ Am 21. Juni feierten Salathés Freunde „ein allgemeines Freudenfest, den vermißt Gewesenen wohlbehalten wieder zu haben.“ Außer Salathé verweilte noch der Historienmaler Ramboux zur Zeit des Ueberfalls bei Herrn von Rumohr; es gelang ihm jedoch, durch eine Hinterthür in's Freie zu kommen. — In der Zeitung f. d. elegante Welt, 1819, No. 165 (vom 23. August) — 169 steht unter dem Titel „Der Maler Salathé von Räubern entführt; ein Vorfall aus den letztverflossenen Tagen“ von F. L. B. eine ausführliche Erzählung des Abenteuers, theilweis wieder abgedr. in W. Müllers „Rom, Römer u. Römerinnen“ (Berlin, 1820), II, 248 fg.

Furcht vergebens; wir erreichten, auf der ehemaligen via Appia quer durch die berüchtigten pontinischen Sümpfe ziehend, deren Gifthauch unter dem schönsten Blumenteppich hervorquoll, und die durch zahlreiche Heerden wilder Büffel belebt wurden, über Terracina und Capua das ersehnte Neapel ohne den geringsten Unfall.

So müde ich auch bei meiner Ankunft war: kaum wenige Minuten Rast gönnte ich mir in dem kleinen Gasthofe, wo wir Herberge genommen hatten; es trieb mich, sogleich eine Wanderung durch die Stadt anzutreten. Schinz, Salathé und einige andere Reisegefährten schlossen sich mir an.

Bald erreichten wir Santa Lucia, eine breite Straße hart am Meere, wo alle Erzeugnisse der See, frutti del mare genannt, feilgeboten wurden. Da sah man nächst den gewöhnlichen Seefischen und den auch bei uns bekannten Krebsen bunte, Schlangen ähnliche Aale, Seesterne mit beinahe fußlangen Armen, Seepferdchen, Canaliten (lange, schmale, wie Messerscheiden geformte Muscheln, aus deren oberem Ende das Schalthier bisweilen in der Gestalt einer orangefarbenen kleinen Zunge hervorguckt, um dann sogleich gierig von den Fischern abgebissen zu werden), Seekastanien, welche ihren Namen mit Recht führen, denn ihre Schale, braun und stachlicht, birgt ein dunkelgelbliches Thier. Es ist eine ganz neue Welt der merkwürdigsten Geschöpfe, die sich hier aufthut.

Am Hafen erregte vor Allem der Wald von Masten der hier ankommenden Schiffe meine Bewunderung; ungemein imposant erschien mir ein riesiges Linienschiff, welches die anderen Fahrzeuge gleich Vasallen umgaben Dampfbööte gab es damals noch nicht; ein Linienschiff wie das, welches ich sah, galt als Triumph der Schiffsbaukunst.

Unter der auf den Hafendämmen sich drängenden und treibenden Menschenmenge fehlte auch der Improvisatore nicht, der, aus Tasso recitirend, viele Zuhörer um sich versammelte. Vor allem aber fesselte mich das lebendige und bunte Treiben der Matrosen; sie vollbrachten ihre Arbeiten unter beständigem Jauchzen, Schreien und Lärmen. Besonders wohl gefiel mir das Aus- und Einladen ungeheurer Massen von Orangen, Melonen, Feigen, Apfelsinen und ähnlicher Früchte; Leben und Bewegung entfaltete sich bei dieser Thätigkeit der munteren Leute. Mit Vergnügen verweilte ferner das Auge auf den muskulösen, aber doch feinen Gestalten der Lazzaroni, welche hier Netze auswarfen, dort zappelnde Fische ans Land zogen, an einer andern Stelle Kähne ausbesserten oder Netze flickten — überall von Frau und Kind begleitet, welche der Arbeit des Mannes meistens müssig zuschauten. Nach und nach hüllte Dunkelheit das ganze zaubervolle Bild ein; nur einzelne kleine Feuer — auf den Schiffen und am Strande von Fischern entzündet, welche daran Mais zur Abendmahlzeit rösten wollten — warfen zitternde Streiflichter; bis der Mond aufging und eine anfangs schmale, dann immer breiter werdende flimmernde Lichtstraße auf den Wellen zog. Im Hintergrunde aber krönte der Vesuv durch seine prächtige Feuersäule das Ganze zum wunderbarsten Nachtstück. Fast geblendet von all den Eindrücken, die sich meinem Auge dargeboten hatten, kehrte ich heim zu meiner Herberge, die Brust geschwellt von einem Gefühl des Unendlichen, das ich am Meere empfand, so oft ich es sah.

Am nächsten Morgen machte ich Frau von Loewenich, die bei ihrem in Neapel ansässigen Bruder wohnte, einen Besuch. Ich traf sie nicht zu Hause, allein Herr Hestermann (so hieß der Bruder) empfing mich mit ausgesuchter Grandezza, seine kleine, hübsche Frau, eine Neapolitanerin, mit Herzlichkeit. Hestermann war ein eigenthümlicher Kauz; um reich zu werden, hatte er bereits die tollsten Speculationen unternommen, die aber fast alle gescheitert waren. Unter Anderem hatte er die nahe Felseninsel Nisita, auf welcher nur ein Hospital für ansteckende Kranke erbaut war, an sich gebracht in der Absicht, dieselbe mit Pflanzen und Thieren fremder Zonen zu beleben und eine Sehenswürdigkeit ersten Ranges daraus zu schaffen. Aber die Thiere starben und die Pflanzen gingen aus; von der ganzen Herrlichkeit blieb nichts übrig, als die Karten und Pläne der Insel (welche fast den einzigen Wandschmuck des Hestermannschen Salons bildeten), und — der stolze Titel eines „Prinzen von Nisita", den sich der Speculant aus eigener Machtvollkommenheit beigelegt. Noch immer geberdete er sich wie ein

Theaterkönig, sprach pathetisch und ging gravitätisch. Uebrigens war er eine ehrliche Haut; trotz seiner Bizarrerie lernte ich ihn schätzen, da er mir, wo er nur konnte, gefällig und nützlich war.

Am Nachmittage suchte und fand ich eine meinen Bedürfnissen genügende Wohnung in einem großen reinlichen Hause bei angenehmen Leuten; mein Schlafzimmer bot die entzückendste Aussicht auf den Golf. Schinz fand in dem nämlichen Hause Unterkunft, was mir von höchstem Werthe war, denn in dem volkreichen Neapel ist es nicht Sitte, und auch nicht wohl thunlich, daß Damen ohne männliche Begleitung ausgehen. — Als ich nun in meiner Herberge die Rechnung gefordert und die nicht kleine Summe derselben berichtigt hatte, stolzirte die Wirthin mit einem dicken Buche herein und bat mich, einen Abschiedsgruß für sie hineinzuschreiben, was ihre Gäste stets gethan; ich würde sogleich sehen, wie zufrieden Jedermann bei ihr gewesen sei. Ich lachte laut auf, als ich den Inhalt des Buches musterte, denn Verwünschungen, Klagen über schlechte Bedienung, ungenießbares Essen und theure Preise waren da in großer Zahl und in den verschiedensten Sprachen zu lesen; die Wirthin, welche nicht lesen konnte, hatte jedoch diese Zornesausbrüche für eben so viele Lobeserhebungen gehalten.

Tags darauf begab ich mich, ausgerüstet mit einer Empfehlung, welche die gütige Frau von Humboldt mir geschickt hatte, zu dem Gesandten Preußens am Neapolitanischen Hofe, dem Baron Ramdohr, dessen Palais unweit der Grotte des Pausilipp belegen war. Ich fand einen gemüthlichen, wohlwollenden Herrn, der die Kunst so liebte, daß er — wenn auch nur sehr oberflächlich — selbst darüber schrieb; er malte auch bisweilen in Oel, ohne indessen große Fertigkeit zu beweisen *). Seine Gemahlin, eine angenehme, lebhafte Blondine mit rosigem Teint und runden Formen, empfing mich als eine Schutzbefohlene ihrer theuersten Freundin ungemein herzlich. Sie war früher Gouvernante im

*) Schinz bemerkt: „Hr. v. Ramdohr wünscht sich, nur immer malen zu können, während ihm Jemand vorläse. Dies hielt er für das glücklichste Loos."

Humboldtschen Hause gewesen; dort hatte sie ihren jetzigen Mann kennen gelernt und bald die Verbindung mit ihm geschlossen, für deren Zustandekommen sich Frau von Humboldt sehr interessirt hatte.

Das Ramdohrsche Ehepaar wurde mir — und ich darf hinzusetzen: auch dem wackern Schinz — eine wahrhafte Stütze. Noch am Nachmittage meines ersten Besuches lernte ich, gezogen von den schnellen Rossen des Barons, die Umgebungen Neapels flüchtig kennen. Es ist nicht möglich, Schöneres zu sehen. An manchen Felsenvorsprüngen ziehen sich hohe Cactusstauden empor, auf deren fußlangen, breiten, stachlichten Blättern eiergroße Früchte wachsen, die unsern gelben Pflaumen an Geschmack gleichen. Ueberall die üppigste Vegetation: Granaten, Pistacien, Mandeln, Feigen u. s. w. Und dann — die Fernsicht auf die einfache, majestätische Größe des Meeres, auf den Golf, der in friedlicher Ruhe gleich einem reinen Spiegel vor mir lag, auf die zahllosen Schiffchen, welche mit weißen Segeln wie Schwäne hin und wieder zogen! Landeinwärts ward der Horizont begrenzt durch die ferne Bergkette mit Sorrent, durch den in rosigem Schimmer erglühenden Vesuv, aus dessen Krater heute eine dichte Rauchsäule zum Himmel emporstieg und glühende Funken, einer Garbe ähnlich, rings verstreute, während die frische Lava in zwei Feuerströmen sich bergab ergoß! Wie steigerte sich aber wieder der Eindruck, als es Abend ward, als die Sterne heraufzogen und des Mondes mildes Licht das zaubervolle Bild mit silbernem Scheine umwob!

Doch nicht nur die Natur, auch die Kunst hatte Großes gethan, um Neapel zu einem Paradiese zu wandeln. Schon das im Palazzo degli Studii, im bourbonischen Museum Vereinigte überraschte durch seine Großartigkeit und seine Menge selbst den verwöhnten Blick. Dort ist jetzt auch die Originalgruppe des farnesischen Stiers aufgestellt, welche ich noch unter freiem Himmel auf einem runden, von Cypressen und Pinien umgebenen Platze an der Promenade fand. Bei der wundervollen Beleuchtung von Himmel und Meer hob sie sich in blendend weißer Klarheit von dem dunkeln Grunde ab; noch andere antike Marmorstatuen, imposant zu schauen, schmückten die grünen Gänge der

Villa reale. In jenem glücklichen Himmelsstrich bleicht die Seeluft den Marmor, während die Atmosphäre von Rom ihn schwärzt.

Aber alle diese Kunstschätze, wie reich sie auch sind, vermögen die Schönheit der Natur nicht zu erdrücken. Im Gegentheil pflegen die nach Neapel kommenden Maler die Gallerie nur selten zu benutzen, da sie sich hier, wo die Natur ihr reichstes Füllhorn ausgeschüttet hat, lieber dem Studium von Landschaften und Volkstrachten widmen. Unbekümmert um dieses Beispiel ließ ich mich nicht abhalten, nach meiner Weise alle Kunstgegenstände in Augenschein zu nehmen, von deren Betrachtung ich mir Nutzen für mich versprach. So besuchte ich, von Schinz geleitet, gleich nach meiner Ankunft in Neapel das königliche Schloß.

Wir fanden dort noch die alte Pracht der Napoleoniden in den Zimmern, an den Treppen u. s. w. In besonders geschmackvollem Glanze strahlte der Thronsaal, der ganz mit rothem Sammt und Gold bekleidet war, weder hier, noch in den übrigen Gemächern fehlten jetzt am Mobiliar die bourbonischen Lilien, auf welche zum Theil die reichste Stickerei verwendet war. Auch herrliche Gemälde schmückten jene Prunksääle; das kostbarste war unstreitig ein Rafael aus des Meisters erster Zeit: Madonna auf dem Throne, von Heiligen umgeben, darüber Gott Vater mit zwei Engeln. Außerdem hatte man eine schöne Venus von Tizian, sowie einige andere Perlen der Kunst zu bewundern. Die lange Zimmerreihe, die sich längs der Fronte ausdehnte, war ganz mit weißem, goldgesticktem Atlas austapeziert; vor den Fenstern zog sich ein Balkon hin, welchen dichte Orangenpflanzungen zu einer langgestreckten Laube wandelten. Die Fenster öffnen sich als große Balkonthüren, und da an der gegenüberliegenden Wand sich mächtige Spiegel befinden, so strahlen diese den fernen Golf und seine Umgebungen als schönstes Gemälde wieder, wie man auf dem Balkon, umhaucht von dem Würzgeruche der Orangenblüthen, die zauberische Natur selbst erblickt. Wie schwer muß es dem unglücklichen Murat geworden sein, diesen wonnevollen Aufenthalt mit der Krone zugleich aufzugeben!

In den unteren Räumen des Schlosses standen noch die lebensgroßen Portraits der Napoleoniden, von Gerard und anderen französischen Meistern gemalt, die weiblichen Bildnisse sämmtlich in pompöser Hoftracht, die Prinzen in reichen Uniformen. Ueber alle hervorragend fand ich das Bildniß Napoleons I. in dem bekannten Krönungsornate — „Angedenken du verklung'ner Freude!"

Dem seit 1815 Neapel wieder regierenden König Ferdinand konnte ich keine Sympathie entgegentragen. Er war nach allen Schilderungen ein bigotter Tropf, dem jeder Sinn für Kunst und edle Pracht fehlte; dagegen fand er an schwelgerischen Mahlzeiten ein so großes Vergnügen, daß er schon zum Frühstück Truthähne oder Fasanen auftragen ließ. Bei den Audienzen an hohen Festtagen, wo der ganze Hofadel zum Handkuß an ihm vorbeidefilirt, soll er stets Zeichen zum raschen Weitergehen gegeben und sich nach kaum beendigter Ceremonie mit unanständiger Gier auf das Dejeuner gestürzt haben. Wenn er Fremde recht ehren wollte, so zeigte er ihnen in eigener Person die Merkwürdigkeiten Neapels, namentlich führte er sie in die königlichen Seidenwirkereien. Dort forderte er sie auf, sich nach Geschmack Stoffe auszusuchen, und wenn Jene dann, hocherfreut über die vermeintliche Gnade, ihre Wahl getroffen hatten, so erhielten sie die gewünschten Seidenzeuge höflichst — mit einer quittirten Rechnung zugesendet.

Nun, die Weltgeschichte ist auch dieser Dynastie, welche nichts gelernt und nichts vergessen hatte, zum Weltgerichte geworden.

Die Straßen von Neapel waren — ganz im Gegensatze zu dem ernsten Rom — stets belebt durch eine bunt sich drängende Menge. Welcher herrliche, nie versiegende Stoff für den Maler! Man brauchte nur hineinzugreifen in's volle Menschenleben; wo man es packte, da war es interessant; überall bot sich dem Blicke Merkwürdiges, Originelles dar. Hier die eigenthümlich decorirten Hökerläden; runde Käse bilden zu beiden Seiten des Eingangs Säulen; ein Schinken reiht sich an den andern; am Plafond, am Fries hängen Speckseiten; unter diesen Festons von Würsten. Auf einer Tafel liegen Haufen von Eiern, die durch einen Spiegel noch vervielfältigt erscheinen; daneben Oelfläschchen mit einer Citrone darauf. Alle diese Herrlichkeiten sind verziert durch Lorbeerzweige und kleine Papierblumen. Nicht weit davon der dampfende, brodelnde Oelkessel, in welchem Stücke Leber, Fischchen, Hirn, Artischocken u. dergl. frisch für die Vorübergehenden gesotten werden. An einigen Häusern sieht man Kupferstiche an Bindfäden aufgehängt und von Antiquaren feilgeboten; bisweilen ist sehr Gutes darunter. Zwischen all diesem Getreibe das lebendigste Menschengewühl, wie es weder die Feder, noch der Pinsel in seiner ganzen Fülle schildern kann. Unwillkürlich fühlte ich mich aber an Wallensteins Lager erinnert, wenn mitten unter dem Lärmen und Gewoge irdischster Weltlichkeit ein Ordensbruder auftauchte, der eine Predigt vom Stapel ließ. Wie diese Priester den Aberglauben befördern, ist kaum zu beschreiben; unvergeßlich wird es mir bleiben, wie einst ein Kapuziner ganz munter den Beweis führte, daß der heilige Joseph im Himmel mehr vermöge, als der liebe Herrgott selbst. Dies Kunststück brachte er durch folgende Erzählung fertig: Ein durch Laster und Mordthaten berüchtigter Mensch versäumte dennoch nie, in der Kirche St. Josephs alle Pflichten gegen diesen Heiligen zu erfüllen; er hörte täglich die Messe in dessen Capelle, zündete ihm Kerzen an, bekränzte sein Bild und legte ehrliche Beichte ab. Dies rührte den heiligen Joseph so sehr, daß er ihm durch einen Diener des Wortes Gottes versprechen ließ, er wolle ihm trotz seiner grenzenlosen Missethaten zu einem Platze im Himmel verhelfen. Wenn er stürbe, so solle er sich nur an Petrus wenden, der werde ihm schon das Himmelsthor aufmachen, wenn er höre, daß der heilige Joseph ihn schicke. Der Räuber starb und machte sich alsbald auf den Weg nach dem Himmel. Er klopft an die Pforte; Petrus erscheint und schaut durch die halbgeöffnete Thür. Wie entsetzt er sich aber, als er den ruchlosen Mörder erblickt. „Du hier?" ruft er aus. „Welche Frechheit, hier zu erscheinen! Hinweg mit Dir!" „Gemach, gemach, heiliger Petrus", entgegnet der Räuber ganz ruhig. „fragt nur beim heiligen Joseph an, ob ich nicht ein Recht habe, Einlaß zu begehren." Petrus begiebt sich zum heiligen Joseph und verlangt von demselben Aufschluß. Dieser antwortet, daß er Jenem allerdings den Eintritt in den Himmel bewilligt habe, weil er ihn in seiner Kirche stets treu befunden; der

Himmelspförtner möge dies nur Gott Vater vortragen. Petrus kommt dieser Aufforderung nach. „Wie? Was?“ ruft Gott Vater; „ein solches Ungeheuer soll in meinen Himmel? Das geht durchaus nicht an!“ Petrus referirt hierauf den Ausspruch des Höchsten dem heiligen Joseph. Dieser erschrickt, denn er hält sein Ansehn im Himmel für gefährdet, wenn der Spruch vollzogen wird. Er sendet deshalb den Apostel abermals zum Throne Gott Vaters und läßt diesem melden, er werde die Madonna sammt dem Christuskinde aus dem Himmel fortführen, wenn ihm nicht der Wille geschehe und der Räuber Einlaß erhielte. „So wäre der Himmel künftig ohne Madonna, ohne Jesuskind?“ ruft Gott Vater erschrocken. „Das ist ein Ding der Unmöglichkeit! Petrus, laß den Räuber herein!“

„Seht“, so endigte der Kapuziner diese Predigt, welche ich staunend anhörte, „da habt Ihr den Beweis, daß Sanct Joseph im Himmel mächtiger ist, als Gott Vater in Person. Ehret darum diesen Heiligen, habt Vertrauen zu ihm, betet zu ihm und zündet ihm Kerzen an — dann kommt auch Ihr unfehlbar in den Himmel!“

Anders als dieser biedere Ordensbruder dienten der Kirche die Hausnonnen; eine Erscheinung, welche ich nur in Neapel gefunden habe und die ich für eine Eigenthümlichkeit dieser Stadt halten möchte. Die Hausnonnen unterliegen dem Zwange der Einsperrung nicht, sondern leben in Neapel vertheilt, wo und wie es ihnen beliebt; nichts bindet sie, als die Ordensregel. Sie widmen sich hauptsächlich der Krankenpflege, thun überhaupt unweigerlich, was ihre Gelübde von ihnen fordern. Bei zweien, deren Wohnung zu betreten ich durch einen Zufall veranlaßt ward, fand ich schön möblirte Gemächer, mit den besten Kupferstichen geschmückt; ja, ein herrliches Madonnenbild von Matteo Preti (Calabrese) überraschte mich und erfüllte sogleich meine ganze Seele. Anscheinend führten diese Hausnonnen ein recht wünschenswerthes, behagliches Dasein; die angenehme Körperfülle, in der sie sich präsentirten, ließ darauf schließen, daß sie sich nicht eben zu sehr anzustrengen brauchten. Als ich in das Zimmer kam, that die Eine nichts, die Andere half ihr dabei; hätten sie nur wenigstens Strümpfe gestrickt!

Aber das Handwerk des Strumpfflickens sah ich in Neapel nur von Männern betrieben.

Von den Lazzaronis erzählte mir Frau von Ramdohr manchen charakteristischen Zug. So erfuhr ich, daß dieselben in ihren sonst sehr einfachen Wohnungen doch stets vorzügliche Betten, oft sogar seidene Decken hätten, und dergleichen Eigenthümlichkeiten mehr, deren Details meinem Gedächtniß entschwunden sind, so anregend jene Gespräche auch waren. Wir führten sie zum Theil, während ich Frau von Ramdohr nebst ihrem lieblichen Töchterchen Lilli portraitirte; eine Bestellung, welche ich bald nach meiner Ankunft in Neapel erhalten hatte und die mir die genußreichsten Stunden sowie ein über Erwarten reiches Honorar verschaffte*).

War die Sitzung vorüber, so mußte ich jedesmal zu Tische bleiben; oft ließ mich Frau von Ramdohr sogar den ganzen Tag nicht wieder fort. Abends wurde dann bisweilen ein Theater besucht; meist das riesige San Carlo-Theater, wo wir effectreiche Opern in dem damals einzig beliebten Styl Rossinis zu hören pflegten. Die Vorstellungen fand ich im Allgemeinen unbefriedigend, weil nicht ebenmäßig; neben excellenten Primadonnen oder ersten Tenören standen als schlechte Stütze unbedeutende oder mangelhafte Nebenpersonen. Nicht besser war das Ballet, in welchem die erste Tänzerin, eine alte, magere Person, stets das Stichblatt boshafter Witze war. Man nannte sie allgemein „die Königin von Schweden", da sie einst als Geliebte Bernadottes sich mit der Hoffnung geschmeichelt hatte, dieser werde sie zu sich auf den Thron erheben.

Nach Beendigung ihres Bildes verschaffte mir die um mich immer gütig besorgte Frau von Ramdohr einige andere Bestellungen auf Portraits**); der nächste, den ich malte, war der Fürst Esterhazy, ein

*) Schinz notirt: dieses „große Bild" sei „lieblich und schön componirt;" und am 4. Septbr. 1819: „Fr. v. Ramdohrs Portrait hat Louise zu deren völliger Zufriedenheit vollendet."

**) Auch Schinz hebt dankbar hervor: „Die edle Fr. v. Ramdohr bemüht sich sehr um Louisens und mein Wohl; es rührt uns ordentlich. Nicht nur, gutmüthiger, noch unreifer Jüngling von nicht schönen, aber angenehmen Zügen. Er bewohnte eine entzückend belegene Villa bei Portici, kam jedoch zum Malen nach Neapel und verschmähte nicht, in meinem Atelier zu sitzen, obwohl dieses keineswegs eleganter eingerichtet war, als dasjenige, über welches ich zu Rom verfügte.

Eines Tages, als ich bei Ramdohrs zu Tische geladen war, ward mir die Freude zu Theil, dort mit dem preußischen Generalconsul Bartholdy zusammenzutreffen, dem nämlichen, der die große Begabung Overbecks, Cornelius' und Anderer einst scharfblickend zuerst erkannt hatte. Gleich dem gütigen Ehepaar Ramdohr bezeigte auch er mir die liebenswürdigste Aufmerksamkeit und Rücksicht, so daß dieser Drei verehrtes Bild sich mir tief in das Herz gegraben hat.

In freundliche Verbindung war ich auch mit Hestermanns und Frau von Loewenich getreten; mancher lohnende Ausflug in die Umgegend ward in ihrer Begleitung unternommen: nach Ischia, nach Procida, nach der blauen Grotte, der über mein Erwarten hohen und langen Grotta di Posilippo, der Hundsgrotte u. s. w. An diese letztere knüpft sich für mich die schauderhafte Erinnerung, daß — um das Verderbliche der aus dem Boden emporquellenden Dünste zu zeigen — ein industriöser Führer ein armes Hündchen herbeischleppte, welches er seines Winselns ungeachtet gewaltsam in die Grotte stieß, aus der er es todt oder nur betäubt, wie die Reisenden es wünschten, wieder hervorzuziehen beabsichtigte. Ich konnte die Martern des unglücklichen Thiers nicht mit ansehen und eilte mit der dringenden Bitte um Erbarmen von dannen; meine zurückkehrenden Begleiter berichteten gottlob, daß das kleine Geschöpf sich wieder erholt habe.

Auch an einer Partie nach Pompeji hatte sich Frau von Loewenich betheiligen wollen, aber noch in der letzten Minute sagte sie ab, so daß ich den Muth fassen mußte, diese Reise allein, als einzige Dame mit neun mir (abgesehen von Schinz) fremden Herren zu unternehmen. Dieser Umstand, verbunden mit ungeheurer Hitze und argem Staube,

daß sie uns so oft zu Tische ladet und ähnliche Aufmerksamkeiten für uns hat, sondern namentlich bemüht sie sich sehr, uns Arbeit zu verschaffen."

ließ mir die Fahrt sehr wenig angenehm erscheinen; ich habe Pompeji in der Erinnerung wie ein ausgebranntes Dorf; die Häuser darin — mit Ausnahme der großartigen öffentlichen Bauten alle sehr klein und nur einstöckig — sind sämmtlich nicht mehr vollständig; die besten Wandmalereien sind ausgesägt und die aufgefundenen Geräthe in die Museen geschleppt.

Fröhlicher verlief eine Besteigung des Besuvs, welche wir in munterer Gesellschaft und mit lohnendem Erfolge unternahmen. Die erste Hälfte des Weges wollten wir zu Esel zurücklegen; die Eseltreiber kamen auf unsern Wink geschäftig herbeigeeilt und priesen ihre Thiere an. „Ah — Excellenza die gnädige Frau sind eine gute Christin!" rief mir einer dieser Burschen zu: „Sie sollen den besten Esel haben, unsern Kotzebue!" Erstaunt horchte ich auf und wußte nicht, wie der Name dieses Bühnenschriftstellers dazu kam, einem Esel beigelegt zu werden. Ich erfuhr, daß Kotzebue gelegentlich einer italienischen Reise unlängst den Besuv bestiegen hatte. Sein für italienische Ohren besonders merkwürdig klingender Name hatte die Eseltreiber ganz außerordentlich frappirt, und da sie hörten, der Träger desselben sei ein berühmter Mann, so benannten sie den Esel, den er geritten hatte: „Kotzebue", wodurch sie dem Dichter von „Menschenhaß und Reue" eine besondere Auszeichnung zu erweisen meinten.

Als die Abendkühle uns das weitere Vordringen am Besuv erlaubte, klommen wir, so hoch wir kommen konnten, bis der Boden so heiß ward, daß uns die Schuhe zu versengen drohten. Das Steigen war endlich so mühsam geworden, daß ich mich eine ganze Strecke von den Führern an den Händen aufwärts ziehen ließ. Im Innern des Berges donnerte es bisweilen; aus dem Krater schoben sich ganz langsam zwei breite Lavaströme herab. Wir entzündeten daran einen Stab und warfen eine Münze hinein, welche augenblicklich schmolz. Da der Berg sehr unruhig war, so hatten die Führer keinen Muth, den Krater zu erklettern; wir kehrten daher bald zurück, ganz erschöpft von dem beschwerlichen Wege. Ein Trunk lacrymae christi, welcher Wein hier ganz in der Nähe gezogen wird, stärkte uns für die Heimkehr, die uns gekürzt ward durch die Aussicht auf das in der wechselnden Abendbeleuchtung sich unbeschreiblich malerisch ausnehmende Neapel und seinen Golf.

Um den nie ermüdenden, stets wieder neuen und an Schönheiten unerschöpflichen Blick auf die Stadt und das Meer auch bei Frühlicht zu genießen, begaben wir uns an einem herrlich klaren Octobermorgen um fünf Uhr auf das Castell St. Elmo, wo wir bei dem Commandanten Uberto eine ungemein höfliche Aufnahme fanden. Er selbst führte uns umher — entzückt genossen wir die herrliche Rundschau. Alles athmete fröhliche Gegenwart, während Rom und die Campagna stets melancholisch an die Vergangenheit mahnte. Bis Ischia und Capri schweifte unser trunkener Blick; dazwischen dehnte sich das dunkelblaue Meer mit seinen Inselchen, seinen zarten, weißgesäumten Wellen, seinen Schiffen, Kähnen und Fischerbööten aus. Ein nicht minder reges Gewimmel entfaltete sich allmählich in der Stadt, welche sich wie ein Bild aus der Vogelschau zu unsern Füßen ausdehnte. Hier bewegte sich ein Leichenzug; dort eilten, zu Fuße oder zu Esel, Landleute herbei, die trotz ihrer spitzen, breitkrämpigen Hüte sich durch gelbe Wachstuchregenschirme vor der brennenden Morgensonne schützten; oft folgten ihnen bunt gekleidete Frauen, die geputzt waren mit allerlei Schleifen und Bändern an den Kleidern, in den Haaren; dort wiederum wallten Mönche in langen, schwarzen Gewändern, rothe und blaue Kreuze auf der Brust, die nackten Füße nur mit Sandalen bekleidet und den Kopf bedeckt mit niedrigen, seitwärts aufgeschlagenen Hüten. Auf den zur Seite liegenden Feldern ward das Getreide durch Pferde ausgedroschen, welche die Körner auf dem Fußboden wie auf einer Tenne austraten, indem sie immer im Kreise darauf herumgetrieben wurden. Dann wiederum schweifte das Auge über dichte Hecken südlicher Gewächse zu Weinpflanzungen, welche kleine, freundliche Landhäuser umgaben; zu Orangeriegärten, die gleichsam einen Wald bildeten — nur in die blätterreichen Kronen der schönen Bäume schaute man von oben. Auf jeder Seite zeigte sich ein anderes, stets reizvolles und farbenreiches Bild.

Signore Uberto machte mit der liebenswürdigsten und ritterlichsten Manier den Cicerone; zuletzt regalirte er uns gar mit einem eleganten Frühstück in San Martino, einem hart unter dem Castell liegenden ehemaligen Kloster, welches Murat zum Militärhospital hatte einrichten lassen. Die Aussicht war dort nicht so ausgedehnt, wie die von der höher liegenden Festung, erhielt aber durch den schönen Vordergrund von lieblichen Gartenanlagen neue Reize. Durch diese Anlagen führte uns endlich der Weg nach der Stadt zurück; dankerfüllten Herzens schieden wir von dem zuvorkommenden und gastfreien Commandanten.

Hatten wir solcher Weise steile Bergesgipfel erklommen, so sollten wir im Gegensatze hierzu bald tief unter der Erde ein Abenteuer erleben, welches uns fast für immer vom goldenen Sonnenlichte abgeschnitten hätte; der Schauplatz dieses gefährlichen Ereignisses waren die Katakomben von Neapel, welche ich am 24. September 1819 mit Schinz und einigen anderen Bekannten besuchte.

Wir hatten an diesem Tage mehrere Kunstschätze besichtigt, und der Tag fing an sich zu neigen, als einer aus der Gesellschaft vorschlug, einen Miethswagen zu nehmen und noch nach den Katakomben zu fahren, um dort die Spuren von uralten Frescogemälden in Augenschein zu nehmen. Der Weg war sehr weit; wir mußten bis zu einem, den Katakomben ganz nahe gelegenen Kirchlein fahren, welches am Eingange in die Grüfte errichtet worden war. Meine Befürchtungen, daß die Zeit zu sehr vorgerückt sei, wurden von den Gefährten lächelnd widerlegt, da es ja überhaupt nur bei Fackelschein möglich sei, die Fresken zu sehen. Zur Rückfahrt aber könnten wir ja den Wagen behalten.

So gelangten wir denn zu jenem Kirchlein, verließen die Kutsche, hießen deren Führer uns erwarten und begaben uns in die Kirche, wo eben von einem würdigen Geistlichen Ave Maria-Gottesdienst gehalten wurde. Wir lauschten der Predigt, indeß Einer von uns gegangen war, den Führer in die Katakomben zu holen. Endlich kam unser Genosse mit einem Burschen von etwa zwanzig Jahren zurück, dem zwei noch jüngere Begleiter folgten. Der Erstere trug Schlüssel und Fackel. Wir durchschritten die Kirche und traten durch eine niedere Seitenthüre derselben in einen schmalen Hof, welchen aufgethürmte Felsenmassen einengten; in das Innere dieser letzteren führte eine große Pforte. Die Fackel wurde angezündet, die Pforte aufgeschlossen. Wir betraten das grausige Innere der Katakomben. Kreuz und quer laufende Gänge leiteten durch grotesk geformte Felsblöcke, in welche die Gräber seitwärts eingehauen waren. Viele derselben fanden wir ganz geleert, und große Haufen von Todtengebeinen, Schädeln, Gerippen lagen seitlich aufgeschüttet; die noch zugemauerten Grüfte waren größtentheils durch eine Palme als Märtyrer-Gräber bezeichnet. Der Fußboden bestand aus Erde; in den unregelmäßigen Gängen führten hin und wieder zerbrochene Steinstufen höher, gleichsam in eine zweite Etage. Wir suchten dieselbe auf und fanden in einer Wandvertiefung eine Art von Taufkapelle mit Spuren der Uranfänge christlicher Kunst. Weiterhin dehnten sich die Felsen zu einem gewölbten Raume aus, den man für eine Kirche halten konnte. Ein Vorsprung schien der Altar gewesen zu sein; Reste von Frescobildern waren in der That vorhanden: eine Madonna mit Heiligen zur Seite, aber schon ganz verwischt. Wir gingen noch weiter, gelangten jedoch an Abgründe, welche, halb mit Schädeln gefüllt, eine so feuchte Moderluft ausströmten, daß unsere Fackel anfing, ganz düster zu brennen. Um sie heller auflodern zu lassen, rieb der Führer sie an der Wand. Aber, o Entsetzen! Statt emporzuflammen, erlosch sie gänzlich; kein Feuerzeug, keine zweite Fackel war mitgenommen worden! Gebieterisch verlangten die Herren, welche mit von der Partie waren, daß der Führer gehen und Beides holen solle, jedoch weinend und schreiend gestand dieser: daß er heute zum ersten Male die Katakomben betreten habe und des Rückwegs ganz unkundig sei, indessen werde die Madonna uns sicher beistehen, wenn wir Alle gute Christen wären; kein Heiliger könne uns erretten, da diese nur über der Erde, nicht unter derselben Macht besäßen. Nach solcher Eröffnung schallten Flüche und Gebete wechselsweise von den Lippen der drei Neapolitaner, die ein lautes Geschrei erhuben, wenn das ferne Geräusch eines rollenden Wagens (über die Felsen hinweg führt die Landstraße nach Capo di Monte) dumpf an unser Ohr schlug und einen

Schimmer von Hoffnung auf Rettung erweckte, der sich freilich sofort als nichtig auswies. Wir Alle zitterten am ganzen Leibe; der Frost erstarrte uns, denn die feuchte Kälte des Ortes, an den wir so gänzlich planlos gerathen waren, contrastirte entsetzlich mit der Gluth des Tages, die nur eine leichte Tracht anzulegen erlaubt hatte. Die fürchterlichste Angst, in diesem offenen Grabe eines jammervollen Todes sterben zu müssen, ergriff mich; die Freunde meinten zwar, daß der Kutscher, den wir zur Rückfahrt bestellt, unser Nichtkommen anzeigen würde; ich aber fürchtete, daß dieser nach Kutscherart eingeschlafen sei und schlug vor, daß wir versuchen möchten, den Rückweg zu finden. Allein die Erwägung, daß wir noch tiefer in die Katakomben hineingerathen oder in einen der mit Todtengerippen angefüllten Abgründe stürzen könnten, hielt uns von jeder Bewegung ab und bannte uns fest an unsern Platz. Nichts blieb mir übrig, als unter tausend Thränen ein Gebet um Barmherzigkeit zu Gott. Die Herren waren gefaßter und sprachen tröstende Worte; Schinz suchte mich selbst durch kleine Scherze: z. B. „wie ich ohne Nachttoilette schlafen würde?" zu erheitern. Bei alledem blieb mir entsetzlich zu Muthe; auch den Herren wurde allmählich bang und bänger, namentlich als plötzlich die beiden jüngeren Neapolitaner durch den Verdacht aufgeregt wurden: die übrige Gesellschaft, als nicht „rechtgläubig", möchte den Beistand der Madonna vereiteln. Lange Pausen ängstlichen Horchens, nur unterbrochen durch das Geräusch der rollenden Wagen über uns und das von den kahlen Felswänden schauerlich widerhallende Verzweiflungsgestöhn unserer Führer, hatten uns endlich bis zum Wahnsinn aufgeregt; dazu kam physische Anstrengung, denn wir mußten aufrecht stehen, da der Boden so naß war, daß wir uns nicht niedersetzen konnten. So verging eine gräßliche, uns ewig lang bedünkende Zeit, als plötzlich nach erneuertem, schon ganz heiser klingendem Schreien ein leiser Wiederhall ertönte. Ein schwacher Lichtschimmer erschien als Stern der Erlösung; er wurde größer, er kam näher, kam ganz nahe — und endlich stand der gute Geistliche, der schon in der Kirche uns so ehrwürdig erschienen war, vor uns, eine Laterne in der Hand. Weinend drückten, küßten wir ihm die

Hände, und unter Gefühlen, die sich nicht beschreiben lassen, traten wir den Rückweg an. Die leichtsinnigen Führer folgten scheu und waren beim Ausgange verschwunden. Unser Lebensretter, der Geistliche, hatte sich nach vollendetem Gottesdienste zum Genusse seines Nachtmahls vor die Thür gesetzt; hier erblickte er unseren Wagen, auf welchem der Kutscher wirklich eingeschlafen war. Er erinnerte sich der Unbekannten, welche der Predigt so aufmerksam zugehört und deren Tracht sie als Fremde gekennzeichnet hatte; er sinnt nach: ob die hintere, nach dem Zugange zu den Katakomben führende Kirchenthür nicht etwa verschlossen und uns dadurch der Rückweg versperrt worden sei? Der Kirchendiener wird gerufen, eine Laterne angezündet, und der Geistliche eilt, mit Jenem die Thür zu untersuchen. Sie war offen, aber das große Thor zu den Katakomben von Innen geschlossen. Es war schon spät; die Befürchtung lag nahe, daß den Fremden, die sich augenscheinlich noch in den Katakomben befanden, ein Unfall zugestoßen sei; ein Schlosser wurde herbeigerufen, und die von innen verschlossene Pforte geöffnet. So hatte uns der rechtschaffene Geistliche gefunden. Wer schildert die Gefühle, als wir aus der Nacht des Entsetzens heraustretend, wieder den Sternenhimmel erblickten und die von zahllosen Lichtern erleuchteten Straßen durchfuhren! Gesprochen wurde nicht; nur im stillen Dankgebet gegen Gott ergossen sich die Herzen. Die Folgen der tödtlichen Angst aber konnten wir lange, lange Zeit nicht völlig überwinden.

Berichte ich nun, daß ich außer den schon erwähnten Arbeiten, mit denen ich mich beschäftigte, mein Skizzenbuch fleißig füllte, daß ich ferner zur Sicherung meiner sich allmählich behaglicher gestaltenden Existenz emsig copirte beziehungsweise studirte, so glaube ich, die Zeit meines Aufenthaltes in Neapel zur Genüge geschildert zu haben. Bereichert an Kenntnissen von Menschen, Ländern und Kunstwerken kehrte ich um das Ende des Octobers 1819 in Begleitung des treuen Schinz nach Rom zurück. Freilich nicht auf dem kürzesten Wege, denn wir machten seitwärts Abstecher nach manchem Orte, von welchem wir hörten, daß dort besonders merkwürdige Gemälde zu finden seien. Ueber diese Zeit unablässigen Lernens und Strebens — die Jugend ist ja die

Zeit der Saat — gleite ich rasch hinweg, denn nirgendwo begegnete uns etwas besonders Merkwürdiges.

In Rom überwinterte ich — und zwar dieses Mal in des Worts verwegenster Bedeutung*). Denn als ich am Morgen des 10. Januar 1820 die Augen aufschlug, waren Dächer, Bäume und Sträucher weiß; ein dichtes Schneegestöber war nächtlicher Weile eingetreten und dauerte noch fort. Dieser heimathliche Gruß, den ich auf fremder Erde an diesem Tage zum ersten und einzigen Male erhielt, machte mir keinen freundlichen Eindruck; mitleiderregend und traurig blickten die goldenen Orangen und Citronen aus der ungewohnten weißen Hülle. „Schnee" und „Rom" waren zwei einander zu sehr widersprechende Dinge. Der Eindruck dieses „unerhörten Schneefalls", wie die Italiener aufgeregt sagten, war denn auch so groß, daß in Veranlassung desselben die Schulen geschlossen wurden — sicher nicht zum Kummer des heranwachsenden Geschlechtes.

Ich malte in diesem Winter fleißig an der Copie eines vorzüglichen Bildes von Camuccini: Portrait Pius' VII. Ich erfüllte damit einen Lieblingswunsch des Beichtvaters des Prinzen Friedrich von Gotha, Monsignore Renazzi. Da mir seine Fürsprache bereits eine schöne Bestellung Seitens des Prinzen verschafft hatte, nämlich eine „Maria mit dem schlafenden Kinde, dem kleinen Johannes und drei

---

*) Wie das Weihnachtsfest 1819 verlebt wurde, berichtet Schinz: „Das Wetter war anhaltend schlecht, nichtsdestoweniger Freude genug. Am Vorabend ward bei Quandts in sehr großer Gesellschaft erst Thee getrunken, dann machte eine von diesem Gutthäter errichtete Lotterie von allerhand Conditorwaaren, goldenen Ringen und Nadeln viel Spaß und war zugleich Allen Bescheerung, denn leer ging keiner aus. Es folgte ein Nachtessen mit Punsch, Alle waren sehr vergnügt. Schnorr gab durch ein Geschenk, das er Quandt machte, dem Zimmer wo wir waren, besonderen Reiz; es war eine große Zeichnung mit vielen Figuren, ein wahres Bild des Lebens. Sie stellte die drei Könige vor, welche dem Sterne, der sie zur Krippe führt, folgen. An der Landstraße sind kluge Jungfrauen mit nützlichen, thörichte aber mit Tändeleien beschäftigt. Im Hintergrunde der Prediger Johannes, dem Einige lauschen, während Andere sich von ihm abwenden. Am 25. u. 26. Decbr. waren wir bei Frau von Schlegel.

Engeln in ganzer Figur" (unter denen ich mir Glaube, Liebe und Hoffnung gedacht) — so freute ich mich sehr, ihm eine Aufmerksamkeit erweisen zu können*). Die Arbeit selbst befriedigte mich ebenfalls, denn das Original war kräftig, lebendig, harmonisch, wenn auch in akademischer Art gemalt; das fromme Greisenantlitz mit dem zarten, braunen, unter dem violetten Sammtkäppchen hervorquellenden Haar war eine Aufgabe, wie ich sie liebte.

Als ich meine Copie beendet hatte, war Monsignore Renazzi so erfreut, daß er mir die — Dank groben Unverschämtheiten, welche sich die stets zudringlichen Engländer herausgenommen hatten — seit einiger Zeit nur äußerst schwierig zu erlangende Erlaubniß auswirkte, die Gallerie des Cardinals Fesch, Oheims Napoleons I., besuchen zu dürfen**).

Wir betraten in einer stillen Gegend Roms einen Palast, in welchem eine lange Reihe von Gemächern eine Menge herrlicher Gemälde barg. Das letzte dieser Zimmer war das Schlafcabinet des Cardinals; in der Mitte desselben stand ein reich mit Seide und schweren Franzen decorirtes Himmelbett; neben diesem in einem Eckchen ein bescheidenes kleines Betpult. Da unter den Bildern, welche das Gemach zierten, auch eine ziemlich üppig gehaltene „büßende Magdalena" nicht fehlte, so hätte man eher glauben sollen, in dem Boudoir einer koketten Römerin, als in dem Schlafzimmer jenes mächtigen Cardinals zu sein, der damals allgemein als der künftige Papst angesehen wurde. Die Schätze, welche sein Palast barg, durften wir nur flüchtig beschauen, aber der

*) „Louise hat den Carton ihrer in Neapel erfundenen Maria mit dem Kinde in Arbeit, der großen Lärm macht und von Allen sehr gelobt wird." (Schlutz am 25. Febr. 1820 im Tgbch.) Das ausgeführte Bild nennt Schinz „so schön, wie ich es ihr nie zugetraut; sie brachte die Figuren zum Bewundern gut zusammen, nachdem sie jede erst apart gezeichnet, und gab allen sehr schöne Köpfe."

**) Nach den Mittheilungen der Henriette Herz hatten die Engländer die Papiere des Cardinals auf dessen Schreibtisch durchstöbert. Vergl. „Henr. Herz, ihr Leben und ihre Erinnerungen". II. Aufl. (Berlin, 1858) S. 250. Das Capitel XX: „Aus Rom" (a. a. O. S. 232—259) gehört überhaupt zu den interessantesten des lesenswerthen Buches.

Eindruck, den ich davontrug, war doch sehr groß, namentlich entsinne ich mich eines Altarblattes von Pordenone, — Maria, lebensgroß, mit dem Christkinde auf dem Throne, Heilige zu ihren Füßen — als ebenso majestätisch gedacht, wie köstlich klar und breit gemalt. Als später die Gallerie Fesch verkauft wurde, wußte Passavant dieses schöne Bild für das Städel'sche Institut in Frankfurt a. M. zu gewinnen.

In so geschilderter Weise verstrich mir in Rom eine Woche nach der andern, bis die eintretende wärmere Jahreszeit mich veranlaßte, der ewigen Stadt auf kurze Zeit den Rücken zu kehren. Dank einigen glücklichen Verkäufen erlaubten mir meine Mittel einen kurzen Ausflug in's Albaner Gebirge; später, gegen Ende Juni 1820, führte ich einen lange gehegten Lieblingsplan aus: ich begab mich auf einige Zeit nach Florenz, wohin Caspar Schinz, dieser zweite Fridolin, mir treulichst folgte. Mein Inneres verlangte nach Ruhe, um etwas Bedeutenderes zu unternehmen; die vielen geselligen Beziehungen in Rom, angenehm an sich, waren doch zeitraubend und oft physisch angreifend; ich aber mußte mich schonen, da ich mir durch anhaltendes Arbeiten Anfälle eines heftigen, nervösen Kopfwehs zugezogen hatte.

Die Stille und mein gleichmäßiges Leben in Florenz erwies sich mir bald als sehr wohlthuend. Ich richtete mich bequem und nach meinem Behagen ein, war meist zu Hause, bestellte mir mein Essen wie ich es mochte, unterwies die herrliche Wirthin, zu welcher mein guter Stern mich geführt, in der Kochkunst nach deutscher Weise und fühlte mich in meinen vier Pfählen um so zufriedener, als ich von meinem freundlichen Zimmer eine entzückende Aussicht auf wahrhaft paradiesische Gärten genoß.

Im Frühling (1821) vollends schien es mir, als blicke ich in Armidens Zauberreich; da war alles rosafarben und weiß von Blüthenbäumen; ein wahrer Flor duftender Hyacinthen und Primeln lachte mir entgegen.

Ja, die Welt ist vollkommen überall wo der Mensch nicht hinkommt — aber dieses Geschlecht schien nicht aufhören zu können, durch Neid, Haß, Verfolgung und blutige Thaten das Eden, welches Gott ihnen geschenkt, in sein Gegentheil zu verwandeln. Angeregt durch die Carbonari und andere geheime Gesellschaften, war in Italien das Verlangen nach Repräsentativverfassungen und nach Unabhängigkeit von fremder, besonders österreichischer Herrschaft wach geworden. Namentlich gährte es in Neapel und Sicilien, wo Ferdinand I. schon 1820 eine liberale Constitution hatte versprechen müssen, sowie auch in Sardinien. Toscana blieb von den Revolutionen unberührt, da man sich dort unter dem milden Scepter Ferdinands III. ganz zufrieden fühlte; als daher österreichische Bayonnete im März und April 1821 die aufständischen Gebiete zur alten Ordnung zurückführten, hatte Florenz nicht weiter darunter zu leiden. Dennoch ging es ohne kriegerischen Lärm nicht ab; auf ihrem Zuge gegen die Neapolitaner rückten österreichische Regimenter ein und wurden zum Theil in der Stadt einquartiert. Die Gemeinen legte man meist in die Citadellen, welche Florenz an seinem Süd- und Nordende besitzt, oder auch regimenterweise in die Klöster; die Offiziere wohnten fast immer in Gasthäusern. Alles ging sehr schnell und ohne merkliche Belästigung für die Florentiner vorüber. Ich war von Herzen froh, daß es nicht länger währte (wie schlecht mir auch die Feigheit der Neapolitaner gefiel, durch deren Schuld der Feldzug ein so schnelles Ende fand); wußte ich doch bereits aus trüber Erfahrung, daß nichts unter dem Kriege so sehr leidet, wie die armen Künste.

Hier in Florenz nun konnte ich endlich den lange gefaßten Entschluß zur That werden lassen, meinem gütigen Gönner, dem Großherzog Carl August, durch Uebersendung einiger Arbeiten meine Dankbarkeit auszudrücken. Es glückte mir, die immer nur zögernd ertheilte Erlaubniß zu erhalten, die in der Gallerie der Uffizi befindliche Rafael'sche Madonna mit dem Stieglitz copiren zu dürfen, und noch dazu unter der besonderen Vergünstigung, das Original von der Wand herabzunehmen und in den bestbeleuchteten Raum der Gallerie, den s. g. Niobidensaal, transportiren zu lassen.

Diese wunderliebliche Madonna war so recht das Bild, wie ich es mir für meinen Großherzog wünschte: die heilige Mutter, ganze Figur, sitzt in einer anmuthigen Landschaft, der kleine Johannes und Christus stehen an ihren Knieen; der erstere reicht dem Jesusknaben einen Stieglitz, welchen dieser mit einer unaussprechlich heiligen Geberde segnet. Dies einfache Ganze ist durchhaucht und geweiht von echter Poesie der Frömmigkei *).'

Während ich an dieser Madonna arbeitete, erhielt ich ferner auf Verwendung des Prinzen Corsini, an den mich Niebuhr empfohlen, die Erlaubniß, neben dem bereits mit dieser Aufgabe beschäftigten Braunschweiger Väse die Rafaelsche Madonna aus dem Schlafzimmer des Großherzogs von Toscana im Palazzo Pitti, die s. g. Madonna del Gran Duca zu copiren; eine äußerst selten ertheilte und hohe Gnade, an welche einzig die Bedingung geknüpft war, mein Werk so zu beschleunigen, daß ich meine Arbeit gleichzeitig mit Väse beendigte, denn der Großherzog liebte das für eins der gelungensten Werke Rafaels

*) Louise Seidlers Copie der „Madonna mit dem Stieglitz" hängt jetzt im Großherzogl. Museum zu Weimar. Friedrich Preller urtheilte über dieselbe: „sie sei die beste Copie, die er je gesehen." Wer sich erinnert, welche Schwierigkeit das Copiren nach Rafael darbietet, an dessen Bildern man das eigentliche Machwerk oft gar nicht erkennen kann, weiß, was dieses Lob bedeutet. — Ihren Zweck, dem Großherzoge Carl August eine Freude zu machen, hat Louise Seidler erreicht: unter'm 26. August 1821 schreibt der Fürst an Goethe: „Die Seidler hat zwei vortreffliche Gemälde geliefert" (Briefwechsel II, 190), und zu der alljährlich am 3. September (Carl Augusts Geburtstag) veranstalteten „Weimarischen Ausstellung" wurden dieselben sogleich eingesandt. Goethe hielt die Arbeiten „des seit einigen Jahren in Italien um ihre Ausbildung fleißig bemühten Frauenzimmers" von einer „so achtenswerthen Beschaffenheit," daß er es „für Pflicht" erachtete, „den Kunstfreunden" in einem Aufsatze über die Ausstellung von 1821 („Ueber Kunst und Alterth.", IV, H. 1. S. 19 fg.) „etwas näheren Bericht von denselben zu geben." Louise Seidler habe, sagt er, auf die Madonna mit dem Stieglitz besonderen, „höchst lobenswerthen Fleiß verwendet. Der simple, etwas gelbliche Farbenton ist treu wiedergegeben, das Eigenthümliche in Gestalt und Ausdruck am Christkind nicht weniger gelungen. Sollte Jemand, der mit Rafaels Werk sich genauer bekannt gemacht, im Kopf der Madonna das allerzarteste von reiner Schönheit, Gemüth und Geist vermissen, so bedenke man, daß eben von Seiten dieser Eigenschaften besagtes Gemälde, und vornehmlich der Madonnenkopf, ganz unnachahmlich."

gehaltene Bild so sehr, daß er dessen Anblick voll Eifersucht kaum Jemand gönnen wollte und es auf Reisen stets in einem Wagen mit sich führte. Zum Glück hatte ich bereits große Uebung und malte sehr rasch, so daß ich über Erwarten schnell mit dieser wichtigen Arbeit fertig wurde. Bäse, ein kleiner lebendiger Herr, den ich trotz seiner großen Reizbarkeit bald hochschätzen mußte, nahm sich meiner dabei ehrlich an; er war ein vorzüglicher Copist, der sich die Aufgabe gestellt hatte, sämmtliche Rafaels, welche es giebt, zu copiren. Sein späteres tragisches Ende konnte Niemand ahnen: er hatte 1837 in Madrid das große Spasimo von Rafael copirt; nach Vollendung der Arbeit fand er die Copie gegen das Original zu dunkel und erschoß sich aus Verzweiflung darüber. „Die Deutschen sind zu fleißig und zu gefühlvoll für ein südliches Klima" bemerkte mit großem Rechte ein gemeinschaftlicher Freund bei dieser traurigen Veranlassung.

Der dritte Rafael, den ich in Florenz copiren durfte, war die zarte Madonna Tempi: die jugendliche Mutter, das dem Beschauer zugewandte Kind an sich drückend; ein Gemälde, welches erst später recht bekannt und berühmt wurde*). Es gehört in die mittlere Periode Rafaels und entzückt durch seine edle Einfachheit, Unschuld und Kindlichkeit. Durch König Ludwig von Bayern kam es 1826 für 16,000 Scudi in die Pinakothek nach München; eine meiner Copien kaufte Herr von Quandt, um sie der schönen Gallerie in seinem kunstgeweihten Wohnhause an der großen Elbbrücke in Dresden einzuverleiben. Der hilfreichen Hand, welche dieser treffliche Mann und seine edle Gattin uns schon in Rom geboten, konnten Schinz und ich auch hier uns wieder erfreuen; auf der Rückkehr nach Deutschland begriffen, verweilten Quandts noch einige Wochen in Florenz, bis sie im Juli 1820 nach der Heimath aufbrachen, geleitet von den Segenswünschen aller Künstler, die ihren Weggang nur bedauern konnten. Denn Herr von Quandt

*) Schinz bemerkt (im Tgbch.): es sei „sehr schwer, dies Bild zu copiren, das in der Zeichnung unbestimmt, fast verloschen sei und in der Farbe sich je nach dem Tageslicht sehr ändere." Ueber Louises Copie sagt er: „so wenig schlecht sie ist, entzückt sie mich weniger, als die der Madonna mit dem Stieglitz."

war sich gleich geblieben; er hatte gethan, was Tausende mit ihrem Gelde nicht thun würden, wenn sie auch noch so sehr mit ihrem Mäcenatenthum prunken. Fürsten leuchtete er als Muster eines Kunstbeschützers voran, und wenn sein Beispiel viele Nachahmung weckte, so stünde Manches besser!

Von der aria cattiva, der schädlichen Luft, aus Rom vertrieben, war Anfangs Juni 1820, wenige Wochen früher als ich, auch der „italienische Forscher" Herr von Rumohr nach Toscanas Capitale gekommen. Er hatte eine allerliebste Villa vor Florenz bezogen; den Verkehr mit der Stadt erleichterte ihm ein kleines, von munteren Ponies gezogenes Wägelchen. Da einige Künstler, welche ich von Rom her kannte (darunter Philipp Veit und Overbeck), der Einladung des gastfreien Mannes folgend, dessen Villegiatur mit ihm theilten, so trat auch ich Herrn von Rumohr rasch näher. Er war sehr bald so liebenswürdig, Schinz und mir seine Ponies zu senden, welche uns zu ihm hinausführen sollten, damit wir mit ihm und unseren gemeinschaftlichen Freunden speisten und einem ländlichen Feste beiwohnten, welches er seinen Winzern und denen der Nachbarschaft gab. Die Tafel war ganz nach vaterländischer Weise eingerichtet; der Baron hatte große Besitzungen in Holstein und bereiste Italien lediglich zu Kunstzwecken.

Sein Geist, seine tiefe Kennerschaft flößte mir die höchste Achtung ein; während eines wiederholten, langen Aufenthaltes in Italien hatte er in Florenz, Siena, Pisa, Perugia u. s. w. alle früheren Kunstepochen mit Liebe studirt. Soweit seine Mittel reichten, sammelte er nicht nur Kunstschätze, sondern unterstützte auch die Künstler; er selbst zeichnete mit der Feder auf das geschickteste Landschaften und Caricaturen; es giebt von ihm auch viele radirte Blätter. In Oel malte er ebenfalls Landschaften, wenn ihm irgend ein junger Künstler die Palette aufsetzte; ihm selbst fehlte dazu, wie überhaupt im Leben, alle Geduld. Dies gab nicht selten zu leidenschaftlichen Ausbrüchen Veranlassung; die größte Kleinigkeit konnte den Zorn des launenhaften Mannes erregen. Seine Gutmüthigkeit, seine Originalität mußte mit diesen Eigenheiten indessen wieder aussöhnen.

Während jener Tafel, von der ich berichtete, wurden Kunstgegenstände besprochen; dazwischen zeichnete Baron Rumohr auf kleine Stückchen Papier mit flinker Hand eine Menge seiner ergötzlichsten Caricaturen; eine Angewöhnung, von welcher er sich zu allen Zeiten und an jedem Orte beherrschen ließ. Zahllose Köpfe mit den wunderlichsten Grimassen entstanden in wenig Augenblicken; unser Wirth betrieb das Zeichnen, wie ein Anderer bei Tische Brotkügelchen dreht oder an Flaschenkorken schnitzelt. Die Aufwartung bei Tafel versah ein aus Holstein mitgebrachter sehr gewandter Mensch, der zugleich als Koch fungirte, dabei aber gebildet genug war, um häufig mit seinem Herrn dessen Lieblingsspiel, das Schach, spielen zu können.

Abends, nachdem wir gegessen, führte uns Herr von Rumohr in den „Ballsaal", d. h. in eine mit Blumenkränzen und bunten Lampen decorirte Scheune, wo die Winzer bereits versammelt waren. Der Baron reichte einer hübschen Winzerin den Arm, ländliche Musik ertönte und der Walzer begann nach deutscher Weise. Auch ich schloß mich mit Overbeck an, und so tanzten wir bis gegen zwölf Uhr wacker mit allen Landleuten. Herr von Rumohr reichte selbst Erfrischungen mit umher und machte den liebenswürdigsten Wirth; im herrlichsten Mondschein fuhren wir endlich müde nach Hause.

Aber der Baron von Rumohr war nicht nur ein musterhafter Wirth, sondern auch ein zuvorkommender Cavalier. In freundlichster Weise machte er mir das Anerbieten, mich dem renommirtesten Künstler der Stadt, dem Historienmaler Benvenuti vorzustellen, dessen Custodie ein Theil der Uffizien unterstellt war. Bereits am nächsten Morgen holte mich Herr von Rumohr zu einem Besuche bei demselben ab.

Ich fand einen etwa fünfzig Jahre alten, tüchtigen Künstler; seine Arbeiten, ganz im akademischen Styl gehalten, waren wacker in der Zeichnung, brillant, doch schwer im Colorit, die Figuren aber voll dramatischer Bewegung und lebendig im Ausdruck. Er trat würdevoll, stellenweise selbstgefällig auf; namentlich beliebte es ihm, zu betheuern, er sei nie in Rom gewesen, verdanke daher alle seine Kunst sich selbst.

Wie man denken kann, wollte dieser Akademiker von der altflorentinischen Schule nichts wissen; er hatte sogar den Unverstand gehabt, das ehrwürdige, aus dieser Schule stammende Altarbild der Kirche Santa Maria Novella — der Lieblingskirche Michel Angelos, welche dieser „seine Braut“ nannte — durch ein modernes Machwerk seiner eigenen Hand zu verdrängen. Ich dagegen schwärmte für die einfachen, empfindungsvollen Florentiner, die ich als Grundlage der neu sich entwickelnden Kunst zu betrachten geneigt war; eine Meinung, welche geistreichere Kenner und warme Verehrer eines Ghirlandajo, Gaddi, Fiesole, Filippo Lippi, Andrea del Castagno, Giotto u. s. w. mit mir theilten.

Daß ich mich durch die abweichenden Kunstanschauungen des Direktors Benvenuti nicht abhalten ließ, in den Schätzen zu schwelgen, welche die ihm unterstellte Gallerie barg, braucht wohl keiner Versicherung. Auch sonst sah ich mich fleißig nach Kunstwerken um, wie ich denn z. B. den berühmten Florentiner Mosaiken ein emsiges Studium widmete. Diese sind, auf schwarzem Grunde, mit wirklichen Steinen dargestellt, die römischen dagegen mit bunten Glasstiften. Florentiner Mosaiken sind deshalb sehr theuer; ich sah im Palazzo Pitti eine Tischplatte, welche man auf 6000 Scudi schätzte. Im Battisterio, der Taufkirche zu Florenz, erblickt man Mosaiken der ältesten Meister, deren Werth, gleich ihrer Dimension, kolossal ist. Mir imponirte vor allem ein ungeheurer sitzender Christus mit hoch erhobener Hand, ernst und gewaltig, mehr Gott als Mensch.

Von eigenen Arbeiten, welche außer den schon erwähnten in meine Florentiner Zeit fallen, habe ich einer, diesmal nach dem Original angefertigten Copie jenes Erzengels Michael von Perugino aus der Academie S. Marco zu gedenken, mit dessen Nachbildung nach Eggers ich einst Henriette Herz erfreut hatte, und dessen ganz jugendlicher Kopf für ein Bildniß Rafaels galt*); außerdem mehrere Damenportraits

*) Ueber diese Arbeit (offenbar das von Carl August gegen Goethe erwähnte zweite „vortreffliche Gemälde“) heißt es in dem angeführten Berichte über die „Weimarische Ausstellung“ vom September 1821: „Das Brustbild des Erzengels hat eine etwas freyere Behandlung erfahren (als die Madonna), und

(eins Kniestück, ein anderes stehende Figur in Lebensgröße), mit denen mich u. A. die hochherzige Familie des holsteinischen Grafen Baudissin, in welche der Baron von Rumohr Schinz und mich eingeführt hatte, beauftragte; im Schooße dieser Familie, welche wir zu unserer Freude später in Rom wiederfanden, verlebten wir unvergeßlich-schöne Stunden (wie z. B. am Weihnachtsabend des Jahres 1822, der durch eine wahrhaft glänzende Bescheerung verherrlicht ward). Aus der Zahl deutscher Kunstgenossen, welche 1820—21 in Florenz lebten, wurde mir keiner so wichtig, wie der treffliche Metzger, über den ich daher auch einige Worte sagen muß.

Er war vom Kronprinzen Ludwig von Bayern zum Behuf des Ankaufs und der Restaurirung von Denkmälern alter Kunst, welche dieser Fürst damals zahlreich erwarb, angestellt, und dieses schwierige Amt hätte nicht leicht einem einsichtsvolleren Manne anvertraut werden können. Metzger verstand seine Sache ganz meisterlich, ja, bei Restaurirungsarbeiten erreichte er durch ein ihm eigenthümlich gebliebenes Verfahren selbst da noch Großes, wo Palmarolis Weisheit ein Ende hatte. Oft sah ich ganz ungereinigte Bilder bei ihm, die so schwarz und übermalt waren, daß ich nicht begriff, wie man unter der Kruste noch etwas Gutes hervorholen könne, und doch gelang ihm dies fast ausnahmslos in jedem Falle. So war der Umgang mit ihm höchst lehrreich, und ich danke ihm manchen fruchtbringenden Wink, den man stets um so lieber entgegennahm, als der schlichte, einfache, bescheidene Künstler, dessen ganzes Wesen mich unwillkürlich an den biedersinnigen Eberhardt erinnerte, bei einer seltenen Herzenswärme die große Gabe besaß, mit Liebe

---

wird durch jugendliche Unschuld und Lieblichkeit der Züge sehr anziehend. Art und Geschmack des P. Perugino sind darin leicht zu erkennen, und nach dieser Copie zu urtheilen, muß das Originalbild, welches uns unbekannt blieb, wohl eine der allerschätzbarsten Arbeiten des erwähnten alten Meisters seyn. Neuerlich hat in Italien die Sage Cours erhalten, P. Perugino habe in diesem Erzengel seinen Schüler, den damals noch jungen Rafael portraitirt. Wir lassen den Werth oder Unwerth hiervon auf sich beruhen, glauben aber nicht, daß man eine historisch begründete Gewährschaft darüber beybringen könne."

und Nachsicht zu unterweisen, so daß man gern von ihm getadelt war. Wie dieser gute, feine Mann so sehr empfinden gelernt, womit man seinem Nebenmenschen am besten dient, erklärt sich aus seinem bewegten Lebensgange: Noth jeder Art — an Geld, durch Krieg, Krankheit, Verletzung des Körpers, ja, durch ein schweres Augenübel, in Folge dessen er seiner Kunst, dem Kupferstechen, Jahre lang entsagen mußte — hatte bei ihm ein tiefes, edles Gefühl erweckt, so daß er nützte und half, wo er nur konnte. Sein Fürst wußte aber auch, welche Perle — an Menschen- wie an Künstlerwerth — er in Metzger besaß; als dessen Frau ihm im Januar 1821 einen Knaben schenkte, bot sich Kronprinz Ludwig selbst zum Taufpathen an, und ließ sich bei der heiligen Handlung durch den Baron von Rumohr vertreten.

Unter den mannichfachen Bestrebungen, welche ich zu schildern versucht habe, nahte endlich die Zeit, wo die Umstände mich zur Rückkehr nach Rom drängten. Im October des Jahres 1821, als ich just drei Jahre in Italien zugebracht hatte, siedelte ich wieder nach St. Peters Stadt über; mir war, als ob ich in einen trauten Familienkreis zurückkehrte. Aber mit wie herzlicher Freude ich auch die lieben Gesichter alle wieder zu begrüßen hoffen durfte: der Abschied von dem schönen Florenz ward mir darum nicht leichter. Ach! Aus Scheiden und Meiden entstehen ja die herbsten Bekümmernisse dieses Erdendaseins — ich sollte es wiederum so recht erfahren, als, nach einer ruhigen Zeit angestrengten Schaffens, plötzlich in den letzten Maitagen des Jahres 1822 die Nachricht mich überraschte, der bei all seiner Barockheit von mir doch werthgehaltene Herzog August von Gotha sei gestorben, und sein Bruder Friedrich, der Thronfolger, müsse nun Rom verlassen, um die Regierung des Landes anzutreten. Aus Gotha traf in der Person des Herrn von Bridel ein außerordentlicher Gesandter ein, um den nunmehrigen Herzog Friedrich zu holen; in den ersten Junitagen verließ der erlauchte Herr sein langjähriges Domicil, um nach Deutschland zurückzukehren. Am Tage vor seiner Abreise nahm ich von ihm mit heißen Thränen Abschied; hatte er mir doch so sehr viel Güte und Herzensfreundlichkeit erwiesen und mir Gelegenheit gegeben, Rom und seine Umgebungen auf das bequemste kennen zu lernen! Mit ihm schied mein lieber Vetter Ettinger, der stets fürsorgliche, treue Freund, der mir immer nur Gutes erzeigt. Ich wußte mich nicht zu fassen, nicht meine Thränen zu hemmen! Erst die Zeit heilte die Wunde, welche der Trennungsschmerz geschlagen.

Schlag auf Schlag folgte nun: wenige Tage nach dem Herzog von Gotha verließ Johann Veit die ewige Stadt. In der Villa Rafaela gab er den befreundeten Künstlern und deren Frauen ein Abschiedsfest*). Diese Villa, ein köstliches, von Rafael erbautes Kleinod, welches die Jahrhunderte verschont hatten, bis es 1849 bei den republikanischen Unruhen von den Römern selbst zerstört wurde, war damals von schlichten Winzern gepachtet worden; eine große, geschmackvoll decorirte Halle diente dazu, die Geräthschaften derselben aufzubewahren. An den Wänden aber sah man noch die Spuren von Rafaels Genius unversehrt erhalten; auf das anmuthigste und geistreichste hatte sich seine Kunst hier in einer Gruppe nackter Jünglinge, welche nach der Scheibe schossen, verewigt; am Fries zeigten sich vier Medaillons mit lieblichen Frauenbildern, welche man für Rafaels Freundinnen hielt. In diesem geheiligten Raume war die Tafel gedeckt; Bretter, auf Fässer gelegt, gaben ringsumher bequeme Sitze. Wir ließen uns die Speisen vortrefflich munden, und die Becher kreisten; am Schlusse des Mahles erhob sich der liebe Gastgeber und rief mit begeisterter Stimme: „Es lebe Rafael, Rafael lebe hoch!" und rings in der Halle schallte es: „Hoch! Hoch!" In demselben Augenblicke flatterte ein großer, herrlicher, bunter Schmetterling über die Tafel. Unwillkürlich erhoben wir uns alle in feierlichem Schweigen; die Psyche Rafaels schien hernieder zu schweben. In weihevoll gehobener Stimmung verließen wir die festliche Halle.

*) Ein Irrthum, soweit das Jahr in Frage kommt. Das oben geschilderte Abschiedsfest fand zwar ganz in der angegebenen Weise und auch im Mai (am 30.) statt, jedoch bereits 1819. Johann Veit verließ Rom am 31. Mai 1819, kehrte aber im November 1822 wieder dahin zurück „und brachte eine allerliebste kleine Frau mit" wie Schinz (im Tgbch.) berichtet; er setzt hinzu: „wir verlebten bei ihm viele schöne Abende."

Aber nicht nur der Abschied manches lieben Freundes — auch der Tod lockerte mit rauher Hand das schöne Band, welches die römischen Künstler umschlang. Am 26. Januar 1822 Abends waren einige Freunde und zwei fremde Gäste, ein Amerikaner, Sir George Bankroft und ein artiger junger Mensch aus Hamburg, Namens Campe*), zum Sonnabendkränzchen bei mir versammelt; vergnügt tranken wir unseren Thee, als Stockmar bei uns eintrat und die Nachricht brachte, der Bildhauer Rudolf Schadow, ein Sohn des berühmten Direktors der Berliner Kunstakademie und Bruder des Historienmalers, von dem ich bereits erzählte, sei plötzlich an einer Brustentzündung schwer erkrankt. Schon am folgenden Tage hatte sich denn auch sein Befinden höchst bedenklich verschlimmert, und am 31. Januar war er todt. Am Spätnachmittage des nächsten Tages ward er beerdigt; er selbst hatte das Begräbniß angeordnet. Einer Sitte gemäß, welche ich sowohl in Rom, als auch in Neapel wiederholt beobachtete, lag die Leiche offen auf einer mit goldgesticktem Damast überdeckten Bahre; diese ward abwechselnd von sechszehn Künstlern getragen, welche dem Dahingeschiedenen die letzte Ehre erweisen wollten. Schadow war katholisch geworden und hatte sich den heiligen Franciscus von Assisi zum Patron erwählt; er war deshalb in eine Franziskanerkutte gekleidet, die Hände, über der Brust gefaltet, hielten ein kleines Kreuz, Psalmen summend ging die heilige Brüderschaft nebenher, fast alle deutschen Künstler folgten der Bahre. Wahrhaft poetisch lag der Todte da, einem Schlafenden gleich; wie um Abschied für ewig zu nehmen, küßte ihn die Sonne noch einmal mit ihren letzten Strahlen. Der Eindruck dieses Leichenzugs war tief ergreifend; ernst und bewegt kehrten wir von seinem Anblick heim.

Eng und enger schlossen sich jetzt, da so manche Lücke gerissen war, die in Rom zurückbleibenden Kunst- und Gesinnungsgenossen aus dem lieben deutschen Heimathlande aneinander. So wurde mir eines

*) Ohne Zweifel der Buchhändler Julius Campe, später Inhaber der Firma Hoffmann und Campe in Hamburg. Vergl. Strodtmann, Heinr. Heine, II, 18.

Tages die große Ueberraschung zu Theil, von dem preußischen Gesandten, dem edlen Niebuhr — den ich wegen seines Geistes, seiner Gelehrtheit und Herzensgüte je länger je inniger verehren gelernt hatte — folgendes Billet*) zu erhalten:

„Liebe Seidler!

Ich schreibe dieses Brieschen für den Fall, daß wir Sie nicht zu Hause finden, weil heute der funfzehnte des Monats ist. Wir haben Ihnen nämlich einen Vorschlag zu thun, über den wir Sie nur bitten, sich ohne alle Verlegenheit, auch verneinend, wenn Sie Gründe für sich haben, zu entschließen. Am 1. k. M. werden bei uns die Zimmer frei, welche Becker bewohnte; wollen Sie diese annehmen und unsere Hausgenossin sein? Wir können Ihnen keinen Ministerlisch anbieten, aber wir können Ihnen versprechen, daß Sie kein Büffelfleisch auf den Tisch bekommen sollen. Meine Frau würde an Ihnen in den Stunden, welche Sie nicht der Kunst bestimmen, eine Freundin und Gesellschafterin haben — und daß wir Sie nicht geniren werden, versichern wir Ihnen bestimmt. Wollen Sie das Quartier der Künstlerstadt besuchen, so können unsere Pferde Sie fast immer hinbringen, wohin Sie wollen. Wir schreiben Ihnen dies heute, weil, wenn Sie sich auf unseren Antrag entschließen, Sie heute Ihre Wohnung aufsagen könnten.

Mit herzlichsten Grüßen meiner Frau Ihr ergebenster

Niebuhr."

Wie sehr es mich auch beglückt hätte, in einer so edlen Familie Schutz und Obdach zu finden, — die Ersparniß gar nicht gerechnet — so hätte ich mich doch durch Annahme desselben meiner Künstlerfreiheit beraubt gefühlt. Alle Kunstgenossen und Freunde wohnten jetzt am Monte Pincio ganz nahe um mich herum, ja, derjenige, welcher mir am meisten förderlich und nützlich war, Philipp Veit, war unter Einem

*) Abschriftlich. In der Abschrift undatirt. Schinz (im Tgbch.) berichtet das Eintreffen des Briefes bereits am 15. April 1819.

Dache mit mir; jeden Augenblick konnte ich mir Rath bei ihm holen, und dies war oft der Fall. Auch Schinz, der wackere Freund, würde mir bei der größeren Entfernung vielfach gefehlt haben, denn auch er war mir in künstlerischer Beziehung so wie durch brüderliche Hilfsleistungen von großem Nutzen*). Kam ich nach Hause, so fand ich oft Palette und Pinsel gereinigt, die Staffelei bekränzt und manche schriftliche Bemerkung vor derselben niedergelegt, die mir bei meiner Arbeit nützlich sein konnte; bisweilen überraschte mich auch ein poetischer Abendgruß, oder ein Kupferstich, den Schinz bei einem Antiquar für meine kleine Sammlung, die ich mir angelegt, passend gefunden und für mich erworben hatte. Wie wichtig war mir außerdem sein Urtheil in allen Zweifeln, die mich oft beschlichen! Namentlich an seine größere Correctheit in der Zeichnung mußte ich oft appelliren, zumal wenn es sich um Gegenstände handelte, deren Studium nach der Natur mir meines Geschlechtes halber von vornherein unzugänglich war. Da wußte Schinz allemal zu rathen und zu helfen, und er that dies ebenso liebevoll, wie gründlich. Selbst tüchtiger Zeichner, wie er es war, litt er auch von mir nichts schlechtes. Einst hatte ich eine Composition von neun Figürchen entworfen, auf die ich mir wirklich etwas einbilden wollte. Aber ach! Vor seiner strengen, aber gerechten Beurtheilung fiel mein Stolz herab wie ein Ziegel vom Dach, und mein Hochmuth zerplatzte vor der überzeugenden Kraft seines wahren Ausspruchs. So wurde denn beschlossen, den freundlichen Vorschlag des trefflichen Niebuhr, trotz aller Anerkennung so seltener Güte, abzulehnen. Am

*) Am Tage nach dem Eintreffen des Niebuhrschen Briefes, 16. April 1819, feierte er seinen 22. Geburtstag. Als er die Freundin besucht, tritt sie ihm „gleich freudig entgegen um zu gratuliren“ berichtet er im Tgbch., indem er fortfährt: „Dann führte sie mich an den für mich gut geordneten und gedeckten Tisch, wo aus den ersten Frühlingskeimen und Wiesenblumen mein Name „C. S.“ geschrieben war; dann bekam ich Papier, um darauf Durchzeichnungen zu ordnen, eine sehr schöne Zeichnung nach dem Engel Michael von Perugino (Florenz), Pinsel zum Malen u. s. w.“ (An dem Erzengel Michael arbeitete L. Seidler damals nach der ihr vorliegenden Copie von Eggers für Henriette Herz.)

nächsten Morgen ging ich zu den lieben Menschen, um ihnen diese Antwort zu bringen. Ich fand die Hausfrau in ihrem allerliebsten Garten, an dessen Spalieren Citronenbäume grünten, unter einem Mimosenbaum sitzen, von den holden Kindern umgeben, dem kräftigen kleinen Marcus, blond und blühenden Colorits, und der zarten Amalie, mit dichtem, reichem Lockenkopf und runden, lieblich braunen Augen. Sie empfing mich auf das gütigste; unter angenehmen Gesprächen verging die Zeit. Die sonst so stille, in sich gekehrte Frau entfaltete eine Liebenswürdigkeit, ein tiefes Gefühl, welches ich früher nicht an ihr gekannt und gar nicht erwartete hatte. In diesem Augenblick fühlte ich es doppelt schmerzlich, daß ich auf das so freundliche Anerbieten nicht eingehen konnte, jedoch wagte ich es, mir die Erlaubniß von ihr auszubitten, künftig die Sonntage in ihrem Familienkreise zubringen zu dürfen. Zu den Donnerstag-Abenden, wo Niebuhrs offenes Haus für Künstler und Gelehrte hielten, war ich ohnehin ein- für allemal geladen. Sie gewährte mir meine Bitte gern, ja, sie fügte hinzu, daß es längst ihr Wunsch gewesen sei, mich zu ersuchen, sie selbst, sowie ihre beiden Kinderchen zu portraitiren — sie hoffe, ich werde diesen Auftrag nicht ablehnen. Hoch erfreut, sagte ich zu und machte mich schon nach wenig Tagen an die Arbeit. Ich malte erst die Mutter, dann die Kinder; letztere in ganzer Figur, in einer Gruppe, die vermöge der großen Unruhe der kleinen Schelme viel Schwierigkeiten bot*). Gewöhnlich halten die Künstler Kinder-Portraits

*) Hier scheint Louise Seidlers Gedächtniß nicht ganz treu gewesen zu sein; Schinz notirt schon am 25. Febr. 1820: „L. hat ihr Bild von den Niebuhr-Kindern vollendet. Jene sind sehr befriedigt, und mit Recht; es war eine große, schwierige Arbeit, macht sich aber sehr gut." Das Portrait von Niebuhrs Gattin entstand jedoch wirklich in der von Louise angegebenen Zeit (Frühjahr 1822), und die Künstlerin nahm die Gelegenheit wahr, Schinz zum Zeichnenlehrer für Marcus Niebuhr zu empfehlen, „der zwar erst fünf Jahre alt, aber voll natürlichen Verstandes ist. Herr von Niebuhr richtete mir Alles sehr bequem ein, so daß es schon ohne die gute Bezahlung ein Gewinn war; ich durfte die Stunde wählen und speiste oft bei Niebuhrs zu Mittag, wo Alle so liebevoll waren, daß ich mich nur freuen konnte." (Schinz, im Tgbch.)

für besonders undankbar; eine Ansicht, welche ich nicht theilen kann. Im Ganzen ist doch der Typus der Kindergesichter ein allgemeiner, nur etwas modificirt im Detail der Formen, in denen das Runde, sowie der Ausdruck von Unschuld und Lieblichkeit vorherrschend sind.

Frau Niebuhrs Fürsorge erleichterte mir die Arbeit wesentlich durch das reizende Atelier, welches sie mir in ihrer Wohnung in einem Gartensalon bereitete; durch die geöffneten Fenster und Flügelthüren drangen würzige Blüthendüfte herein; eine plätschernde Fontaine machte eine sanfte, melancholische Musik, während sie zugleich die sehr wünschenswerthe Kühle verbreitete. Man kannte diese zarte Sorge und Aufmerksamkeit für die deutschen Künstler in Rom an der trefflichen Familie. Niebuhr war für Alle ein wahrhaft väterlicher Freund und eine zuverlässige Stütze; hatte er doch einst sogar Denen, welche die Fresken in der Casa Bartholdina malten, den Ultramarin gekauft, weil derselbe für ihre Umstände zu theuer war. Sein gerechter Sinn, sein wahrhaft christliches Gemüth machte keinen Unterschied zwischen katholischen und protestantischen Malern, indeß hatte ihn der Uebertritt Einiger zum Katholicismus doch tief betrübt. Ich habe bereits erzählt, wie glücklich sein Bemühen war, als nöthiges Gegengewicht gegen die Proselytenmacherei einen evangelischen Gottesdienst in Rom einzurichten.

Leider sollte sich der treffliche Mann der Früchte seines aufopferungsreichen Strebens nicht mehr lange erfreuen; etwa drei Jahre nach der Gründung der protestantischen Gemeinde ward er von Rom abberufen; acht Jahre später, am 2. Januar 1831, schied er aus diesem Leben. Die Trauerbotschaft seines Todes erschütterte mich tief. Einen geringen Trost gewährte mir eine flüchtige Skizze von dem Antlitze des edlen Mannes, welche ich im März 1822 zu Rom entworfen hatte, und die ich zu Hilfe zog, als ich im Jahre 1829, der Einladung Niebuhrs nach Bonn folgend, mehrere Sommermonate in seinem gastlichen Hause zubrachte, bei welcher Gelegenheit ich meinen verehrten Wirth selbst und dessen vier Kinder in einer Gruppe malte.

Von jener Skizze*) hörte Goethe, und da er zu jener Zeit durch Krankheit an's Zimmer gefesselt war, so ließ er mich durch einen Freund ersuchen, sie ihn sehen zu lassen. Sie gefiel ihm so sehr, daß er mir nachfolgenden Brief — den letzten, welchen ich von ihm erhielt — sandte:

„Sie würden mir, meine theure Künstlerin, eine besondere Gefälligkeit erweisen, wenn Sie mir das Antlitz unseres werthen Niebuhrs, wie es Ihnen auf dem Papier und gewiß auch in der Seele zurückgeblieben, auf den hier beykommenden Bogen, als dem Format meiner großen Portraitsammlung, herüberbilden möchten; damit es in dieser Gesellschaft vorzüglicher Männer, mir und andern Theilnehmenden, einen schmerzlich-tröstlichen Anblick gewähre. Ihre Zeichnung giebt einen gar zu schönen Begriff von der, leider allzuschnell, vorübergegangenen Gegenwart des vorzüglichsten Mannes.

Das Beste wünschend

Weimar, den 11. Februar 1831.

J. W. v. Goethe."

Natürlich beeilte ich mich, die Bitte des theuern Dichters — der ein Jahr später auch aus diesem Leben scheiden sollte! — zu erfüllen**), ja, ich empfand eine Art wehmüthiger Freude, daß ich im Stande war, das Andenken des mir so werthen Gönners auf diese Weise zu ehren.

---

*) Dieselbe, eine lebensgroße Kreidezeichnung (Brustbild) auf gelbem Papier mit der Unterschrift: „Barthold Georg Niebuhr, in Rom gezeichnet", befindet sich jetzt im Museum zu Weimar als Vermächtniß Louise Seidlers.

**) Schuchardts Verzeichniß Goethescher Handzeichnungen von deutschen Künstlern führt Niebuhrs Portrait unter No. 634 irrthümlich als von Schmeller herrührend auf. Louise Seidler zeichnete außer Niebuhr nachweislich noch Großherzog Carl Friedrichs Portrait für Goethe. (No. 536 bei Schuchardt.) Alle diese Portraits, 131 an der Zahl, in einem sogen. Album vereinigt, stellen Personen dar, mit welchen Goethe in freundschaftlichem oder literarischem Verkehr stand, oder solche, die ihn sonst interessirten. Sie sind nach Schuchardts Angabe sämmtlich Brustbilder in natürlicher Größe, auf farbiges Papier mit schwarzer und weißer Kreide gezeichnet.

Denn nie erkalten kann meine Dankbarkeit für Niebuhrs Güte *), welche sich noch kurz vor seinem Scheiden von Rom in besonders schöner Weise bethätigte. Im November des Jahres 1822 nämlich besuchte König Friedrich Wilhelm III. von Preußen mit zweien seiner Söhne, den ritterlichen Prinzen Wilhelm und Carl, Italien; auf wenige Tage und mit kleinem Gefolge kamen sie auch nach Rom. Ihr Auftreten war prunklos und ohne Ostentation, aber eben deßhalb nur um so gewinnender. Niebuhr begleitete den Monarchen, Bunsen die Prinzen in Stadt und Umgegend nach den merkwürdigsten Orten; unter Anderem auch in eine Ausstellung von Bildern deutscher Künstler, welche nicht ohne Schwierigkeiten unter Direction Catels in der Casa Bartholdy zu Stande kam **).

Nun hatte ich im April und Mai 1822 den Violinspieler von Rafael copirt. Da das Original sich in der Gallerie der Prinzessin Sciarra befand, so bedurfte es zu meinem Vorhaben deren besonderer Erlaubniß, welche mir auf ein Fürwort Thorwaldsens dessen Freund Bröndsted, der bereits erwähnte Archäolog und Bevollmächtigte Dänemarks am päpstlichen Hofe, auswirkte. Allein ich mußte mich, ehe die Zusage

---

*) „Aus innigstem Dankgefühl und treuester Anhänglichkeit“ widmete Louise Seidler die im Jahre 1827 erschienene Lithographie ihrer „heiligen Elisabeth, Almosen austheilend“, Niebuhr und dessen Gattin. Wie werth dieser seinerseits die Künstlerin hielt, geht aus den „Lebensnachrichten über B. G. Niebuhr“ hervor; in einem Briefe vom 8. März 1822 (a. a. O. II, 487) nennt Niebuhr es „ein Glück, daß“ (während seine Gattin kränkelte) „die Seidler sich der Kinder etwas annimmt.“ Louise, damals selbst kränklich, „verlor dadurch nicht Tage, sondern Wochen.“ (Schinz, im Tgbch.)

**) Schinz macht (im Tgbch.) folgende für jene Zeit charakteristische Bemerkung: „Die Preußen wollten eine Ausstellung veranstalten, die viele Uneinigkeit bewirkte, bevor sie zu Stande kam. Es gab Anlaß, die Intriguen auch unter den höheren Ständen in Absicht auf die Künstler recht zu beobachten. Unter den Künstlern sah man, wie wenig der allgemeine Name: „Deutsche“ sagen will; wie die „Deutschen“ sich sogleich zu der Einen Landesfahne halten! Man sagte bei diesem Anlaß nicht, wie damals, als der Kaiser da war: „Deutsche“, sondern sprach von „Preußen“, „Oesterreichern“, „Bayern“ u. s. w.“

bestimmt ertheilt ward, der Prinzessin selbst vorstellen. Ich fand eine häßliche, aber doch gezierte und anspruchsvolle Römerin, welche meine Bitte herablassend gewährte. Die Arbeit war nicht angenehm, da die Frau des Gallerieaufsehers mich während derselben mit Argusblicken bewachte; endlich aber (am 25. Mai 1822) war der letzte Pinselstrich an der Copie gethan. Gleichzeitig hatte ich mich mit wahrem Heißhunger einer größeren Composition gewidmet: „die heilige Elisabeth, Landgräfin von Thüringen, wie sie, von der Wartburg herabkommend, mit milder Hand Brot und andere Gaben an die Armen und Hilfsbedürftigen austheilt"; eine umfangreiche Arbeit, welche ich im Seebade Livorno cartonnirte, wo ich zur Stärkung meiner Gesundheit vom 4. Juli bis 12. August 1822 verweilte. Von Livorno war ich nach Bologna gegangen, um dort nach Perugino, Francesco Francia und anderen zu copiren; das Original des Perugino war ein herrliches Altarblatt, „Madonna, von Engeln umgeben, zu ihren Füßen Heilige"; kräftig in der Farbe, unbeschreiblich fromm und innig im Ausdruck. Unter den Heiligen befand sich eine h. Apollonia, diese copirte ich; nach Francia malte ich einen Guitarre spielenden Engel und eine Madonna, ferner einen Engel nach Innocenzio da Imola. Mit schönen Früchten neunwöchentlichen Fleißes war ich am 17. October 1822, geleitet von dem treuen Schinz, der diese Reise mitgemacht, und einem geistreichen, unterrichteten jungen Franzosen Namens St. Hilaire, der sich in Bologna zu uns gesellt hatte, wieder in Rom eingetroffen, wenige Tage nur vor dem Könige von Preußen. Als nun Catel für diesen die erwähnte Ausstellung arrangirte, konnte ich den Violinspieler nach Rafael, sowie die in Bologna angefertigte Copie des Engels nach Innocenzio da Imola zu derselben beisteuern, und das Glück wollte, daß König Friedrich Wilhelm III., ein warmer und feinsinniger Verehrer Rafaelscher Größe, meiner Copie des Violinspielers (auf welche ihn Niebuhr mit einigen empfehlenden Worten aufmerksam machte) Geschmack abgewann. Er kaufte dieselbe für 40 Louisd'or, und den Engel ebenfalls. An dem nämlichen Tage erwarb er auch einen Amor von Eggers; ein Glück, über welches ich mich um dieses grade damals recht bedrängten Künstlers willen innig freute*). Mit meiner Copie des Violinspielers hatte ich übrigens bei den preußischen Herrschaften Glück; wenige Monate später, im Mai des Jahres 1823, verkaufte ich durch Bunsens freundliche Vermittelung eine Wiederholung meiner Originalcopie, zu deren Vollendung die Prinzessin Sciarra noch drei Seduten bewilligte, an einen der damals in Rom verweilenden preußischen Prinzen**).

Wohl darf ich sagen, daß mich die Erwerbung meiner Arbeiten durch König Friedrich Wilhelm III. mit freudigem Stolze erfüllte; in der Beurtheilung Rafaelscher Copien war derselbe competent in seltenem Maße. Hatte er doch 1814 in Paris die Gelegenheit gehabt und fleißig ausgenutzt, die durch Napoleon aus allen Ländern Europas zu-

*) „Der König zeigte sich sehr gnädig, und kaufte nicht bloß fast alles, ohne Anschauung der Preise, was da war, sondern bestellte bei jedem Landeskinde noch ein oder zwei Bilder, wenn auch meist Copien." (Schinz, im Tgbch.)

**) Die hier gemachten Angaben über die Copie des Violinspielers dürften auf größere Richtigkeit Anspruch erheben, als jene, welche das amtlich herausgegebene Verzeichniß der im „Rafaelsaale" des Orangeriegebäudes zu Sanssouci befindlichen Copien nach Rafael enthält. Dieselben lauten: „Die vortreffliche Copie ist von Caroline Seidler. Sie befand sich bereits unter den Bildern im Palais des hochseligen Königs Friedrich Wilhelm III. Dieselbe verdankt der „Rafaelsaal" dem Kunstsinne Sr. Königl. Hoheit des Prinzen Carl, Höchstwelcher an Ort und Stelle die ausnahmsweise Vergünstigung erlangte, das Originalbild von der Wand zu nehmen. Die Copistin erhielt so die Gelegenheit, ein Werk zu schaffen, welches eine Zierde der ausgewählten Kunstsammlung des Schlosses Glienecke, der Sommerresidenz Sr. K. H., geworden. Nach diesem ist die obige Copie von der Künstlerin selbst wiederholt worden, steht aber natürlich hinter der ersten zurück." Laut Nippolds Lebensbeschreibung Bunsens (vergl. I, 232) wäre übrigens 1823 nur Prinz August und Prinz Heinrich von Preußen in Rom gewesen; einer dieser beiden müßte mithin die zweite Copie des Violinspielers von Louise Seidler gekauft haben. Wenn Schinz also aufzeichnet: „Durch Hrn. v. Niebuhr verkaufte L. Seidler an den König ihre Copie des Violinspielers zu 40 Louisd'or, und da der Kronprinz solche auch haben wollte, erhielt sie den Auftrag, noch eine zweite zu machen. L. war so gut, und ließ mich Theil an der zweiten Copie nehmen, und wir theilten Arbeit und Belohnung" — so befindet er sich hinsichtlich der Person des Bestellers in einem Irrthum, der um so leichter erklärlich ist, als Schinz diesen Theil seines Tagebuchs erst im September 1823 zu Triest aus der Erinnerung niederschrieb.

zusammengeschleppten Originale zu studiren. Eine Anzahl tüchtiger Künstler war damals von ihm für die schöne Aufgabe gewonnen worden, die hervorragendsten Schöpfungen des großen Italieners nachzubilden; diese Copien schmückten die Zimmer seiner Paläste in Berlin. Auch mein „Violinspieler" sollte sich dieser würdigen Reihe anschließen; und hatte ich auch bisher meine Copien immer leicht verkauft und befriedigende künstlerische wie pecuniäre Erfolge damit erzielt, so überkam mich doch erst jetzt die frohe Empfindung, als wäre ich von der Lehrzeit losgesprochen. Ich fühlte mich gleichsam sicherer in der Kunst, ruhiger und frohen Muthes, so daß Gustav Adolfs Wort in Schillers „dreißigjährigem Kriege", den ich damals zuerst las, mir gleich einer Feuerflocke in die Seele fiel, das Wort: „Zuversicht ist die Mutter großer Thaten!"

In gehobener Stimmung nahm ich nun die Arbeit an meiner „heiligen Elisabeth" wieder auf, alle Seligkeit und alles Leid des schöpferischen Talentes zugleich dabei empfindend. Es ist ja in der Kunst wie in der Liebe: immer himmelhoch jauchzend, oder zum Tode betrübt.

Mit heißer Inbrunst schaffte ich an meinem Werke*); nur ein Gegenstand von weihevollster Erhabenheit konnte meine Phantasie daneben fesseln: die Madonna di Foligno im Vatican. Ich begann eben damals eine Copie dieses wundervollen, durch den räuberischen Denon einst nach Paris geschleppten, dort aber meisterhaft von Holz auf Leinwand übertragenen und restaurirten Bildes; diese Arbeit bildet noch jetzt den Hauptschmuck meiner freundlichen, mir durch meines Großherzogs Güte eingeräumten Wohnung im Jägerhause**) zu Weimar.

So verging mir in emsig-stiller Arbeit der Rest des Jahres; ehe ich mich dessen versah, schrieben wir 1823. Abermals kam der fünf-

*) „Louise arbeitet an ihrem Carton nicht viel länger als zwei Monate, und ist fast fertig. Ihr Fleiß hat Wunder gewirkt, aber freilich hat sie sich unendlich angestrengt, bis jeden Abend, wo es schon finster wurde, — und dann spitzte sie noch die Kreide auf den andern Tag." (Schinz, im Tgbch.)

**) Ein herrschaftliches Gebäude, in welchem die Künstlerin von 1824—1866 Wohnung und Atelier hatte.

zehnte Mai, mein Geburtstag. Ach, ich ahnte noch nicht, daß es der letzte sein sollte, den ich in Italien verleben würde, und doch beschloß ich mein sechsunddreißigstes Jahr in wehmüthig-ernster Stimmung. Fast ein halbes Decennium war ich in Italien gewesen; reiche Schätze der Natur und Kunst hatte ich in Gesellschaft edler Freunde kennen gelernt und genossen; die Geschichte lag von der ältesten Mythe an bis auf die neueste Zeit offen vor mir da, in lebendigerer Schilderung, als je ein Buch sie geben kann. So war die jüngste Vergangenheit unaussprechlich reich, die Gegenwart befriedigend — nur die Zukunft nebelhaft. Ich gedachte ihrer weder hoffend, noch wünschend. Was hätte sie mir auch bieten können, nach dieser Fülle von Glück!

Das waren die Gedanken, welche am 15. Mai 1823, dem Tage, an welchem ich in mein siebenunddreißigstes Jahr trat, mein Herz bewegten. Schon früh am Morgen überraschte mich der gute Schinz, seine innigsten Wünsche aussprechend, mit einigen Kleinigkeiten. Die erste Stelle unter denselben nahm — neben einem herrlich geglückten Ecce homo, Copie nach Philipp Veit — ein schöner Teppich ein, welcher noch heute, im Jahre 1866, das Licht in meinem Atelier zusperrt, um die meinen blinden alten Augen peinigende Helle zu mindern. Denn wie wenig ich auch neuerdings selbstthätig habe schaffen können: mein Atelier ist noch im alten Stande und mir die eigentliche Heimath in meiner stillen Wohnung. Da liegt noch die vertrocknete Palette mit den Pinseln auf dem Maltisch; da steht noch auf der Staffelei der Carton zu meinem Christusbilde: „Kommet her Alle, die ihr mühselig und beladen seid", welches ich für zwei Kirchen, nach Mecklenburg und Schleswig, gemalt habe; die Wände sind bedeckt mit Cartons theils romantischer, theils christlicher Gegenstände. Hier versenke ich mich in die Vergangenheit: Erinnerung ist ja das einzige Paradies, aus dem wir nicht vertrieben werden können.

Es war wirklich wie eine trübe Ahnung gewesen, welche mich an meinem Geburtstagsfeste überschattet hatte: wenige Wochen später bekam ich aus der Heimath die Nachricht, daß mein Vater unheilbar (an der Rückenmarkschwindsucht) leide. Sein Zustand erheischte meine Rückkehr nach Jena um so gebieterischer, als der Kranke, der von seiner zweiten Frau keineswegs die erwartete Pflege genossen hatte, sich vor Sehnsucht nach mir verzehrte. Die Aerzte glaubten, daß die Befriedigung dieser Sehnsucht wohlthuend auf den Leidenden wirken müsse.

Nun begannen die quälenden Zurüstungen zu der Trennung von Rom, die mir so schwer fiel. Es mußte eingepackt, es mußten Abschiedsbesuche gemacht werden. Letztere boten noch manchen Lichtblick in der Nacht meiner Bekümmerniß; so das Lebewohl bei Thorwaldsen. Tiefbewegt schied ich von diesem Würdigen, dem ich in meinem Herzen längst den nächsten Platz neben Goethe eingeräumt. Aehnelte doch auch sein Schaffen dem des Dichterfürsten: durch Beider Wesen ging ein Zug erhabener Einfachheit, antiker Würde, hoheitvollsten Adels. Rührend gütig trennte sich Thorwaldsen von mir; mit größter Bestimmtheit sprach er die im Jahre 1832 auch wirklich in Erfüllung gegangene Prophezeihung aus, daß ich eines Tages sicherlich wieder nach Rom käme, da ich es ehrlich mit der Kunst meinte. „Ja!" sagte er, indem er mir die Hand auf die Schulter legte und mich mit seinen wundervollen blauen Augen groß anblickte, „wir scheiden heute nicht auf immer. Ihnen ist es heiliger Ernst um die Kunst, heiliger Ernst!" Dann zeigte er mir noch seine Sammlung von Gemälden, mit denen ein Zimmer seiner Wohnung geschmückt war. Gutmüthig hatte er manchem bedrängten Maler durch Ankauf seiner Arbeiten genützt; unter vielem Mittelgut waren ihm auf diese Weise auch einige Meisterwerke zu Theil geworden, z. B. zwei treffliche Landschaften von Koch, in welche Cornelius die Staffage gemalt hatte (diese Bilder kamen nach Thorwaldsens Tode in den Besitz des Herrn von Quandt); auch manche gute Genrebilder zierten die Sammlung des Künstlers. Die Perle derselben aber war ein überaus liebliches Madonnenbild von Sassoferrato, welches Papst Pius VII. dem Meister — dessen Eigenschaft als Nichtkatholik uneingedenk — geschenkt hatte, und das von mir, Dank Thorwaldsens bereitwillig dazu ertheilter Erlaubniß, copirt worden ist. Soviel ich mich erinnere, war dieses Gemälde*) das einzige nicht moderne, welches der Künstler besaß, denn er pflegte gar keine Bilder alter Meister zu kaufen. Hingegen besaß er alte Münzen, Pasten, etrurische Vasen und dergleichen. Zuletzt führte er mich noch in eins seiner größten Ateliers, um mir seine zwei letzten Apostel zu zeigen. Matthäus mit dem Kinderengel gefiel mir außerordentlich, noch mehr aber der Engel, welcher eine Muschel als Taufbecken darreicht; eine schlanke, zarte Gestalt, deren Gewand in weichen, anschmiegenden Falten bis auf die Füße herabfällt. Eine so hehre, so liebliche Unschuld in den feinen Zügen, eine so leuchtende Klarheit in den schönen Augen läßt fühlen, wie der Engel selbst die Seligkeit empfindet, das heilspendende Becken darzubringen. — Mit schwerem Herzen schied ich von Thorwaldsen, den ich als Künstler, wie als Menschen gleich hoch verehrte.

Am Johannisfeste 1823, drei Tage vor meiner Abreise, verabredete ich mit den nächsten Freunden einen letzten Spaziergang nach der Villa Poniatowski. Philipp Veit hatte leider mit Frau und Kind Rom bereits verlassen, um den Sommer in Tivoli zuzubringen; ihm hatte ich schon das allerschmerzlichste Lebewohl gesagt. Andere Kunstgenossen und Freunde begleiteten mich aber nach jener Villa. Der Abend war wunderschön, die herrliche Aussicht wurde durch die scheidende Sonne vergoldet, deren Untergang mir nie so majestätisch erschienen war, wie diesmal. Lange war ich träumerisch in den Anblick des herrlichen Naturschauspiels versunken, entzückt und doch schmerzvoll den Abschied voreempfindend. Da erhob der heitere Maler Catel, welcher mit von der Partie war, die Stimme und unterbrach das feierliche Schweigen mit dem Ausrufe: „Laßt uns doch noch einen Salat und Eier in der nahe gelegenen Osteria „Zum Papa Giulio" genießen!" — Gesagt, gethan. Aber wie wurde ich überrascht! Am Fuße der Treppe, welche zu dem vorgenannten Gesellschaftslocale führte, stand der Maler Remy aus Berlin, bot mir den Arm und bat mich im Namen mehrerer

*) Es befindet sich jetzt im Thorwaldsen-Museum zu Kopenhagen, No. 16 im Cabinet XXVI.

Freunde um die Erlaubniß, den Abend nach Sitte der männlichen Kunstgenossen feiern zu dürfen. Gleichzeitig öffnete sich die Thür, und eine lange, sauber gedeckte, mit Blumen geschmückte Tafel zeigte sich meinen erstaunten Blicken, fünfunddreißig mir besonders befreundete und hoch von mir verehrte Künstler waren um dieselbe versammelt. Ein fröhlicher Gruß schallte mir von ihren Lippen entgegen, und vor einem prachtvollen Kranze erhielt ich meinen Platz; mein Sessel war mit Blumen umwunden und auf meinem Teller lag ein dichter Lorbeerkranz mit einem Gedichte von Auguste Klein, welches also begann:

„Bei diesem Kranz gedenk' der röm'schen Zeiten
Wenn rauh und kalt des Nordens Lüfte weh'n;
Der Lorbeer soll in's Studium Dich begleiten
Von schlankem Stamm auf kapitol'schen Höh'n,
Und Freude, denk' ich, soll er Dir bereiten
Wenn deutsche Freunde horchend um Dich steh'n;
Dann werden tausend Bilder Dich umschweben,
Und in die Blätter bringt ein neues Leben!"

Der Orvieto kreiste zu den schmackhaften Speisen, und alle Lieder, welche sonst den abreisenden Künstlern zu Ehren gesungen wurden, erschallten nun abgeändert für die „reisende Maid" in frischen, wehmüthig-fröhlichen Klängen. Es waren herrliche, erhebende Stunden, welche ich genoß; mir zur Rechten saß der würdige Prediger Schmieder, zu meiner Linken der stets muntere Catel, Freunde und Freundinnen reihten sich diesen an. Um Mitternacht endete das für mich so überraschende Fest. Der Mond stand am Himmel; sein mildes Licht goß Klarheit und Frieden auch in meine tiefbewegte Seele. Still schlich ich nach Haus — singend und plaudernd zogen neben mir die Anderen davon. Nie zuvor war der Abschied einer Künstlerin von Rom so schön gefeiert worden; auch später habe ich von keiner ähnlichen Feier gehört. Erschöpft von so viel Freuden und Ehren, erschüttert von dem Schmerze des Abschieds, erreichte ich die Schwelle meines Kämmerleins. Vor meinem Bette saß ich lange, gedankenvoll vor mich hinstarrend; wohl fühlte ich, daß Größeres mir nie beschieden sein könne. Voll inniger Wehmuth empfand ich, daß keiner meiner glücklichen Tage in Rom mir zurückkehren würde, und daß eine solche Seligkeit, wie ich sie dort genossen, fast nur den einen Wunsch übrig lassen konnte: lieber an der Pyramide des Cestius für immer auszuruhen, als nach Deutschland zurückzukehren. — Als ich mich endlich ermannte und die Fenster schloß, erklangen unter denselben noch die rührendsten Abschiedslieder. Mein kaum zur Ruhe gekommenes Herz wurde durch die ergreifenden Klänge der deutschen Scheidegrüße auf's neue erschüttert; Thränen erstickten den Dank, welchen ich den Sängern so gern zugerufen hätte.

Der Tag, an welchem ich der ewigen Stadt Lebewohl sagen sollte, kam endlich heran — der Wagen rasselte vor, einige Kunstgenossen, darunter der treue Schinz, stiegen mit mir ein; von Pulinis, deren Tochter Adelheid sich unter meinen Augen entwickelt und die ich wie das theuerste Kind geliebt, wurde der schmerzlichste Abschied genommen — dann schied ich von dem gastlichen Dache, welches mich fünf glückliche Jahre lang beherbergt hatte. Meiner Bewegung nicht mächtig, bestieg ich den Wagen, in Thränen gebadet. Rasch ging es vorwärts — auf der Anhöhe, wo man zum letzten Male die Kuppel von Sanct Peter erblickt, machten wir Halt, stiegen aus, die letzte Flasche Orvieto wurde geleert, ein Hoch! der ewig herrlichen Roma gebracht, und die Scherben unserer Gläser flogen klirrend zur Erde. Zum letzten Male umarmte ich die Freunde; sie kehrten die Landstraße nach Rom zurück — mein Wagen eilte gen Norden vorwärts, der Heimath zu.

Drittes Buch.

In der Heimath.

Weimar.

(1823—1866.)

„Nun bist Du, Boden meines Vaterlandes,
Mir erst ein Heiligthum; nun fühl' ich erst
Den dringenden Beruf, mich anzuklammern.“
(Goethe.)

Mit der Rückkehr in die Heimath brechen die von Louise Seidler selbst herrührenden Mittheilungen ab; der Tod der Künstlerin hinderte die Fortführung ihrer Aufzeichnungen.

Es ist ein rührender Gedanke, daß die Greisin mitten in der seligen Erinnerung an die eingestandenermaßen schönste Zeit ihres Erdendaseins zur Ewigkeit abgerufen wurde; das beglückende Andenken an ihren Aufenthalt in Rom durchglühte verklärend Louise Seidlers letzte Lebenstage, wie die Schlußworte: „Vorwärts, der Heimath zu!" gleichsam als himmlische Vorahnung der scheidenden Seele aufgefaßt werden können.

Langsam nur ging die Rückreise nach Deutschland von Statten; zu schwer trennte sich Louise von Italien, als daß sie den Norden desselben hätte rasch durchfliegen mögen. Zu ihren Reisegefährten gehörten Auguste Klein und der treue Schinz, welcher letztere sie bis nach Lugano zu begleiten sich vorgesetzt. Die erste längere Rast machte man in Perugia, wo Overbeck nebst Frau und Söhnchen seit wenig Tagen eingetroffen war; in Begleitung des freundlichen Künstlers wurden nochmals alle Gallerieen durchwandert — dann schied Louise, nicht ohne Thränen, wie Schinz berichtet; „Overbecks waren aber auch doppelt gütig gegen uns; wir brachten fast jeden Abend bei ihnen zu."

Ueber Arezzo ging es nun nach Florenz; dort war es, wo Louise Seidler Botschaft von dem Brande der herrlichen Kirche San Paolo fuori le mura erhielt, die so tiefen Eindruck auf sie machte.

Bologna, Modena, Parma, Piacenza sind eben so viele Staffeln der Reise; überall werden noch fleißig Gallerieen und Sammlungen besucht; trotz körperlichen Leidens ist Louise unermüdlich im Zeichnen.

und Notiren. So wird Mailand erreicht, und der erste Besuch gilt dem großen, gut erhaltenen Carton zu Rafaels „Schule von Athen"; Schinz freut sich, „Frl. Seidler nun beweisen zu können, daß Rafael im Carton sich bloß mit der Form und dem allgemeinen Zusammenhang, nicht aber mit einer sorgfältigen Bearbeitung abmühdete".

Doch an langes Bleiben war nicht zu denken; man bricht auf — über Como nach Lugano, wo am 23. Juli 1823 die treu Befreundeten einander unter Thränen Lebewohl sagen; Schinz kehrt sich wieder südwärts, und Louise zieht weiter, über Bellinzona, Airolo und den St. Gotthard nach Amsteg, wo bereits ein Bruder und eine Schwester des wackeren Schinz der Künstlerin harren, um sie über Schwyz zunächst auf den Rigi zu führen.

Hier genießt Louise die großartig-schöne Natur in vollen Zügen; auch trifft sie mit einigen Bekannten aus Jena, sowie mit Freunden Goethes zusammen; der erste Gruß aus der Heimath weht sie an und lindert sacht den Schmerz über die Trennung von dem unvergeßlichen Italien. Doch schon hat „die gute, zerstreute Künstlerin" sich selbst einen neuen Kummer bereitet: zu ihrer Bestürzung entdeckt sie, daß sie in Amsteg ihrem Kutscher, dem Schinz' Bruder Daniel das übliche Trinkgeld zu geben Miene gemacht hatte, in der Absicht, solche Zuvorkommenheit abzuschneiden, nicht weniger als neun Louisd'or eingehändigt hat! Drei Franken, welche dem Kutscher bestimmt gewesen, finden sich sauber eingewickelt in ihrem Beutelchen, — die gleichfalls eingewickelt gewesenen Goldstücke fehlen; in der Hast hat sie das unrechte Papier ergriffen und sich einen schweren Verlust zugefügt! Vorbei ist es nun mit aller Freude an Sonnenauf- und Untergang; betrübten Herzens bricht die Künstlerin mit ihren neuen Freunden auf zu deren Eltern, und in den ersten Tagen des August trifft sie wohlbehalten in Zürich ein.

Hans Rudolf Schinz, der Vater*), war aus einer Kaufmannsfamilie entsprossen und hatte sich früher selbst dem Handelsstande ge-

*) Ueber ihn das „67. Neujahrsblatt der Hilfsgesellschaft in Zürich, auf das Jahr 1867." Ein Portrait nach Caspar Schinz ist vorgedruckt.

widmet; eine Zeit lang machte er gute Geschäfte, aber dann trafen ihn wiederholt so harte Schläge, daß er kaum seine Ehre hätte retten können, wenn nicht seine Mitbürger und Freunde ein festes, unbedingtes Vertrauen in ihn gesetzt hätten. Jetzt bekleidete er, durch die öffentliche Stimme berufen, das ehrenhafte Amt eines Präsidenten der Hilfsgesellschaft zur Unterstützung armer Einwohner des Cantons Zürich; da er aber seine gesammte Habe geopfert hatte, um seine Gläubiger zu befriedigen, so war die Existenz des von ihm immer noch unterstützten Sohnes zu Rom unlängst in Frage gekommen. Allein dieser war dort so beliebt, daß alles sich vereinigte, ihm aufzuhelfen: Niebuhr gab einen Freitisch und bestellte eine Reihe von Portraitzeichnungen aus alten Gemälden; Prinz Friedrich von Gotha kaufte ein fertiges Bild: „Die heilige Familie vor der Hausthür sitzend", welches Schinz außerdem für Frau von Loewenich, die überdies noch von ihm einen „Boas" für fünfzehn Louisd'or erwarb, wiederholen mußte. Kurz, allseitig suchte man die Lage des jungen Künstlers zu verbessern, so daß dieselbe in der That alsbald genügend gesichert war. Von diesen Umständen Schinz' Vater Mittheilung zu machen, rastete Louise Seidler auf ihrer Rückreise nach Deutschland in Zürich wo sie sich die Herzen der ganzen Familie gewann, deren Mitglieder sie sämmtlich malte, außerdem ihr Selbstportrait den treuen Schweizern zum Andenken hinterlassend. Fünf Wochen verweilte Louise in Zürich; dann trat sie die Weiterreise an. Wiederum begleitete sie einer der Schinzschen Söhne, der sich erst in Constanz von ihr trennte; hier wohnte Louise bei Conrad Ellenrieder, dem Vater ihrer Freundin, und bei deren Schwester, nicht ohne auch dort alsbald ihre Kunstfertigkeit zu beweisen: sie portraitirte den würdig aussehenden Greis; das Bild befindet sich jetzt auf dem Museum zu Weimar. Um diese Zeit erhält Louise Briefe aus Rom von Caspar Schinz; er schreibt ihr, wie man beständig theilnehmend nach ihr frage, und wie sehr man sie vermisse.

Endlich macht sich Louise über Augsburg und Coburg auf den Heimweg. Nicht frohe Aussichten waren es, denen sie entgegen ging; Schinz, dem sie ihr Herz ausgeschüttet haben mag, bemerkt: „ganz abgesehen davon, wie ihre Arbeiten in Weimar gefallen werden, so sind ihre häuslichen Verhältnisse von unerquicklichster Art. Der Vater, vom Schlage an der Zunge gelähmt, ist in seinem Berufe gehindert, denn er kann seine Zöglinge auf der Reitschule keinen lauten Ton hören lassen; dazu kommt sein ohnehin reizbarer Charakter, vor allem aber die gegen den Rath und die Bitten der Seinen geschlossene zweite Ehe, welche eigentlich der erste Grund zu Fräulein Seidlers Entfernung aus Jena war!" In dieser zweiten Ehe ist auch ohne Zweifel die Hauptursache zu erblicken, weßhalb Louise nicht in Jena, sondern in dem benachbarten Weimar ihren Wohnsitz nahm — freilich immer bereit, auf den ersten Wink nach ihrer Geburtsstadt zu eilen, um den Vater liebevoll zu pflegen.

In Weimar ließ sie es sich angelegen sein, dem Großherzog Carl August sogleich mündlich den Dank zu wiederholen, welchen sie ihm schuldete. Am 2. October 1823 traf sie Abends bei Frau von Heygendorf mit dem Fürsten und dem sächsischen Minister Lindenau zusammen; der Monarch, in seiner Güte sich gleich bleibend, ertheilte Louise Seidler den Auftrag, ihren figurenreichen Carton „die heilige Elisabeth" (13 lebensgroße Gestalten) für ihn auszuführen; mit dem vollendeten Bilde beabsichtigte er, die Wartburg zu schmücken, und damit sie dasselbe desto rascher und bequemer fördern möge, ward ihr gleichzeitig im s. g. Jägerhause, dem Locale der großherzogl. freien Zeichnenschule, ein Atelier mit freier Heizung angewiesen. „Weniger erfreulich" setzt Schinz hinzu, indem er diese Thatsachen vergnügt aufzeichnet, „ist die Erzählung, wie Heinrich Meyer sich über die gegenwärtigen Kunsterzeugnisse geäußert, und das mag allerdings der armen Louise — da solche Gespräche sich oft wiederholen können, weil dies auch Goethes Denkungsart ist — den Aufenthalt vielfach unangenehm machen. Jedoch ihre Arbeiten gefallen allgemein, dem Großherzog sogar sehr; sie ist beschäftigt, und angenehm beschäftigt. Für den Anfang ist nichts mehr zu wünschen." Indeß hegte Schinz zum Glück grundlose Befürchtungen; die persönlichen Eigenschaften der Malerin hielten das Widerstreben Goethes gegen die Kunstrichtung, welcher sie anhing, nieder; die Beziehungen zwischen beiden blieben ungetrübt.

In Weimar, wie in dessen Nähe fand Louise Seidler sehr bald Gelegenheit, sich als geschickte Portraitmalerin zu zeigen; gleich der erste größere Auftrag, den sie erhielt, war der, die Kinder des Erbgroßherzogs Carl Friedrich, die Prinzessinnen Maria und Augusta nebst dem Prinzen Carl Alexander in einer Gruppe zu malen. Dieses Bild fiel so befriedigend aus, daß noch Copien der einzelnen Köpfe nachbestellt wurden, ja, bereits während der Arbeit ward die Malerin mit dem Zeichnenunterrichte der beiden Prinzessinnen, welche damals fünfzehn und zwölf Jahre zählten, betraut.

Am 11. October 1823 ertheilte sie diesen die erste Stunde; damals schlang sich ein Band, welches seine Lösung erst durch den Tod Louise Seidlers finden sollte. Wie diese dem Großherzoglichen Hause zeitlebens mit innigster Verehrung zugethan blieb, so hatte sie sich bis an ihr Ende der Huld ihrer Schülerinnen zu erfreuen; nie besuchten diese ihre Vaterstadt Weimar, ohne sich der ehemaligen Lehrerin freundlich eingedenk zu zeigen. Die Prinzessin Augusta, jetzt deutsche Kaiserin, bewahrte der bescheidenen Malerin ein durch seine, kleine Andenken oft bewiesenes, herzliches Gedächtniß durch alle Wandlungen ihres glänzenden Geschicks, trotz räumlicher Trennung, trotz des Fluges der Jahre. Wie oft auch die stets bereite Opferwilligkeit der königlichen Frau von Louise Seidler für Hilfsbedürftige oder Wohlthätigkeitszwecke angerufen wurde: nie wandte sich diese vergeblich an ihre einstige Schülerin, deren Theilnahme das Grab überdauert hat; sechs Jahre nach dem Tode der Künstlerin erweckte die erste Bearbeitung des handschriftlichen Nachlasses derselben bei der deutschen Kaiserin „ein besonderes, heimathliches Interesse". Es ist ein schönes Bild, das sich hier der Betrachtung darbietet: die alternde, allmählich immer mehr vereinsamende Malerin, und die mächtige, im Glanze des Thrones strahlende Fürstin, eine der andern treu die Anhänglichkeit bewahrend, welche ihre Wurzel schlug vor langen Jahren.

Der Großherzog Carl August blieb ebenfalls bemüht, dem von ihm so huldvoll geförderten Landeskinde Freundlichkeiten zu erweisen; so ließ er Louise Seidler am 15. November 1822 rufen, damit Wilhelm von Humboldt, der zum Besuche in Weimar eingetroffene Gemahl ihrer römischen Gönnerin, ihre Arbeiten zu sehen bekomme; in den Briefen, welche der berühmte Staatsmann nach Berlin schrieb, gab er seiner Freude an der Künstlerin und deren Werken lebhaften Ausdruck. Am Abend des 16. November speiste er mit ihr bei Frau von Heygendorf; auch diese hatte sich in ihren wohlwollenden Gesinnungen nicht geändert. Oft, wenn hervorragende Künstler oder Gelehrte in Weimar anwesend waren, welche bei ihr verkehrten, lud sie auch Louise Seidler zu sich ein; diese soupirte z. B. am 5. Decbr. 1823 bei Frau von Heygendorf mit ihrem alten Töplitzer Bekannten, dem Tondichter Zelter; der dritte Gast war der Großherzog Carl August.

Bei einer solchen Gelegenheit war es, wo Louise aus dem Munde des Fürsten die Absicht erfuhr, an Stelle des Kupferstechers J. C. E. Müller, dessen schwere Leiden ein nahes Ende voraussehen ließen, als Lehrer an der großherzogl. freien Zeichnenschule einen Fremden nach Weimar zu ziehen. Sogleich dachte Louise an Schinz und verwendete sich für ihn bei Goethe*), als dem Chef der „großherzogl. Oberaufsicht über alle unmittelbaren Anstalten für Wissenschaft und Kunst". Dieser wünschte zunächst, Schinz solle eine Zeichnung senden und stellte als Aufgabe eine Illustration zu „Charon"**) („neugriechisch-epirotische Heldenlieder", VII). Der junge Schweizer aber, dem ein solcher Gegenstand völlig fern lag, schlug der Freundin vor, statt des „Charon" eine Gruppe von Pifferari, die er vollendet hatte, einzuschicken, „um, wo nicht Goethe, so doch vielleicht den Hof zu gewinnen". Ehe noch eine Entscheidung getroffen war, starb Müller (im Spätherbst 1824), und Schinz muß erfahren, „daß für ihn keine Hoffnung mehr sei, dessen Stelle zu erhalten, da der junge Müller sich durch eine Zeichnung bei Hofe empfahl und Goethe es nun so einleiten wollte, daß die Stelle zwischen

*) Ueber ihn „und die freie Zeichnenschule zu Weimar" s. den Aufsatz auf S. 33 fg. der „Weimarischen Beiträge zur Lit. u. Kunst zum 25jähr. Jubiläum der Buchdruckergehilfen-Wittwenkasse," Weimar, 1665.

**) Vergl. Ueber Kunst und Alterthum, IV, 2, S. 165 fg. und V, 3, S. 5—14, wo (S. 13 fg.) gesagt ist, daß besser „Charos" zu lesen sei.

diesem und Louise getheilt werde, was letztere nicht annahm, aber um die Aufsicht über die kleine Gallerie der Zeichnenschule und um ein Quartier in deren Gebäude bat, was ihr nebst hundert Thalern Gehalt zugesichert ward. Die Stelle des alten Müller erhielt der junge, und ein anderer Schützling von Goethe." Weit entfernt, über das Scheitern seiner Hoffnungen zu murren, hat der treue Schinz vielmehr nur Ausrufe der Freude über Louises Glück, und namentlich darüber, daß sie jetzt innerlich ruhiger geworden. „Nun zieht sie das sichere Brot in Weimar doch gegen das unsichere, obgleich schönere in Italien vor, freut sich der behaglichen Existenz und genießt froh die eigene Einrichtung."

So war denn Louise Seidler an ihren Geburtsstaat gefesselt, und während der letzten vierzig Jahre ihres Lebens blieb Weimar ihr Wohnsitz, den sie nur zeitweilig zum Behufe größerer oder kleinerer Reisen verließ. Sie behielt im Jägerhause freie Wohnung und freies Atelier; zwar blieb ihre geringe Besoldung trotz der allmählichen Preissteigerung aller Lebensbedürfnisse unverändert dieselbe, allein im Verein mit den Zinsen eines kleinen, in Italien gesammelten Vermögens und den Erträgnissen ihres andauernd beschäftigten Pinsels reichten ihre Einkünfte hin, der Anspruchslosen, deren gesammte Ausgaben die Summe von fünfhundert Thalern jährlich sehr selten überstiegen, ein auskömmliches Dasein zu verschaffen.

Seit fünf Vierteljahren etwa verweilte Louise Seidler wieder in der Heimath, als im Januar 1825 der Tod ihren Vater von seinen Schmerzen erlöste; eine sanfte Beruhigung bei diesem schweren Schicksalsschlage durfte es ihr gewähren, daß sie dem Entschlafenen noch die letzten, leidensvollen Monate seines Lebens zu versüßen im Stande gewesen war. Die hinterlassene Wittwe verließ Jena; Louise hat nie mehr mit ihr verkehrt.

Von jeder Nebenrücksicht frei, konnte unsere Malerin sich nun völlig ihrer Kunst widmen; sie that es mit solchem Glücke, daß ihr Atelier oft das Ziel des Besuchs durchreisender Notabilitäten wurde; am 26. März 1821 war Raupach bei ihr; im Juni 1826 besuchte Matthisson die Malerwerkstatt der „auch durch ihre Persönlichkeit vortheilhaft ansprechenden Künstlerin, die sich vorzüglich als glückliche Trefferin Beifall erwirbt. Hiervon zeugt auf wirklich überraschende Weise das lebensgroße Bildniß des Landesherrn, woran auch Zeichnung und Colorit sehr zu loben sind *)". Ernst Förster kehrte 1828 „am öftersten ein bei Louise Seidler und Fräulein Julie von Egloffstein, Beide nicht nur heimisch in allen Kunstgebieten mit Herz und Sinn, sondern selber ausübende Künstlerinnen und Beide von Goethe hochgeschätzt." Und der November des Jahres 1834 brachte den französischen Bildhauer David wieder nach Weimar, wo er einst durch Goethe so freundlich eingeführt worden; Louise Seidler zeigte ihm die Bildersammlung im Jägerhause, hinsichtlich deren sich der geniale Franzose namentlich über Carstens' Cartons begeistert äußerte. Bei seiner Abreise nach München ließ er sich von Louise Seidler mit Empfehlungsbriefen ausrüsten, welche besonders im Schellingschen Hause von bester Wirkung waren; Frau Pauline berichtet der Freundin: „ihr Schutzbefohlener habe ein Medaillon von Schelling entworfen und dieser während der Arbeit vortrefflich mit David geplaudert."

Der liebste Besuch, den Louise empfing, war ihr aber wohl der ihres „zweiten Fridolin", des treuen Caspar Schinz, der im Frühjahr 1825 nach Zürich zurückgekehrt war, sich dort mit einem schönen und begüterten Mädchen verlobt hatte und nun um ein ihm in Aussicht gestelltes Amt als akademischer Zeichnenlehrer in Jena persönlich anhalten wollte, zu welchem Zwecke er im Spätherbste 1825 in Weimar eintraf und dort, wie in Jena, mehrere Monate zubrachte. Die Kreise Louise Seidlers werden bald auch die seinigen; er verkehrt mit Riemer, Frommanns, den Jenaer Professoren u. s. w.; während seiner Mußezeit wird, wie einst in Rom, mit der Freundin ein geistvolles Buch gelesen, oder er nimmt auch wohl einzelne Bestellungen auf Bilder an und ertheilt Unterricht im Zeichnen. Da es ihm jedoch hierbei wiederholt begegnet, daß der Weimarische Adel, der ihn vorzugsweise zu Lectionen herangezogen, dieselben hinterher zu theuer findet, am Honorare

---

*) Schriften, VIII, 131.

dingen will, ja, dieses theilweise ganz schuldig bleibt, — ein Jammer, den Louise Seidler völlig ebenso durchmachen muß, — so entschließt er sich kurz, diesen engen, ihn bedrückenden Verhältnissen zu entfliehen, um so mehr, als auch seine Braut es nicht über sich gewinnen will, die Heimath zu verlassen. Unverrichteter Sache kehrt er im Frühjahr 1826 nach Zürich zurück, die Freundin beklagend, daß sie ihm nicht folgen kann.

Allein diese, in jenen Verhältnissen geboren und erzogen, empfindet deren Schattenseiten minder stark, als der freie Schweizer. „Ich lebe wirklich ein stilles, heimliches, zufriedenes, rastlos fleißiges Leben" schreibt sie an Charlotte Stieler (8. Febr. 1826), freilich hinzufügend: wie sie trotz aller Arbeit wenig ersparen könne, „da die Kunst hier zu Lande verwünscht schlecht bezahlt wird." Es ist die Prosa des Daseins, mit der sie zu kämpfen hat; „die Poesie ist aus meinem Leben mit Italien verschwunden, mit ihr alle glänzenden Hoffnungen, Entwürfe, schmeichlerische Bilder. Aber — ginge ich auch zurück, so würde ich doch dasselbe nicht wiederfinden; nichts wiederholt sich im Leben, und so fehlt mir auch der Muth, mich hier loszureißen, eine sichere, freundliche Existenz aufzugeben, um einem doch verlorenen Paradiese nachzujagen. Ehe ich mir so viel erspare, um dort hin, und im Nothfalle wieder zurück zu gehen, verstreichen schon wieder mehrere Jahre; ich werde indessen dort immer fremder und stände vielleicht mehr allein, als hier."

Diese vernünftigen Erwägungen behielten um so mehr die Oberhand, als „die Heygendorf und der Großherzog immer gleich gut" gegen die Künstlerin blieben, und „der Prinzessinnen-Unterricht" (wie sie an Pauline Schelling schreibt) sie „sorgenfrei" macht, wenn er sie auch „an eigenen historischen Arbeiten etwas hindert." Indessen trat nach dieser Seite hin nicht viel später eine Veränderung ein; in kurzen Zwischenräumen verlobten und vermählten sich die beiden Enkelinnen Carl Augusts, welche Louise Seidler unterrichtete.

Wie schwer diese die Trennung von den lieb gewonnenen Schülerinnen empfand, beweisen die Briefe, welche aus der damaligen Zeit erhalten sind. Eine Einladung Niebuhrs, das Frühjahr 1829 in Bonn zu verleben, schlägt sie aus, „um sich in der letzten Zeit nicht noch von der Prinzessin Augusta loszureißen;“ und als diese am 11. Juni 1829 mit dem Prinzen Wilhelm von Preußen vor den Altar getreten und nach Berlin übergesiedelt ist, klagt Louise Seidler tiefbewegt: „Weimar erscheine ihr verarmt; ihr liebstes Kleinod fehle jetzt darin.“ Wiederholt dringt sie in die Freundin Henriette von Reden, deren Vater inzwischen den hannoverschen Gesandtschaftsposten zu Rom mit demjenigen am Berliner Hofe vertauscht hatte, sie möge ihr „ein Wort über den Eindruck schreiben, den die Prinzessin in Berlin mache.“ Wie freudig muß das Herz der Treuen geschlagen haben, als die so Gebetene endlich, dem ausgesprochenen Wunsche willfahrend, am 28. August 1829 berichtete: „die Prinzessin habe bereits alle Herzen gewonnen“, und fortfuhr: „Die ganze Königsfamilie ist entzückt über dieses neue, liebe Glied, die Kronprinzeß äußert in jedem Briefe an ihre Schwester ihre Freude über diese Schwägerin. Sie wohnen vereint in Sanssouci und sollen dort ein Leben wie im Himmel führen. Bei der ersten Cour, wo ich die Neuvermählte sprechen hörte, war auch ich sogleich von ihrer Lieblichkeit und ihrem interessanten Wesen bezaubert; sie sieht eigentlich noch zu kindlich aus, als daß reicher Putz ihr kleiden könnte; dazu waren in der unruhigen ersten Zeit (während eines Besuchs der Kaiserin von Rußland am Berliner Hofe) die Fatiguen gar nicht ihrem Alter und ihren Kräften angemessen; sie sah immer ganz erschöpft aus, sehr blaß, und täglich etwas magerer. Sobald man sie sprechen sah, verschwand das alles; die interessanten Züge beleben sich gleich so lieblich! Die Erscheinung der russischen Kaiserin ist so glänzend, daß dies junge, zarte Wesen etwas dadurch im Schatten stand; wir ahnten aber alle schon damals, wie günstig für die junge Prinzeß dies später sein würde, wenn sie nun bei näherer Bekanntschaft alle Erwartungen übertreffen wird! Frl. von Spiegel hat mir auch sehr gefallen; sie sprach mir so viel von Ihnen und von der großen Liebe und wahren Achtung, welche die Prinzessin Ihnen bewahre, wie Sie auf Ihren Besuch hoffe!“

Diese Zeilen trafen Louise Seidler in Bonn, wohin sie, Niebuhrs wiederholter Einladung folgend, nach der Vermählung der Prinzessin

Augusta auf einige Sommermonate gereist war. Im Herbste, als die Trauben reiften, zog sie den Rhein hinauf nach der Schweiz, um dort ihre Freunde, Maria Ellenrieder in Constanz und Caspar Schinz, der sich im Herbste 1826 verheirathet und in seiner Vaterstadt Zürich niedergelassen hatte, zu besuchen. Sie sollte diesen, der (wie sie an Pauline Schelling schreibt) „überaus glücklich als Mann und Vater war," zum letzten Male sehen; er starb, erst 34 Jahre alt, am 9. August 1832 mit Hinterlassung einer Tochter und eines Sohnes Johannes, dessen Gevatterin Louise Seidler war. Diese betrauerte den Heimgegangenen, mit dem „ein so inniges, zartes Verhältniß, wie es selten gefunden und daher von wenigen Menschen nur begriffen wird," sie verknüpft hatte, tief und schmerzlich, und wie sie sogleich Gelegenheit nahm, zu seiner Biographie*) einen schönen, warm empfundenen Beitrag zu liefern, so lebte, wie ihre Aufzeichnungen beweisen, sein Bild in ihrem Gedächtnisse in unverminderter Frische fort bis in ihr höchstes Alter.

Wie mit Schinz, Maria Ellenrieder und anderen in Rom lieb gewonnenen Kunstgenossen, blieb Louise Seidler auch mit Philipp Veit und dessen Kreise fortdauernd in reger Verbindung; deutlich geht dies hervor aus einer langen Reihe von Briefen der verschiedensten Correspondenten, unter denen sich das Familienhaupt und dessen Gattin, deren Kinder, die greise Dorothea Schlegel und gelegentlich auch liebe Freunde befinden, die mit dem von Louise Seidler so hoch verehrten Meister den nämlichen Aufenthaltsort theilten. Nachstehend folgen die für unsere Zwecke wichtigsten Bruchstücke jener Briefe; aus Frankfurt a. M. schreibt am 29. Juli 1834 Frau Dorothea Schlegel: „Wenn Sie, meine Theure, durch die Sendung der Umrisse**) erfreut wurden, so

*) „XXX. Neujahrsstück, herausgegeben von der Künstlergesellschaft in Zürich auf das Jahr 1834, enthaltend das Leben des Kunstmahlers Joh. Caspar Schinz." Das Portrait desselben, sowie eine Lithographie seiner Madonna mit dem kleinen Jesus und Johannes sind beigegeben. Louise Seidlers-Beitrag zu der mit großer Wärme verfaßten Biographie steht S. 6 fg.

**) Zu Philipp Veits Frescogemälde im Städelschen Institute zu Frankfurt: „Das Christenthum, Bildung und Gesittung nach Deutschland bringend", und den beiden Nebenbildern Italia und Germania.

ward ich es wirklich nicht minder durch Ihre liebevolle Anerkennung und Ihre höchst kunstverständige Beurtheilung dieser sparsamen Linien, durch welche allein Sie das ganze Werk so klar und lichtvoll sich zu vergegenwärtigen wußten. Philipp, dem ich natürlich gleich Alles mitgetheilt, war sehr damit zufrieden und davon erbaut. Er wünschte sich nur mehr solcher liebevoller, verständiger Beurtheiler."

Von der nämlichen Schreiberin liegen noch zwei andere Briefe vor, beide aus Frankfurt a. M. Sie lauten:

„28. Decbr. 34.

Ich benutze ein kleines Plätzchen an dem von den Kindern umschwärmten und von allerlei Spielzeug bedeckten Weihnachtstische, Ihnen zu schreiben. Für's erste Philipps Auftrag, Ihnen schönstens zu danken für den Pastellkopf der Spanierin; er hat sie auf's neue sehr schön gefunden und die Klarheit der Malerei besonders bewundert. Sie haben ihm viel Vergnügen mit diesem schönen Kopf gemacht, den auch unsere jungen Maler vortrefflich und sehr schön fanden. Was Ihre Absicht mit dem Ritter von Toggenburg betrifft, so läßt Philipp Ihnen sagen, daß er den Gegenstand für einen der glücklichsten der Romantik hält, und er glaubt, daß es unter Ihrer gefühlten, sorgfältigen Behandlung gewiß ein hübsches Bild werden wird. Es kommt hier Alles auf die Ausführung an; Ihre Studien nach der Natur geben die besten Hoffnungen, daß es gelingen wird, etwas ausgezeichnetes in der Art herzustellen.

Es freut mich, daß Sie so angenehme Erholungsreisen gemacht haben; könnte auch nur Philipp manchmal solche kleine erfrischende Ausflüge machen, um sich Lust und Laune zu erneuen! Mit vieler Theilnahme habe ich die Beschreibung Ihres Aufenthaltes im Ursulinerinnenkloster zu Erfurt gelesen. Ja, das glaube ich gern, daß Ihnen in solcher friedlichen Abgeschiedenheit aller Thorheit der übermüthigen Welt gut zu Sinne geworden ist. Daß es Ihnen aber so befremdend auffiel, daß die geistlichen Frauen Kinder einer andern Confession zur Erziehung annehmen und Sie dieses so besonders tolerant finden wollen, wundert mich. Haben Sie denn z. B. hier in Frankfurt niemals erfahren, daß die meisten der hiesigen Frauen im Kloster der Dominikanerinnen hier erzogen sind, die man jetzt so grausamer Weise läßt was man „aussterben" nennt? Ebenso in Wien die Ursulinerinnen, die ohne Unterschied der Confessionen alle Kinder bei sich aufnehmen, sogar Israelitinnen, wenn sie sich in des Hauses Ordnung fügen. Hier kann ja von Dem, was Sie Toleranz nennen wollen, gar nicht die Rede sein; ich meine vielmehr, daß es viel Duldung von der anderen Seite verrathen würde, wenn Protestanten ihre Kinder in diese katholische Schule schicken, wenn nicht vielleicht der Grund vielmehr in einem kalten Indifferentismus gesucht werden muß."

„17. Novbr. 36.

Gewiß wird es Sie interessiren, liebe Louise, zu erfahren, daß die Großherzogin von Weimar diesen Morgen bei Philipp gewesen ist, sein Frescogemälde zu sehen! Bis auf die Randverzierung ist es fix und fertig; dem Publikum ist es, bis diese gefertigt sind, nicht geöffnet: wenige Freunde und besonders empfohlene Personen oder ausgezeichnete Reisende haben es gesehen, und es erregt allgemeinen Beifall bei denselben. So war die Prinzessin Wilhelm (Bruder des Königs von Preußen), eine langjährige Beschützerin von Philipp, die andere preußische Prinzessin Wilhelm (Sohn des Königs), der russische Großfürst Michael dort, und viele andere Reisende. Ist diese letzte Prinzessin von Preußen nicht eine Prinzessin von Weimar? Nicht dieselbe Augusta, von welcher Sie mir so oft mit Antheil schrieben? Philipp sagt, sie sei eine höchst liebenswürdige, geistvolle Dame.

Was nun das Bild selbst betrifft, so ist es herrlich. Das Künstlerische, Tadel und Lob der Kunstvollendung darin, mögen die beurtheilen, die etwas davon verstehen. Ich verstehe kein Wort von der Kunst und kann nur von dem Eindruck sprechen, den es auf mein Gefühl macht, und so kann ich Ihnen sagen, liebe Louise, ich habe noch kein Werk gesehen (wenigstens keins von Philipp) das so den Künstler selber ausspricht, als diese reiche Composition, von welcher es nicht leicht gesagt werden kann, daß irgend eine Kraft der Seele vorherrschend darin wäre — sondern die ganze Seele mit allen ihren Kräften und harmonisch vertheilten Gaben. Feine Ausbildung des Geistes, Ebenmaß und Schönheitssinn, ohne irgend eine Uebertreibung, edle Liebe des deutschen Vaterlandes in wehmüthiger Erinnerung der vergangenen Größe, Liebe zur Poesie, ein gewisser Adel der Gesinnung, des Anstands und der feinen Sitte, die Unbefangenheit, ich möchte sagen die Unschuld eines kindlichen Sinns, der nichts arges zu denken vermag — und das festwurzelnde Christenthum als Boden und Vollendung des schönen Gemüthes. So ist dies Bild durch und durch, ein Spiegel des Künstlers selbst. Dabei keine Spur von einem Modell, keine nachgemachte Natur, sondern eine selbst empfundene, höher stehende Natur, in tadelloser, vollendeter Darstellung, eine innere Geschichte einer wirklich sich zugetragenen Begebenheit, und die anziehendsten menschlichen Gestalten in unendlichen Abstufungen.

Liebe Louise, machen Sie doch, daß Sie herkommen und es sehen; Sie möchte ich darüber sprechen hören! Philipp ist sehr vergnügt; er sagte mir gestern, es wäre ihm lieb, daß dieses Werk sich an das von Overbeck anschließt, was dieser für Frankfurt malt. So wie dieses die Vollendung der christlichen Kunst und Cultur, so ist sein Bonifacius der Grund und Anfang derselben.

Sehen Sie, liebste Louise — alles was ich Ihnen über das Bild geschrieben, kann ja wohl sein, daß niemand Anderes es findet, wie ich. Das müssen Sie mir aber verzeihen; ich finde es so, und es freut mich, es Ihnen mitzutheilen, wie ich es finde. Ich kann sagen, daß ich dankbar dafür bin, das schöne Bild fertig erlebt zu haben. Uebrigens aber geht es mir mit der Gesundheit nicht eben mehr sehr brillant.

Ihr schöner reichhaltiger Brief über Ihren Aufenthalt in Dresden hat mir sehr viel Vergnügen gemacht, und auch Philipp hat mit großem Antheil Ihre Kunstbemerkungen gelesen. Sie haben einen aufrichtigen Freund an ihm; es ist ihm sehr lieb, Ihretwegen, daß Sie die zu anstrengende al fresco aufgegeben haben. Er läßt Sie freundlichst grüßen. Wir lieben Sie Alle sehr, und wünschten, Sie hätten sich unsichtbar in einem großherzoglichen Reisesack können mit herbringen lassen!"

Dorothea Schlegels 1839 erfolgter Tod erschütterte Louise Seidler tief; „welch ein Verlust!" ruft sie in einem Briefe an Caroline Veit; „wie ich unsere edle, seltene, hochgestellte Mutter liebte, verehrte, welches Zutrauen ich zu ihr hatte, welchen Trost ich so oft in ihrem Rath, in ihrem so klaren, umsichtigen Urtheil fand, daß wißt ihr Lieben nur halb; aber welch eine Lücke ihr Verlust mir für das Leben geworden, wißt Ihr gewiß, es an Euch selbst empfindend. Möchte der theure Philipp vor Allem in seiner edlen Kunst Erheiterung wieder gefunden haben, denn ist sie auch gestrenge Herrin, so giebt sie auch wieder, was die Welt nicht geben kann: sie erhebt über diese, und ihre Freuden sind so hoch und lauter, daß sie wahrhaft, gleich dem Regenbogen, die Brücke zwischen Himmel und Erde wird!"

An die Stelle des Briefwechsels mit der Geschiedenen trat nun eine Correspondenz mit deren Schwiegertochter; bisweilen fand auch Philipp Veit Muße, der alten Freundin einige herzliche Worte zu sagen. Regelmäßig beantwortete er ihre Glückwünsche zu seinem Namenstage, dessen Louise Seidler stets zu gedenken pflegte; so schrieb er ihr in Erwiederung ihrer bewährten Gesinnung noch drei Jahre vor ihrem Tode, 1863, zum 15. Mai (ihrem Geburtsfeste): „Ich bin wirklich recht gerührt über die treue, standhafte Anhänglichkeit, die Sie mir bei jeder Gelegenheit, und so auch jedesmal am Namenstage erweisen, und der Gedanke ist mir wahrhaft wohlthuend, eine solche ächte Freundin zu besitzen. Daß Sie sich von dem so lange bewahrten römischen Bajacco mir zu Liebe trennen konnten, ist wieder ein Beweis; — ich weiß, wie viele Erinnerungen sich an einen solchen kleinen Gegenstand knüpfen können, und er soll mir deshalb doppelt werth sein, wenn er auch nicht in unserm „theuern" Vaterlande als Reisegeld ausreicht. Zugleich freut es mich sehr, aus Ihrem lieben Briefe zu ersehen, daß Sie mit ungetrübter Geisteskraft die Leiden dieses Lebens ertragen und für alles Schöne und Gute Ihr warmes Interesse bewahren. Gott erhalte Ihnen diesen Sinn und gebe Ihnen fortwährend Heiterkeit, frischen Muth und stärke recht Ihre Gesundheit!

Meinen herzlichsten Dank, liebe Louise, für Ihr freundliches Andenken; bewahren Sie es uns wie bisher; es ist auch getreulich erwiedert!"

Ein ungemein eifriger Correspondent wurde gewonnen, als im Frühling 1851 der junge Landschaftsmaler Eduard Donner*), dessen erste Schritte auf der Künstlerlaufbahn Louise Seidler im Verein mit Friedrich Preller geleitet hatte, zu seiner weiteren Ausbildung nach Frankfurt a. M. zog. Was er über seinen Verkehr im Veitschen Hause berichtete, sei hier, soweit es sich auf Louise Seidler bezieht, der Reihe nach wiedergegeben.

„5. April 1851.

Bei Direktor Veit wurde ich glücklich eingelassen, durfte jedoch nicht in das Allerheiligste, blieb auch höchstens zwei Minuten, und ich fühlte, wie mich Veit etwas recognoscirte. Seine Persönlichkeit brachte ein Gefühl von Ehrfurcht, aber auch von Zutraulichkeit in mir hervor, so daß ich ihn mit einer gewissen heiteren Ruhe verließ. Er gab mir eine Einladung mit für den Abend in seine Wohnung. Nun ging es zu seiner Frau, der ich das Päckchen übergab. Sie empfing mich mit einer so stillen, freundlichen Gutmüthigkeit, daß ich mich gleich ganz heimisch fühlte. Nach einer Weile trat ihre Tochter Theresa ein, und nun mußte ich wiederum getreulich Bericht abstatten über Sie. Die Liebe und Achtung, mit der man in dieser Familie von Ihnen, von der „guten Louise" spricht, hatte für mich etwas wirklich rührendes; es muß doch groß und erhebend sein, sich von solchen Menschen so geliebt zu sehen; denn als ich am Abend wieder da war, wurden Sie auch vom edlen Meister nicht anders, als „die gute Louise" genannt. Ich verließ die Damen bald und gab im Städelschen Museum Ihren Brief an Passavant ab. Er ward sehr freundlich, als ich den Namen der Schreiberin dabei nannte, wie denn überhaupt der Name L. Seidler schon genügt hätte, bei Allen die Sie kennen, gute Aufnahme zu finden."

*) Geb. 25. Januar 1823 zu Dessau, starb er am 8. Juni 1863 zu Köthen, von einer Locomotive überfahren. Vergl. über diesen vielfach begabten Mann das Programm des Gymnasiums zu Köthen, Ostern 1864, S. 24 fg.

„13. Mai 1851.

Vor einigen Tagen kam Veit, um mich mit zu Tische bei sich zu nehmen; mit etwas Verlegenheit brachte er heraus, daß ich nicht allein an dem Tage, sondern für immer sein Tischgast sein solle! Sie können denken, wie freudig ich annahm. All dies Gute, was mir bei Veits zu Theil wird, ist aber eigentlich nur der Ausfluß der Freundschaft derselben für Sie! Ich bin nun schon ganz heimisch in der Familie. — Am 1. Mai war ich im Atelier bei Veit, um ihm den echt spanischen Weihrauch und die Gratulation zum Namenstage zu bringen. „Von der Louise!" sagte er, als ich ihm das Päckchen überreichte. Er öffnete es, und der Inhalt machte ihm großen Spaß; er will Ihnen bald schreiben."

Und am 21. August 1851 schließt Donner ein Schreiben mit den Worten: „Speciell von jedem Gliede der Familie sind mir viele herzliche Grüße für Sie aufgetragen; Veit sowohl als seine Frau sprechen mit vieler Liebe von der „guten, treuen Louise."

Die Data dieser Briefe haben uns bereits bis an die Schwelle der neuesten Zeit geführt, aber aus dem Jahre 1825 ist noch ein nicht zu übergehendes Zeugniß vorhanden für die Werthschätzung, welche Carl August von Weimar Louise Seidlers Begabung zollte.

Der Großherzog, immer beflissen, Talente zu fördern, hatte der jungen Weimarischen Bildhauerin Angelica Facius am 10. Februar 1825 die Erlaubniß ertheilt, im Thurme an der Weimarischen Bibliothek nach den dort aufgestellten Mustern aus der Sammlung von Schwefelabgüssen zu arbeiten, „in der Hoffnung, daß das schöne Licht des dortigen Locals ihr förderlich sein werde, um das Talent zu excoliren, was ihr von der Vorsehung gewährt worden*)." Die so von ihm charakterisirte Kunstnovize mußte „unter der speciellen Aufsicht und Anführung der Demoiselle Seidler zeichnen", von deren Einfluß Carl August mithin nur das beste erwarten zu dürfen glaubte.

Am 3. September 1825 wurde das 50jährige Regierungs-

*) Vogel, Goethe in amtlichen Verhältnissen, 237.

jubiläum des Großherzogs Carl August gefeiert; zu diesem Tage vollendete unsere „gemüthvolle Künstlerin" ihre „heilige Elisabeth" und stellte „ihrem erhabenen fürstlichen Beschützer dieses große, sinnig und fleißig behandelte Gemälde*)" vor, welches sehr freundlich aufgenommen wurde. Zwei Monate später, am 7. Novbr. 1825, erschien die fünfzigste Wiederkehr des Tages, an dem einst Goethe nach Weimar gekommen war; dem bei dieser Gelegenheit von allen Seiten hoch gefeierten Dichter widmete Louise Seidler eine große allegorische Zeichnung: „Goethes erste Ankunft zu Weimar im Geleite holder und bedeutsamer Genien**)," worüber der Jubilar nach einer Notiz der Geberin „anscheinend viele Freude" hatte. „Goethe ist" bemerkt sie bei dieser Gelegenheit, „freundlich gegen mich, aber ich sehe ihn selten."

In den nächsten Sommer fällt der erste der zahlreichen, fortan fast alljährlich wiederholten Ausflüge Louise Seidlers, unternommen zur Erholung und Erfrischung, deren sie bei ihrem unausgesetzten, trotz einer von Hause aus schwachen Körperbeschaffenheit niemals unterbrochenen Fleiße freilich allezeit doppelt bedurfte. „So wenig kräftig ihr Wesen war" sagt eine Freundin der Verstorbenen über diese, „so war es doch von einer wunderbaren Zähigkeit; ihre geliebten Reisen setzte sie trotz ihrer Abneigung gegen die ihrer Meinung nach „alle Poesie des Reisens verscheuchende Einrichtung der Eisenbahnen" fast bis zuletzt nicht aus. Wie oft war sie in Dresden, in Mecklenburg, Holstein, Wiesbaden, Coburg, München — und wo sonst noch! Ueberall fand sie Freunde, und alles gewährte ihr reichen Genuß." Handelte es sich bei solchen Ausflügen nur um kleinere Kunstreisen oder kurze Fußtouren nach Berka, Tiefurt u. s. w., so nahm sie später stets eine erprobte Dienerin, Helene Hoppfeld, mit sich, welche oft den Malkasten ihrer Herrin auf dem Rücken trug; daß man das Paar mehr als einmal für wandernde Harfenistinnen hielt, galt Louise Seidler gleichviel.

Jene erste größere, vielfach fruchtbringende Reise des Sommers

*) „Weimars Jubelfest" (Weimar, 1825), S. 90.

**) „Goethes goldner Jubeltag" (Weimar, 1826), S. 21.

1826 führte unsere Künstlerin über Frankfurt a. M. nach Metz, Versailles, St. Cloud, Sèvres, St. Germain und Paris. Ueberall beobachtete sie mit gewohntem Fleiße; keine der zahlreichen öffentlichen oder privaten Gallerieen ließ sie ihrem Studium entgehen; tagelang verweilte sie im Louvre, wo sie skizzirte oder nach den Antiken zeichnete. Besonders wichtig wurden ihr Empfehlungen, welche sie aus Deutschland an Alexander von Humboldt mitgenommen hatte; seiner einflußreichen Fürsprache verdankte sie den Zutritt zu den Werkstätten der berühmtesten französischen Maler, wohin der große Gelehrte meistens selbst sie führte. Und um das Glück zu krönen, welches sie im Studium so vieler Kunstschätze empfand, erfuhr sie noch in Paris durch eine der Damen des Weimarischen Hofes, Frau von Marschall, daß ihr Bild, die „heilige Elisabeth“, am Schauplatze der dargestellten Handlung, auf der Wartburg, wohlbehalten angelangt sei; „der Großherzog“, hieß es weiter in dem Briefe, der diese frohe Nachricht enthielt, „hat mit viel Lust der Heiligen ein passendes Local angewiesen, auch ihr zu Ehren die Umgebung des Saals geschmackvoll decorirt, und ganz Eisenach hat sich beeilt, die neu Angelangte mit warmer Theilnahme zu begrüßen. Das Bild hat allgemeines Interesse erweckt. Der Großherzog hat später dem Kronprinzen von Preußen und seiner Gemahlin ein Fest auf der Wartburg gegeben, und diese Herrschaften haben großes Wohlgefallen an dem Bilde gehabt. Besonders hat die Kronprinzessin sich sehr gefreut über die Kinder und den blinden Alten, und hat vielmals scherzend erwähnt, daß sie auch Elisabeth heiße, und gefragt, ob sie denn jener Heiligen gar nicht gleiche; sie möchte es so gern! Drei, viermal ist sie nach dem Saal, wo das Bild aufgestellt war, zurückgegangen, und als sie die Wartburg verließ, verlangte sie noch, von ihrer Namensschwester Abschied zu nehmen. Einen zweiten, großen Effekt hat es gemacht, indem die Fuldaischen katholischen Bauern von ganzen Dorfschaften zur Wartburg gewandert sind, die Heilige zu sehen und sich bei ihr Herzstärkung zu holen. Machen Sie nur, daß wir den Steindruck bald bekommen; ich prophezeie, daß er viel Beifall und Absatz findet.“

Bereichert an Erfahrungen auf dem weiten Gebiete ihrer Kunst, gewachsen in der Einsicht in deren wahres Wesen, kehrte Louise Seidler im Spätherbst 1826 von Paris nach Weimar zurück. Dort aber sollten die gewohnten Verhältnisse nicht lange mehr unverändert fortbestehen; fern von der Heimath endigte am 14. Juni 1828 der Großherzog Carl August sein thatenreiches Leben. Mit Stadt und Land betrauerte Louise Seidler den Hintritt ihres edelmüthigen Beschützers auf's tiefste; „der Tod des Großherzogs“ schreibt sie an Pauline Schelling, „hat mir in Hinsicht auf die Kunst viel, viel geraubt; sein Urtheil war so richtig, so vorurtheilslos, daß mich Sein Beifall schon allein beglücken konnte.“

Doch wie ein Vermächtniß übernahm der gütige Carl Friedrich, der dem Dahingeschiedenen in der Regierung folgte, das Wohlwollen seines Vaters für die Weimarische Künstlerin, welche ja auch ihm schon näher getreten war; unter anderen, zum Theil bereits erwähnten Zeugnissen sprechen hierfür die noch vorhandenen Entwürfe einiger herzlich ergebenen Briefe an den Fürsten, sowie ein schwungreiches Sonett zu dessen Geburtstage: „Der Pilgerin Gabe zum 2. Februar 1824“, das mit einem Gemälde — vielleicht der „ruhenden Pilgerin“ von welcher später die Rede sein wird — überreicht worden sein muß.

Unterdessen war zur Feier des 300jährigen Todestages Albrecht Dürers am 7. April 1828 in Dresden ein „Sächsischer Verein zur Beförderung der bildenden Kunst und Ermuthigung der Künstler“ in's Leben gerufen worden, zu dessen Vorstand man Herrn von Quandt gewählt hatte. Die Statuten besagten, daß „zunächst vaterländische“, nämlich solche Künstler, „welche im Königreiche Sachsen geboren wurden,“ durch den Verein „aufgemuntert und unterstützt werden sollten.“

Diese Bestimmung veranlaßte Louise Seidler, ihren alten Gönner Quandt zu fragen: „ob man bei'm Ankauf von Kunstgegenständen nicht auch auf Sachsen-Weimarische Künstler Rücksicht nehmen werde“? Herr von Quandt berieth darüber mit dem Vereinscomité, und dieses beschloß: gern seine Wirksamkeit auf Weimar auszudehnen, falls dortige Subscriptionen zahlreich genug erfolgten, um dies zu ermöglichen. Den

Brief, in welchem Quandt dies Louise Seidler meldete, legte die letztere Goethe vor und erwarb sich dadurch das große Verdienst, dessen Theilnahme für die Angelegenheit zu wecken *). „Dlle Seidler gab" schreibt der Dichter ausdrücklich am 9. Novbr. 1828 an Quandt, „die erste Anregung"; nun aber hält er es „für Schuldigkeit, sich der Sache anzunehmen." Er thut es, indem er den Vorschlag macht: der Verein möge, als Gegenleistung für die Unterschrift auf 31 Actien, welche Goethe sogleich gesammelt hat, hauptsächlich den Weimarischen Künstlern gleiche Rechte mit den Sächsischen einräumen. Hierauf geht man in Dresden ein, und Goethe wird am 22. Decbr. 1828 zum „auswärtigen Comitémitgliede des Sächsischen Kunstvereins" ernannt; dadurch trat Louise Seidler mit dem Dichter in jenen nahen Verkehr, von welchem sie im ersten Theile ihrer „Erinnerungen" noch selbst berichtet hat; Goethes Arbeitszimmer stand ihr allezeit offen. „Goethe ist" schreibt sie um diese Zeit an die Vertraute ihres Herzens, Pauline Schelling, „seit den letzten beiden Jahren theilnehmender, und, wie mir scheint, auch unbefangener in seinen Kunstansichten. Dies thut mir sehr wohl. Er lebt übrigens so einsam, daß er sogar nicht mehr en famille speist, indessen sein Humor, seine Gesundheit sind vortrefflich. Gott erhalte ihn uns noch lange. — Den Beitritt zum Sächs. Kunst-Verein zu bewerkstelligen, ist mir gelungen; dies macht mir viele Freude."

Doch nicht nur solche — auch ehrenvolle Freundlichkeit sollte Louise Seidler von Goethe genießen, worüber ein nach den vorstehenden Zeilen doppelt hoch anzuschlagendes Zeugniß vorliegt, nämlich folgender Brief **) des Dichters:

„An Demoiselle Seidler.

Wollten Sie, meine Theure, bey den werthen Reisenden anfragen,

*) Vergl. die ausführliche Darstellung: „Goethe und der Sächsische Kunstverein" (vom Herausgeber) in der „Zeitschrift für bildende Kunst", 1874, Bd. IX, S. 281 fg.

**) Abschriftlich. Das Original in Dr. Sal. Hirzels Besitz (Verzeichniß, S. 220). Ueber die „werthen Reisenden" war nichts festzustellen.

ob sie morgen mit Ihnen bey uns ein frugales Mittagsmahl einnehmen mögen? Mir und meinem Sohne würde es sehr angenehm seyn einigermaßen die Stelle Ottiliens zu vertreten. Ich erbitte mir eine gefällige Antwort; gegen 2 Uhr, wie Sie wissen, ist unsre herkömmliche Stunde, die wohl auch den lieben Gästen nicht unbequem seyn wird.

Mit den besten Wünschen

(gez.) J. W. v. Goethe."

Weimar, den 9. Juni 1829.

Neben solcher Freundlichkeit blieb aber auch der Vortheil nicht aus; zunächst schreibt am 26. Novbr. 1829 Quandt an Louise Seidler: „Empfehlen Sie mich hochachtungsvoll und herzlich Sr. Excellenz dem Herrn Minister von Goethe und danken Sie ihm in unserem und dem Namen Aller für seine Beförderung des Kunstvereins. Statuten, Loose, Actienscheine und Kupferstichhefte für die 15 neuen Mitglieder" (welche Goethe in unermüdlichem Werben zu gewinnen gewußt hatte) „werde ich nächstens übersenden. Recht sehr habe ich mich über den „Christus" erfreut, den Sie zur Ausstellung einsendeten; durch seine feierliche Einfachheit muß das Bild eine große, edle Wirkung machen, jedoch sahen wir blos den Carton, der den Wunsch erweckt, das ausgeführte Gemälde zu sehen".

Und am 7. Juli 1830 geht, wie Goethe Herrn von Quandt meldet, „ein Gemälde der Demoiselle Seidler nach Dresden ab; sie wünscht nur die Ehre und Freude, es dort ausgestellt zu sehen. Unsere Frau Großherzogin hat es freygebig honorirt, und auch dieses sind wir unserm Anschließen an jenen edlen Verein schuldig."

Um jene Zeit malt Louise Seidler, wie sie der Münchener Freundin meldet, „ein Bild für den Sächs. Kunstverein," an welchem sie selbst „ein großes Vergnügen" hat; es sind „die Göttinnen: Phantasie und Erinnerung, zwei über einer Landschaft schwebende Figuren, sich umfassend; die Erinnerung, rückwärts schauend, wehmüthig, halb verhüllt; die Phantasie an die Lyra greifend, geflügelt, fessellos, regellos im Gewand und Haar u. s. w. Die Größe: kleine Lebensgröße. — Diesen Winter bin ich von allen Stunden frei, da die Prinzessinnen beide verheirathet sind; ich hoffe daher recht ungestört meinen historischen Arbeiten leben zu können, was ein großes Glück ist.“ Freilich müssen nun größere Ausgaben, wie solche zu einer Reise, „desto eher bedacht werden.“

Gegen Ende Mai 1831 werden jene Göttinnen fertig; Goethe empfiehlt das Gemälde bereits in einem Schreiben an Quandt vom 6. Mai 1831 mit warmen Worten: „Die gute Künstlerin hat viel Fleiß und ihr ganzes Talent darauf verwendet.“ Der Ankauf werde „die Weimarischen Actionärs, welche, mehr als irgend einen Gewinn, die Förderniß der einheimischen Künstler im Auge haben, vorzüglich erfreuen und dieselben fester an das Geschäft knüpfen.“

Am 19. Mai 1831 aber schreibt Louise Seidler selber an Herrn von Quandt: „Mein neues Bild denke ich nun in 14 Tagen vom Stapel laufen zu lassen. Es ist die Aufgabe von Goethe: Poesie und Kunst, in der Hinsicht aufgefaßt, daß das Flüchtige und Bleibende damit ausgedrückt würde. Ich wußte mir nicht anders zu helfen, als es so zu nehmen: Wie die Poesie der Kunst die Gedanken eingiebt. Möchte es einigermaßen Ihren Beyfall haben, theurer, vielverehrter Freund! Es ist mir sehr schwer geworden wegen der vielen Beywerke und der Harmonie des Ganzen, wo der Begriff des Gegenstandes mich immer auf Unausführbarkeiten führt. Z. B. wünschte ich die Herrlichkeit von diesen beyden Gefährtinnen auch im Ton auszudrücken. Möchten Sie diesem Bilde einen Platz aufheben, der ihm günstig; das Licht kommt von der rechten Seite. Ich bin so ängstlich, indem ich dieses neue Kind der Fremde übergebe, daß ich keinen Vortheil, der ihm werden könnte, aufgeben möchte. Goethe, der immer gut und freundlich und gottlob auch wohl ist, interessirt sich für dieses Bild, als seine Aufgabe, doppelt; noch sah er aber nur den Carton, und ich bin nun auch in der größten Spannung, ob ihn die Ausführung befriedigen wird. Möchte es der Kunstverein würdig finden, es aufzunehmen; etwas anderes habe ich gar nicht, wie Sie selbst, wenn Sie es sehen, natürlich finden werden, arbeiten können."

Quandts Antwort auf diesen Brief ist leider nicht mehr vorhanden, daß sie aber bald kam und ausführlich war, geht aus der Rückantwort der Künstlerin nach Dresden, vom 27. Juni 1831, hervor, in welcher es heißt: „.... Besonders lieb ist es mir, daß das Comité selbst den Preis des Bildes zu übernehmen pflegt, wenn es der Künstler wünscht. Ich werde dadurch aus einer wahren Verlegenheit gezogen, und bitte also darum. Ich übersende Ihnen die mühseligste, schwerste aller meiner Arbeiten, an der ich gewissenhaft, die Störungen abgerechnet, 10 Monate gearbeitet, und nicht cavalièrement (um mit Baron Rumohr zu reden), sondern 6—8 Stunden täglich. Nur die stete Angst, daß Goethe bey seinem immerwährenden Kranksein (seit dem Blutsturz diesen Winter *)) sterben könnte, und mir nicht die Freude werden könnte, ihm seinen Auftrag vollenden zu können, gab mir Kräfte zu dieser Anstrengung. Jetzt endlich bey der Vollendung fühle ich, daß ich ganz erschöpft davon bin und nicht so fortfahren dürfte. Rechnet man nun Modells und dergleichen, so wußte ich kaum, was ich bestimmen sollte; daher ist mir's lieb, wenn einsichtsvolle Männer den Werth der Sache schlechtweg beurtheilen, denn ich fühle recht wohl, wie wenig ich geleistet, wie wenig ich die hohen, herrlichen Göttinnen dieses Lebens würdig darzustellen vermochte, und schmerzlicher als je fühle ich jetzt mein Alleinstehen; die Entfernung von großen, einsichtsvollen Meistern, die mir wenigstens im Technischen vielleicht noch Fingerzeige gegeben hätten, wodurch noch manches hätte verbessert werden können. Mein Bild wird übrigens erst morgen eingepackt. Verzeihen Sie diese Zögerung, die ich selbst nicht ahnte.

*) Ueber diese Krankheit schreibt Herr von Quandt am 23. Decbr. 1830 sehr rührend an Louise Seidler: „Eine große Sorge hat sich in eine um so größere Freude verwandelt, nämlich die Bekümmerniß über Goethe. Er soll so wohl und kräftig sein, wie vor seiner Krankheit; solches hatte der Herr Geheimerath und Kanzler von Müller die Güte mir zu schreiben, was denn das schönste Weihnachtsgeschenk für mich war."

Einige unvermuthete Hindernisse ließen mich das Bild kurz vor den letzten Lasuren 14 Tage bey Seite stellen; und als ich es nun mit frischem Auge wieder ansah, entdeckte ich so vieles noch zu thun, so mancherlei zu verbessern, daß ich Gott für diese Hindernisse gewissermaßen zu danken hatte, weil das Bild dadurch gewann. — Vor etlichen Tagen hatte ich denn die große, große Freude, Goethe bey mir im Atelier das Bild (betrachten) zu sehen, zu sprechen. Er hatte sich wieder recht erholt gegen das letzte Mal, wo ich bei ihm war, ungefähr vor 14 Tagen, und somit wäre denn wohl geraume Zeit für ihn wieder Muth zu fassen. Ich glaube nach allem, was der Bediente sagt, daß er auch die influenza von einer Spazierfahrt im starken Wind bekam — und dies nahm ihn die lange Zeit sehr mit."

Das Bild wanderte nun mit einem „Fuhrmann" nach Dresden und wurde dort am 12. Juli 1831 dem Comité des Sächs. Kunstvereins vorgestellt. „Man beschaute es" sagt das Protokoll dieser Sitzung, „mit großem Interesse und fand manches Schätzbare und Anziehende darin, dabei aber doch, besonders in der Richtigkeit der Zeichnung, so vieles Mangelhafte, daß man allgemein dahin übereinkam, wie sich dasselbe in der vorliegenden Gestaltung nicht zum Ankaufe für den Kunstverein eignen dürfte. Dagegen wünschte man aber doch auch, diese Arbeit nicht gradezu durch Abstimmung sich vielleicht für immer zu entziehen. Es ward daher beschlossen, letztere noch zu vertagen, und Herr von Quandt versprach, deßhalb an Goethe, der sich für dieses Gemälde besonders interessire, zu schreiben, um vielleicht durch diesen die Seidler zur Verbesserung einiger der auffallendsten Unrichtigkeiten darin zu veranlassen."

So geschah es, und Herr von Quandt urtheilte bei dieser Gelegenheit über das Gemälde seiner „werthen Freundin:" es habe „viel Anziehendes durch eine zartsinnige Darstellung eines bedeutenden Gedankens. Es mag schwierig sein, in der Erscheinung selbst den Unterschied und doch auch die Verwandtschaft der bildenden Kunst und der Poesie auszudrücken, und das Verharrende, Unwandelbare der einen, und das sich in fortschreitender Verwandlung erst recht Entfaltende der anderen anschaulich zu machen, und doch ist es der Künstlerin gelungen. Die Köpfe in diesem Bilde sind von ungemeiner Schönheit und sehr seelenvoll. Die Tinten in diesen Köpfen sehr klar und reizend. Bei so vielen unverkennbaren Vorzügen wird das Mangelhafte um so empfindlicher, und so läuft dies Werk Gefahr, um so strenger beurtheilt zu werden, denn an beiden ist es reichlich ausgestattet. Besonders ist die schwebende Figur auffallend verzeichnet. Zeichnet man in Gedanken diese Gestalt, welche die sitzende zum Theil versteckt und das Gewand verhüllt, vollständig aus, so wollen die Arme sich nicht an die Schultern, die Beine nicht an den Leib fügen."

Wie dieses Schreiben in Weimar wirkte, geht aus folgenden beiden Briefen hervor, deren erster von Louise Seidler an Goethe, der zweite von diesem an Herrn von Quandt gerichtet ist. Jener lautet im Wesentlichen:

„Weimar, den 22. Julius 1831.

Excellenz

sage den unterthänigsten Dank für die gütige Mittheilung aus Herrn von Quandts Briefe, mein Bild betreffend. Die freundliche Theilnahme, die darin für mich ausgesprochen, thut mir wohl, die Kritik aber läßt mir leider sehen, wie sehr mangelhaft meine Arbeit trotz allem eigenen Nachdenken und Anstrengung, aber auch trotz alles schon darüber erhaltenen Rathes doch geblieben; denn als ich den Contour nach Modell zuerst auf den Carton nackend aufgezeichnet und eben die Poesie mir gar nicht gelingen wollte, kam mein Cousin Emil Jacobs auf seiner Durchreise nach Rußland bei mir vor, und da er als einer der tüchtigsten Zeichner der Münchener (Langerschen) Schule bekannt ist, erschien er mir wie ein Engel des Himmels, und ich brachte nach seinem Rath bei seinem Dasein den Contour zusammen. Als ich den Carton nun nach meinen Kräften vollendet, kam unser einsichtsvoller Hofrath Meyer zu mir und gab mir auch noch einigen Rath, aber nur die Stellung der Hände betreffend, die nach seiner Meinung ein Dreieck bilden sollten, was ich auch so veränderte. Um noch sicherer zu gehen, nahm ich den Carton aber noch mit mir nach Berlin, wo ich vorigen November die Ausstellung sah, und bat Herrn Professor Rauch sowohl, als Herrn Professor Wach dringend um die Gefälligkeit, meinen Carton genau durchzugehen, weil ich ihn auszuführen wünschte. Professor Rauch that es oberflächlich, vorzüglich die Gewandung der „Kunst" betreffend war seine Kritik; hingegen Prof. Wach mit aller Güte und Genauigkeit, die ich schon früher in Rom an ihm gekannt. — Stück für Stück nahm er Alles durch, und es fand sich so vielerlei, daß ich mir die Correctur aufgeschrieben, um nichts davon zu vergessen. Es war aber von diesen jetzt in Dresden aufgefundenen Fehlern grade nichts dabei; dies sehe ich jetzt, wo ich alles von neuem wieder durchlas. Aus diesem allen sehen Excellenz, daß ich keineswegs mir selbst vertraut, sondern die Gelegenheit, mich zu belehren, auf alle Art aufsuchte und gewissenhaft benutzte. — Wie glücklich würde es mich daher machen, wenn ich endlich den rechten Meister fände, der mich aufmerksam machen möchte, wo es nun fehlt! Mit Freuden würde ich ändern, so lange daran malen, und fortfahren, so lange, bis diese unerträglichen, so großen Fehler gehoben, wenn ich nur erst weiß, wie und wo? Hier könnte dies nicht sein, denn was ich vermochte, ist geschehen; aber ich käme auch gern nach Dresden, so schnell als möglich, wenn Herr von Quandt die große Güte für mich hätte, mir dort einen Meister zu verschaffen, der Geduld und Nachsicht hätte, mich hier zu unterrichten. Wie groß würde meine Dankbarkeit dafür sein! Wie groß meine Freude, auf diesem Wege mir wichtige Kenntnisse zu sammeln! Gelegenheit von neuem zu finden: zu lernen, und eine Arbeit vollkommen zu fördern, wenigstens in ihrer Art, so daß keine Zeichnungsfehler darin wären! Wie sehr dankbar bin ich Herrn von Quandt für die große Freundlichkeit, das Bild nicht eher ausstellen zu wollen, als bis diese Mängel beseitigt! Wie sehr fühle ich überhaupt seine wahre Freundschaft, mit der er hier handelt! Gewiß ist er auch überzeugt, daß es mir mit meinen Kunstbestrebungen redlicher Ernst, wahre Herzenssache ist, wenn auch das Resultat so gering ist, — und daß ich gern alles daran setze, um nur Etwas zu leisten.

Excellenz auch nochmals für so vielfache Gnade und Güte in dieser traurigen Sache recht innigst dankend, Dero

unterthänigste Dienerin
Louise Seidler."

Goethe am 23. Juli 1831 an Herrn von Quandt.

„Ew. Hochwohlgeboren

nehme mir die Freiheit, in Gefolg Ihres gefälligen Letzten, ein an mich gerichtetes Promemoria unserer guten Künstlerin zu übersenden, woraus, wie mich dünkt, man mit Vergnügen sieht, daß sie sich, auf die ihr zugegangene Erklärung wegen ihres Bildes, lobenswürdig zusammengenommen hat.

Da man gedachter ihrer Arbeit unverkennbare Vorzüge einräumt, und die Künstlerin selbst auffordert, gewisse darin vorkommende Unrichtigkeiten zu verbessern; so kann ich ihrem Wunsch, nach Dresden zu gehen, meinen Beyfall nicht versagen. Denn wo könnten diese Mängel eher ausgetilgt werden, als unter den Augen derjenigen, welche sie entdeckt, und sie nachzuweisen am ersten verstehen; als an einem Orte, wo so viel zusammentrifft, um dem willigen Künstler die Augen zu öffnen?

Der Wunsch, gedachte Verbesserungen unter Beystand eines dortigen vorzüglichen Künstlers vorzunehmen, scheint mir so bescheiden, als der Sache gemäß; wenn Ew. Hochwohlgeboren einen solchen zu dieser Gefälligkeit bestimmten, so würde sie alsobald nach Dresden hineilen, und einen, später vorgesetzten Aufenthalt daselbst um einige Wochen vorrücken.

Wenn man nun aus allen unerwünschten Ereignissen womöglich Vortheil zu ziehen bemüht seyn soll, so würde ihr diesmaliger Aufenthalt, nicht allein dieses Bild, sondern zugleich ihre ganze Kunstthätigkeit fördern und unserm guten Frauenzimmer, dem es wirklich Ernst ist, etwas zu lernen und zu leisten, eine neue Lebensepoche eröffnet werden, für welchen Fortschritt sie Ew. Hochwohlgeboren Sorgfalt, wie bisher, so für immer, zu danken hätte. Ich von meiner Seite würde nicht verfehlen, einer so schätzbaren Person, in diesem Falle hülfreiche Hand zu leisten."

Quandt muß auf diesen Brief sogleich ermuthigend geantwortet, und dabei um Vollmacht gebeten haben, mit Louise Seidlers Brief an Goethe im Interesse der Sache frei schalten zu dürfen. Der letztere antwortete mit folgendem eigenhändigen Schreiben vom 1. Aug. 1831: „Ew. Hochwohlgeb. angenehme Zuschrift hat mir ein besonderes Vergnügen gemacht, indem ich daraus sehe, daß Sie die entstandene Differenz auf die glücklichste und billigste Weise auszugleichen geneigt sind. Mögen Ihre vorzüglichen Künstler von gleichen Gesinnungen belebt seyn!

Was Sie Liebes und Gutes unserer Künstlerin erzeigen können, wird unserm hiesigen mit dem Ihren verbundenen Verein zu Gute kommen; da man, wie ich nicht verbergen will, hie und da zu wanken anfängt, und dieses wohlgelittene Frauenzimmer überall sich und der Sache Gunst zu erwerben im Falle ist. Das Schreiben derselben überlasse Euer Hochwohlgeboren sehr gerne zu beliebigem Gebrauch und empfehle diese Angelegenheit zu weiter geneigter Förderniß."

In der Comitésitzung des Kunstvereins vom 3. August 1831 erstattete nun Herr von Quandt über die inzwischen mit Goethe und Louise Seidler gepflogenen Verhandlungen Bericht, die Versammlung war mit Allem zufrieden, und die zum Comité gehörenden Maler Näke, Matthäi und Vogel versprachen sogleich, der Künstlerin, wenn sie nach Dresden käme, zur Verbesserung der Unrichtigkeiten in ihrem Gemälde mit Rath und That an die Hand zu gehen. „Ich darf versichern" schloß der Brief Quandts, der dies Goethe meldete, „daß sie uns allen bestens willkommen ist und den freundlichsten Empfang finden wird."

So brach Louise Seidler denn nach Dresden auf, feierte dort (wie sie Pauline Schelling schreibt) „ein herrlich Wiedersehen mit der geliebten Solger und mehreren römischen Freunden" und arbeitete fleißig an ihrem Bilde, welches nach der Mittheilung einer Freundin der Verstorbenen „oft Künstler anzusehen kamen, am öftersten Vogel. Diese sprachen dann darüber und gaben ihr Rath, wobei Louise mit aufmerksamer, ergebener Miene dastand, willig bereit zu jeder Aenderung, nachher aber klagend, wie jeder etwas anderes wolle, und sie ihr Bild über alle dem Rath zu verderben fürchte.“

„Für die freundliche Aufnahme und meistermäßige Förderniß der guten Seidler“ dankte Goethe in einem Briefe an Quandt vom 13. Septbr. 1831 „zum allerschönsten,“ und fügte hinzu: „Möge, nebst ihren sonstigen Verdiensten, auch der gute Wille, gutem Rath entgegenzugehen und ihn anzuerkennen, günstige Entschließung hervorrufen.“ Um diese möglichst zu befördern, folgte als sanfter Drucker die diplomatisch-pfiffige Bemerkung: „Erlauben Sie mir zu sagen, daß es politisch seyn wird, unseren Künstlern etwas zu Gute zu thun. Denn, wie Sie aus der Veränderung unserer Actienbesitzer vermuthen werden, schwankt das Zutrauen zu dem erwarteten Zwecke; ergreifen solche Zweifel, wie bey manchem Hin- und Widerreden leicht möglich ist, auch unsre Höchsten Theilnehmer, so periklitirt das ganze Verhältniß.“

Inzwischen war Louise Seidler, wie Quandt an Goethe schreibt, „eiligst von Dresden abgereist, weil sie von der Furcht vor der Cholera durch einige bejahrte Damen, bei welchen sie wohnte, angesteckt worden war.“ Die Künstlerin müsse, meint Quandt, mit der Ueberzeugung von Dresden fortgegangen sein, „daß es unter den Comitémitgliedern keine ihr übelwollenden Gegner giebt, und Freimüthigkeit im Urtheil mit Achtung und Wohlwollen sich recht gut vereinen läßt. Wer so wahres Talent besitzt, wie die Seidler, wird selbst durch Tadel nicht abgeschreckt, sondern findet in sich Kraft, das Mangelhafte zu verbessern. Auch hat diese Künstlerin hier allgemeine Achtung erworben, und ihr Gemälde ist aus reiner Würdigung des Verdienstes erkauft worden.“ In der That war, wie Goethe dem Herrn von Quandt mittheilt, „die gute Seidler voll Dank, Hoffnung, Vergnügen und Zuversicht“ wieder in der Heimath eingetroffen.

Wie die Angelegenheit nun weiter verlief, zeigt folgendes vom 17. Septbr. 1831 datirte Schreiben Quandts an Louise Seidler: „Gestern versammelte ich das Comité des Kunstvereins bei mir und stellte meinen Collegen Ihr allegorisches Gemälde vor. Es ward von allen Seiten mit größter Dankbarkeit anerkannt, daß Sie so gütig und willfährig die auf dieses Bild bezüglichen Wünsche erfüllt haben, und ich bin daher beauftragt, bei Ihnen anzufragen, ob Sie uns dies Bild für Ein hundert Stück Dukaten in Gold überlassen wollen? Ich ersuche Sie, mir hierüber recht bald Antwort zu geben, damit ich unverzüglich Ihnen das Honorar zusenden kann, wenn es Ihnen annehmbar erscheint.

Da morgen früh die allerhöchsten Herrschaften die Ausstellung in Augenschein nehmen, so habe ich eiligst einen schönen goldenen Rahmen zu dem Bilde fertigen lassen, an welchem selbst heute noch, Sonntags, gearbeitet wird, und werde das Gemälde in dieser Hofkleidung morgen ganz früh zur Ausstellung senden, damit es sich dem Könige und den Prinzen präsentire. Ich hätte allerdings Ihre Antwort erst abwarten sollen, ob Sie mit dem vom Comité bestimmten Honorare zufrieden sind, ehe ich das Gemälde als vom Kunstverein angekauft bezeichnete. Allein in der Voraussetzung, Ihre Zusage zu erhalten, habe ich an das Bild, wie an die anderen verkauften Gemälde, einen Zettel befestigen lassen, mit der Aufschrift: „Für den Sächsischen Kunstverein 1831." Ich wünschte dadurch vor den Augen der allerhöchsten Herrschaften und des Publikums ein Zeichen unserer achtungsvollen Anerkennung des Werthes dieses Gemäldes an den Tag zu legen, und bin also Ihrer Antwort in guter Meinung vorausgeeilt.

Ich muß recht sehr beklagen, daß die letzten Augenblicke, in welchen mir Ihre Gegenwart vergönnt war, durch fünf auf mich wartende Künstler gestört und abgekürzt wurden. Ich hätte mich so gern noch länger mit Ihnen über Gegenstände der Kunst unterhalten, und nachdem Sie uns verlassen hatten, stand eine ganze Bildergallerie von Aufgaben, welche mir schön und würdig schienen, vor meiner Phantasie. Goethes Dichtungen, welche so klar und wahr sind, scheinen mir ein unerschöpflicher Bilderschatz zu sein, und ich denke, der Künstler muß die Dichtungen in Gestalten vor sich sehen, da sie so voll Leben und von großer Bestimmtheit sind. So z. B. steht Iphigenia, wie sie aus dem Tempel in den Hain tritt, im Innersten bewegt und doch edel und gefaßt vor mir. So auch Tasso, wie er träumend durch den Garten wandelt und von den Freunden beobachtet wird. Johanna Sebus und viele andere charaktervolle Gestalten, wo ein ganzes Leben in einem gegenwärtigen Momente liegt, gleichsam wie in einem Kerne ein ganzer blühender Baum, stehen vor mir. Vieles ist schon benutzt, aber noch keins erschöpft worden. Die Nähe und das Wohlwollen des hohen Dichters würde bei einem solchen Unternehmen Ihnen sehr günstig sein, denn er könnte Ihnen am besten sagen, ob dies Bild mit seiner Idee ganz übereinstimmend wäre."

Louise Seidler war selbstredend mit der ihr vorgeschlagenen Bezahlung völlig zufrieden; auch Goethe sprach sich wiederholt in gleichem Sinne gegen Quandt aus. „Ew. Hochwohlgeb." bemerkt er noch am 10. October 1831 „habe vorerst für die so einsichtige als wohlwollende Einleitung bestens zu danken, wodurch Sie die Angelegenheit unserer guten Seidler zu einem erwünschten Ende geführt. Möge diese schätzbare Künstlerin Denenselben auch in Zukunft empfohlen bleiben, und sich Ihres fördernden Rathes immer bedienen dürfen. Auch um den Verein hat sie viel Verdienst, indem sie nicht nur die einfallenden Lücken wieder auszufüllen, sondern auch neue Theilnehmer zu gewinnen die Gabe hat." Das Geld war um diese Zeit schon in Louise Seidlers Hand; bereits hatte Quandt ihr am 28. Septbr. 1831 geschrieben:

„Empfangen Sie, verehrte Freundin, als Danae das beifolgende, und senden Sie mir die beigehende Bescheinigung unterschrieben gefälligst zurück, welche ich zu unsern Cassenbelegen bedarf. Es war wohl keinem Zweifel unterworfen, daß Ihr Gemälde vom Verein gekauft würde, wenn Sie nicht etwa überhaupt an dem Sinn für das Schöne in einem Kunstwerk oder an der Gerechtigkeit des Comités des Kunstvereins zweifelten. Soviel Selbstvertrauen durften Sie haben, Sich zu sagen, daß Ihr Werk beifallswürdig ist, und ich wünschte überhaupt, Sie hätten mehr Muth und Vertrauen zu sich selbst*). Haben Sie nun nicht erfahren, daß alles, wie Sie es selbst erst gewollt, gedacht und entworfen hatten, besser war, als es auf fremde Einmischung, auf aus Zweifeln entstandenes Aendern, geworden war — und daß die letzten Correcturen Ihr Werk nur dem ersten Entwurfe und den Naturstudien wieder näher brachten? Auf solche zurückführten? Der erste Entwurf ist immer der mit dem Gedanken übereinstimmendste und darum beste und wahrste, wie das Wort, welches unwillkürlich im Augenblicke des Gefühls der Lippe entschlüpft. Vertrauen Sie also immerhin Ihrer Phantasie und Ihrem Gefühle, und dem Rathe, den Ihnen die Beobachtung der Natur giebt."

Nachdem bei der Verloosung des Sächs. Kunstvereins am 10. Decbr. 1831 das allegorische Gemälde „Malerey und Poesie" auf die Actie No. 279 des Sächs. Staatsministers v. Zetzschwitz gefallen, war diese Angelegenheit damit endgiltig beigelegt**).

So war das Ende des Jahres 1831 für Louise Seidler freundlicher, als der Anfang, welcher ihr in einer einzigen Woche die Todesfälle des edlen Gattenpaares Niebuhr gebracht hatte. Dieser werthe Gönner der Künstlerin starb am 2. Januar 1831, acht Tage später folgte ihm seine Wittwe in den Tod. „Am Tage vor ihrem Ende" heißt es in dem Briefe eines Familiengliedes, der Louise die erschütternde Nachricht brachte, „hatte sie noch einen klaren Moment und wünschte, noch einmal ihres Mannes Bild zu sehen; das, welches Sie

*) Aehnliche freundschaftlich-vorwurfsvolle Ermahnungen wiederholen sich in den Briefen der verschiedensten Correspondenten. Bald will Maria Ellenrieder unserer Künstlerin „ein Capitel machen über ihre allzugroße Bescheidenheit;" bald bittet Pauline Steinhäuser die alte Lehrerin, „ihre Kunst nicht zu niedrig anzuschlagen, es sei wahrlich keine Ursache dazu;" bald äußern sich in gleichem Sinne Baron Ungern-Sternberg, Pauline Schelling u. A.

**) Der Jahresbericht 1831—32 des S. K.-V. gedachte der Angelegenheit mit folgenden Worten: „Frl. Seidler hatte eine Idee, die ihr Goethe gegeben, in einem allegorischen Gemälde dargestellt. Die Malerin hatte in die Züge der allegorischen Figuren schon im Entwurfe so viel Anmuth und Schönheit gelegt, und den Rath unserer Künstler bei der Ausführung des Gemäldes so treulich befolgt, daß dieses Bild wegen des Gedankens, des Fleißes und der Darstellung belohnenswerth geachtet wurde."

gemalt haben. Es ward ihr natürlich nicht versagt, im Gegentheil versprachen sich die Aerzte Erleichterung für sie, wenn durch dieses Anschauen ihr ungeheurer Schmerz sich in Thränen auflösen könnte, doch nur ein krampfhaftes Zucken schwebte um ihre Lippen; ihre Augen blieben trocken." In der Nacht vom 10. auf den 11. Januar entschlief auch sie; das Gemälde B. G. Niebuhrs aber, das dessen Gattin den letzten Trost im Sterben gewährte, wird noch heute von der Familie gebührend in Ehren gehalten. Es ist später durch einen trefflichen Kupferstich vervielfältigt worden.

Wie Goethe das Andenken Niebuhrs werth hielt, hat Louise Seidler noch selbst erzählt; auch daß der Dichter damals — in Folge der Erschütterung über den Tod seines (am 28. October 1830 in Rom gestorbenen) Sohnes — schwer erkrankt gewesen und noch immer leidend war, ist schon erwähnt worden. Welche eingehende Sorge er jedoch trotzdem den ihm anvertrauten Anstalten widmete, zeigt nachstehender Erlaß „an Demoiselle Seidler":

„Auf die von Demoiselle Seidler eingereichten Anfragen erhält dieselbe folgendes zur Resolution:

1. Die von Serenissimo eingesendeten Bilder können an Registr. Schuchardt abgegeben und in den unteren Räumen aufgehangen werden.

2. Das Gemälde, auf die Schule des Caravaggio hindeutend, kann an den gemeldeten leeren Platz eingerangirt werden.

3. Die Art, wie Maler Kaiser*) seiner großen Landschaft im Vorgrunde nachzuhelfen gedenkt, wünscht man vorerst zu wissen. Will derselbe solches an Ort und Stelle thun? Muß das Bild aufgehangen werden? und was weiter dabei zu bemerken ist, wäre anzuzeigen.

4. Der Künstlerin selbst steht nichts entgegen, daß sie ihrer Copie der Madonna von Rafael einen Firniß gebe.

Weimar, den 8. Febr. 1831.

Großherzogl. S. Oberaufsicht über alle unmittelbaren Anstalten für Wissenschaft und Kunst.

(gez.) J. W. v. Goethe."

---

*) Ein Weimarisches Landeskind, für das Goethe große Theilnahme hegte.

Wie wenig aber Louise Seidler sich nach dem Erfolge ihrer „Malerei und Poesie" müßiger Ruhe hingab, beweist der Umstand, daß jener Brief Quandts vom 28. Septbr. 1831, dem die hundert Dukaten beigeschlossen waren, bereits von einem neuen Gemälde spricht. Das Schreiben schließt: „Die Aufgabe, welche Ihnen Goethe gegeben hat: „Thisbe, welche an der Mauer auf die Stimme des Geliebten lauscht", hat mich innigst ergriffen und gerührt. Wer würde nicht bei'm Anblick des lauschenden Mädchens liebevolle Sehnsucht und Freudigkeit fühlen, wenn man auch nicht wüßte, daß sie Thisbe heißt! Ich habe in diesem Sommer erst Goethes Dichtungen an meiner Phantasie in künstlerischer Hinsicht vorüberziehen lassen, und es gehört diese Zeit zu den genußreichsten Tagen meines Lebens. Nur sehr flüchtig zeichnete ich mir auf, was sich mir am dringendsten darbot. Diesen Entwurf zu einer Abhandlung habe ich in Dittersbach*) liegen lassen. Mein Schreiber soll ihn abschreiben, und wenn ich wieder nach Dittersbach reite, was in den nächsten Tagen geschehen wird, sende ich Ihnen die Abschrift dieses Entwurfs. Wo könnte man wohl das Leben in seiner Tiefe und Höhe reiner dargestellt finden, als in dem Dichter Goethe, diesem klaren Spiegel!

Frau und Kinder grüßen freundlich. Sr. Excellenz dem Herrn Staatsminister von Goethe bitte mich ergebenst zu empfehlen. Mit wahrer Hochachtung und Freundschaft Ihr ergebener

Quandt."

Aus den nächsten Briefen dieses für die Kunst begeisterten und ihre Jünger kräftig fördernden Mannes ist folgendes mitzutheilen: „Ich freue mich darüber," schreibt er am 19. October 1831, „daß ich selbst auf die Ansicht gekommen bin, welche Goethe gegen Sie aussprach: daß der Künstler keine Scenen aus Schauspielen wählen sollte. Als ich Ihnen letzthin vorschlug, Iphigenien, wie sie aus dem Tempel tritt, oder Tasso, wie er sinnend und zögernd durch den Garten wandelt, zu malen, war es nicht meine Meinung, daß dadurch eine Begebenheit dargestellt werden sollte, sondern Charaktere in Einer Erschein-

*) Herrn von Quandts Landgut unweit Dresden.

ung zusammengefaßt würden, welche das Schauspiel durch mehrere Akte hindurch entfaltet. Das Schauspiel, und noch mehr der Roman, hat etwas Analytisches, das Bild etwas Synthetisches.

Doch die besten Rathgeber stehen Ihnen ja durch Goethe und Meyer zur Seite. Beiden bitte ich mich auf das angelegentlichste zu empfehlen.

Ihr Gemälde wird Thäter stechen, der die verdienstlichen Stiche nach Rauchs Bildhauereien gefertigt hat*). Die Zeichnung, welche dieser junge Künstler nach Ihrem Gemälde geliefert hat, ist sehr gelungen."

„6. November 1831.

Nächstens schreibe ich an den Herrn Minister von Goethe selbst und sende zwei Zeichnungen, welche Ihnen einen Blick in meine Thäler um Dittersbach gewähren werden; der schöne Herbst hat den Künstler in seiner Arbeit begünstigt. Wir haben doch einen echt italienischen October gehabt! Die Blumen konnten nicht aufhören, zu blühen, und die Vögel singen, von der warmen Luft getäuscht, wieder an zu singen und träumten vom Frühling. Dieser blumen- und früchtereiche, anhaltend schöne Herbst kam mir wie ein Bild von Goethes Leben vor, dessen Alter auch so reich, schön und herrlich ist. Gott erhalte ihn so!"

Das letzte Schreiben Quandts aus den dreißiger Jahren, welches sich noch vorgefunden hat, redet dessen Herzen das schönste Zeugniß; datirt vom 1. April 1832, lautet es wie folgt:

„Theure Freundin!

Schon hatte ich die traurige Nachricht erhalten, als Ihr ausführlicher Bericht über Goethes Hinscheiden in meine Hände kam. Bei der ersten Kunde zog sich mein Herz zusammen, und nun, da es sich wieder erweicht und erwärmt, erfüllt mich eine Traurigkeit, welche immer mehr zunimmt. Mit ihm hat das Leben seinen Glanz und seine Wärme verloren. Mein Stern ist untergegangen, nach dem ich meine Bahn lenkte,

*) Nach Ausweis der Akten des Sächs. K.-B. hat Thäter für seinen Stich von L. Seidlers Bilde 60 Thaler erhalten.

zu dem ich emporblickte und mich gestärkt fühlte. Seine Werke sind zwar unsterblich, aber der Mensch, der Lebende, will den Menschen.

Ich hatte mich gewöhnt, bei allem was ich that, bei allem was mich erfreute, an Goethe zu denken. Ich scheute keine Anstrengung, wenn ich dachte: Er wird sich darüber freuen. Was mich beglückte, erfreute mich doppelt, wenn ich es Ihm mittheilen konnte. Immer sprach ich in Gedanken mit Ihm. Das ist nun aus! „Wir sind verwaist", sagte Tieck zu mir. Das ist das Wort, was mein Gefühl ganz ausspricht; ein Gefühl, was viele Tausende erfüllt.

Ist es doch, als hätte das Schicksal einen Versuch machen wollen, ein vollständiges Menschenleben vorüber zu führen. Goethe Kind, Jüngling, Mann und Greis stellt das Menschenleben in seinem Normalzustande dar. Er war ein vollständiger Mensch, in der vollsten Bedeutung des Wortes. Alle Leiden und Freuden der Menschheit fühlte sein großes Herz und schuf aus diesem edelsten Stoffe unsterbliche Kunstwerke, in welchen die Welt sich spiegelt und im Gewande der Zeit das Ewige erscheint. Nun ist er auch gestorben, wie es die Natur ihrer Grundidee nach erfordert: schmerzlos.

Vergessen wir dabei des Großherzogs nicht, der Goethes vollständige Entwickelung begünstigte. Ohne diese Sicherheit und diesen Schutz von außen, die ihm der Großherzog gewährte, hätten wir keinen Goethe. Als der hochselige Großherzog vor mehreren Jahren bei mir Goethes Büste von Rauch betrachtete, ward ich von Verehrung und Zuneigung hingerissen, ihm zu sagen: „Dies ist Goethe, und Goethe ist Ew. Hoheit herrlichstes Denkmal." Es ist dies keine Schmeichelei, sondern Wahrheit und ganz meine Ueberzeugung. Nun ruhen beide in Einem Grabe!

Ich bin tief bewegt und traurig. Ich vermag nicht das Wort auszusprechen: „er starb"; ich sage: „er lebte", denn nur lebendig steht sein Bild vor mir. Vergeben Sie, theure Freundin, daß ich so unzusammenhängend schreibe, allein ich war vor acht Tagen, ehe ich auf das Land ging, noch gefaßter als jetzt, und mit dem Frühling erwacht der Schmerz und wird immer lebendiger in mir. Der Gedanke an Goethe hat mich durch Feld und Wald begleitet. Meine Sehnsucht ward so groß nach ihm, daß ich glaubte, meine Seele könne ihn zurückrufen, er müsse mir erscheinen. Schrieb er doch in seinem letzten Briefe, vom 27. Februar, an mich: „Mehr nicht für diesmal; nur darf ich nicht unterlassen, zu bemerken, daß es doch gar sonderbar sein müßte, wenn ich nicht um und in Dittersbach manchmal spukte, so oft gehe ich auf Ihren Wegen und Stegen spazieren."

Er hat mich doch lieb gehabt! —

— Nun noch von einer Angelegenheit, die mir wichtig ist und Goethe werth war. Auch der Kunstverein ist durch Goethe verwaist. Er war der unsere, war unser Comitémitglied für Weimar, war der Fürsprecher bei den hohen Gönnern unseres Vereins. Sie würden, verehrte Freundin, gewiß mit gütiger Bereitwilligkeit alle Bemühungen eines Comitémitgliedes übernehmen und mit männlichem Ernste diese Geschäfte führen, so daß wir diese Angelegenheit in keine treueren Hände legen könnten. Allein es ist nur Ein Umstand, welcher dies nicht zuläßt. Sie wissen, wie nöthig es ist, daß ich streng darauf halte, daß kein Kunstwerk von einem Comitémitgliede gekauft werden darf, und da Sie Künstlerin sind, so wünschte ich nicht, daß Sie in das Comité treten, weil wir sonst auf Ihre Gemälde Verzicht leisten müßten, die ich ungern missen würde. Ich wünschte daher, es würde ein Mann Comitémitglied, der kein Künstler wäre. Ich bitte, theilen Sie mir hierüber Ihre Ansichten mit*)."

Der Tod Goethes, ihres Wohlthäters und wahrhaft väterlichen Freundes, erschütterte Louise Seidler um so mächtiger, je inniger sie sich ihm in Dankbarkeit verpflichtet fühlte. Tief gebeugt, folgte sie daher gern der Aufforderung ihrer Freundin Frau von Bardeleben, sie auf einer Reise nach Italien zu begleiten. Diese zweite Pilgerfahrt nach Rom unternahm Louise Seidler im Herbste des Jahres 1832.

Frau von Bardeleben hat über die gemeinschaftliche Reise die Handschrift eines Tagebuches hinterlassen, aus welcher folgende Auszüge nicht uninteressant sein dürften: „Am 25. August 1832 kam ich

*) Goethes Nachfolger als Comitémitglied wurde Kanzler v. Müller.

in Weimar an. Die Seidler empfing mich an der Post. Drei angenehme Tage verlebte ich in Weimar, fast nur mit Frau Ottilie von Goethe und den ihr befreundeten Menschen; sie war überaus liebenswürdig. Am 28. August reiste ich mit der Seidler ab. Den 29. August bis Coburg. Den 2. Septbr. über Nürnberg nach München. Ueberall ein Kunsttreiben, wovon das vorige Jahrhundert sich nicht hat träumen lassen! 19. Septbr. Abreise von München durch Tyrol. Die Seidler zeichnet in den Wirthshäusern schöne Tyroler. Vor Trient, in einem kleinen Orte, fütterten wir die Pferde. Es waren viele Bauern im Krug versammelt; die Seidler wollte dort ein merkwürdiges altes Banditengesicht gern zeichnen. Der Alte merkte die Sache und wollte späterhin, obwohl geschmeichelt, bezahlt haben. Nun versammelte sich das ganze Haus um die Zeichnerin; ein alter tauber Doctor examinirte uns in der Eile über alle Fürsten von Deutschland. Noch in der Straße umdrängte uns Jung und Alt, als ob wir Irokesen wären.

23. Sept. Die erste italienische Stadt, Roveredo. Verfallene Gebäude, enge Straßen und Schmutz kündigten an, daß wir Deutschland hinter uns hatten. Meiner Gefährtin war dies alles lieb, weil es sie an schöne Zeiten in Italien erinnerte; ich erschrak fast."

Von Venedig ab reisten die beiden Frauen eine kurze Strecke zu Wasser; auf dem Schiffe zeichnete Louise Seidler die verschiedenartigsten Köpfe, wodurch sie bald der Mittelpunkt des allgemeinen Interesse wurde. Ueber Bologna und Florenz erreichten die Reisenden endlich Rom.

Frau von Bardeleben hatte Empfehlungen an Miß Mackenzie Seaforth, Thorwaldsens verlassene Geliebte; „sie ist gescheidt und recht wohlwollend" heißt es in dem Tagebuche; „es lebt sich leicht mit ihr. Sie hat etwas Genialisches in ihrem Thun und Treiben, lebt auch viel weniger in der großen Welt, als mit Künstlern."

„Louise Seidler", sagt Frau von Bardeleben, „geht ihren eigenen Weg. Sie zeichnet viel in Thorwaldsens Atelier. Letzterer und Legationssecretär Kestner besuchen uns öfters." Außerdem verkehrten die Damen mit dem englischen Bildhauer Wyatt, „einem hübschen, angenehmen Manne; ferner mit dem damals ebenfalls nach Rom gekommenen Schwanthaler; auch waren sie bei dem preußischen Gesandten Bunsen wiederholt zu Gaste. Sie führten „die bei weitem behaglichere Lebensweise in Rom durch und vermieden die Gesellschaften“, sahen jedoch Abends regelmäßig Künstler bei sich. Tags über malte Louise Seidler mit gewohntem Fleiße, und zwar copirte sie Rafaelsche Bilder in der Gallerie Borghese.

Aber der größte Theil der Künstler, mit denen sie ein Jahrzehnt zuvor gelebt und gestrebt hatte, war nicht mehr in Rom; Louise Seidler, die dort jetzt so vieles anders fand, als sie es verlassen, fühlte sich in dem Lande, in welchem sie einst am liebsten gestorben wäre, einsam und verwaist. Mit Goethe mochte sie denken: „Das ist Italien nicht mehr, das ich mit Schmerzen verließ“; sie kehrte daher bald nach Weimar zurück. Das Vaterland trat ungeschmälert in seine heiligen Rechte; die Künstlerin hat es fortan nicht wieder dauernd verlassen.

Nach nur fünfvierteljähriger Abwesenheit langte sie Anfangs November 1833 in der Heimath wieder an. Allein auch hier hatte sich inzwischen manches geändert.

Bis zu seinem Tode war Goethe der amtliche Vorgesetzte Louise Seidlers gewesen; der von ihm verwalteten „Oberaufsicht der unmittelbaren Anstalten für Wissenschaft und Kunst“ war auch die großherzogliche Gemäldesammlung im Jägerhause unterstellt. Nach Goethes Ableben übernahm Herr von Schorn das Direktorat derselben; eine gewiß glücklich gewählte und Louise Seidler willkommene Persönlichkeit, wie folgende briefliche Bemerkung Dorothea Schlegels schließen läßt: „Es ist recht erfreulich, zu denken, daß die Künstler und Kunstfreunde in Weimar einen so angenehmen Verein bilden, und daß Schorn sich so freundlich aufgeweckt zeigt. Das muß für Sie, liebste Louise, eine rechte Gemüthserheiterung sein, da Sie vorher sich so sehr vereinzelt fühlten.“

Die frühere Zwanglosigkeit des Verkehrs mit dem Vorgesetzten mußte jetzt freilich einer förmlicheren Methode weichen; mittels Ministerialrescripts vom 12. November 1833 wurde Louise Seidler aufgefordert: „alljährlich einen ausführlichen Bericht über die wichtigeren

Vorkommnisse bei der ihr untergebenen Anstalt einzusenden und damit eine kurze Darstellung des Zustandes zu verbinden, in welchem sich das Institut am Schlusse des Jahres befand." Den ersten dieser Berichte erstattete Louise für das Jahr 1833. Noch war kein Vierteljahr verstrichen, als die Großherzogl. Oberaufsicht über alle unmittelbaren Anstalten für Wissenschaft und Kunst „die rühmlichen Verdienste, welche sich Demoiselle Seidler um die Ordnung und Erhaltung der ihr anvertrauten, wichtigen Sammlung bisher erworben" hatte, dem Großherzoge „unterthänigst berichtlich darzulegen" sich bewogen fühlte; der Fürst „geruhte huldreichst, Sein gnädigstes Wohlgefallen an diesen Verdiensten auszusprechen", was der Künstlerin mittels Rescripts vom 9. April 1834 „eröffnet" wurde.

Sogleich nach ihrer Rückkehr aus Italien hatte sie unermüdlich wieder zu arbeiten begonnen; aus dem Jahre 1834 existirt von ihr ein jetzt im Museum zu Weimar befindliches Bildniß der früh verklärten Alma von Goethe (des Dichters Enkelin); ein in Pastellfarben gemaltes freundliches Kindergesichtchen mit großen braunen Augen. Aber nicht nur ausübend, sondern auch unterrichtend war Louise Seidler thätig; junge Mädchen aus Weimar und dessen Umgegend kamen in ziemlicher Zahl, um von der Künstlerin im Zeichnen unterwiesen zu werden. Zu den Damen, welche sich in deren Atelier eine Zeitlang fortbildeten, gehörte u. A. die nachherige Gattin des Bildhauers Steinhäuser; auch sie blieb der alten Lehrerin bis an ihren Tod treu befreundet.

Die wichtigsten Beziehungen aber knüpfte Louise Seidler mit dem Schöpfer der Odysseebilder, mit Friedrich Preller. Dieser, im Jahre 1831 nach Weimar als Professor berufen, erhielt ebenfalls Wohnung und Atelier im Jägerhause. Die Kunstgenossen, einander gleich im Streben nach den höchsten Idealen, wurden bald befreundet; in Louise Seidlers Nachlaß fand sich ein schönes Landschaftsbild, welches ihr Preller in seiner Jugend gemalt, voll Anerkennung und Dank für manchen wichtigen Dienst, den die Aeltere, in der Kunst Erfahrenere, in ihren Geldangelegenheiten von jeher trefflich Rangirte ihm hatte leisten können. Und Louise Seidler ist in ihren Empfindungen gegen Friedrich Preller und dessen Familie unwandelbar dieselbe geblieben; als Gevatterin von Prellers Sohne Friedrich bewahrte sie auch diesem treu die herzlichsten Gesinnungen. Wenn dennoch manche Trübung des Verhältnisses nicht ausblieb, so lag die Schuld sicher nicht an der milden, weichen Natur Louise Seidlers, die es Preller nie empfinden ließ, wie viele Ursache zur größten Dankbarkeit derselbe gehabt hätte. Der wachsende Ruhm des jüngeren Meisters stellte die bescheideneren Verdienste seiner Kunstgenossin in den Schatten, aber es sind unwidersprechliche Zeugnisse dafür vorhanden, daß diese trotz mancher herben Erfahrung die erste war, welche sich jeder Anerkennung, die Friedrich Preller erntete, aufrichtig freute und ihn neidlos eine Stufe erklimmen sah, deren Erreichung ihr selbst nicht beschieden gewesen.

Vielleicht gezeitigt durch den erwärmenden Strahl dieser anfangs so erfreulichen Verbindung entfaltete sich bald nach deren Beginn Louise Seidlers Talent zu seiner höchsten Blüthe. Gemälde auf Gemälde entstand unter den geschickten Händen der fleißigen Künstlerin; namentlich waren es Heiligenbilder, welche sie schuf, und mit denen sie Kirchen und Kapellen versorgte. Mit einem „heiligen Antonius und das Christkind" dotirte sie das Kloster „vom armen Kinde Jesu" zu Aachen, welches sich die Erziehung von Waisen zur Aufgabe gestellt hatte; Anlaß zu dieser Schenkung gab der Umstand, daß Philipp Veits Tochter Franziska dort als Schwester Alfonsa den Schleier nahm. Der Künstler selbst nannte das Bild „eine gute, fromme Arbeit, welche ihn überrascht habe, und eines würdigen Platzes werth sei." Ein „auferstandener Heiland" kam in eine Dorfkirche bei Apolda; der Kirche zu Wangeroog schenkte Louise Seidler 1840 einen von ihr gemalten Christuskopf „aus Dankbarkeit für dort verlebte schöne Tage"; ein von der Kritik sogleich sehr warm begrüßter „Christus, die Kinder segnend" fand seinen Weg als Altargemälde sogar in die Kirche zu Rio Grande; außerdem entwarf Louise Seidler Zeichnungen zu: „Das Hohelied. In Liedern von Gustav Jahn;" einen Christuskopf für die Garnisonkirche zu Jena, eine „heilige Cäcilie", eine „heilige Julie", eine „heilige Katharina" und eine „heilige Elisabeth" (Brustbild). Letzteres hängt in der Gebetsstube des

St. Annenspitals zu Eisenach. Eine „Heilung des Tobias" existirt ebenfalls von unserer Künstlerin; eine Skizze dieses Bildes sandte sie nach Constanz an die Kunstgenossin Maria Ellenrieder, welche in einem ihrer herzlichen Briefe mit warmen Worten „ihr innigstes Wohlgefallen über die schöne Composition, die auch allen Anderen gefalle", ausdrückt; „das ausgeführte Bild werde sicher sehr erhebend sein." „Du mußt", fährt die sachkundige Schreiberin fort, „im Malen eine große Fertigkeit erlangt haben, da Du trotz der Menge, Menge Portraits noch so wichtige Gegenstände verfertigst; bei mir hingegen geht es immer langsamer."

Das größte und schönste Altarbild, welches Louise Seidler gemalt hat, besitzt die Kirche des Dorfes Sehestedt, im Rittergute dieses Namens an der Eider, drei Meilen von Kiel belegen. Dasselbe wurde im Jahre 1829 bei Gelegenheit einer Restaurirung der Kirche von Frau von Ahlefeldt geb. von Seebach aus Weimar, Gemahlin des damaligen Besitzers von Sehestedt, gestiftet. Die Gestalten des Bildes, welches Christum, mit ausgebreiteten Armen in einer Glorie auf einem Regenbogen stehend und von Engeln umgeben, darstellt, sind lebensgroß; die Inschrift lautet: „Kommet her zu mir Alle, die ihr mühselig und beladen seid, ich will euch erquicken." Die Malerin erhielt hundert Thaler Schleswigsches Courant für ihr Werk; ein Preis, dessen Niedrigkeit sich nur daraus erklärt, daß sie mit der Stifterin des Bildes befreundet war. Eine Wiederholung desselben befindet sich in der Dorfkirche zu Peckatel, einem Rittergute der Familie von Maltzan in Mecklenburg.

Von Schillerschen Frauencharakteren malte Louise Seidler eine Maria Stuart und eine Jeanne d'Arc; letztere sandte sie im Entwurfe an Philipp Veit, ihn um seine Meinung darüber bittend. „Sie solle sich" läßt ihr Veit durch seine Mutter antworten, „mehr an die alten Darstellungen und Gedichte über diese Heldin, als an die Theaterkostüme zu halten suchen; auf jenen sei sie immer geharnischt." Ein fernerer Vorwurf, den die Künstlerin Schillers Gedichten entlehnte, war „die Nonne und der Ritter Toggenburg"; aus einem (leider, wie fast immer, nicht datirten) Briefe Louise Seidlers an den Secretär des Sächs. Kunstvereins, Hofrath Winkler in Dresden, geht hervor, daß auch dieses Gemälde vom Verein erworben oder doch durch dessen Vermittlung verkauft worden sein muß; Winkler empfängt „anbei die Quittung für das Honorar" jenes Bildes. Das mag um 1835 gewesen sein, da L. Seidler, wie aus dem mitgetheilten Briefe Dor. Schlegels vom 28. Decbr. 1834 hervorgeht, damals diese Arbeit beginnen wollte.

Eine besondere Begabung besaß Louise Seidler für die kunstgerechte und sprechend ähnliche Ausführung von Kinderportraits in Pastellfarben. Eins der letzten und besten, welches sie gemalt hat, ist das Pastellbild eines Enkels von Niebuhr, den sie aus der Taufe gehoben; in ihrer Treue übertrug Louise Seidler die Gefühle für ihren einstigen Wohlthäter auf dessen Kinder und Kindeskinder. Gelegentlich ihrer verschiedenen Reisen entstanden zahllose größere und kleinere Portraits in Oel wie in Pastellfarben; immer zeigte sie sich bereit, ihre Kunst Personen, denen sie zugethan war, dienstbar zu machen. So malte sie 1840 bei einem Aufenthalte in Wien das Portrait der 13jährigen Tochter ihrer unvergeßlichen, seit fünf Jahren im Grabe ruhenden Freundin Faniska — wie Fanny Caspers von den ihr Nahestehenden immer genannt worden war —, Marie Doré, und erfuhr aus deren Munde alle Einzelnheiten vom Tode dieser Jugendgefährtin: wie Faniska lange gekränkelt, endlich schwer gelitten, aber doch stets eine heitere Seelenruhe bewahrt habe; wie sie sogar, wenn die Schmerzen nachgelassen, manchmal in ihrem Bette gesungen; wie sie damals das siebenjährige geliebte Kind gelehrt habe, den Thee zu bereiten und wie sie dieses endlich, als sie ihren Tod nahen gefühlt, gesegnet und mit tausend Thränen umarmt habe.

Ein „ganz besonders gelungenes Portrait Louise Seidlers*)" soll dasjenige der Frau von Stein, der Freundin Goethes gewesen sein; diese ließ 1826 auch für Goethes Enkelneffen Alfred Nicolovius ein in ihrem Besitze befindliches Jugendbild des Dichters durch Louise Seidler copiren**). Noch andere bekannte und berühmte Namen befanden sich

---

*) Frhr. v. Biedenfeld „Weimar" (Weimar, 1841), S. 323.

**) Düntzer, Charlotte von Stein. II, 507. (Ist der vorgedruckte Holzschnitt nach L. Seidlers Original?)

unter deren Portraitstudien. Das Weimarische Museum besitzt (außer den schon genannten) noch Bildnisse des Orientreisenden Bergraths Schüller; des Barons von Ungern-Sternberg; der Frau Gisela Grimm, geb. von Arnim; eines Herrn von Stein u. s. w. Ein Oelbild Riemers hängt auf der Bibliothek zu Weimar; auch hat Louise Seidler die Schauspielerin Frau von Heygendorf gezeichnet. Das Frommannsche Haus zu Jena bewahrt eine vollständige Familiengallerie von der Hand unserer Künstlerin, welche sich durch eine ganze Reihe von Pastellbildern ein dauerndes Andenken in der ihr treu befreundet gebliebenen Familie gestiftet hat. Aehnliche Gallerieen finden sich an verschiedenen Orten in gar manchem Hause, wo Louise Seidler verkehrte; ja, diese portraitirte oft sogar Verstorbene, welche sie gekannt hatte, mit Benutzung der Todtenmaske aus dem Gedächtniß; eine Fertigkeit, zu der sie im Verein mit Schinz eine Zeitlang in Italien fleißige Vorstudien gemacht hatte. Wie die Herzöge Emil August und Friedrich von Gotha, so haben auch verschiedene Mitglieder des Weimarischen Herrscherhauses Louise Seidler gesessen; von dem Bilde Carl Augusts wurde schon gesprochen; außerdem malte sie den Großherzog Carl Friedrich, sowie die Prinzessinnen Maria und Augusta von Weimar lebensgroß in Oel, ebenso den späteren Gemahl der ersteren, den Prinzen Carl von Preußen.

Ueber eine „ruhende Pilgerin", welche sie in Dresden ausgestellt, schreibt ihr Herr von Quandt: „Das Bild macht auf mich eine rührende Wirkung. Ich fühle die Schwere des Kummers dieser Pilgerin, welche ruht, ohne Ruhe zu finden. Ich möchte wissen, ob ich richtig fühle und den Sinn des Bildes getroffen habe." Ein Oelgemälde „Hagar in der Wüste, den verschmachtenden Ismael in den Armen haltend, während der Engel ihr die Schale knieend reicht" (ganze Figuren unter Lebensgröße) ward in Dullers „Phönix" (1836 No. 266) folgendermaßen besprochen: „Die fleißige Künstlerin hatte einen geeigneten und dankbaren Vorwurf gewählt. Die Ausführung ist sinnig und gelungen, mit männlich kräftigem Pinsel, und das Werk gewährt durch einfache Composition und edle Behandlung den reinen Kunsteindruck, den der

Gegenstand erheischt, wenn er ästhetisch wirken soll." Die Malerin gab dies Bild später der Mutter eines Pathkindes, dessen ganze Familie nach Amerika übersiedelte, als Geschenk mit nach dem fernen Welttheile.

Außer „mehreren sehr ähnlichen Portraits in Pastell" hatte Louise Seidler 1839 in Weimar auf der Kunstausstellung ein umfangreiches Gemälde: „Ulysses, an den Sirenen vorüberschiffend", welches nach Schorns Kunstblatt vom 24. October 1830 „von anmuthiger Composition, auch kräftig und klar in der Farbe" war. Es ist 4 Fuß 8½ Zoll breit, 3 Fuß 11 Zoll hoch, auf Leinwand gemalt und befindet sich jetzt im Schlosse zu Tiefurt; ebenda hängt das Brustbild eines betenden Engels, Pastellbild nach Maria Ellenrieder, 1 Fuß 4¼ Z. breit, 1 F. 2½ Z. hoch. Eine größere Arbeit: „Der Kindermord", wird in der „Kunstchronik" (Beibl. z. Zeitschr. f. bild. K.) vom 17. Novbr. 1866 erwähnt als „der streng stylistischen Richtung angehörend", wie alle selbständigen Werke der Künstlerin.

Das Industriecomptoir zu Weimar ließ in den Jahren 1836 und 1837 ein Unterrichtswerk erscheinen, betitelt: „Köpfe aus Gemälden vorzüglicher Meister nach sorgfältig auf den Originalen durchgezeichneten Umrissen in der Sammlung von Louise Seidler. Zum Gebrauch für Zeichnenschüler lithographirt von J. J. Schmeller." (Imp. Fol.) Dasselbe enthielt Köpfe nach Masaccio, Perugino, Fra Bartolommeo, Fiesole u. s. w. Wie werth die Künstlerin Durchzeichnungen hielt, hat sie selbst ausgesprochen; ein competenter Kenner ihrer Sammlung nennt diejenigen, welche Louise Seidler angefertigt hatte, „wahrhaft kostbar; sie leuchten noch in mir fort." Die Erlaubniß zum Durchzeichnen der Gemälde alter Meister wird jetzt fast nirgends mehr ertheilt; um so bedauerlicher ist es daher, daß die Seidlerschen Schätze nach dem Tode der Besitzerin verzettelt wurden. Mit Benutzung einer dieser Durchzeichnungen malte Louise im Jahre 1841 die Königstochter aus den Fresken in der Kirche San Clemente zu Rom für Herrn von Quandt, der sich am 30. Juli 1841 „sehr auf das Gemälde freut" und bemerkt: „Keine würdigere Freundin, die Sie immer an mich erinnern mußte, hätte ich finden können, als jene bekehrte Königin des Masaccio, welche mir nun wieder zu einem werthen Andenken dienen wird und im Zimmer meiner Frau einen Ehrenplatz einnehmen soll." Und am 9. August 1841 schreibt Quandt: „das nun wieder in's Leben gerufene Bild solle auch Andere auf der Ausstellung erfreuen, wohin er es gegeben habe; er bleibe der Freundin für das anmuthige Kunstwerk herzlich verbunden." Bezahlt hat er es mit 40 Thalern Preuß. Cour. —

Das Jahr, welches die erste Lieferung des erwähnten Unterrichtswerkes erscheinen sah, brachte für Louise Seidler insofern eine Veränderung, als die Großherzogliche Gemäldesammlung, durch mancherlei Zuwachs vermehrt, aus den beschränkten Räumen des Jägerhauses 1836 nach dem Fürstenhause verlegt ward, wo sie blieb, bis man dieses Gebäude im Jahre 1848 zu ständischen Zwecken einrichtete. Jene Ortsveränderung, zusammenwirkend mit der bedeutenden Vermehrung der Weimarischen Kunstschätze sowie mit öfters eintretender Kränklichkeit der Künstlerin, führte nach und nach ein Zurücktreten dieser letzteren von der Ausübung ihres Amtes als Aufseherin herbei; formell enthoben wurde sie desselben jedoch nie, das amtliche Verzeichniß der den Museumsvorstand bildenden Personen nennt neben den Namen eines Genelli, Schwerdgeburth u. s. w. auch denjenigen Louise Seidlers bis an deren Tod.

Daß auch der Landesfürst ihr wohlgewogen blieb, beweist die ihr zu Anfang des Jahres 1843 zu Theil gewordene Verleihung der Weimarischen goldenen Civil-Verdienst-Medaille für Kunst und Wissenschaft, am landesfarbigen Bande zu tragen, nachdem Großherzog Carl Friedrich der Künstlerin bereits durch Decret vom 27. Juni 1835 den Charakter einer „Hofmalerin" verliehen hatte. Auch auswärtige Ehrenbezeugungen blieben nicht aus; mittels Diploms vom 13. Februar 1854 ernannte der Lutherverein zu Apolda Louise Seidler zu seinem Ehrenmitgliede.

Aber diese empfing nicht nur Achtungsbeweise, sie gab solche auch, wo sie konnte. Im Jahre 1849 ging der 28. August, Goethes hundertjähriger Geburtstag, nicht vorüber, ohne daß die von dem großen

Todten einst so gütig geförderte Künstlerin ihrer Verehrung für denselben Ausdruck verliehen hätte. Im Verein mit A. Andorff veröffentlichte sie eine allegorische Composition: „Dichtung und Wahrheit, Goethes Manen geweihet", in Kupferstich. Das Blatt fand beifällige Aufnahme; Maria Ellenrieder hatte richtig prophezeit, als sie die Uebersendung eines Probeabdrucks mit folgenden Zeilen beantwortete: „Die Wahrheit sitzt mit so viel Ueberzeugung und Ruhe; sie scheint die Dichtung zu warnen, die ihr so nahe gestellt, in erhabenem Fluge einherschwebt. Man wird hoffentlich recht sehr damit zufrieden sein!"

Louise Seidlers Pietät gegen alles, was sich auf Goethe bezog, ging so weit, daß sie das kleinste aufbewahrte, was nur irgend in einem Zusammenhange mit dem Dichter gestanden hatte, wie z. B. die Schleife, welche sie am Tage der hundertjährigen Feier von Goethes Geburtstag getragen. Damals war sie nebst einigen anderen Weimarischen Damen von den Angehörigen des edlen Todten ersucht worden, als Ehrenwächterin in den Zimmern des Dichters zu fungiren, welche an diesem Tage dem Besuche der zahlreichen Fremden offen standen. Um die bei diesem Anlaß getragene Schleife nicht in ungeweihte Hände kommen zu lassen, sandte Louise Seidler dieselbe von ihrem Sterbelager aus Ottilien von Goethe, der im Jahre 1872 auch aus dem Leben geschiedenen Schwiegertochter des Dichters. — Wenn irgend Jemand solche Gesinnungen würdigte, so war es diese.

Ohne Zweifel rechnete auch Herr von Quandt auf die unbedingte Verehrung, welche Louise Seidler dem Andenken Goethes zollte, wenn er ihr am 30. Juli 1841 schrieb:

„In Weimar ist es mir so überaus wohl ergangen, daß ich einen ganzen Bogen mit Namen und Erzählungen alles Freundlichen, was man mir erwiesen, anfüllen könnte, und daher spreche ich nur im allgemeinsten darüber meinen aufrichtigen Dank aus. Hieran knüpfe ich eine Bitte: beifolgende Kupferstiche an Die zu vertheilen, welche sich meiner freundlich erinnern. Ich weiß nicht, an wen ich schon früher den Stich nach Peschels „König von Thule" und den „Sänger" gesendet habe, und Welchen also die Fortsetzung dieser Blätter willkommen sein dürfte. Fast besorge ich, daß der Herr Geh. Hofrath Riemer noch nicht im Besitz dieser Kupferstiche ist, und da er alles so werth hält, was sich auf Goethe bezieht, so bitte ich, ihn bei Vertheilung der Blätter vorzüglich zu bedenken und meiner größten Hochachtung zu versichern, welche durch sein Buch über Goethe *) fast bis zur schwärmerischen Verehrung gestiegen ist. Dieses Buch hat mir eine seltene Freude gewährt, denn es ist in unseren Tagen wahrhaft eine Seltenheit, einen Freund zu finden, der den Freund auf Leben und Tod vertheidigt. Dieses Gefühl der Treue, einer unerschrockenen Anhänglichkeit und einer unverlöschbaren Wärme des Gemüths that meinem Herzen bei Lesung dieses Buches unaussprechlich wohl. Riemer hat Recht, die Deutschen zu schelten, daß sie es geschehen lassen, wenn freche Juden sich für die wahren Deutschen ausgeben, wenn die Deutschen dazu schweigen, daß der vollständigste (ich will gar nicht sagen vollkommenste) Mensch, Goethe, ihr Landsmann, von jenen Juden und Judengenossen gelästert wird, und wenn es noch so viele Deutsche giebt, die Goethe kaum dem Namen nach kennen. Daß dieses alles der Fall ist, dazu könnte ich viele Beweise anführen, denn ich lebe in Dresden **). Doch wird es

*) „Mittheilungen über Goethe. Aus mündlichen und schriftlichen, gedruckten und ungedruckten Quellen. Von Dr. F. W. Riemer. Berlin, 1841" worin der Verfasser voll Entrüstung den „wiederkäuenden Deutschen" vorhält, daß Goethe ihnen bereits als „veraltet" gelte, während „die Wenigsten unter ihnen seine Werke auch nur dem Namen nach kennen, geschweige denn, sie gelesen haben." Außerdem zieht Riemer heftig zu Felde gegen Heine, Börne, Menzel, Böttiger und andere „Lotterbuben, die jetzt in der Literatur das große Wort führen," und Goethe „Verdienst und Ehre abschneidend, ihm bei Mit- und Nachwelt schaden."

**) Mehr als zwanzig Jahre später wiederholt sich in einem anderen Briefe an Louise Seidler eine ganz ähnliche Klage. Am 3. Aug. 1863 schreibt die Wittwe des Begründers der Schillerstiftung, Majorin Serre auf Maxen: „Geh.-R. Vogel war in Dresden, um Unterschriften für die Goethestiftung zu werben. Glauben Sie wohl, daß sie — keinen Anklang fand, und daß Carus nicht einmal so viel zusammenbringen konnte, um eine Stimme für Dresden zu erlangen? Da hielt ich es für Pflicht, mich in's Mittel zu legen; ich war es dem Namen Goethe schuldig, und zahlte die ganze erforderliche Summe von auch selbst in Weimar nicht an Beispielen fehlen; wie Viele Gesinnung und Sprache noch bei Lebzeiten Goethes gegen ihn änderten, als der Großherzog gestorben war, und wie Viele auf einmal die intimsten Freunde von Böttiger, Goethes Feinde, wurden. Dieses Schönthun mit Böttiger, und diese Verehrung Goethes, welches zusammen bei einigen Individuen stattfand, hat mich von diesen Personen entfernt. Ich gestehe, daß mich vor zwanzig Jahren Böttiger täuschte, als ich hierher kam, und daß ich ihn nicht für böse, sondern nur für sehr schwach hielt und Böttigern deßhalb bedauerte, allein mein Urtheil hat sich denn doch über ihn berichtigt, und in den letzten Jahren habe ich keinen Umgang mehr mit ihm gehabt. Aergerliches will ich hier nicht anführen, sondern nur Lächerliches, welches beweist, wie wenig Goethe selbst unter den sogenannten „Gebildeten" gekannt ist. Ich habe dies zu bemerken sehr oft Gelegenheit, wenn ich Gesellschaft in den Saal auf Schönhöhe begleite. Meistens verrathen diese gebildeten Leute ihre Unkunde bei dem Bilde des Sängers. Es ist sehr oft geschehen, daß Einige ausriefen: „Ein herrliches Gedicht! — Die göttliche Stelle:

„Denn ohne die Leyer im himmlischen Saal
Ist die Freude gemein selbst beim Göttermahl*)." " —

Und Andere sagten: „Das Gedicht ist doch sehr zart — wie gefühlvoll sind die Worte: „Doch nur verstanden von der Einen!"" — Ich habe diese Herren und Damen immer in dem Irrthum gelassen und sie nicht belehrt, daß beide Stellen nicht in Goethes „Sänger" vorkommen. Man verargt Riemer, daß er die Deutschen so wenig schont, allein schonten denn die Propheten irgend einer Zeit oder eines Volkes ihre Landsleute und Zeitgenossen?"

Daß die warme Sprache dieses Briefes in Louise Seidlers Herzen

---

100 Thalern, die dazu nöthig. Darauf haben sich andere Unterschriften noch gefunden."

*) Das Citat stammt aus Schillers: „Die vier Weltalter"; die zweite Zeile lautet genauer: „Ist die Freude gemein auch beim Nektarmahl." Anfangs hatte das Gedicht vermuthlich die Ueberschrift: „Der Sänger"; vergl. Schillers Brief an Körner vom 4. Febr. 1802.

ein Echo fand, darf man sicher annehmen; wie hätte sie, die selbst so anhänglich war, sich nicht über jedes Zeichen des nämlichen Gefühls bei Andern freuen sollen! Wie wenig aber ihre Treue zu erschüttern oder durch die Zeit in's Wanken zu bringen war, geht aus Briefen Pauline Steinhäusers hervor, welche ebenfalls eine Goethe betreffende Angelegenheit behandeln und etwa zehn Jahre später geschrieben sind. Der Bildhauer Steinhäuser hatte in Rom sein Marmorbild „Goethe und die Psyche" (jetzt im Treppenhause des Museums zu Weimar) vollendet; nichts war natürlicher, als der Wunsch des Künstlers, dieses Werk in Deutschland, wenn möglich, in Weimar aufgestellt zu wissen. Louise Seidler bot auf, was sie vermochte, um zu diesem Zwecke beizutragen, und wirklich hatte sie die Freude, denselben erreicht zu sehen. Am 11. November 1852 schrieb ihr Pauline Steinhäuser aus Rom: „Mit innigstem Glücke theile ich Dir die Nachricht mit, daß Dein lieber Erbgroßherzog Carl Alexander die Goethestatue wirklich gekauft hat. Er ist fest geblieben; seine edle Gemahlin hat ihn unterstützt und die Sache zur Entscheidung gebracht. Ich kann Dir nicht sagen, wie edel und liebenswürdig sie sich benommen haben, und wie mein guter Steinhäuser dadurch erfreut ist. Auch der Frau von Goethe und ihrem Sohne sind wir vielen Dank schuldig; ihre Gegenwart war ein großes Glück. Die Hauptsache ist, daß die Statue nun doch nach Deutschland, und nach Weimar kommt. Wie gern verdanke ich Dir, liebe Louise, dieses für uns so überaus freudige Ereigniß; ja, es ist kein leeres Wort, wenn ich sage, daß es meine Freude erhöht, zu denken, ich danke sie Dir!" Und als ein Jahr später die Statue in Weimar eingetroffen ist, spricht Louise Seidler ihre Empfindungen über dieselbe „so schön" aus," daß Pauline Steinhäuser „nichts dazu zu sagen weiß, als Ja und Amen."

Im Frühjahr 1853 begann Louise Seidler mit der jungen Prinzessin Wittgenstein, deren Mutter auf der Altenburg bei Weimar residirte, Kunstgeschichte zu lesen; die Prinzessin, nach dem Ausdruck der betagten Lehrerin „eine kleine Mährchenschönheit," zählte damals fünfzehn Jahre; der Unterricht dauerte bis in das Jahr 1859, in welchem die Schülerin den Fürsten Hohenlohe heirathete. Auch in dem kunstsinnigen Wittgensteinschen Hause stiftete sich Louise Seidler ein dauerndes Andenken; noch nach einem halben Jahrzehnt, als die Fürstin auf einer Reise das Atelier Maria Ellenrieders zu Constanz besuchte, erzählte sie dieser von der Weimarischen Freundin „sehr Erfreuliches und erbot sich, wenn etwas mitzugeben oder zu bestellen wäre, es ihr zu geben." Nicht minder gütig als diese Fürstin zeigte sich gegen Louise Seidler die Herzogin Helene von Orleans, welche nach dem Jahre 1848 zu Eisenach ihren Wohnsitz genommen; 1854 ließ sie sich von der Künstlerin, welcher schon ihre Mutter, die Erbgroßherzogin Caroline von Mecklenburg-Schwerin (Carl Augusts Tochter) huldvolle Freundlichkeit erwiesen, lebensgroß in Oel malen.

Gleich dem Großherzog Carl Friedrich war auch dessen Gemahlin Louise Seidler stets gnädig gewogen geblieben; unter anderen Zeichen der Werthschätzung, welche die kunstliebende „nicht genug zu verehrende" Großfürstin Marie Paulowna „voll gütigen Wohlwollens" unserer Malerin zollte, bewahrte letztere eine schöne und werthvolle Broche. Nicht minder erwies sich der Großherzog Carl Alexander, der 1853 den Thron bestieg, als Enkel Carl Augusts auch in der Fürsorge für Louise Seidler, welcher er noch im ersten Jahre seiner Regierung ein kleines Gärtchen dicht hinter dem Jägerhause zur eigenen Benutzung einräumen ließ, worüber die greise Künstlerin sich in hohem Grade glücklich fühlte; außerdem erhielt sie einen Balkon-Freiplatz im Hoftheater, den sie fleißig benutzte.

Fünf Jahre später, im Sommer 1859, sollte Louise Seidler unerwartet noch Früchte einer Saat ernten, die sie einst im Frühling ihres Lebens ausgestreut. Johannes Schinz, der Sohn des treuen Jugendfreundes Caspar, traf mit seiner Gattin Julie und einem siebenjährigen Töchterchen aus der Schweiz in Weimar ein, getrieben von der Sehnsucht, seine betagte Pathin zu begrüßen. „Welche rührende, leider kurze Freude!" ruft diese in ihren Aufzeichnungen aus; „unsere Herzen fanden sich wunderbar zusammen."

Leider sollte diesem fröhlichen Ereigniß („dieser Himmelsgabe" wie die Greisin es nennt) ein trübes auf dem Fuße folgen; Louise Seidler ward am Tage nach der Abreise der geliebten Menschen von schwerer Krankheit befallen, welche ihr Leben ernstlich in Gefahr brachte. Langsam nur erholte sich die Vierundsiebenzigjährige; um ihr völlige Genesung zu schaffen, luden die Züricher Freunde sie dringend zum Besuche der Schweizer Berge ein. Obwohl schon schwer an den Augen leidend, entschloß die Greisin sich dennoch, dieser Aufforderung zu folgen; begleitet von der treuen Dienerin Helene machte sie sich — aber erst im Frühjahr 1863 — auf den Weg. Die Befriedigung, mit welcher sie von dieser, ihr als Schlußstein des Lebens geltenden Reise heimkehrte, spiegelt sich in einem der rührendsten Briefe an Johannes Schinz wieder; in den Aufzeichnungen äußert sie sich folgendermaßen: „Vier Monate verlebte ich bei diesen glücklichen Menschen; mein Herz theilt ihre Freuden, wie ihre Schmerzen. Ihre Liebe wird mir Trost und Glück sein, so lange meine Pulse schlagen."

Daß Louise Seidler damit nicht zuviel sagte, geht aus den überaus zahlreichen Briefen hervor, welche sie an die Familie Schinz gerichtet hat; ein Fest- und Freudentag war es für die immer mehr Vereinsamende, wenn ein Schreiben aus der Schweiz eintraf, und fast krank konnte es sie machen, wenn sie in der Erwartung eines solchen „bei jedem Männertritte den Briefträger zu hören glaubte, aber vergebens!" Kaum irgendwo erscheint Louise Seidler anziehender, als in ihren treuherzigen, rückhaltlos offenen Briefen an die Familie Schinz, in denen sich die Ereignisse des täglichen Lebens von den großen Fragen der Gegenwart bis herab zu den kleinsten Regungen unverbrüchlich liebender Herzen wiederspiegeln; trübe stimmt es nur, wenn sich Schritt vor Schritt das zunehmende Alter, die wachsende Körperschwäche und die langsam eintretende Erblindung der Schreiberin enthüllt. Eine des Augenlichts beraubte Malerin — es ist fast wie ein tauber Musiker! Nicht ohne Rührung kann man lesen, wenn Louise Seidler, nachdem sie bereits eine längere Pause in der Kunstübung hat eintreten lassen müssen, um 1860 freudig bemerkt: wie der Arzt ihr gestattet habe, ein angefangenes Bild langsam fertig zu malen; „mit heißem

Dankgebet ergriff ich nach so langer Zeit wieder die Pinsel; das Leben wurde mir wieder reich. Wie öde und leer ist das Dasein ohne Ausführung des Berufs, und was ist der Mensch, wenn er nicht strebt!" Mit der innigsten Freude aber erfüllt sie der unerwartete Umstand, daß sie sich plötzlich wieder in der Lage sieht, „etwas für die Kunst wirken" zu können; „Camillo Genelli, ein liebenswürdiger, sinniger, bescheidener Jüngling" schreibt sie in einem laut Poststempel am 7. Febr. 1860 in Zürich eingetroffenen Briefe, „lernt seit den letzten Wochen das Oelmalen bei mir; sein Vater, der geniale Bonaventura Genelli, malt selten in dieser Weise und hat weder Platz in seinem engen Atelier, noch Geduld, dem 18jährigen, übrigens schon sehr geschickten und talentvollen Sohne Unterricht zu geben; so bat mich die Mutter, ihm zu sitzen, wobei ich ihm das Oelmalen zeige. Schon trocknet mein Bild *), welches gut zu werden scheint; nun nimmt mir Genelli eine Arbeit für den Gustav-Adolf-Verein ab, indem er für ein neues Kirchlein meinen herrlichen Veitschen Christus copirt. So bin ich in der Kunst noch thätig und wieder heimisch im lieben Atelier, wenn ich dabei auch nur stricke. Der Allmächtige hat wunderbar für mich gesorgt, denn gewöhnlicher Unterricht, wo ich scharf die Linien und Striche (bei Kindern z. B.) beobachten müßte, würde mich zu sehr anstrengen; nur die Farbenlehre ist mir noch vergönnt."

Aber „immer größer wird die Geduldsprüfung, die Gott schickt" schreibt Louise einige Zeit später. „Die Kunst legte ich ihm jetzt gern zu Füßen, könnte ich nur noch meinem Herzen Genüge leisten und mit den Liebsten noch eigenhändig verkehren! Es ist mir Bedürfniß, mit fernen Freunden durch Briefe fortzuleben;" letzteres wohl um so mehr, als die eigenen Verwandten ihr, wie sie klagt, oft mit großer Herzlosigkeit begegnen. „Sonderbar, daß man über solche Dinge doch so schwer hinwegkommt! Das kommt wohl freilich daher, weil man sich von der Natur angewiesen glaubt, Liebe und thätige Theilnahme bei

*) Es ist jetzt im Besitze von Friedrich Preller d. Jüngeren, L. Seidlers Pathen.

Denen zu suchen, die uns von Gott so nahe gestellt sind." Trost über erfahrene Zurücksetzung holt sie sich dann wohl aus guten Büchern; namentlich liebte sie Lebensbeschreibungen: die Biographien der Amalie Sieveking, des Philosophen Fichte, des um die Kunst so hochverdienten Sulpiz Boisserée sind neben anderen die Werke, die ihr den meisten Genuß gewähren und deren Studium sie den Freunden dringend empfiehlt. Daneben macht und empfängt sie Besuche; oft verkehrt sie noch im Goethe-Hause: „Frau von Goethe ist mit ihren Söhnen für einige Zeit hier" schreibt sie am 10. Septbr. 1862, „ich bringe schöne Abende mit dieser kunstsinnigen, herzensguten, wohlwollenden Frau zu." Und zwei Jahre später hat sie wieder „einen sehr interessanten Abend bei Frl. v. Pogwisch, wo der jüngste Enkel Goethes mit einer Fremden aus Wien vierhändige venetianische Lieder spielte; es kostete mich freilich die Nacht, indessen war sie für diesen schönen Genuß zu geben." Bei solchen Gelegenheiten lodert dann auch ihre unauslöschliche Verehrung für Goethe hell empor: „Du wirst" schreibt sie an Julie Schinz, indem sie ihr das Studium der Werke des Dichters an's Herz legt, „mir noch näher kommen, wenn Du diesen edlen, klaren, einfachen und doch so tiefen Geist lieben wirst; Du wirst Dich dann auch mit mir freuen und ihn unbeschreiblich lieb haben, daß er meine Jugend so bereicherte, mein künstlerisches Leben förderte auf jegliche Art, wie denn sein gutes Herz nie genug anerkannt worden ist. Ich liebte und beweinte ihn wie einen Vater, der er mir bis zu seinem Ende war, und den man nur näher kennen mußte, um auch sein edles, großes Herz lieben zu lernen."

Dankbar empfindet es auch das treue Gemüth der greisen Künstlerin, wenn ihre einstige Schülerin, „die theure Königin" wie sie dieselbe nennt, in Weimar zum Besuche einkehrend, sie zu sich rufen läßt. Zunächst „beschäftigt die Krönung unserer geliebten Prinzessin" (18. October 1861) „unglaublich alle Geister; telegraphische Glückwünsche des Frauenvereins, dessen sie sich immer so thätig angenommen, gingen ab u. s. w. Hätten es doch ihre Eltern, die sie so sehr liebten, erleben können, die Krone auf ihrem Haupte zu sehen! Auf alle Art haben wir gewiß Gott zu danken, wenn der lieben Königin Gesundheit nicht durch solche Strapazen, wie die in Königsberg gewiß sein werden, gefährdet wird." Ein „Tag wohlthuendster Rührung stürmt" aber auf die Malerin „ein," als sie ihre „vielgeliebte Prinzessin nun endlich nach ihren vielfachen Leiden als Königin, vom Grabe der Mutter kommend, wiedersehen sollte." Die Fürstin „kam," berichtet Louise Seidler, „nur kurze Zeit; Nachts zwei Uhr war ihre Ankunft, am zweiten Tage, Nachmittags, reiste sie schon wieder ab. Da sie, wegen Unwohlseins, weder in der Geburtstagscour unserer Großherzogin" (8. April) „noch bei Tafel hatte erscheinen können, glaubte ich sie nur in der Festoper, wohin ich trotz Unwohlseins gegangen, von Weitem zu sehen; aber wider mein Erwarten gab sie zu meiner großen Freude mir mit wenigen älteren Dienerinnen ihrer seligen Mutter eine recht lange, gemüthliche Audienz, so liebevoll wie nur jemals, und wegen des Besuchs am Sarge ihrer Mutter, wo sie lange in vielen Thränen gebetet, tief bewegt. Wohlthuend und beglückend war mir solches Wiedersehen. Wie klopfte mein Herz: ob jetzt das Ideal, was ich stets in ihr sehe, nun seinen Höhepunkt erreichen würde? Und als sie endlich so liebevoll, aber blaß und angegriffen herein trat, hatte ich keine Worte als eine stammelnde Anrede, und Thränen bedeckten ihre lieben Hände, bis sie mich und einige Getreuen so der alten Garde (möchte ich's nennen) an ihr Herz nahm, und die vielfachsten Fragen uns dieses als ganz unverändert zeigten." Noch mehrfach finden sich in den Briefen an die treuen Schweizer — denen Louise Seidler, der alles Großthun vollständig fern lag, gewiß nimmermehr schön gefärbte Berichte gesendet hätte — Erzählungen von ähnlichen kürzeren oder längeren, immer aber „liebevollen Audienzen," über die sich offen auszusprechen der fast Achtzigjährigen ein Bedürfniß war.

Den wärmsten Antheil nimmt diese ferner an allen öffentlichen Dingen, wie z. B. an der fünfzigjährigen Jubelfeier der Schlacht bei Leipzig, die sie — „nach geistiger Belebung sich sehnend wie der Fisch nach Wasser" — mit theilnahmsvollen Freunden in Jena festlich begeht. Lebhafter als irgendwo fühlt sie sich hier in ihre Jugend zurückversetzt;

auch die in diese Zeit fallende Ausstellung ihres im Jahre 1811 gemalten Portraits von Goethe, über welches in Berlin anscheinend viel gesprochen worden, mag ihr die bedeutungsvollste Episode ihres reichen Lebens farbenfrisch wieder vor die Seele geführt haben. Louise Seidler hatte „das Recht, dieses äußerst ansprechende Brustbild Goethes zu vervielfältigen, ausschließlich dem Schülerstipendium" der K. Realschule überlassen; „für Abtretung dieses Rechtes, welches der Herr Buchhändler Kaiser (Firma E. H. Schröder in Berlin) erwarb, ist dem Stipendium," wie ein Schulprogramm des Gymnasiums dankbar berichtet, „eine baare Einnahme von fünfzig Thalern geworden." Zunächst wurde nun das Original öffentlich gezeigt; die Kritik nannte es „eins der schönsten Portraits des unsterblichen Dichters." Ein angesehenes Tagesblatt berichtete: „Das Bild ist (1861) nicht mit auf der Goethe-Ausstellung gewesen, weil die Besitzerin, die nicht hier wohnt, sich nicht von demselben trennen mochte, würde derselben jedoch zur höchsten Zier gereicht haben. Es soll nunmehr photographisch vervielfältigt und zum Besten eines Stipendiums für dürftige Gymnasiasten verkauft werden, so daß der Erwerb eines treuen Abdrucks von diesem eben so innig, wie geistvoll aufgefaßten Bilde zugleich einem milden Zweck dient und mancher stillen, bitteren Noth Erleichterung verschaffen hilft."

Zunächst ward nun das Original etwa in halber Lebensgröße von P. Rohrbach lithographirt; eine von G. Schauer nach dieser Lithographie angefertigte Photographie in s. g. „Cabinetformat" ist ungemein verbreitet; sie trägt die Unterschrift: „Goethe 1811" aber der Name der Malerin ist nicht genannt. Bei der Zeichnung auf den Stein ist übrigens hinsichtlich der Tracht des Dichters ziemlich frei verfahren worden; auf dem Originalbilde erscheint Goethe, charakteristisch genug, zwanglos, in bequemer Kleidung, während der Lithograph ihn völlig als Minister, in steifer Würde dargestellt hat. Die Züge des Gesichtes dagegen sind im Ganzen treu nach Louise Seidler wiedergegeben.

Diese Ausstellung des Goethebildes, jene Jubelfeier der Leipziger Schlacht als äußerer Anstoß, die inzwischen eingetretene, fast vollständige

Unfähigkeit der erblindenden Künstlerin zu jeder Selbstthätigkeit (außer kleinen Handarbeiten, zu denen sie weder große Neigung, noch wesentliches Geschick besaß) als innerer Grund mögen zusammengewirkt haben, um in Louise Seidlers Gemüth den Boden für ein Samenkorn zu bereiten, welches um jene Zeit die treue Freundin Henriette Solger in die Seele der Künstlerin legte. Auf diese ausgezeichnete Frau ist das große Verdienst zurückzuführen: die Malerin zur Schriftstellerin zu verwandeln; Zeuge hierfür sind außer einem erhalten gebliebenen Blatte Louise Seidlers (mit den Worten: „Hier hast Du, theure Freundin, wie Du es gewünscht, Erinnerungen aus meinem reichen und bewegten Leben") noch die Briefe der Künstlerin an Johannes Schinz, sowie nachstehende Zeilen einer Tochter Henriette Solgers an den Herausgeber: „Meine Mutter war es, die allein die Seidler zum Niederschreiben ihrer Erinnerungen veranlaßt hat. Bei ihrer häufigen Anwesenheit in Dresden klagte die arme Augenleidende sehr über die Unmöglichkeit zu malen und die gezwungene Unthätigkeit; nun rieth ihr meine Mutter: ihre reiche Vergangenheit, ihren Umgang mit so vielen interessanten Persönlichkeiten, ihre Reisen u. s. w. zu benutzen, sich in ihre Erinnerungen zu versenken, sie aufzuzeichnen und so sich eine anregende, von ihren Leiden abziehende Beschäftigung zu schaffen. Es wurde viel davon gesprochen, viel zugeredet, viel erinnert; endlich legte Louise versuchsweise Hand an's Werk, fand Vergnügen daran und versenkte sich bald in die Arbeit. Wenn sie von nun an nach Dresden kam, brachte sie ihr Manuscript mit, und meine Schwester wie ich haben manchen Abend ihr, wie meiner Mutter daraus vorgelesen. Als sie nicht mehr selber schreiben und das Geschriebene durchlesen konnte" (etwa von der Mitte des Jahres 1864 an, wie die Briefe an Schinz ergeben, welche um jene Zeit aufhören, eigenhändig zu sein) „klagte sie sehr über die vermehrten Schwierigkeiten, durch die jedoch ihr Eifer nicht abnahm, wie sie denn auch noch immer das wärmste Interesse für ihre Kunst zeigte. Einst z. B. wollte die arme Erblindende durchaus auf die Gemäldeausstellung gehen, um daselbst ein Bild ihres Pathen Friedr. Preller zu sehen. Ich mußte sie hinführen, das Bild aufsuchen und ihr beschreiben. Dann ging es weiter, und so groß war ihre Theilnahme für die Gemälde, daß sie oft stehen blieb, auf das eine oder andere zeigte und fragte: „Hier das Roth, was ist das?" — „Das ist der Mantel eines Zigeuners." — „Hm! Aber der weiße Fleck?" — „Der ist der Rock eines Mädchens;" und nun mußte die Gruppe, der Wald, kurz, die ganze Landschaft und Scene bis auf den Ausdruck der Gesichter beschrieben werden."

Die hier so eindrucksvoll geschilderte geistige Frische finden wir auch in den „Erinnerungen" wieder, in deren allmählichem Zustandekommen Louise Seidler „wahren Herzenstrost" fand. Von einem Aufenthalte in Dresden während des Sommers 1865 meldet sie Schinz: „Einige Stunden täglich verlebte ich bei meiner allerliebsten Freundin Solger, die aus meinen „Erinnerungen" hören wollte, zu denen sie mich eigentlich angeregt hat. Mir sind dieselben eine große Wohlthat; sie unterhalten mich auf's schönste. Die Erinnerung führt mich zauberisch in jene schöne Zeit zurück. Ich habe jetzt sehr viele Charakteristiken damaliger Persönlichkeiten und Zustände eingeflochten, nach dem Rath der lieben Reil und Falk*), wodurch die Kunstbemerkungen, die ohnehin nicht ganz erschöpft werden können, etwas in den Hintergrund treten, das Ganze unterhaltender wird und die Zustände jener Zeit lebendiger hervortreten. Es ist merkwürdig, wie vieles doch die Neuzeit völlig verändert hat!"

So rückte die wichtige Arbeit langsam vor, leider oft gehemmt durch äußere Einflüsse; namentlich war Louise unglücklich darüber, wenn die geschäftigen und willigen Freundinnen verreisten und die „Erinnerungen" dann liegen bleiben mußten. Auch die eigenen Kräfte schwanden mehr und mehr; langsam bewegte sich Louise Seidler jenem engesten und letzten Kreise zu, wo alles Leben stillsteht. Die Kirche konnte sie längst nicht mehr regelmäßig besuchen; sie ließ sich daher Sonntags meist aus einem Erbauungsbuche vorlesen. Noch einmal

---

*) Jene eine Kösener, diese — Tochter des Johannes Falk — eine Weimarische Freundin Louise Seidlers, denen diese zu dictiren pflegte.

nahm sie (Ostern 1866) das heil. Abendmahl. Bis dahin war sie trotz ihres hohen Alters immer nach Erfurt zum altlutherischen Gottesdienste gereist. „Sie hatte“ sagt eine Freundin von ihr, „das Bedürfniß, ihrem Glauben auch durch äußere Zeichen den entschiedenen Ausdruck zu geben; so z. B. stimmte das Knieen beim Gottesdienste ganz mit dem ihr innewohnenden Gefühl von Demuth überein.“ Alle hohen Feste hatte sie bisher in Erfurt zugebracht, an der Abendmahlsfeier dort Theil genommen und war jedesmal sehr erbaut zurückgekehrt; in dem Prediger der Erfurter altlutherischen Gemeinde, P. Wermelskirch, verehrte sie „den ausgezeichneten Redner, welchem erhebende Gleichnisse und Bilder zu Gebote standen und den werthen Freund, in dessen Hause sie gern verkehrte, wie auch er Louise Seidler regelmäßig aufsuchte, wenn er nach Weimar kam.“ Nun aber war ihr die Reise nach Erfurt unmöglich; desto eifriger ergreift sie eine sich in Weimar darbietende Gelegenheit zur Erbauung. Am Ostersonntage 1866 meldet sie den Schweizer Freunden: „Gestern war ich — hier nach vielen Jahren zum ersten Male — zum h. Abendmahle. Meine Kräfte nehmen sichtlich ab, so daß ich fühlte, die Schwierigkeiten, in Erfurt das Sacrament zu genießen (was dort weit erbaulicher, aber auch umständlicher ist), würden nicht mehr für mich zu überwinden sein. Mit innigster Freude nahm ich deßhalb das Erbieten der edlen Familie von Maltitz an, mit ihnen separatim in der Sakristei zu communiciren, was mir eine wahre Wohlthat war und eine heiße Sehnsucht stillte, denn ich wußte nicht, wie ich selbst hier dazu kommen sollte, weil ich, ohne geführt zu sein, die Stufen des Altars nicht hätte ersteigen können, und dadurch meine Andacht, sowie die der Umstehenden hätte gestört werden müssen. Ach, ich hatte ein so großes Bedürfniß, Gottes Gnade anzurufen, daß er mich in Geduld und Ergebung stärke; bei meiner Schwäche werden diese Pflichten doppelt schwer!“ In der That, es war „ein Leben der Geduld,“ welches die Greisin lebte; „aber“ fügt sie dieser Bemerkung hinzu, „durch Ergebung und vielfache Entsagungen friedlicher, da kein Ringen, kein ehrgeiziges Kunststreben mich mehr quält, welches mich freilich auch aufjauchzen ließ, wenn mir's zu gelingen schien. Ohne

Ruhe, ohne Rast strebte ich vorwärts, im Atelier lebte ich ein höheres Leben, glücklich oder traurig, wie stets ein Kunststreben, wenn es einem höheren Ziele gilt und nicht um Gewinnst oder Gunst der Menge buhlt. So war mein Leben im Atelier lange Jahre, und so ist es wohl natürlich, wenn ich wehmüthig, aber gern noch in der alten lieben Werkstatt verweile, strickend, dictirend, wie sich's eben findet. Langeweile ist mir ein wahres Gift; keine Wohlthat kann den Menschen so über das Alltägliche emporheben, als frische, hohe Gedanken, wie sie die Kirche, die Kunst und edle Poesie gewähren. Das Streben in der Kunst war mein eigentliches Leben, und wie vieles mir auch noch geblieben: sonnig ist mir das Dasein nicht mehr; es bleibt grau und öde, alles ist still, nur oft nebelhafte Erinnerungen an die Vergangenheit, aber mit schönen Streiflichtern, tauchen noch auf, erquicken und thun wohl!"

Von dieser Zeit an bereitete Louise Seidler sich gefaßt und voll christlichen Sinnes zum Scheiden. — Schon vier Jahre früher, am 11. April 1862, hatte der Mißstand, daß die Großherzoglichen Kunstsammlungen im Jahre 1848 an verschiedenen Orten zerstreut untergebracht werden mußten, zu dem Beschlusse des Weimarischen Landtags und der Großherzogl. Staatsregierung geführt, ein neues Museum in Weimar zu erbauen, welches 1868 vollendet ward; Louise Seidler bestimmte diesem eine reichhaltige Mappe von Originalzeichnungen zum Geschenke; auf einer der beiden Metalltafeln, welche im Treppenhause des Museums die Namen von Wohlthätern der Anstalt künden, liest man auch den unserer Künstlerin.

Aehnlich wie gegen das Museum zu Weimar verfuhr Louise Seidler im Frühjahr 1866 gegen das neu entstandene archäologische Museum zu Grätz, indem sie dasselbe auf Veranlassung einer ihrer Schülerinnen, welche einen Professor der dortigen Universität geheirathet hatte, mit einer großen Anzahl eben so sinnig gewählter, wie werthvoller Abgüsse bereicherte. Der Vorstand dankte für die Sendung in einem überaus verbindlichen Schreiben.

So war Louise Seidler noch immer nach Pauline Schellings Worten „voll unversiegbaren Interesses für alles, was sich im Reiche des Geistes und der Kunst entfaltete." Während ihre Kräfte allmählich schwanden, war der Geist noch frisch bis zu ihrem letzten Hauche; einem langen thätigen Leben sollte ein langes Sterben folgen.

Liebevoll, wie sie ihrer Freunde im Leben stets gedacht, erinnerte sie sich derselben auch in ihrer letzten Krankheit. Jedem bestimmte sie ein Andenken, von welchem sie sich eine besondere Freude für ihn versprach: ein Buch, einen Kupferstich aus ihren Mappen, ein Gemälde von ihren Wänden. Es war ein immerwährendes Austheilen. Ich habe nie Jemand so sterben sehen"! sagte Ottilie von Goethe, welche ebenfalls zu den Beschenkten gehörte und ihren Dank durch folgende Zeilen aussprach:

„Beste Fräulein Seidler!

Geben, geben, geben! Wie treu sind Sie Sich darin durch Ihr ganzes Leben geblieben! Sei es durch Herzensworte, sei es durch geistige Auffassung, sei es durch Ihr treues Mitempfinden von dem, was Ihre Freunde betraf — Sie geben; und nun kam die Kunst, Bleistift und Palette, fremd und eigen, geschaffen, gesammelt, hervorgerufen — Sie geben! Und an mir ging das in langer Reihe vorüber, als ich das befriedigende Gefühl hatte, selbst an Ihrem Schmerzenslager noch das unzerstörte Freundesgefühl zu finden, was Sie, wie sonst immer, an meine Freude denken ließ! Und nun kommt dieser Gruß — wo wir Beide gewiß mit demselben Entzücken uns bewundernd vereint, und bleibt mir ein Andenken an alle Schönheit der Kunst und Ihre Liebe für uns! Herzlichen, herzlichen Dank!

Ihre

Ottilie."

Eine der sinnigsten Gaben aber erhielt das heißgeliebte Pathkind Johannes Schinz in Zürich; ein kleines Kästchen, zu welchem Louise Seidler meldete: „Es ist geschmückt durch ein Kunstwerk, das ich meiner kunstsinnigen Tante Dorette verdanke. Diese Tante hat mich erzogen; sie war der gute Geist meines Lebens. Wie in jeder Art Stickerei, arbeitete sie auch wunderschön in Seide; sie arbeitete nun für mich diesen

Amor auf dem Deckel des Kästchens, und dies Andenken ist mir nun beinahe sechszig Jahre lang unbeschreiblich theuer gewesen. Und so wünsche ich dieses mein Kleinod auch für künftige Zeiten dauernd in den besten, treuesten Händen zu wissen" — eine Erwartung, in welcher die Geberin sich nicht getäuscht hat.

Am 16. Juni 1866 empfing Louise Seidler den letzten Besuch ihrer hohen Schülerin, der Königin Augusta. Als Durchreisende nur einen einzigen Tag am Hofe ihres Bruders rastend, erinnerte diese sich mitten in den Aufregungen jener Tage, trotz der Wolken, welche — den politischen Horizont eben damals auf's drohendste umdüsternd — das Herz der Königin von Preußen wie das jedes Deutschen sicher mit schwerer Sorge erfüllten, in Treue der kranken Greisin, die ihr einst vor vierzig Jahren Zeichnenunterricht ertheilt hatte, und ungeachtet der Kargheit der ihr zugemessenen Zeit eilte sie, der Leidenden Trost und Hoffnung zuzusprechen. Ebenso widmete der Bruder der Königin, Großherzog Carl Alexander von Sachsen, der Künstlerin fortdauernd den wärmsten Antheil, welchen er durch den Befehl, die Kranke mit Speisen und Wein aus der Schloßküche zu versehen, sowie persönlich durch häufige Besuche bethätigte; zum letzten Male sah und sprach er Louise Seidler am 22. September 1866, vierzehn Tage vor ihrem Tode. Nachdem der Großherzog längere Zeit an ihrem Schmerzenslager zugebracht hatte, legte er ihr die theilnehmende Frage vor: ob sie einen Wunsch hege, den er ihr noch gewähren könne? Die Künstlerin bat um ein einfaches Grabdenkmal von der Hand der ihr befreundeten Bildhauerin Angelica Facius, um einen auferstandenen Christus mit der Inschrift: „Nur der Glaube macht selig, der durch die Liebe thätig ist." Gern erfüllte der Großherzog diesen Wunsch, und so stiftete die Sterbende noch ein Liebeswerk durch den ihrer Freundin zugewendeten Auftrag.

Wenige Tage später reichte ihr der Kirchenrath Dittenberger in ihrem, auf ihr Verlangen für die heilige Handlung zuvor festlich ausgeschmückten Kämmerchen das heilige Abendmahl. Als sie es empfangen hatte, sagte sie freudig: „Ich habe mit der Welt abgeschlossen, der Friede ist mein."

Aber erst am Sonntagsmorgen des 7. October 1866 sollte der schwer Geprüften die erlösende Stunde schlagen. Hell und freundlich strahlte die Herbstsonne in das kleine Gemach; die Kirchenglocken riefen die gläubige Gemeinde zum Gebete. Die Todtkranke entschlummerte in den Armen der bewährten Dienerin: „Helene hat mich treulichst gepflegt," meldet einer der letzten Züricher Briefe; „und dies ist doppelt wohlthuend, da ich durch meine Familie gar keine Pflege habe." Unter den Klängen trostreicher Melodieen, welche Walther von Goethe, des Dichters Enkel, dem Clavier entlockte und die der Scheidenden einen „Vorgeschmack des Himmels" (wie sie sagte) gaben, schloß Louise Seidler die Augen für immer.

* * *

Ein Stück des alten Ilm-Athen, wie es im Gedächtniß der dankbaren Nachwelt ewig leben wird, ist mit Louise Seidler zu Grabe getragen; was aber mehr ist: eine hochsinnige, edle, harmonisch in sich abgeschlossene Natur. Glänzendere Geistesgaben mag man finden; selten ein reineres, liebenswürdigeres, hingebenderes Gemüth.

Unter allen Charakterzügen der Künstlerin tritt keiner schöner hervor, als die Treue gegen ihre Verwandten und Freunde; die Achtung vor lebenden und die Pietät gegen heimgegangene Größen; die neidlose Anerkennung alles Bedeutenden, mochte dieses auch unmittelbar in der eigenen Kunst ihr überlegen sein; die volle Hingabe an alles Edle und Schöne; die Dankbarkeit für erzeigte Dienste; die Beflissenheit, sich durch Gegendienste gefällig zu erweisen; die Opferwilligkeit; das nimmermüde Bestreben: wohlzuthun und mitzutheilen, Freude zu spenden, sei es durch ein tröstendes Wort oder durch liebreiche That, durch Fürsprache bei einflußreichen Gönnern oder durch sinnige Gaben des allezeit bereiten Pastellstifts und Pinsels. Ein nie versiegendes Wohlwollen bildete die Grundlage von Louise Seidlers ganzem Wesen; entschuldigen, Gutes reden und alles zum Besten kehren, das war ihre Sache. Sie lebte nur in Anderen, für Andere, — so sehr, daß sie sich über

Glück, das ihren Nebenmenschen zu Theil ward, mehr freuen konnte, als über eigenes. Da z. B. Schinz in Neapel längere Zeit keine Bestellung erhalten kann, so sucht die treue Freundin durch Ramdohrs Vermittlung die Fürstin Esterhazy zu bewegen, daß diese — die ihr selbst hatte sitzen wollen — sich von Schinz portraitiren lasse, und als der Tausch genehmigt wird, weiß sich Louise „vor Glück nicht zu lassen" und kann sich „lange keines so seligen Tages erinnern." Die Notiz, betreffend den Ankauf von Eggers' Amor durch Friedrich Wilhelm III., begleitet Louise Seidlers römisches Tagebuch mit einem viesagenden „Gottlob", wobei zugleich bedauert wird, „daß der König die Copien des armen Remy zu theuer gefunden" habe. Der Kirchenbildermalerin Maria Ellenrieder, einer keineswegs gering zu schätzenden Nebenbuhlerin, wird Louise in Rom „Mütterchen und Lehrmeisterin". In einem Briefe an den Vater sagt sie: „Die Nachricht von der Erkrankung meines Schwagers hat mich tief erschüttert; wenn Wilhelmine ihn verlöre —! Gott gebe mir Kraft zu arbeiten, dann soll sie nicht leiden; ich will alles mit tausend Freuden mit ihr theilen — ich lebe ja nur für meine Geschwister und Freunde!" Stets gedenkt sie der in der Heimath Zurückgebliebenen mit rührender Herzlichkeit; dem Vater schreibt sie am Tage nach seinem sechzigsten Geburtstage: „Gestern waren unsere Gedanken gewiß innig vereint; meine erste Empfindung, als ich die Augen aufschlug, war, Gott innigst für Dich um Gesundheit und seinen Frieden zu bitten." Und der hochbetagte Consistorialrath Dr. Schmieder erzählte in einem Briefe an den Herausgeber, wie er nicht selten neben ihr bei der Staffelei gesessen habe; „da schweiften unsere Gespräche auch wohl nach der deutschen Heimath, denn mit Verehrung hing sie an Goethe und allen ihren Freunden und Gönnern in Weimar, mit Zärtlichkeit an ihren Angehörigen." Sogar aus den Liebhabereien und kleinen Neigungen der Künstlerin ließe sich deren Treue und Anhänglichkeit beweisen; an jeder Stätte, die ihr werth geworden war, pflegte sie eine Blume, ein Blatt zu pflücken, aufzukleben und Ort, Tag und Jahr dabei zu bemerken; ein ganzes Herbarium solcher Andenken, gesammelt seit mehr als fünfzig Jahren, fand sich in ihrem Nachlaß.

Wohl hatte daher der Dichter Maltitz recht, wenn er Louise Seidler „eine Virtuosin in der Freundschaft“ nannte; Philipp Veit äußerte einst von ihr: „Sie ist so treu — dafür soll sie auch ‚die Treue‘ heißen.“ Noch sieben Jahre nach ihrem Tode spricht der greise Künstler mit warmer Hingebung von „der treuen Freundin, die mir und den Meinigen von der Jugend an bis zu ihrem Hinscheiden eine so seltene Anhänglichkeit bewahrte, die stets so theilnehmend sich zeigte, daß ihr Andenken, manche andere überlebend, immer uns gegenwärtig ist.“ Und eine Schülerin der Verewigten schreibt über diese: „Sie nahm sich meiner, als ich siebenzehn Jahre zählte, liebreich an, um mein Zeichnentalent zu fördern. Ich brachte mehrere Winter bei ihr in Weimar zu, und was ihr Rom gewesen, das wurde mir Weimar und ihr Haus. Mit der Jugend jung, mit dem Alter erinnerungsreich, für alles Schöne begeisterungsfähig, so habe ich Louise Seidler kennen gelernt. In mein Stammbuch schrieb sie die Worte Bettinas: ‚Wenn zwei miteinander sind und der göttliche Genius waltet zwischen ihnen, das ist das höchste Glück‘.“

Eine andere Schülerin Louise Seidlers, eine Schweizerin, dankt noch nach Jahren für die empfangenen Anregungen mit folgenden Worten: „Möchten Sie überzeugt sein, daß im Alpenlande dankbare Herzen für Sie schlagen, die den Funken für Kunst und Poesie, den Sie einst geweckt und gepflegt, nicht erlöschen ließen. Die Liebe zur Kunst, die Sie erweckt, die ideelle Beleuchtung aller Dinge, auf die Sie mich stets hingewiesen, haben mir mein Glück gehoben und verklärt. So wirken Sie mittelbar noch segensreich auf meine Kinder!“

In der That beseelte Louise Seidler nach Philipp Veits Worten (in einem Briefe an den Herausgeber) „das lebendigste Interesse für alle Erscheinungen auf dem Gebiete der Kunst; klarer Blick und eine richtige Beurtheilung zählten zu ihren hervorragenden Eigenschaften, und nie ließ ihre Würdigung des Echten und Wahren sich verblenden, nie ermüdete ihr Forschen und Streben, die Wahrheit zu erkennen und zu erfassen. Ihr reiner, edler Sinn, die warme Begeisterung für alles Hohe und Schöne, und der ihr innewohnende Abscheu vor allem Gemeinen und Frivolen machte sie mir und uns Allen in Rom so überaus lieb und werth; so haben wir sie gekannt, und so lebt sie noch in unserer Erinnerung." Ganz ähnlich nennt Schmieder ihr Benehmen „bei natürlicher Lebhaftigkeit sittig in weiblicher Zucht, ihr Betragen gegen die jungen Maler höchst tactvoll."

Daneben war es ihr rastloser Fleiß, der die Künstlerin achtunggebietend erscheinen ließ; das Glück der Arbeit wußte nicht leicht Jemand so zu schätzen und zu genießen wie sie. War auch ihre Fähigkeit den höchsten Aufgaben der Kunst nicht gewachsen, so hat sie innerhalb der Grenzen ihres Talents doch alles geleistet, was sie überhaupt vermochte. Die verschiedenartigsten Urtheile räumen ein, daß sie Gemälde alter Meister „trefflich copirte"; daß sie „als Oelmalerin ganz besonders hervorragte im Geschichtsfach und in der Portraitirung"; daß „ihre historischen und romantischen Darstellungen meist mit großem Beifall erwähnt wurden"; daß sie „die Technik des Pastells mit Geschick in Anwendung brachte", und daß diesem Geschick „die höchste Anerkennung gebührte"*). Gewichtiger noch als alle diese Stimmen ist aber diejenige Philipp Veits, der sich über Louise Seidler folgendermaßen vernehmen läßt: „Während unseres Beisammenseins in Rom nahm sie stets den regsten, lebendigsten Antheil an den damals erwachenden Bestrebungen, der Kunst eine ernstere Richtung zu geben; sie gehörte zu jenen Kreisen, war in ihnen heimisch und den Künstlern stets eine willkommene, anmuthige Erscheinung. In diesem Umgang, sowie im fleißigen Betrachten der Schöpfungen älterer Meister entwickelte sich in den Grenzen ihres zarten, weiblichen Sinnes die Befähigung, auch Eigenes zu erdenken, wie sie denn auch auf noch jüngere Künstler, unter anderen auf den längst verstorbenen Schweizer Schinz, durch Beispiel und freundliche Belehrung recht vortheilhaft einwirkte, wofür sich dieser sehr dankbar erwies. Was mich persönlich betrifft, so war sie in Rom, neben dem freundschaftlichen Verkehr, auch meine Lehrerin im Pastellmalen, worin sie Meisterin war und ich ihr aufmerksamer Schüler." „Ihre Kunst" versichert auch Schmieder, „liebte sie von Herzen, war fleißig und sorg-

*) Quellen: Naglers Künstler-Lexikon; Kunstchronik 1866, S. 159; Augsb. Allg. Zg. 1866, No. 258 B.

fältig in ihren Arbeiten, dabei aber anspruchslos. Sie kannte die Grenzen ihres weiblichen Talents und hütete sich, dieselben zu überschreiten."

Louise Seidlers Art der Portraitirung ist wohl am zutreffendsten charakterisirt durch das mitgetheilte Schreiben Knebels: ihr freundliches Gemüth sprach aus allem, was sie schuf; ihr liebevolles Auge entdeckte, wie an dem inneren, so auch an dem äußeren Menschen manche gute Eigenschaft, die zu anspruchslos war, um von Anderen bemerkt zu werden, und übersah die Mängel, die noch der Ausgleichung harrten. Den selbständig von ihr erfundenen Darstellungen konnte übergroße Sentimentalität, namentlich aber der Mangel an correcter Zeichnung vorgeworfen werden; Fehler, mit denen die Malerin unter ihren Zeitgenossen indessen keineswegs allein stand. Die Epoche des Vergnügens an Ritterromanen, Turnieren, Burgen, Scheinkapellen, Einsiedeleien u. s. w. war zugleich diejenige der Vernachlässigung bewährter Kunstregeln; das Studium der Anatomie hintansetzen und an dem überirdischen und engelhaften Ausdrucke der Heiligen, an „Gefühl" und „Empfindung" sich genügen lassen zu dürfen, ohne zu klar bewußtem Wirken zu gelangen, glaubte am Beginn dieses Jahrhunderts nicht Louise Seidler allein, in deren Brust die Nachklänge der romantischen Zeit allerdings besonders stark und lange forthallten.

Denn bei der Beurtheilung ihrer Wesenheit darf als wichtiger Umstand nicht übersehen werden, in wie nahe Berührung mit den Häuptern der Romantik die Künstlerin schon als ganz junges Mädchen gekommen ist; bereits in Jena machten sich Einflüsse auf sie geltend, denen sie sich niemals wieder völlig entziehen konnte. Ihre andauernde Freundschaft mit der Gattin Friedrich Schlegels, des Führers der Romantiker, ihre natürlichen Beziehungen zu den beiden Veit, zu Overbeck und der Schule der „Nazarener" brachten Louise Seidler sogar für kurze Zeit die Nachrede ein, sie sei gleich Jenen zum Katholicismus übergetreten, sie, die für den von Proselytenmacherei bedrohten Hermann Nolte bangte (dem sie in Rom die ganze Augsburgische Confession abschrieb, und der durch sie stets mit protestantischen Erbauungsbüchern versorgt ward), und so wenig gelegentlich der Communion bei der Herzogin von Württemberg, als in Schmieders Predigten oder bei dessen Betstunden und Bibelerklärungen fehlte! „Der christliche Glaube" bezeugt auch dieser, „war ihr Bedürfniß und Trost; sie hing treu an der evangelischen Kirche in aller Lauterkeit und Wahrheit." Zum heiligen Abendmahl nach altlutherischem Brauch ging sie gewissenhaft jedes Jahr; ihr Lieblingschoral war das streitbare Lied: „Ein' feste Burg ist unser Gott," welches sich vollständig abgeschrieben in ihren römischen Tagebüchern findet — mitten unter Skizzen zu Apostelköpfen, Heiligenbildern u. s. w., welche die Schule der Nazarener verrathen; dann wiederum folgen Predigttexte, oder Bemerkungen wie: „Heute einen innigen, schönen Gesangvers gelesen;" „behaglich in der Bibel gelesen;" „die Schriften des Wandsbecker Boten hergenommen" und Aehnliches.

Wenn sie nichtsdestoweniger für die poetische Seite des Katholicismus lebhafte Neigung zeigte, ja, wenn sie sich in ihren Aufzeichnungen eines Tages sogar anklagt, den Segen des Papstes „ohne Andacht empfangen" zu haben, so erhellt daraus eben nur, daß ihr, wie überall, so auch in der Religion strenge Entschiedenheit, äußerste Klarheit über sich selbst und scharfbestimmte Bewußtheit mangelte. Verkehrte sie doch während langer Jahre mit stark ausgeprägten Protestanten wie Niebuhr und Bunsen, ebensolchen Katholiken wie Renazzi und Fanny Caspers, mit der getauften Jüdin Henriette Herz, und endlich mit Convertiten wie Prinz Friedrich von Gotha, Auguste Klein, Dorothea Schlegel nebst deren Söhnen u. s. w. in völlig gleicher, aufrichtiger Herzlichkeit und ohne die leiseste Disharmonie, gewissermaßen als neutrale Person — wie sie ja auch in München, trotz Jacobis und Schellings Zerwürfniß, mit Beiden befreundet blieb, ohne der Wahrheit und Gradheit ein Opfer zu bringen. Es ging eben ein ausgeprägt versöhnender Zug durch ihr im höchsten Grade anschmiegungsfähiges Wesen.

Weich, hingebend, innig, fromm, war die milde Künstlerin in erster Reihe christlich gläubig; dann erst trat das Lutherthum bei ihr in seine unverbrüchlichen Rechte. Zugleich aber blieb es ihr Bedürfniß, ihrem innersten Empfinden äußere Gestalt verliehen zu sehen; wie sie deßhalb Feierlichkeit — namentlich Musik, Bilderdienst, Kerzenschein und Weihrauchduft bei'm Gottesdienste verlangte, so rang die nämliche lyrische, weiche, schwärmerische Stimmung auch nach Ausdruck durch ihren Pinsel. Von welcher gewaltigen Gluth und Tiefe diese Stimmung aber war, davon giebt erst der Einblick in die Correspondenz Louise Seidlers einen annähernd vollständigen Begriff. Diejenigen, mit denen sie die malerische Richtung theilte, betrachteten alle Kunstübung gradezu als Gottesdienst; „meine Kräfte" sagt Maria Ellenrieder einmal, „gehören nur der Kunst und dem lieben Gott; durch die Kunst öffnet sich über uns der Himmel und mit diesem alles, was dem Geiste und dem Herzen Nahrung schafft." Noch eindringlicher und stärker, beinahe eifernd, drückt sich Pauline Steinhäuser aus: „Du hast" schreibt sie ihrer alten Lehrerin, „wie ich, die Ueberzeugung, daß unser Beruf uns vom Herrn aufgetragen ist, mag es im allgemeinen auch sonst nicht der Beruf der Frauen sein. Wenn wir aber wollen, was der Herr will, so sind wir wohl geborgen und brauchen um den Erfolg nicht besorgt zu sein. Ich bedauere die Künstler, die einer fleischlichen, von Gott abgewandten Richtung anhängen, die das Leben auffassen wollen, ohne es mit dem himmlischen Lichte des Evangeliums zu verklären. Ich bin mit Dir der Meinung, daß das Studium der ganz alten Meister die einzig sichere Basis ist, und es wird wieder eine Zeit kommen, wo die Kunst dem Glauben dient, wo sie nichts anderes will, als den Herrn verherrlichen; alles andere ist ja doch nur vergeblich." Aehnlicher Zeugnisse wären noch mehrere anzuführen, sämmtlich zum Beweise, wie bedeutend bei den unserer Malerin im Geiste Verbundenen, und ebenso in der künstlerischen Wesenheit der letzteren selbst, die Schärfe des Verstandes von der Inbrunst des Gefühls übertroffen wurde.

Bei aller tiefen Frömmigkeit, welche Louise Seidler innewohnte, war sie jedoch nichts weniger, als eine Betschwester. Scherz, Lustbarkeit, Tanz, Musik, gelegentlich Comödienspiel — kurz, alles was den Menschen harmlos erheitern mag, suchte sie mit Freuden auf; ihren munteren Sinn thut außerdem mancher gute Witz dar, den sie in ihre Tagebücher einstreut; daneben kennzeichnet sich das praktische, auf sich selbst gestellte Frauenzimmer durch das sorgfältige Aufnotiren von Recepten zu „Kartoffelpasteten“, „Griesklößchen in die Suppe“ oder „Firniß zu conserviren“, welche sich in naivem Wechsel neben den zuvor erwähnten Skizzen von Heiligenbildchen, neben den Bibelstellen und eigenen wie fremden Bemerkungen über Künste oder Alterthümer finden.

Im Uebrigen gilt von der Schriftstellerin Louise Seidler ähnliches, wie von der Malerin; auch jene besitzt ihre Stärke nicht auf Seite der Kritik oder nur der Objektivität. In Einfalt übte ihr kindlich Gemüth, was kein Verstand der Verständigen sieht; allein grade dadurch, daß schlichte Treue voll unbefangener Harmlosigkeit schildert, was sie empfänglichen Sinnes beobachtet hat, erhält die Erzählung Reiz und Werth, wenn dieser zunächst auch weniger im Darstellen psychischer Merkmale oder im Entwickeln von Seelengemälden, als vielmehr im Auffassen und glücklichen Wiedergeben von Aeußerlichkeiten zu suchen sein dürfte. Nicht zum mindesten bewährt sich Louise Seidlers im Eingange dieses Buches hervorgehobene Eigenschaft als „Spiegel“ auch darin, daß sie hauptsächlich für die äußeren Eigenthümlichkeiten eines Gesichtes, eines ganzen Menschen das schärfste Auge hat, und alles, wodurch ein Bild ähnlich wird, bis auf die letzte Kleinigkeit in der Tracht mit fast greifbarer Deutlichkeit wiedergiebt. Sie ist Portraitmalerin auch mit der Feder.

Ueber unsere Künstlerin als Briefschreiberin fällen am besten einige ihrer Correspondenten selbst das Urtheil. „Wie viel Interessantes enthält wieder Ihr Brief!“ beginnt ein Schreiben der Majorin Serre auf Maxen aus dem Jahre 1863. „Niemand weiß so alle ausstehenden Fragen im voraus zu beantworten, wie Sie! Jedes Ihrer lieben Worte ist immer anregend, erhebend und voll Liebe und Theilnahme. Ja, Sie verwöhnen; man wird unbescheiden in seinen Ansprüchen an die Freunde.“ Die treuherzige Maria Ellenrieder aber sagt in ihrer schlichten Weise: „Ich danke Dir herzlich für Deinen lieben Brief! All Deine Sprache klingt mir wie Kunstsprache, und Deine Erzählungen erbauen mich immer, denn sie kündigen die Lebhaftigkeit Deines Geistes und Dein Vorwärtsstreben mir so mahnend an, daß mir immer dabei jene Zeit wiederkehrt, wo Du Dich meiner so getreu annahmst!“

Louise Seidler correspondirte gern und viel; nicht minder pflegte sie auch ihre geselligen Beziehungen. Wie einst ihr großes Zimmer in Rom, so war auch ihre Wohnung im Jägerhause zu Weimar oft der Sammelplatz trauter Freunde und lieber Gäste; die Künstlerin verstand es aus dem Grunde, die angenehmste Behaglichkeit um sich zu verbreiten, so daß sich jedermann „wohlig" bei ihr fühlte. Bescheiden, aber freundlich war die Wohnung eingerichtet; auf den Fensterbrettern fehlten nicht die schmückenden Blumen; die Wände wurden geziert durch selbstgefertigte Copien nach alten Meistern, darunter die Madonna di Foligno, die Madonna Tempi und Sassoferratos Madonnenkopf. Daneben erblickte man den Schinzschen Ecce homo nach Philipp Veit, und von diesem eine Originalskizze, über deren Entstehung das römische Tagebuch folgende Auskunft giebt: „Philipp Veit probirte scherzhaft meine Pastellfarben, es entstand ein schöner Frauenkopf." Außerdem war der Jupiter von Phidias, ein betender Engel und einige Portraitbüsten in Gyps aufgestellt; das Ganze erschien sinnig und hübsch; stille Zufriedenheit der Bewohnerin sprach aus allem. Besondere Sorge war der reichhaltigen Kupferstichsammlung gewidmet, welche Louise Seidler in Italien angelegt hatte und noch fortwährend vermehrte; auch diese ist nach dem Tode der Besitzerin bedauerlicher Weise zerstreut worden.

Im Einklang mit dem freundlichen Inneren stand das Aeußere Louise Seidlers. Regelmäßig schöne Züge hat sie allen vorhandenen Bildern zufolge nie besessen, aber sie war gewinnend und lieblich; als um ihr dreißigstes Lebensjahr Blatternarben ihr Gesicht entstellt hatten, kündeten sprechende blaue Augen die Güte ihrer wohlwollenden Seele noch immerfort. So schildert sie auch Dr. Schmieder: „schlank von Gestalt, gut gewachsen, das Gesicht durch die Pockennarben nicht entstellt, der Ausdruck der Augen, des Blicks und der Geberden freundlich und gewinnend;" und ein Dresdener Bericht erzählt aus dem Jahre 1830: „Im Geiste sehe ich Louisen mit ihrer Freundin Solger über den Markt gehen, im eindringlichen, aber immer ruhigen Gespräch oft stille stehend, die Schultern in einen schönen, bunten Shawl gehüllt, den sie anders, als alle Damen, etwas nachlässig malerisch, aber auf eine ihr völlig natürliche Art trug, wie sie denn immer sie selbst war und nie etwas sein wollte. Das blieb ihr auch im Verkehr mit den verschiedenartigsten Menschen eigen, unter denen sie nur das Gemeine mied."

Ihre Erscheinung blieb bis in ihr Alter anmuthig, harmonisch, gerundet; der mittelgroße, schlanke Körperbau gehoben durch eine kleidsame, doch immer schlichte Tracht. In einem ihrer römischen Briefe dankt sie dem Vater für ein Geschenk von Spitzen, welches ihr sehr willkommen gewesen sei. „Ich habe es mir zum Gesetz gemacht," schreibt sie, „weil ich so gern etwas für meine Schwester thun möchte, mich im Anzuge immer der größten Einfachheit zu befleißigen. Ich trage mich deßwegen auch nur schwarz, im Winter einen Castorhut, im Sommer einen Strohhut ohne viel Garnirung." Die Bescheidene ist sich in dieser Hinsicht treu geblieben, so lange sie lebte.

Beseelt und durchgeistigt war ihr Gesicht, wenn sie redete; sie hatte eine zwar leise, aber wohlklingende Stimme. In vorgerückten Jahren war ihr ein halblautes Sprechen und häufige Anwendung von Diminutiven der Ausdrücke zur Gewohnheit geworden; eine Aeußerlichkeit, welche leider dazu beitragen sollte, daß Louise Seidler oftmals minder günstig und warm beurtheilt wurde, als es ihr aufopferungsvoller, treuer Sinn im höchsten Maße verdiente.

Immer freilich fanden sich edle Menschen, welche, auf den Grund ihres vortrefflichen Herzens schauend, ihr die innigste Freundschaft bewahrten. Männlicher Trennung achtete Louise Seidler nicht; geistigem Stillstande entschieden abhold, unterhielt sie regen Briefverkehr selbst dann noch, als sie, bereits erblindet, sich fremder Hände dazu bedienen mußte. Sie wollte nicht vergessen sein; Abgeschiedenheit war ihrem Wesen nicht natürlich. Ebenso knüpfte sie noch gern neue Bekanntschaften an, auch als sie bereits siech an ihr Zimmer gefesselt war; bewährte Freunde empfing sie bis zu ihrem Tode. Nie aber hörte der Besucher von ihr ein Wort der Klage über ihre Leiden; der gewöhnliche Egoismus Kranker war und blieb ihr fremd. Immer nur von Anderen, nie von sich war bei ihr die Rede — so hatte sie gelebt, so ist sie gestorben.

Unweit von der Fürstengruft, wo die Gebeine ihrer edlen Wohlthäter, Carl Augusts und Goethes, ruhen, schlummert auf Weimars Friedhofe auch Louise Seidler. Ein schlichter Stein mit dem selbstgewählten Spruch, mit Namen, Geburts- und Todestage deckt ihre Reste. Zu Häupten desselben erblickt man den von Angelica Facius modellirten Heiland.

Aber noch über das Grab hinaus stiftete Louise Seidler Gutes. Der Ertrag ihrer Aufzeichnungen wurde von ihr letztwillig der in Weimar bestehenden „Falkschen Anstalt für verwahrloste Kinder" zugesichert. Das Vermächtniß ist jetzt längst in Kraft getreten; als Unterabtheilung der genannten Anstalt ist laut Bekanntmachung des Großherzogl. Sächs. Staatsministeriums, Depart. des Großherzogl. Hauses und des Cultus vom 8. October 1873, am 24. Juni 1873 „unter dem Namen „Louise Seidler-Stiftung" eine Stiftung in's Leben gerufen worden, aus deren Mitteln alljährlich ein in dem Falkschen Institute erzogenes Mädchen, welches bei einer und derselben Dienstherrschaft ihr erstes Dienstjahr zur vollen Zufriedenheit der Herrschaft vollendet hat, prämiirt werden soll. Die Prämie wird in einem Betrage bis zu neun Thalern alljährlich am 28. October, dem Geburtstage Johannes Falks, verliehen."

So ist denn dafür gesorgt worden, daß der Name und das Andenken der edelherzigen Malerin unvergessen sei; nach dem Bibelworte: „Das Gedächtniß des Gerechten bleibet in Segen."

Verzeichniß der Eigennamen.

(Die Ziffern bezeichnen die Seiten, auf denen die Namen vorkommen.)

Druck von Breitkopf und Härtel in Leipzig.

www.ingramcontent.com/pod-product-compliance
Lightning Source LLC
Chambersburg PA
CBHW051519100726
47898CB00005B/1508

* 9 7 8 3 7 4 3 6 2 0 7 1 1 *